Frank Benseler · Bettina Blanck · Rainer Greshoff · Werner Loh

Alternativer Umgang mit Alternativen

Frank Benseler · Bettina Blanck
Rainer Greshoff · Werner Loh

Alternativer Umgang mit Alternativen

Aufsätze zu Philosophie und
Sozialwissenschaften

Westdeutscher Verlag

Die Deutsche Bibliothek – CIP-Einheitsaufnahme

Alternativer Umgang mit Alternativen:
Aufsätze zu Philosophie und Sozialwissenschaften /
Frank Benseler ... – Opladen: Westdt. Verl., 1994
   ISBN 978-3-531-12647-0   ISBN 978-3-322-91654-9 (eBook)
   DOI 10.1007/978-3-322-91654-9
NE: Benseler, Frank

Umschlaggestaltung: Horst Dieter Bürkle, Darmstadt

Gedruckt auf säurefreiem Papier

ISBN 978-3-531-12647-0

Inhalt

Vorwort

Mitte der 80er Jahre bildete sich an der Universität-Gesamthochschule Paderborn eine Diskussionsgruppe, die unzufrieden darüber war, wie mit Vielfalt bzw. Alternativen in den Kulturwissenschaften umgegangen wird. Diese Unzufriedenheit bezog sich auf die verschiedensten Gebiete. Selbst dort, wo vielfältige Positionen in Forschung und Lehre dargestellt werden, geschieht dies selten systematisch vergleichend. Auch werden hierbei keine Methoden entwickelt, die herausfinden lassen, ob es sich bei den verschiedenen Positionen um Alternativen handelt und wie unter ihnen gegebenenfalls Lösungen als die vorerst besten auszuzeichnen sind. Ohne Klärung dieses Problemkreises ist nicht zu sehen, in welchem Ausmaß wissenschaftliches Wissen zu verantworten ist.

Angesichts der grundlegenden technischen Herausforderungen und der Bedeutung des wissenschaftlichen Wissens hierfür wurde die Frage drängend, wie die angesprochene Lage zu verbessern sei. Es stellte sich bald heraus, daß es sinnvoll sein müßte, einen neuen Typ einer wissenschaftlichen Diskussionszeitschrift zu gründen, die nicht nur Forschungen präsentiert, sondern selbst als Forschungsprojekt für die Suche nach einem besseren Umgang mit Alternativen konzipiert ist. Ende der 80er Jahre gründete sich eine Initiativgruppe für die Zeitschrift 'Ethik und Sozialwissenschaften' und konstituierte die FORSCHUNGSGRUPPE ERWÄGUNGSKULTUR, die seit 1990 diese Zeitschrift herausgibt und Forschungsergebnisse in Arbeitspapieren veröffentlicht. Ergebnisse der Forschungen dieser Gruppe sind in diesem Band abgedruckt.

Die Forschungsgruppe folgt nicht der Idee, »endgültige Wahrheiten« zu suchen, sondern möchte Voraussetzungen für die Befähigung schaffen, wie und ob überhaupt unter Alternativen auszuwählen ist. Zentrale Annahme ist, daß Lösungen eigentlich erst dann optimal zu begründen sind, wenn zuvor problemrelativ die denkmöglichen Alternativen erwogen wurden. Diese Annahme stellt zunächst ein Ideal dar, das in seiner Plausibilität nicht nur widerlegt werden mag, sondern auch schwer und zuweilen gar nicht zu erreichen sein wird. Forschungen unter diesem Ideal können einerseits zu besseren Lösungen führen, aber auch andererseits kompetent machen, Inkompetenzen deutlich werden zu lassen, also Wissen über Unwissen zu schaffen.

Gerade für den Bereich technischer Innovationen wird es immer dringlicher, das jeweilige Wissensniveau abschätzen zu können. Dies wird um so weniger möglich, wie nicht erwogene Alternativen in den Geltungsbedingungen von Lösungen bewahrt werden. Aus diesen Überlegungen heraus sind die folgenden Arbeiten entstanden.

Paderborn, im November 1993

Frank Benseler, Bettina Blanck, Rainer Greshoff, Werner Loh

Grundlagenprobleme
wissenschaftlicher Kommunikation als Entscheidungsverfahren

Die Zeitschrift
ETHIK UND SOZIALWISSENSCHAFTEN (EuS)
als Forschungsprojekt

Frank Benseler, Bettina Blanck, Rainer Greshoff, Werner Loh

1. Fundamentale geschichtliche Herausforderungen als Ausgangslage

Nicht besondere soziale Bereiche, nicht bloß einzelne Gesellschaften oder
Regionen, sondern die Menschheit insgesamt ist mit geschichtlich unabsehba-
ren Folgen von grundlegenden *Herausforderungen* wie Gen- und Medizin-,
Computer- und Robotertechnologien, Erschließung des Weltraums, ökologi-
schen Problemlagen und Kriegen mit ABC-Waffen betroffen, die allesamt von
Menschen gemacht sind.

Institutionen und moralische Orientierungen, die diese Herausforderungen
aufnehmen könnten, stammen aus Zeiten, in denen diese Herausforderungen
höchstens in Utopien oder phantastischen Geschichten ahnbar waren. Es wäre
zu prüfen, ob sie diese Herausforderungen überhaupt bewältigen können.
Auch die sozialwissenschaftlichen Bereiche gründen nicht nur selbst in jenen
vergangenen Zeiten, sondern sie stecken noch dazu in Formen, die es keineswegs mit der Effektivität der Technologien aufnehmen können, die die
geschichtlich neue Lage haben schaffen lassen. In den einzelnen Sozialwissenschaften wird der Mangel immer wieder als Krise diagnostiziert (vgl. Anderson/
Hughes/Sharrock 1987, Bakshi 1987, Hall 1982, Parker 1989) und in der
Ethik ist das Angebot an grundsätzlich widersprechenden Orientierungen
Normalzustand (vgl. v. Kutschera 1982, 2. Kap.).

Der Zustand von Sozialwissenschaften und Ethik, besonders angesichts der
technologischen Herausforderungen, ist selbst als *Herausforderung* anzunehmen (vgl. Giesen 1989). Beide Herausforderungen bedürfen einer der ge-

schichtlichen Konstellation angemessenen Besinnung, wenn man zu Antworten gelangen will, die sich besser als ohne solche Besinnung begründen und dadurch sozial auch verantworten lassen.

Unter *"Begründen"* sollen hier diejenigen Angaben verstanden werden, die Kriterien bestimmen, welche unter erwogenen Alternativen solche als Lösungen auswählen lassen, die besser als andere der Alternativen eingeschätzt werden. Hierhin gehört auch eine reflexive Begründung, die angibt, daß zu jeweiligen Problemen keine begründete Auswahl möglich ist. Die soziale Vermittlung einer Begründung ist als *"Verantwortung"* zu fassen (vgl. Loh 1990a). Die folgenden Überlegungen gehen von der Einschätzung aus, daß es an grundlegenden Institutionen und Kommunikationsorientierungen mangelt, die in den hier zur Diskussion stehenden Bereichen Begründen und damit Verantworten kontinuierlich verbessern lassen.

2. Voraussetzungen für Metakritik

In allen Bereichen der angedeuteten Herausforderungen findet man eine Vielfalt an Meinungen und Einstellungen. Vor aller problemrelativen Klärung ist nicht auszumachen, welche der Positionen zutreffend und welche es nicht sind, oder ob unter den Positionen gar nicht begründet auszuwählen ist, etwa weil noch gänzlich neue zu erarbeiten sind. Solche Klärungen hätten erst einmal die Vielfalt an Positionen aufzunehmen, um für Begründungs- und damit Verantwortungsversuche Voraussetzungen zu schaffen. Für den Bereich der Wissenschaften würde dies bedeuten, daß zu jeweiligen Problemlagen Vielfalt umfassend und institutionalisiert zusammenzubringen und zu entwickeln wäre. Doch diese Idee läßt sich nur schwer verwirklichen, weil die Kommunikation zwischen den Vertretern und Vertreterinnen verschiedener Positionen unter einer *doppelten Einschränkung* steht:

Vertreterinnen und Vertreter jeweiliger Positionen gehören zumeist Strömungen, Richtungen oder Schulen an. Diese stecken den Rahmen ab, welche anderen Positionen als relevant eingeschätzt werden, welche man durch Gegnerschaft noch achtet, welche in Feindschaft nur abwertend zur Kenntnis genommen oder gänzlich mißachtet werden (s. Weymann 1989: 134). Es gibt gegenwärtig keine institutionalisierten wissenschaftlichen Kommunikationsinstanzen, die explizit anstreben, diese Einschränkungen aufzuheben. Hieraus resultieren die oben schon angedeuteten, immer wieder diagnostizierten Kriseneinschätzungen (vgl. auch Bonß/Hartmann 1985: 9 u. Wehrspaun 1985: 11) und

Schwierigkeiten, nicht nur die Literaturflut zu bewältigen (vgl. Matthes 1988), sondern auch angemessen zu kritisieren (vgl. Hartmann 1991 u. Junge 1993).

Zu dieser durch Positionen bedingten Kommunikationseinschränkung kommt eine zweite hinzu. *Viele Problemgebiete sind nicht an die institutionalisierten Disziplinen gebunden.* Man kann die These verteidigen, daß, je grundlegender die Problemlagen sind, sie um so weniger von Kompetenzen her zu bearbeiten sind, die sich aus durch Spezialisierung entstandenen Fächern herleiten. Will man z. B. den psychiatrischen Grundterminus "Wahn" klären, dann ist ein solches Unternehmen nur in dem Maße Erfolg versprechend, wie zugleich in den Klärungsprozeß auch andere Termini wie z. B. "Glaube", "Ideologie", "Mythos", "Vorurteil" und "Wissenschaft" einbezogen werden. Doch die Bereitschaft ist gering, öffentlich und über den eigenen Kompetenzbereich hinaus, sich auf solche Klärungsprozesse einzulassen, obgleich sie Voraussetzung sind, daß in dem jeweiligen Spezialgebiet verantwortbar angebbar ist, wie denn nun etwa »Wahn« von z. B. »Glaube« abzugrenzen sei. (Wie wenig diese Problemlage geklärt ist, macht die Diskussion im Anschluß an den EuS-Hauptartikel von Schneemann (1990) deutlich).

Vermutlich sind die oben angedeuteten grundlegenden Herausforderungen nur dann zu bewältigen, wenn sich statt der durch Spezialisierungen hervorgebrachten Disziplinen gegenläufige Institutionalisierungen verbreiteten, die generalistischere Kompetenzen ermöglichen würden (Transdisziplinarität), also nicht allein Interdisziplinarität hervorbrächten oder nur kurzfristige, an Projekte gebundene generalistische Kompetenzen entstehen ließen. Andererseits ist der Gefahr zu begegnen, eine von den speziellen Disziplinen losgelöste und mit ihnen nicht mehr wie auch immer kritisch zu vermittelnde Überflieger-Generalistik zu fördern. *Eine disziplinen-vermittelte Generalistik ist also in den wesentlich von qualitativen Problemlagen betroffenen Sozial- bzw. Kulturwissenschaften auszubilden* (vgl. Patzelt 1986: 343). Hierzu kann auch die Zusammenführung mit der eher generalistischen Ethik beitragen.

Jede Person, die in wissenschaftlichen Bereichen kritische Vielfalt möglichst umfassend zusammenbringen möchte, ist nun selbst von beiden Einschränkungen betroffen, denn sie vertritt unweigerlich bestimmte Positionen und hat in der Regel eine fächergebundene Ausbildung hinter sich. Wissenschaftlerinnen und Wissenschaftler, die etwa über Psychisches oder Soziales Konzepte entwickeln, können in die Lage gelangen, daß sie selbst unter diese Konzepte fallen. Hierin liegt die Gefahr, Konzepte so einzurichten, daß man die eigene Position als die beste auszeichnet. Lübbe (1987) hat »totalitäre Ideologien«

wie folgt charakterisiert: "Totalitäre Ideologien sind ihrer Prätention nach umfassende Theorien des Gangs von Natur und Gesellschaft in ihrer Geschichte. Den Subjekten der einschlägigen Theorien sagen sie zugleich, wieso sie kraft ihrer singulären realen Position im ideologisch erkannten Natur- oder Gesellschaftsprozeß die ersten oder sogar einzigen sind, denen es überhaupt möglich ist, Einsicht in diesen Prozeß zu gewinnen." (20) Die hinter dieser Bornierungsgefahr stehende *Selbstreferentialität* ist nicht zu umgehen, sondern zu thematisieren, damit Mittel gefunden werden können, die die aus der Positionalität und spezialistischen Disziplinarität resultierenden möglichen Einschränkungen aufheben helfen.

Welche Institutionalisierungen könnten also geeignet sein:

- möglichst viele Strömungen, Richtungen und Schulen für eine kritische Vielfalt zusammenzubringen,
- möglichst Vertreter und Vertreterinnen verschiedener Fächer, die ein Thema umfassend erörtern, zusammenzuführen und
- zugleich das Problem der Selbstreferentialität aufheben zu helfen?

Gerade diese Fragestellung läßt deutlich werden, daß solche Institutionalisierungen angesichts der sie selbst betreffenden ungeklärten Probleme in dem Sinne auch flexibel sein müssen, als die *Institutionalisierungswege selbst auf ihre Verwirklichungen hin befragbar und veränderbar sein müssen*.

Schließlich sollten solche neuen Institutionalisierungen nicht als »Großforschungen« beginnen, sondern sollten zunächst in kleinerem Ausmaß Möglichkeiten erkunden. Aber Dauerinstitutionalisierungen von Forschungen, die Vielfalt fächerübergreifend zusammenführen sollen, müßten gemessen an den üblichen Institutionalisierungen gleich den Umfang von größeren Forschungseinrichtungen annehmen, um überhaupt hinsichtlich der genannten Herausforderungen eine zureichend kritische Masse entfalten zu können. Auch die bloße fortlaufende Organisierung von Kongressen bzw. Tagungen wäre nicht nur (finanziell) sehr aufwendig, sondern man würde wegen der Konzentration auf diese Veranstaltungen hin keine hinreichend ausgearbeitete Darlegung der kritischen Vielfalt erreichen. Bedenkt man auf diese Weise verschiedene Möglichkeiten, so führt dies zu einem Institutionalisierungsvorschlag, der in der jetzigen und absehbaren Zeit vermutlich die beste Chance hätte, der angegebenen Idee, eine kritische Vielfalt forschungsförderlich zusammenzubringen, näher zu kommen: Es müßten Zeitschriften institutionalisiert werden, die selbst *als Forschungsprojekte* zu entfalten wären.

Wissenschaft ist nach dem üblichen Bilde besonders kritisch. Demnach müßten wissenschaftliche Zeitschriften Kritik in dem Sinne institutionalisiert haben, als sich an jeweilige Hauptartikel Kritiken anschlössen, auf die in einer Replik geantwortet werden müßte. Doch derartige Zeitschriften haben sich im Wissenschaftsbereich früher nicht entfaltet und erst in letzter Zeit beginnen sie sich - z. B. die Zeitschriften »Behavioral and Brain Sciences« und »Ethik und Sozialwissenschaften« - langsam zu verbreiten (s. allerdings die FAZ-Meldung vom 2.5.1991, daß das Journal of Molecular und Cellular Immunology eingegangen sei, weil sein Chef-Editor in der Zeitschrift die zu eingereichten Manuskripten eingeholten Gutachten veröffentlichte). Rezensionsorgane mag man als Vorläufer ansehen. Doch sie führen keine genügende kritische Vielfalt zusammen (vgl. Hartmann 1991). Oft bleibt es bei einer Rezension (vgl. statt anderer die Soziologische Revue).

Kontrastiert man Zeitschriften, die es sich nicht zur Aufgabe gemacht haben, eine kritische Vielfalt zusammenzubringen, mit dem Bilde von Wissenschaft, dann mag dieser Mangel erstaunen. Es ist hier nicht der Ort, die daraus entspringenden Fragen zu vertiefen. Doch durchdenkt man die Möglichkeiten der Verwirklichung hinsichtlich des Bereiches Sozialwissenschaften und Ethik, dann wird verstehbar, daß diese einfache Grundidee schwerlich mit bisherigen Organisationsformen gelingen kann. Am Beispiel einer Zeitschrift als spezifischer Forschungsinstitution ergeben sich folgende Probleme:

Will man eine nicht-eingeschränkte Vielfalt zusammenbringen, muß die klassische Filterfunktion von Herausgebern und Herausgeberinnen, Redaktion und Beirat hinsichtlich der inhaltlichen Bewertung von Beiträgen derart aufgehoben werden, daß einerseits die Linie einer umfassenderen Vielfalt möglich wird, aber andererseits auf längere Sicht nicht die Qualität der Beiträge leidet, sondern eher zunimmt.

Es müßte also ein Weg gefunden werden, wie Beiträge in eine Zeitschrift aufgenommen werden könnten, ohne daß inhaltliche Maßstäbe von Seiten der Herausgeberschaft usw. an diese Beiträge angelegt würden. Andererseits sollten diese Beiträge ohne den klassischen Filter einer Herausgeberschaft dennoch derart kritisch eingeschätzt werden können, daß hierdurch die Qualität der Beiträge zunehmen kann. Diese Konstellation läßt sich dadurch erreichen, daß man einen Beirat aufbaut, der andere Funktionen übernimmt, als Beiräte üblicher wissenschaftlicher Zeitschriften. Für den Bereich der Sozialwissenschaften und Ethik sollte der Beirat derart umfangreich sein, daß er die verschiedensten Richtungen und Fächer repräsentiert.

Beiratsmitglieder sollten das Recht haben: 1. alle Hauptartikel kritisieren zu dürfen, 2. zu angenommenen Themen Hauptartikel und 3. Briefe zu veröffentlichen, wenn sie etwas an der Zeitschrift kritisieren wollen. Trotz seiner Größe würde ein solcher Beirat auf Dauer nur zu einem geringen Teil Beiträge liefern können. Seine wesentliche Aufgabe läge einerseits in der Kontrollfunktion, die Vertrauen dafür schaffen sollte, daß diese Zeitschrift der Aufgabe, möglichst umfassend kritische Vielfalt zusammenzubringen, gerecht würde, derart, daß es auch für verfeindete und einander mißachtende Positionen nicht reputationsmindernd wirkte, in dieser Zeitschrift zu veröffentlichen. Andererseits hätte diese Kontrollfunktion zur Folge, daß, wer in dieser Zeitschrift veröffentlichen wollte, wüßte, daß Beiratsmitglieder kritisieren könnten. Hierdurch sollte auf Dauer ein hohes Niveau der Zeitschrift erreicht werden, wobei die Kriterien für eine solche Maßbestimmung auch in der Zeitschrift selbst zu diskutieren wären.

Die Organisation von Diskussionen und insbesondere das Erkunden und Einwerben von potentiellen Wissenschaftlern und Wissenschaftlerinnen sowie die Diskussionen mit diesen würde ein wissenschaftliches Team erfordern, das selbst vom Geist des Forschens getragen sein müßte. In diesen Tätigkeiten kämen die Maßstäbe des Teams zum Ausdruck. Es sollte daher sich selbst an dem Kritikprozeß der Zeitschrift beteiligen, um so die Positionen für Außenstehende durchsichtiger und kritisierbar zu machen, aber auch, um zu verdeutlichen, daß Veröffentlichungen nicht die inhaltliche Zustimmung des Teams hätten. Für die Zeitschrift 'Ethik und Sozialwissenschaften' diagnostizierte Rath (1990: 203) einen eigenen "EuS-Typus" der Kritik; diesen Gedanken hat inzwischen Hartmann (1991: 149) aufgegriffen. Ein solches Team müßte also ein Forschungsteam sein und wenn es die Redaktion bildete, konstituierte es eine Forschungsredaktion. Sofern es um die dargelegte Organisation des Zusammenbringens von kritischer Vielfalt und die Selbstbeteiligung ginge, soll von einem *"Zeitschriftenprojekt erster Stufe"* als "Forschungsprojekt erster Stufe" und einem "Forschungsteam erster Stufe" bzw. einer "Forschungsredaktion erster Stufe" die Sprache sein.

3. Forschungsprojekt zweiter Stufe

3.1 Metakritik

Wollte man die oben angegebenen grundlegenden Herausforderungen auch dadurch aufnehmen, daß man versuchte, zu begründeteren Entscheidungen zu gelangen, und sei es nur, daß man zu begründen vermöchte, warum zu jeweiligen Problemen nach gegenwärtigem Wissen keine begründeten Entscheidungen möglich seien, dann würde es nicht genügen, zu Problemlagen eine kritische Vielfalt an Meinungen zusammenzuführen (vgl. Homann/ Suchanek 1989: 82 ff.). Schon das Wissen um die anhaltenden latenten oder manifesten Grundlagenkrisen in einzelnen Disziplinen könnte verdeutlichen, *daß die bloße Konfrontation von Meinungen und Gegenmeinungen noch nicht zu einem Klärungsprozeß führen muß.*

Im logisch-mathematischen Grundlagenstreit haben die Kontroversen im ersten Drittel dieses Jahrhunderts sogar dazu geführt, daß man sie im zweiten Drittel zunehmend nicht mehr von ihren Gründen her diskutierte, sondern nur noch im interobjektiven Bereich der Kalkülisierungen verschiedene Formen zuließ. Für diese Art der Problemverschiebung ist R. Carnaps (1968) Forderung im Jahre 1934 ein markantes Beispiel: "Der Schritt aus dem Chaos der subjektivistischen philosophischen Probleme auf den festen Boden der exakten syntaktischen Probleme muß getan werden. (...) Dann erst besteht die Möglichkeit einer fruchtbaren Zusammenarbeit verschiedener Forscher an denselben Problemen" (261). Diese Forderung ist Ausdruck der Resignation, rational die Gründe für den Grundlagenstreit klären zu können, ohne daß etwa einmal versucht worden wäre, Grundlagenkrisen verschiedener Disziplinen vergleichend zu untersuchen (erste Ansätze bietet Thiel 1972). Hier wurde also ohne hinreichende Versuche »Rationalität« dadurch gewonnen, daß man unterstellte »Irrationalität« aus dem wissenschaftlichen Diskurs ausgrenzte, anstatt sie zu erforschen.

Wenn man die Vielfalt an Meinungen zu jeweiligen Problemlagen zusammenführte, um Voraussetzungen für begründetere Entscheidungen zu schaffen, dann würde die Ausgrenzung von Meinungen als »subjektiv« oder »irrational« es erschweren - ähnlich wie bei unterschlagenen Fakten -, für diese Vielfalt Klärungen zu versuchen, und damit jenen Tendenzen Raum verschaffen, die wissenschaftlicher Rationalität nur geringe oder keine wahrhaftigen Klärungen zutrauen.

Demnach kann man zweierlei Arten von Positionenvielfalt unterscheiden: Einmal wird Vielfalt dadurch stabilisiert, daß man es ablehnt, diese Vielfalt daraufhin zu untersuchen, inwiefern sie berechtigt ist oder nicht. Sie wird hier zum Dogma einer rationale Begründung vermeidenden Strategie. Einiges, was heute als »postmodern« gilt, ist dieser Haltung zuzurechnen (vgl. Welsch 1988: besonders 32-36). Die andere Art des Umgangs mit Vielfalt versucht dagegen herauszufinden, ob sich Entscheidungsverfahren entwickeln lassen, die helfen, ob unter jeweiliger Vielfalt nicht begründet zu entscheiden ist und damit Positionen dezisionär einzunehmen oder ob gegebenenfalls Positionen als schlechte oder gute Alternativen auszuzeichnen sind.

Die Zeitschrift 'Ethik und Sozialwissenschaften' steht unter der Idee der zweiten Art des Umgangs mit Vielfalt:

Die Einheiten aus Hauptartikeln, Kritiken und Repliken sollen die im Wissenschaftsbereich vertretenen Auffassungen möglichst umfassend in EuS zusammenführen. Um diese Vielfalt weiter zu klären, ist eine zusätzliche Instanz entwickelt worden, die *"Metakritik"* genannt wird. Sie stellt international etwas Neues dar. Die Metakritik soll Vielfalt daraufhin untersuchen, was von ihr für Begründungen taugen könnte oder was begründen läßt, wieso Begründungen nicht möglich erscheinen. Eine Metakritik soll keine richterliche oder zensierende Instanz im Sinne einer Superkritik sein, die in den Kontroversen dekretiert, welche Position zutreffend sei, sondern *Voraussetzungen* für mögliche Entscheidungen schaffen. Metakritiken sollen in einer Zusammenstellung von offenen Forschungsfragen münden. Hieran mögen spätere Diskussionen anknüpfen.

Mit der Metakritik wird eine neue Ebene der Forschung erreicht, auf der die Herausforderungen aufgenommen werden sollen, die sich durch die jeweilige kontroverse Vielfalt ergeben. Sie bildet somit das wesentliche Forschungsinteresse, das EuS trägt. Die vielfältigen Diskussionen bieten eine immer reicher werdende Erfahrungsbasis für ein solches Forschungsinteresse. Mit der Metakritik erreicht das *Zeitschriftenprojekt eine zweite Stufe*, die ein Forschungsteam und eine Forschungsredaktion zweiter Stufe erfordert. Es gibt bisher keine wissenschaftliche Forschungstradition, die von dem Problem ausgeht, wie mit kontroverser Vielfalt in den jeweiligen Disziplinen klärend umzugehen ist (dies beklagen etwa auch Camus/Elting 1986: 88 ff. und Mozetic 1990: 272 ff.). Verschiedene Vorgehensweisen sind zu erproben, wodurch zunehmend vergleichende Diskussionen möglich werden.

Da das Forschungsteam als Forschungsredaktion auf der ersten Stufe reiche Erfahrungen im Umgang mit Vielfalt sammeln kann, ist es besonders gefordert, Konzepte für die Metakritik zu entwickeln und zur Diskussion zu stellen, nicht zuletzt auch deswegen, weil die Gestaltung der Zeitschrift wesentlich von den Konzepten abhängt, die auch die metakritischen Forschungen tragen. Im folgenden wird eine Konzeption skizziert, die diese Abhängigkeit verdeutlicht.

Zunächst werden die Ziele angegeben, die Konzeptualisierungen für metakritische Untersuchungen anstreben sollen: 1. Metakritische Konzepte müssen allgemein sein, damit sie möglichst viele verschiedene Strömungen, Richtungen und Schulen umfassen. 2. Da metakritische Konzepte selbst kontrovers sein können, sollen sie in Selbstreferenz anwendbar, aber durch die Selbstreferenz nicht schon als die besten ausgezeichnet sein. Es ist also eine durch die Selbstreferenz erschlichene Selbstbestätigung zu vermeiden. Es muß offen bleiben, ob ein metakritisches Konzept, selbstreferentiell bedacht, das beste ist. 3. Metakritische Konzepte sollen zu einem begründeteren Umgang mit jeweiliger Vielfalt verhelfen und sei es nur, um zu begründen, warum keine Begründung möglich erscheint.

Nun kann man die Vielfalt an Tendenzen in den Sozialwissenschaften und Ethik selbst als Ausgang des zu entwickelnden Konzeptes nehmen, indem man fragt, *ob* und gegebenenfalls *wie* hier zu entscheiden sei. Dieser Frage wurde ansatzweise auch in der Theorienvergleichsdebatte der 70er Jahre in den Sozialwissenschaften nachgegangen (vgl. Hondrich/Matthes 1978; zur Kritik an dieser Debatte, die als inzwischen versandet gilt, vgl. Holzer 1982, Müller-Godeffroy 1981, Opp/Wippler 1990; zur allgemeinen Problematik vgl. auch Newton-Smith 1981, Shapere 1984, Luecken 1992 sowie die Beiträge in Agazzi 1990). Weiterhin wäre zu fragen, inwiefern und in welchem Ausmaß die einzelnen Strömungen, Richtungen und Schulen sich durch spezifische Entscheidungen konstituieren. Demnach wären auch unterschiedliche Entscheidungsarten voneinander abzuheben, die auch nach ihren Effektivitätsgraden zu differenzieren wären.

Es kann z. B. sein, daß spezifische Probleme nur mit Hilfe weniger effektiver Entscheidungen zu beantworten sind, so daß eine Entscheidung für bessere Entscheidungsarten ungünstig wäre. Hierdurch ergibt sich ein gestuftes Entscheidungsproblem: Wie ist zwischen unterschiedlichen Entscheidungen zu entscheiden? Ein Entscheidungskonzept, das dieser Frage folgt, darf sich nicht an spezifische vorhandene Entscheidungstheorien binden, weil hierdurch der umfassende Ansatz verloren geht. Vielmehr muß ein solches Entscheidungskonzept vorhandene spezifische Entscheidungstheorien als besondere Gestalten bestimmen lassen. Ein solches Konzept hat also einerseits so allgemein zu sein, daß es schon als "trivial" bezeichnet werden kann, andererseits muß es derart konkretisierbar sein, daß es die angestrebte Verbesserbarkeit der Sozial- bzw. Kulturwissenschaften und Ethik begründet erhoffen läßt. Das allgemeine Konzept darf also nicht präjudizieren, welche Entscheidungsarten förderlich sind, andererseits muß es dennoch Konkretisierungen ermöglichen, die plausibel machen, wieso bestimmte Entscheidungsarten hinsichtlich gewisser Probleme unangemessen sind. Es muß also ein Konzept sein, das zwar Orientierungen bietet, aber dennoch offen für grundsätzliche Neuerungen ist, also auch nicht verhindert, selbst hinterfragt zu werden (Selbstreferentialität).

Um einen möglichst umfassenden Ansatz für den Umgang mit Vielfalt zu gewinnen, wird dieser als Entscheidungsproblem konzipiert. Luhmann (1978: S. 8 ff. u. 1981: S. 105 ff.) thematisierte eine ähnliche Vorgehensweise. Aber die methodische Durchführung eines solchen Umgangs mit Vielfalt bleibt bei ihm sehr im Dunkeln und leistet einer selbstreferentiellen Immunisierung Vorschub (vgl. Greshoff 1991).

Unter *"Entscheidung"* soll hier das Erwägen von mindestens einer Möglichkeit und die positive oder negative Bewertung des Erwogenen verstanden werden. Entscheidungen resultieren zumeist aus Fragen (Problemen, Aufgaben, Zielen usw.) und können in Lösungen münden. Lösungen mögen deskriptiv oder präskriptiv sein. Hier sollen unter dem Aspekt des Vielfaltproblems verschiedene Arten des Erwägens bedacht werden.

Die *quantitativen* Erwägungsalternativen sind (in einer von Mathematik geprägten Kultur) leicht herstellbar. Die Regeln für die Zuordnung von Zahlen lassen z. B. zu dem Begriff der Länge hinsichtlich jeweiliger Maßeinheiten alle überhaupt denkbaren Alternativen bestimmen. Eine so angelegte Erwägung verbürgt also die Möglichkeit, von der problemrelativen *denkbaren Vollständigkeit* der zu erwägenden Alternativen ausgehen zu können. Mit einer solchen Vollständigkeit erstellt man einen Erwägungshorizont, der auch Unzutreffendes beinhalten kann. Vollständigkeit der überhaupt denkbaren Erwägungsalternativen schließt also die Möglichkeit von potentiell Falschem mit ein. Der Begriff der Geschwindigkeit läßt alle denkbaren quantitativen Konkretionen zu, auch solche, die nach vorherrschender Auffassung nicht vorkommen können (z. B. Geschwindigkeiten, die höher als die Lichtgeschwindigkeit sind).

In *Approximations*angaben werden nicht nur Lösungen aus einem Möglichkeitenhorizont bestimmt, sondern auch der Bereich mitgeteilt, der bloße Erwägung bleiben muß, weil hier nicht begründet ausgewählt werden kann - etwa weil das Meßgerät nicht die entsprechende Genauigkeit bietet. Auch qualitative Klassifikationen - wie z. B. biologische Taxonomien - ermöglichen, Erwägungsalternativen zusammenzustellen, die einerseits den Bereich der Lösung begründbar angeben und andererseits den derart nicht auszuzeichnenden Erwägungsbereich denken lassen.

Lassen sich Erwägungen stufen, so daß man sagen kann, bis zu welcher Stufe eine begründbare Auswahl möglich ist, und läßt sich dann noch mindestens eine Stufe angeben, unterhalb der nicht mehr derart auszuwählen ist, dann sollen solche Entscheidungskonstellationen "*approximationsfähig*" genannt werden. Die meisten qualitativen Klassifikationen sind nicht an Regeln orientiert, die jeweils alle denkbaren Erwägungsalternativen bestimmen ließen. So sind z. B. biologische Taxonomien auf das empirisch Vorfindbare hin entworfen (vgl. Weyl 1966: 190). Sie sind also insofern unvollständig. Werden neue Arten gefunden, muß die Taxonomie mehr oder weniger verändert werden. Andererseits stehen die Taxonomien der Biologie unter der Idee, alle vorfindbaren Arten zu berücksichtigen. Es ist also statt von einer Vollständigkeit, die auf das überhaupt Denkbare hin entworfen ist, aber auch das Vorfindbare einschließt, von einer *Vollständigkeit* auszugehen, *die dem Vorfindbaren verhaftet bleibt*. Diesen Überlegungen lassen sich Merkmale entnehmen, welche miteinander kombiniert, alternative Entscheidungskonstellationen bestimmen lassen. Folgende Tafel gibt eine Übersicht:

Approximationsfähigkeit

		+		-	
		qualitativ	quantitativ	qualitativ	quantitativ
Vollständigkeit	denkbare		z.B. phys. Messung	Selbstref. Verortung dieser Tafel	
	vorfindbare	z.B. biol. Taxonomie			
Unvollständigkeit	denkbare				
	vorfindbare				

Die Tafel gibt qualitative Entscheidungsformen an. Sie ist im Sinne der oben
gestellten Forderung selbstreferentiell nutzbar. Sie ist nicht als Approxima-
tionsordnung aufgebaut, auch wenn sich diese herstellen ließe. Hinsichtlich der
Merkmale schafft sie als Kreuztabellierung qualitativ denkbare Vollständigkeit, wobei allerdings der jeweilige Verknüpfungsmodus im Dunkeln bleibt.
Die Tafel ist also durch diese Selbstreferentialität nicht als die beste ausgezeichnet. Doch sie macht das Forschungsproblem verständlich, inwiefern
selbst mit Approximationen noch approximativ umzugehen ist.

3.2 Metakritik als Zubereitung von Entscheidungskonstellationen

Geht man von einer wie in der angegebenen Tafel skizzierten Unterteilung
verschiedener Arten von Entscheidungskonstellationen aus, dann könnte es
eine Aufgabe von Metakritik sein, die in einer Diskussionseinheit zur Sprache
gebrachte Vielfalt daraufhin zu untersuchen, welchen Arten von Entscheidungskonstellationen diese Vielfalt zuordenbar ist.

Um Vielfalt in Entscheidungskonstellationen überführen zu können, muß
zunächst erst einmal geklärt werden, ob *gleiche Fragen* (Probleme usw.) und
gleiche Gegenstandsbereiche zu einer kontroversen Vielfalt vorliegen. Eine
Kontroverse ist illusionär, wenn diese Voraussetzung nicht erfüllt ist. Hierin
ist eine wesentliche Bedingung für Grundlagenkrisen in den verschiedenen
Disziplinen zu sehen. Im logisch-mathematischen Grundlagenstreit geht es u.
a. auch darum, ob die Aussagen etwa auf platonische Wesenheiten (Frege), auf
das Zusammenspiel apriorischer Vermögen (Kant, Brouwer (?)), auf physische Gegenstände (J. St. Mill), auf Psychisches (Sigwart) oder auf vereinbarte
Kalküle (Hilbert, Carnap) zu beziehen seien (vgl. Loh 1980: Kap. I). Kürzlich
formulierten Biervert und Wieland (1990) für die Wirtschaftswissenschaften:
"Seit ihrer Konstituierung haftet der modernen Ökonomik als ungelöstes
Problem die Bestimmung ihres Gegenstandsbereiches [...] an" (10). Vor aller
Klärung von Entscheidungsproblemen hinsichtlich jeweiliger Gegenstandsbereiche ist also die Bestimmung des Gegenstandsbereiches selbst als Entscheidungsproblem zu fassen. Hieraus folgt für EuS, daß Grundlagenkrisen und
Grundlagenstreite der verschiedenen Disziplinen hinsichtlich des Problems
der Bestimmung ihrer Gegenstandsbereiche wesentliche Themen sein müssen
(vgl. z. B. Kazmierski 1993 sowie Weise 1994).

Will man unter einer Vielfalt an Meinungen begründet auswählen, dann ist zu
klären, was an der Vielfalt als Erwägungsalternative(n) taugt. Wie ist aber

"Alternative" zu bestimmen? Damit etwa »Wahn« und »Wissenschaft« als Alternativen bestimmbar sind, müßten ihre Begriffe unter einem abstrakteren Begriff, etwa 'intelligentes Denken' (Wahn soll mit "erhaltener Intelligenz" (Huber/Gross 1977: 11) einhergehen), fallen können. Sieben Meter sind deswegen zu acht Metern als Alternative bestimmbar, weil ihre Begriffe unter den abstrakteren Begriff 'Meter' subsumierbar sind. Derartige Subsumtionsverhältnisse sind notwendige, aber noch nicht hinreichende Kennzeichen für Alternativenangaben.

Wegen der hinsichtlich des umfassenden Gebrauchs mangelnden Klärung, was "Alternative" zu nennen sei, müßte dieses Thema in der Zeitschrift diskutiert werden. Dieser Terminus wird in der Literatur häufig wenig geklärt gebraucht, so zum Beispiel bei Ludes (1989), wo er eine wesentliche Rolle spielt (vgl. den Untertitel: "Zur Entwicklung des Orientierungsmittels Alternativen"). Entscheidungstheoretiker/innen gehen vielfach von einem auf Handlungsmöglichkeiten eingeschränkten Alternativenbegriff aus (vgl. statt anderer Laux 1982: 5 f.). Hierdurch wird das Erwägen und Entscheiden auf eine spezielle Möglichkeit hin eingeschränkt, etwa auf praktisches Handeln, wodurch der »deskriptive« Bereich nicht einbezogen wird.

Wenn Subsumtionsverhältnisse Voraussetzungen dafür sind, daß etwas als alternativ faßbar ist, dann wären Beiträge zu Kontroversen nur in dem Maße auf Entscheidbarkeit hin entworfen, wie in ihnen die Klärung von Begriffen angestrebt wird. Es sind daher Diskussionen und metakritische Strategien zu fördern, die zu Begriffsklärungen in den verschiedenen Disziplinen beitragen. Hierbei sollte besonders auf grundlegende Begriffe Wert gelegt werden, da sie als abstrakte Begriffe in konkretere eingehen und sich daher die Ungeklärtheiten der abstrakteren Ebenen in den konkreteren fortsetzen (vgl. Greshoff/ Loh 1987: 32 f.). Damit lassen sich auch Fragen wissenschaftlicher Kommunikationsfähigkeit verknüpfen: Bei welchen Begriffsverfaßtheiten können Kommunikationen in dem Sinne gelingen, daß Mitgeteiltes den eigenen Wissenspositionen verstehend zugeordnet werden kann? Welche Begriffsverfaßtheiten forcieren dagegen Mißtrauen, Abschottungen oder Krisen in den Wissenschaften? (Zum Problem wissenschaftlicher Kommunikation vgl. auch Zima 1993.)

Von den entwickelten Gedanken her läßt sich somit begründen, warum EuS vornehmlich generalistisch-interdisziplinären und transdisziplinären Themen offen stehen soll. Metakritiken haben die Diskussionen auch daraufhin zu untersuchen, inwiefern sie zur begrifflichen Klärung beitragen.

In dem Maße, wie man Alternativen nicht erwägt, können neu hinzukommende Alternativen, die zuvor als begründet erschienene Entscheidung unbegründet werden lassen. Die neuzeitliche Diskussion des Leib/Seele-Problems lebt wesentlich davon, daß nicht alle Möglichkeiten durchdacht worden sind, die sich etwa auch dadurch ergeben, daß man fragt, ob es eine räumliche Erfassungsfähigkeit des Psychischen gibt oder nicht und ob das Psychische Räumlichkeit besitzt oder nicht. Denn so, wie es im Gehirn keine Schmerzrezeptoren gibt, obgleich Verletzungen möglich sind, so wäre ja auch zu diskutieren, wenn man dem Gehirn Psychisches zurechnete, daß es hier keine Räumlichkeitserfassung gibt, obgleich Räumlichkeit des Psychischen angenommen werden könnte (Blanck 1988: 11).

Entscheidungen sind also tendenziell *instabil*, wenn nicht eine problemrelative Vollständigkeit der zu erwägenden Alternativen erreicht worden ist. In dem Maße, wie man aber das Erwägen von Alternativen nicht nur dem Bereich der Genese von Entscheidungen und deren Lösungen überläßt, sondern die erwogenen Alternativen als eine Geltungsbedingung für wissenschaftlich verantwortbarere Entscheidungen und deren Lösungen betrachtet, würden Entscheidungen und deren Lösungen an Stabilität gewinnen. In quantifizierbaren Bereichen ist die Vollständigkeitsmöglichkeit gegeben, einschließlich auch der Möglichkeit unzutreffender Bestimmungen (s. o.). Aus diesen Überlegungen folgt für die Organisation von Diskussionseinheiten, daß in ihnen ein möglichst umfassendes Spektrum der Meinungen repräsentiert sein sollte. Selbst abwegig erscheinende Positionen sollten nicht ausgeschlossen werden, weil sie für die Erarbeitung vollständiger Erwägungsalternativen notwendig sind. Feyerabends (1976) Motto "anything goes" (45), das er zwar später als ironische Äußerung abgetan hat (1983: 11), dem er dennoch weiter zugeneigt ist (1984: 148 ff.), hat hier eine gewisse Berechtigung. Lenk (1990: 234 ff.) rückte Feyerabends Position in die Nähe der »Postmoderne«. Für die Metakritik ist vorgefundene Vielfalt nur ein Vorstadium, die verbessert werden soll.

Aus diesen Überlegungen folgt auch die oben entwickelte Konzeption der Zeitschrift, daß sie nicht an bestimmte Strömungen, Richtungen und Schulen gebunden sein sollte. Metakritik hat somit weiterhin zur Aufgabe, ein möglichst umfassendes Spektrum an zu erwägenden Alternativen aufgrund jeweiliger Diskussionseinheiten zu entwickeln. Um so mehr es gelingt, die Zusammenstellung von Kritikrunden schon vorab metakritisch zuzubereiten, um so besser können Metakritiken verwirklicht werden. Je weiter also die metakritischen Fähigkeiten entwickelt worden sind, um so besser kann auch die Forschungsredaktion Diskussionen vorbereiten. Je nach Position werden verschiedene Formen von Metakritiken möglich sein. Die bisher in EuS erschienenen Metakritiken bestätigen dies. Längerperspektivisch könnten aus den Forschungen zur Metakritik Erwägungsdateien aufgebaut werden, in denen man zu jeweiligen Problemlagen die zu erwägenden Alternativen systematisch zusammengestellt finden könnte. Auch hier wären reflexiv Alternativen zu bedenken.

Literatur

Agazzi, E. (Ed.): La comparabilité des théories scientifiques. Die Vergleichbarkeit wissenschaftlicher Theorien. Fribourg 1990.

Anderson, R. J./Hughes, J. A./Sharrock, W. W. (eds.): Classic Disputes in Sociology. London 1987.

Bakshi, O.: The Crisis of Political Theory. Dehli 1987.

Biervert, B./Wieland, J.: Gegenstandsbereich und Rationalitätsform der Ökonomie und der Ökonomik. In: Biervert, B./Held, K./Wieland, J. (Hg.): Sozialphilosophische Grundlagen ökonomischen Handelns. Frankfurt am Main 1990.

Blanck, B.: Ansätze für eine systematische, Alternativen abwägende Erörterung des psychophysischen Problems - Exemplarische Darlegung in einer Auseinandersetzung mit M. Bunge. Conceptus 22(1988), Nr. 55: 3-28. [Überarbeitete Fassung in diesem Buch]

Bonß, W./Hartmann, H.: Konstruierte Gesellschaft, rationale Deutung. In: Bonß, W./ Hartmann, H. (Hg.): Entzauberte Wissenschaft. Göttingen 1985.

Camus, J./Elting, A.: Die Bedeutung des Paradigmakonzepts für eine integrative Vermittlung ätiologischer und definitorischer Erklärungsansätze in der Devianzforschung. In: Elting, A. (Hg.): Menschliches Handeln und Sozialstruktur. Opladen 1986.

Carnap, R.: Logische Syntax der Sprache. Wien/New York 1968.

Feyerabend, P.: Wider den Methodenzwang. Frankfurt am Main 1976.

Feyerabend, P.: Wider den Methodenzwang. Frankfurt am Main 1983.

Feyerabend, P.: Wissenschaft als Kunst. Frankfurt am Main 1984.

Giesen, B.: Krise der Krisenwissenschaft? Oder: Wozu noch Soziologie? Soziale Welt 40(1989)111-123.

Greshoff, R.: Theorienvergleich und Theorienentscheidung. Luhmanns Auseinandersetzung mit Max Weber. Arbeitspapier der "Forschungsgruppe Erwägungskultur". Universität-Gesamthochschule Paderborn, Fachbereich 1. Paderborn 1991. [Überarbeitete Fassung in diesem Buch]

Greshoff, R./Loh, W.: Ideen zur Erhöhung des Theoretisierungsniveaus in den Sozialwissenschaften. Österreichische Zeitschrift für Soziologie 12(1987)31-47. [Abgedruckt in diesem Buch]

Hall, R. C. W. (ed.): Psychiatry in Crisis. Lancaster/Jamaica (N.Y.) 1982.

Hartmann, H.: Kritik als Spielraum: Plädoyer für neue Orientierungen. Soziologische Revue 14(1991)142-151.

Holzer, H.: Soziologie in der BRD. Frankfurt am Main 1982.

Homann, K./Suchanek, A.: Methodologische Überlegungen zum ökonomischen Imperialismus. Analyse & Kritik 11(1989)70-93.

Hondrich, K. O./Matthes, J. (Hg.): Theorienvergleich in den Sozialwissenschaften. Darmstadt/Neuwied 1978.

Huber, G./Gross, G.: Wahn. Stuttgart 1977.

Junge, M.: Die Farben der Revue. Eine empirische Untersuchung der Buchbeurteilungen der Herausgeber der Soziologischen Revue. Soziologische Revue 16(1993)231-242.

Kazmierski, U.: Grundlagenkrise in der Volkswirtschaftslehre. Ethik und Sozialwissenschaften 4(1993)283-368. (Kritik I: 295-341, Replik I: 342-355, Kritik II: 355-363, Replik II: 363-368).

Kutschera, F. v.: Grundlagen der Ethik. Berlin/New York 1982.

Laux, H.: Entscheidungstheorie. Berlin/Heidelberg/New York 1982.

Lenk, H.: Rationalität und Ethik der Wissenschaft in der Postmoderne. In: Scheuringer, B. (Hg.): Wertorientierung und Zweckrationalität. Opladen 1990.

Loh, W.: Kombinatorische Systemtheorie: Evolution, Geschichte und logisch-mathematischer Grundlagenstreit. Frankfurt am Main/New York 1980.

Loh, W.: Unverantwortbarer Fortschritt ohne Fortschritt der Verantwortung? Ethik und Sozialwissenschaften 1(1990 a)77-79.

Loh, W.: Logische Konstanten als Ausdruck von Entscheidungsverhältnissen und Ontologie. Arbeitspapier der "Forschungsgruppe Erwägungskultur". Universität-Gesamthochschule Paderborn, Fachbereich 1. Paderborn 1990 b. [Gekürzt erschienen in: Zeitschrift für philosophische Forschung 47(1993), Heft 4]

Ludes, P.: Drei moderne soziologische Theorien. Göttingen 1989.

Lueken, G.-L.: Inkommensurabilität als Problem rationalen Argumentierens. Stuttgart/Bad Cannstadt 1992.

Lübbe, H.: Politischer Moralismus. Berlin 1987.

Luhmann, N.: Soziologie der Moral. In: Luhmann, N./Pfürtner, S. H. (Hg.): Theorietechnik und Moral. Frankfurt am Main 1978.

Luhmann, N.: Gesellschaftsstruktur und Semantik. Bd. 2. Frankfurt am Main 1981.

Matthes, J.: Quo vadis litteratura sociologica? Soziologische Revue 11(1988)253-256.

Mozetic, G.: Individualismus und Kollektivismus. In: Acham, K./Schulze, W.(Hg.): Teil und Ganzes. München 1990.

Müller-Godeffroy, H.: Paradigmenvergleich in den Sozialwissenschaften. Frankfurt am Main 1981.

Newton-Smith, W. H.: The Rationality of Science. Boston/London/Henley 1981.

Opp, K.-D./Wippler, R. (Hg.): Empirischer Theorienvergleich. Opladen 1990.

Parker, I.: The Crisis in Modern Social Psychology and How to End it. London/New York 1989.

Patzelt, W. J.: Sozialwissenschaftliche Forschungslogik. München/Wien 1986.

Rath, M.: Moral zwischen Geltung und Genese. Ethik und Sozialwissenschaften 1(1990)200-207.

Schneemann, N.: Glaube und Wahn. Ethik und Sozialwissenschaften 1(1990)573-583. (Kritik: 583-624, Replik: 624-630, Metakritik: 630-636).

Shapere, D.: Reason and the Search for Knowledge. Dordrecht/Boston/Lancaster 1984.

Thiel, C.: Grundlagenkrise und Grundlagenstreit. Meisenheim 1972.

Weise, P.: Wirtschaftswissenschaften als Sozialwissenschaft von Entscheidungen. Ethik und Sozialwissenschaften 5(1994), Heft 2 (mit Kritik und Replik).

Wehrspaun, M.: Konstruktive Argumentation und interpretative Erfahrung. Opladen 1985.

Welsch, W.: Unsere postmoderne Moderne. Weinheim 1988.

Weyl, H.: Philosophie der Mathematik und Naturwissenschaft. München/Wien 1966.

Weymann, A.: Soziologie - Schlüsselwissenschaft des 19. und 20. Jahrhunderts? Soziale Welt 40(1989)133-141.

Zima, P. V.: Framework ist kein Mythos. In: Albert, H./Salamun, K. (Hg.): Mensch und Gesellschaft aus der Sicht des Kritischen Rationalismus. Amsterdam/Atlanta 1993.

Erwägen oder entscheiden - über den (un-)heimlichen Dezisionismus der Wissenschaft

Frank Benseler

Max Webers berühmte Rede über "Wissenschaft als Beruf"[1] ist in einer Beziehung von konsequenter Inkonsequenz. Wenn nämlich "wertfreie Wissenschaft", besser: ihre Konstitution in methodischer Abstinenz von Wertungen, gesucht und in rationaler, auf rein sachliche Gründe gestützter Wahrheitssuche gefunden wird. Einerseits kommt es danach darauf an, in entsagungsvoller Arbeit ausschließlich der Sache der Wissenschaft zu dienen, in intellektualistischer Rationalität also dem Fortschritt, der - wenn auch notwendig binnen kurzer Zeit jeweils überholt - insgesamt darin gesehen wird, die Natur durch Berechnung beherrschen zu können. Andererseits soll dieser Prozeß nicht vorangehen, ohne daß seine Betreiber mit Leidenschaft beteiligt sind, von "Eingebungen" "auf dem Boden ganz harter Arbeit" sogar "berauscht". Weber fragt, ob das, was bei wissenschaftlicher Arbeit herauskommt, auch wissenswert sei und antwortet klar: dies sei im Sinne wissenschaftlichen Beweises nicht der Fall. Diese Frage "läßt sich nur auf ihren letzten Sinn deuten, den man dann ablehnen oder annehmen muß, je nach der eigenen letzten Stellungnahme zum Leben." Es finden sich in diesem Zusammenhang bei Weber - über den Abstand von fast 75 Jahren - durchaus aktuelle Beispiele: Die medizinische Wissenschaft kümmere sich darum, Leben zu erhalten. Aber "ob das Leben lebenswert ist und wann?, danach fragt sie nicht." Oder die Rechtswissenschaft: "sie stellt fest, was nach den Regeln des juristischen Denkens gilt. Ob es Recht geben sollte, und ob man gerade diese Regeln aufstellen sollte, darauf antwortet sie nicht." Doch das sei auch verständlich, sagt Weber, denn es handele sich bei solchen Fragen um "verschiedene Wertordnungen der Welt", die in unlöslichem Kampf miteinander stünden. Wissenschaftlich sei da nichts zu entscheiden. "Hier streiten verschiedene Götter miteinander, und zwar für alle Zeit .... Und über diesen Göttern und in ihrem Kampf waltet das Schicksal, aber ganz gewiß keine 'Wissenschaft'". In diesen Fragen, so Weber, sind Werturteile Voraussetzungen für Wahl, für Entscheidung, für Dezision. "Der Einzelne hat sich zu entscheiden, welches für ihn der Gott und welches der Teufel ist."

Deutlich ist hier eine Aporie zwischen Wissenschaft und Weltanschauung, zwischen rationalem Verhalten und irrationaler Entscheidung gemeint, die Trennung nur instrumenteller Wissenschaft von einer irrational wertenden, nicht auf rationalem Grund entstehenden Entscheidung.

Daß der Gegensatz zwischen wissenschaftlicher Rationalität und Lebenssinnsuche, den Weber so stark pointiert, besteht; daß deshalb vorausgesetzte Entscheidungen in die Grundlagen von Wissenschaft eingehen, ja überhaupt deren allgemeine Basis bilden; daß von dem "Dämon, der jeden Lebens Fäden hält" über die Wahl wissenschaftlich zu behandelnder Gegenstände durch Entscheidung gewonnene Werturteile unvermeidbar in den Forschungsprozeß eingehen: darüber besteht in der umfangreichen Folgeliteratur kaum Streit. Wissenssoziologie und Ideologieforschung haben Webers Annahmen bestätigt, nicht jedoch seine Folgerung. Wie, so muß doch gefragt werden, so wären wir bei aller Klarheit der Mittel zu rational vorgegebenen Zwecken in der Wissenschaft unaufhebbar auf individuelle wie kollektive, nicht rational legitimierbare, vielmehr durch eigene oder historisch geprägte und übernommene Vorurteile angewiesen?

Was meint aber "Entscheidung" in diesem Zusammenhang? Von Kierkegaards "Entweder - Oder" bis zu Spenglers "Jahre der Entscheidung" und insbesondere durch Carl Schmitts "Dezisionismus" ist der Begriff ins allgemeine wissenschaftliche Bewußtsein gerückt - ebenso, wie er in der politischen Sphäre durch demokratische Wahlen, die über Herrschaft und politische wie soziale Verhältnisse entscheiden, populär geworden ist. Tatsächlich bezieht sich Entscheidung wesentlich auf ethische Fragen im Zusammenhang rechtlicher Erörterungen und von daher übertragen auch auf religiöse Bekenntnisse als Entscheidungen zum eigenem, dem Selbstseinkönnen, also dem Absoluten. Kierkegaard spricht - lange vor Weber - in den seinen ähnlichen Wendungen von der "Bewegung der Leidenschaft" als einem Sprung, als paradigmatische Entscheidung.[2] Hier ist auch der tiefere Ort für die existenzphilosophische, von Weber gekannte aber immer nur angedeutete Polemik gegen das objektive, rationale, kritisch reflexive Denken. Kierkegaard faßt das Verhältnis von Subjektivität zur Wahrheit als Entscheidung und sagt drastisch: "Das Objektiv-werden-wollen ist die Unwahrheit." Schärfer: Reflexion wolle das Bedürfnis nach Entscheidung austreiben.

Schließlich wird bei Carl Schmitt, der eben in unseren Tagen für die politische Wissenschaft erneut reklamiert wird, und dessen Freund-Feind-Theorie sich nach dem Wegfall des "Reichs des Bösen" in den Bürgerkriegen zu bestätigen scheint, die Entscheidung ausdrücklich in ihrem irrationalem Grund bejaht. Danach ist die Entscheidung unabhängig von der Richtigkeit ihres Inhalts und normativ aus dem Nichts entstanden.[3] Gerade wo und eben weil ausreichende Gründe für eine bestimmte Handlung fehlen, soll die Entscheidung die Klarheit der Erkenntnis von Gründen und Folgen ersetzen.

Bei dieser Lage, wo Wissenschaft und Politik auf eine Logik der Entscheidung zurückfallen, der gegenüber scholastisches Argumentieren und kirchliche Prozesse im Mittelalter durchaus höheren Rationalitätsgrad beanspruchen können, ist zu überlegen, ob es für Entscheidung eine andere, ihren Zweck treffende, rational begründbare und inhaltlich vernünftige Vorarbeit geben kann - wenn sich solche Forderung aus der Logik des Zusammenhangs auch als unabweisbar ergibt. Denn nicht alles - wir wissen es - ist möglich, was als nötig erkannt wird. Es geht also darum, in Entscheidungssituationen feststellbar zu machen, ob sich ein 'Entweder - Oder' nicht durch weitere Alternativen auflockern läßt? Und weiter, ob Alternativen methodisch systematisch beigebracht und entfaltet werden können? Und schließlich: welche Kriterien mit Bezug auf jeweilig angestrebte Zwecke ausschlaggebend sein sollen. Auf diesem Feld haben sich Entscheidungstheorien entwickelt, die indessen überwiegend die Rationalität der Entscheidung an dem dadurch erreichbaren Nutzen messen, oder aber mit der Feststellung sich begnügen, daß es unmöglich sei, generell gültige Kriterien für die Rationalität von Entscheidungen anzugeben.

Wird heute den Grundlagen der Wissenschaften nachgefragt, so stellt sich zur allgemeinen Überraschung schnell heraus, daß im strikten Unterschied zur landläufigen Meinung über die Dignität der Forschung, genau an dem Punkt, wo die philosophischen und politischen Bemühungen Entscheidung behaupten, verlangen und einsetzen, diffuse Vorstellungen, generelle Unklarheit, ja falsche Bewußtheit über die Entscheidungsabhängigkeit axiomatischer Voraussetzungen der Wissenschaft herrschen. Vielleicht ist es - nicht erst heute, wie die vielen gescheiterten Rationalisierungsversuche in der Geschichte der Wissenschaften zeigen - zu viel verlangt, wenn die etablierten Wissenschaften auf ihre Grundlagen hin befragt, oder - noch schrecklicher - von außen erforscht werden. Doch ist es jedenfalls denkbar, daß gegenüber der Irrationalität gewählter Ursprungsbedingungen in den Wissenschaften Absicherungsstrategien sich gebildet und verhärtet haben, um die Beschäftigung mit Fragen zu verhindern, die nicht so sehr - wie häufig befürchtet - ideologische Verblendungszusammenhänge, als vielmehr korrigierbare Unterlassung zu problematisieren geeignet sind.

Wenn es richtig ist, daß auch in Entscheidungssituationen nicht nur intuitiv gewählt; vielmehr nach rationaler Begründbarkeit des einen oder anderen, so oder so gehandelt wird: dann käme es in erster Linie darauf an, den Spielraum zu erweitern, innerhalb dessen Entscheidungen getroffen werden können. Zwar ist wahr, daß es häufig Situationen gibt, in denen zeitliche Enge lange Überlegungen nicht zuläßt. Doch handelt es sich dabei in der Regel um militärische oder politische Handlungszwänge (von pathos und passion ist nachher noch die Rede). Diese gelten aber nicht, wenn es sich um Wissenschaft handelt, die insgesamt gesehen einen historischen Falsifikationsprozeß jeweilig zu überschreitender Erkenntnisstände bedeutet, über die Gegenwart hinaus beliebig lange Zeit hat und sich deshalb auch bis zum Ende der Tage Zeit lassen kann und müßte. Nur die Kürze des einzelnen Lebens, eine Perspektive, die auf Nationen und Epochen übertragen wird, verhindert, sich dies deutlich einzugestehen. Unabweisbar aber verweist das Reden von der scientific commumnity und von der Forschung als Institution wie insbesondere der den Wissenschaften seit ihrem abendländischen Beginn zugrundeliegende, von der Allgemeinheit spätestens seit der Renaissance akzeptierte Fortschrittsbegriff auf die Dauer, die ihrem Prozeß inhärent ist. Nimmt man gleichwohl das zeitliche Argument ernst, so kann es dahin führen, zwischen direkt handlungsbezogenen Entscheidungen und solchen zu differenzieren, die sich rein auf Theorie beziehen. Diese Unterscheidung, im vergangenen Jahrhundert noch durchgängig klar, hat sich unter dem Einfluß sogenannter Verwissenschaftlichung von Praxis (besser: praxisbezogener Unterwerfung von Wissenschaft), gesteuert von militärisch-politischen Sachzwängen und ökonomischen Verwertungsinteressen, die gleichlaufend darauf aus sind, wissenschaftliche Ergebnisse sofort und direkt anzuwenden und umzusetzen (z.B. Atomspaltung, Gentechnologie), zunehmend verwischt. Es sollte auch nicht verschwiegen werden, daß eine langjährig als Methode übernommene Lehre von der dialektischen Totalität des Theorie-Praxis-Verhältnisses, als Hintergrund der Differenzaufhebung nun unkenntlich werdend, hier mitwirkt: nicht der einzige Fall, wo eine "linke" Wissenschaftstheorie mit einer ihr kontradiktorischen ökonomischen Praxis Geschichte im Sinne nichtgeplanter Nebenfolgen "macht".

Trennt man dagegen die Sphären, so läßt sich prinzipiell von der Entscheidung im handlungsorientierten Sinn zunächst absehen und statt dessen von Problemlösungen und den ihnen vorausliegenden Erwägungen sprechen. Darüber ist das Nötige in anderen Beiträgen gesagt.[4]

Dagegen ist Einwänden gegen die Betonung systematisch-methodischen Vorgehens zur Alternativenvermehrung und die Entwicklung von Geltungsbedingungen für die Auszeichnung einzelner Alternativen auf der Erwägungsebene zu begegnen. Es ist richtig, daß auch auf der Ebene von Erwägungen, die nicht primär auf außenwirksame Handlungen bezogen ist, Entscheidungen getroffen werden. Sie beziehen sich aber auf rational ausgewiesene Kriterien der Auszeichnung von Alternativen, haben also nichts mit der Art von Entscheidung zu tun, wie der Begriff überwiegend verstanden wird. Wenn Alexander den Gordischen Knoten mit dem Schwert löst, das heißt durchschlägt und damit zerstört, statt - wie es die Aufgabe vorsah - ihn innerhalb des Referenzrahmens von Tauwerk, Knoten und Steken erwägend wiederverwendungsfähig zu entwirren, so zeigt das Beispiel eben, daß mit ganz anderen Präferenzen gehandelt werden kann. Die eigentliche, auf der Erwägungsebene vorzubedenkende Aufgabe wird umgangen und unter Zeitdruck mit Macht ausgestattet auf einer Lösungsebene entschieden gehandelt. Die lachende Zustimmung für machtkompetente Entscheidungen, die solchem Verhalten bislang sicher war - erwähnt sei hier aus einem ganzen Arsenal historischer Beispiele das "Ei des Kolumbus" -, weist auf die Weigerung hin, dem Denken und Erwägen zuzutrauen, was man gewaltunterworfen und -gewöhnt der Macht konzediert. Erwägungskultur ist immer auf aufgeklärte Vernunft bezogen und hat durchaus mit selbstbewußtem demokratischen Verhalten gegenüber jeder Form von Gewaltherrschaft und -anmaßung zu tun.

Wichtiger ist der Einwand, der sich gegen die begriffliche Festlegung richtet, wie sie in einer erwägungsoffenen und -gestützten Kultur vorausgesetzt werden muß. Er kann sich auf wissenschaftsgeschichtlich beachtliche Beispiele stützen, die von der weltumfassenden Kombinatorik des Raimundus Lullus[5] bis zu den andauernden sprachphilosophischen Bemühungen reichen, historisch entstandene und besetzte Worte einsinnig logisch festzumachen. Solche Mathematisierung der Sprache, die dabei notwendig eintretende Vernichtung der Wortaura und des Bedeutungsumfangs, sowie die starre grammatikalische Regelung von Satz- und Sinnbildung sind seit den ersten Versuchen der Academie Francaise immer als kultur- und lebensfeindlich verstanden worden und haben sich nicht durchgesetzt. Die Verarmung der "real existierenden" Wirklichkeit, wie sie vor allem die deutsche Romantik bemängelt hat, bezieht sich auch auf die Materialisierung und Säkularisierung der Welt. Der Widerstand dagegen hat im Untergrund deutlich antiaufklärerische Tendenz und gedeiht nur da, wo nicht Unterscheidung, sondern Entgrenzung Programm ist, Gefühl gegen Vernunft, Gemeinschaft gegen Gesellschaft, Mythos gegen Logos ausgespielt wird. Was das Erwägen angeht, so kann freilich der Affekt gegen deren totalisierende Koppelung mit Kultur ein Mißverständnis hervorrufen, wie es sich fabelhaft und für seine Zeit verständlich bei Shakespeare findet, wenn er Hamlet in dem berühmten Monolog vom Gegensatz zwischen Gedanke und Tat sagen läßt, daß "der angebornen Farbe der Entschließung des Gedankens Blässe angekränkelt wird"[6]; erstaunlicher in der deutschen Aufklärung bei Lessing, dessen "Ich erwäge, daß hier nichts zu erwägen ist"[7] ironisch interpretiert werden müßte.

Abgesehen davon, daß es einen Unterschied macht, ob etwas im Hinblick auf Sein oder Nichtsein drängend in einer Passage geäußert wird, die insgesamt ein großartiges Beispiel für Erwägen vor dem Handeln darstellt oder - bei Lessing - aufklärerisch in der Schwebe gehalten, den Leser oder Zuschauer für die Unterscheidung sensibilisieren soll: in unserer Zeit, die jeden totalisierenden Begriff von Kultur verloren hat, in der immer mehr Teilkulturen sich differenzierend konstituieren und zwar nicht nur als Epochen- oder Geographiebezeichnungen, sondern aktuell qualitativ (z .b. politische, ökonomische, feministische Kultur), kann nicht bestritten werden, daß eine erwägende Kultur durchaus zu jener multikulturellen Weltgesellschaft gehören könnte, ja müßte, die das Programm wissenschaftlich gegründeter Zivilisation heute schlechthin ist.

Es ist auch nicht einzusehen, inwiefern rationale Methoden der Alternativenerweiterung und -auszeichnung, die in den Wissenschaften z.b. zu Systemvergleichen, in der politischen Praxis zur Auszeichnung von Begründungen für mögliche Aktionen, in der Ökonomie zur gedanklichen Vorstrukturierung von Konkurrenz führen könnten, inwiefern dies für die Gesamtkultur schädlich sein sollte. Teilkulturen haben für sich, selber als Alternativen gegenüber traditionell gesicherten oder machtgeschützten Kulturen mit hegemonialem Anspruch verstandenen und argumentativ wie faktisch eingesetzt werden zu können, ohne daß assimilative oder integrative Konsequenzen direkt zu befürchten sind oder überhaupt in Frage stehen. Gerade daß ein solcher Überwältigungsverdacht entstehen kann, zeigt mahnend: Bislang ist - aus welchen Gründen auch immer - gar nicht verstanden, daß eine Kultur lösungsvorbereitender Erwägung in tieferen Schichten genau mit jenem korrespondiert, was als ihr Gegensatz deklariert wird, nämlich mit der Kunst. Wo anders als in einer Kultur, die auf ständige und aktuelle Erweiterung des Erwägungshorizonts durch Phantasie, rationale Traumweltgestaltung, historische Interpretation wie utopische Imagination abhebt, haben wir größere Annäherungen an die Vermögen der Künste, die ebendies bislang in einer durch andere Ordnungen bestimmten Form erreicht haben? Eine "Kunst der Vorausschau"[8], die in utopisch alternativer Erweiterung der Vorstellungen über den Rahmen der "real existierenden Wirklichkeit" hinausgeht, ohne die heute üblichen linearen Extrapolationen einfacher Sachverhalte zu vernachlässigen, ist heute die Aufgabe des Tages, das Gebot der Stunde. Der Einfall, so Weber, ergibt sich nur auf der Basis harter Arbeit. Und Kunst und Wissenschaft unterscheiden sich demnach nur durch formale Systematik und begriffliche Strenge.

Doch hat das Unbehagen, sich auf Erwägen als generelle seinsenthüllende Methode einzulassen - wenn sie so verstanden wird - durchaus einen Sinn. All das gekennzeichnete Unbehagen (und dies könnte im philosophischen wie literarischen Bereich mannigfaltig weiter belegt werden: von Freud bis Gehlen, von Thomas Mann bis Heiner Müller), das sich in der exemplarisch bei Weber aufgewiesenen Zwiespältigkeit äußert, gravitiert auf die geahnte und vorausgesetzte, mit einem solchen Verfahren verbundene Einschränkung menschlicher Kontingenz als der Fähigkeit, sich durch einen Entwurf in einer gegebenen Situation selbst als Freiheit zu entwerfen und zu verstehen. Auch der heimliche Dezisionismus der Wissenschaft enthüllt nur, daß ihr durchaus das Weber'sche Bewußtsein inhärent ist, nicht alles sein zu können. Selbst das "unbedingte Wissenwollen", das in der Version von Jaspers[9] Existenzphilosophie menschliches Sein-können ausmacht, kann Wissenschaft ebensowenig transzendieren, wie die Rücknahme der Eigeninteressen und Bestrebungen des Wissenschaftlers seine Forschung zu objektivieren geeignet ist, das heißt von einem Mittel für vorausgesetzte Fortschrittsintentionen zu einem Zweck zu machen. Denn, wie Heidegger gezeigt hat[10], handelt es sich bei derartigem wertabstinenten Verhalten nicht um ein besonderes; sondern um ein methodisches Verhalten neben und unter anderen und anderem. Auch die Spannung zu dem, was Weber den Dämon jedes Einzelnen nennt, dem zu folgen sei, was als Erdichtung der erfaßten Wahrheit gegenübergestellt wird, verweist auf das Pathos der Entscheidung, der wir uns selbst verdanken. Diese hat allerdings einen vollständig anderen Inhalt, als er dem üblichen Wortgebrauch entspricht: die von Kierkegaard richtig aufgewiesene - wenn man will - theologische, besser selbsterzeugende Konnotation. Sartre hat die Weber'sche Entgegensetzung im vierten Teil seines Hauptwerks[11] behandelt und - ohne dabei den aufklärerischen Impetus von "erwägen" zu bestreiten - auf die Grundvoraussetzung jeden Handelns verwiesen: Wahl und Entscheidung. Für ihn bedeutet erwägen zunächst thematisch genaue Erfassung und Explizierung eines Mittels mit Bezug auf ein gesetztes Ziel. Die Entscheidung erscheint dagegen als die den Erwägungen hinsichtlich der Motive und Antriebe zielorientiert folgende Handlung selbst. Jede Erwägung ist bei Sartre abhängig von einer Entscheidung, nämlich der Wahl, die den Grund der Existenz des Einzelnen betrifft. Und diese Wahl räumt eben dem Gefüge der Welt, die uns umgibt, ablehnend oder akzeptierend, seinen Wert ein. Insofern nämlich alle Motive und Antriebe - und dies gilt für Wissenschaft wie Forschung - nur die Bedeutung haben, die der eigene und/oder gesellschaftliche Entwurf als kontingente Bestimmung des Zwecks und der darauf zielenden Handlung ihnen verleiht. Ein diesem Entwurf zugrundeliegendes Erwägen gibt es nicht. Er ist also eine grundsätzliche Orientierung auf die Freiheit individueller und/oder gesellschaftlich-kollektiver Entwürfe: Bestimmungen oder Grundentscheidungen, die dem Erwägen vorausgehen. Das verringert aber dessen Wert keineswegs: im Gegenteil! Wenn das Erwägen zu den Grundentwürfen gerechnet werden muß, die dem einzelnen und einer Gesellschaft es qua Entscheidung richtiger erscheinen lassen, sich über Alternativenproduktion und Erwägungen über ihr Sein eher zu orientieren, als durch andere Arten der Seinsfundierung, wie etwa pathos und Leidenschaft oder Gewalthandeln, so bedeutet das doch, daß wir es durchaus mit einer zwar instrumentellen, aber sehr tief verorteten Möglichkeit zu tun haben. Sartre formuliert ausdrücklich: "Es gibt also eine Wahl der Erwägung als Verfahren, das mir anzeigt, was ich vorhabe, und infolgedessen, was ich bin." Diese Wahl geht als Entscheidung jeder Erwägung voran. Es handelt sich nicht um Rationalität, Bewußtheit oder Explizität: vielmehr ist es so, daß diese Entscheidung die Grundlage jeder Erwägung ist und jede Erwägung ihre Interpretation nur von einer solchen ursprünglichen Wahl aus bekommen kann. Diese Entscheidung und Wahl, die den einzelnen wie die Gesellschaft konstituiert, bedeutet immer die Anerkennung der schlechthinnigen Kontingenz unseres Seins; darüber hinaus die Verinnerlichung der Selbstfindung als Freiheit. Und diese Entscheidung, als und in der Freiheit zu existieren, bedingt im Gang von gestern zu morgen, die Entscheidung jeweils als vergänglich und nur so verzeitlicht zu verinnerlichen; mit anderen Worten: sich auch historisch als kontingent zu begreifen. Innerhalb dieses Entwurfs gibt es andere: nur kurz sei auf die erwähnte Leidenschaft, das Pathos, die passion d'amour hingewiesen. Auch dies sind Weisen, sich zu konstituieren, als Pathos, mit dem der und das andere erkannt und ergriffen wird, wobei die Reflexivität des Bezugs nicht zu den Merkmalen des Entwurfs gehört. (Dies hat zu den zahlreichen bekannten Tragödien unerwiderter Liebe geführt: am deutlichsten im goethischen "Wenn ich Dich liebe, was gehts Dich an" - am volkstümlichsten in Merimees "Carmen"). So erweist sich am Ende, was Kleist[12] ahnend für viele andere in seinem Brief meinte: die Weisen, Realität zu gewinnen und nicht nur aufzufassen, sind verschieden: sie können auch durchaus epochal, alters- und geschlechtsmäßig differenziert erscheinen. Unter dieser Perspektive Geschichte zu schreiben, wäre der Forschung würdig. Hier liegt ein Desiderat ersten Ranges vor.

Zuletzt bleibt die Erkenntnis, daß - wie heute eine auf Wissenschaft als Mittel gerichtete, nicht deutlich mehr durch menschliche Grundentwürfe getragene Entscheidung für Verwissenschaftlichung überhaupt allgemein akzeptiert ist - einer anderen Orientierung, die sich im Namen von menschlicher Selbstkonstitution in aufgeklärter Epoche definiert und nicht der allgemeinen Remythisierung unterliegt, die der heutigen Wissenschaft zu eigen ist,[13] ihre Berechtigung in der Paradigmenvielfalt unserer Zeit nicht abzusprechen ist, auch wenn sie diese jetzt noch mühsam einfordern muß. An der Schwelle des 2. Jahrtausends einer Zeit, die sich in der Bewegung auf Freiheit in der bewußten Anwendung vereinbarter Mittel und in Konkurrenz zu älteren nur noch traditionalen Methoden befindet, hat ein Entwurf durchaus seinen Platz in der Reihe historischer Alternativen, der den heutigen Bedingungen entspricht. Von dem Tag an, an dem diese Alternative wirklich bedacht wird, wechselt die Beleuchtung und kann auf vieles Vergangene ein Licht fallen, das es uns heute als wenig sinnvoll, ja unerträglich erscheinen läßt. Der nur heimliche Dezisionismus unserer Wissenschaft wird dazu gehören.

Anmerkungen

1 Weber, Max: Wissenschaft als Beruf (1919), in: Gesammelte Aufsätze zur Wissenschaftslehre, hg. von Johannes Winckelmann, 7. Aufl. Tübingen 1988, S. 582-613.

2 Kierkegaard, Sören: Furcht und Zittern (1843), Werke Bd. 3, hg. von Liselotte Richter, Reinbek 1961, S. 42ff.

3 Schmitt, Carl: Politische Theologie, 2. Aufl. Berlin 1934, S. 42.

4 vergl. die beiden ersten Aufsätze von Blanck und den Beitrag von Loh "Erwägende Vernunft" in diesem Band.

5 Lullus, Raimundus: Ars generalis ultima (1308), Venedig 1480.

6 Shakespeare, William: Hamlet, Prinz von Dänemark (1601), Dritter Aufzug, 1. Szene.

7 Lessing, Gotthold Ephraim: Emilia Galotti (1772), Fünfter Aufzug, 3. Szene.

8 Jouvenel, Bertrand de: L'Art de la Conjecture, Monaco 1964 (dt. Neuwied 1967).

9 Jaspers, Karl: Die geistige Situation der Zeit, 2. Aufl. Berlin 1932, S. 165f.; ders.: Von der Wahrheit, München 1948, S. 200f.

10 Heidegger, Martin: Sein und Zeit (1927), 5. Aufl. Halle 1941, S. 356ff.

11 Sartre, Jean-Paul: L'être et le néant (1943), dt. hg. von Traugott König, Reinbek 1993, S. 753-832.

12 Kleist, Heinrich v.: Brief eines Malers an seinen Sohn, in: Sämtliche Werke, München o.J., S. 873f.

13 Horkheimer, Max/Adorno, Theodor W.: Dialektik der Aufklärung (1944), in: ders. Gesammelte Schriften Bd. 3, hg. von Rolf Tiedemann, Frankfurt 1980.

Schaltungen, Aussagenlogik und Denken

Bettina Blanck und Werner Loh

1. Problemstellung

Heutige Computer sind Folge einer langen Reihe von Bemühungen, sich durch Maschinen im logisch-mathematischen Denken zu entlasten. Mit den Entwürfen für elektrische bzw. elektronische Schaltungen erreichte die Entwicklung auch insofern ein neues Stadium, als hierdurch die Verarbeitungskapazität außerordentlich gesteigert werden konnte und immer noch wird. Die Entwicklung der grundlegenden Schaltungszusammenhänge fand zunehmend in enger Verbindung mit der modernen Logik statt.[1] Die mathematische Logik in der Gestalt der Aussagenlogik[2] spielte hierbei eine wesentliche Rolle. Dies führte so weit, daß technische Grundschaltungen als "logische" bezeichnet und mit Ausdrücken wie "UND-Schaltung" oder "ODER-Schaltung" versehen werden. In der philosophischen Diskussion wurde besonders in der Aufbauphase das Verhältnis von moderner Aussagenlogik zu technischen Schaltungen als Objektivation[3] oder Anwendung[4] aufgefaßt.[5] Für das psychophysische Problem könnte die Klärung dieses Verhältnisses von grundlegender Bedeutung sein. Nachdem die Hardware-Phase in der philosophischen Erörterung von der softwareorientierten überlagert worden ist, trat die These von der Objektivation bzw. Anwendung in den Hintergrund. Doch es bleibt zu fragen, ob sie hinreichend diskutiert worden ist. Stegmüller hat sie als Entsprechungs- bzw. Simulationsthese aus der ersten Auflage seines Buches von 1969 in die zweite Auflage von 1983 unverändert übernommen:

"Zu den bedeutendsten Einsichten der modernen Automatentechnik gehört es, daß sich auch höhere geistige Leistungen durch Maschinen simulieren lassen. Seit es geglückt war, die logischen Denkprozesse zu formalisieren, bestand die prinzipielle Möglichkeit, sie durch geeignete Automaten nachzuvollziehen." (W. Stegmüller 1969: 607/608, 1983: 728/729)

In dieser Arbeit soll der Frage nachgegangen werden, inwiefern höhere geistige Leistungen in gewissen technischen Schaltungen mit Hilfe der modernen Aussagenlogik und Schaltalgebra simuliert bzw. objektiviert oder angewandt

werden können. Als Diskussionsbezug nehmen wir die Darlegung von Stegmüller, die eine derartige Auffassung zum Ausdruck bringt.

Die Darlegung Stegmüllers beginnt mit folgender Tabelle:

$$
\begin{array}{cc|c}
x & y & z \\
\hline
1 & 1 & 1 \\
1 & 0 & 1 \\
0 & 1 & 1 \\
0 & 0 & 0 \\
\end{array}
$$

Dieser Tabelle sind zwei Interpretationen zugeordnet. Die erste lautet:

"Wir interpretieren zunächst x, y und z als Aussagen. 0 bedeute den Wahrheitswert F (falsch)
und 1 den Wahrheitswert W (wahr). Dann stellt die Tabelle [...] die Wahrheitstafel für das
nichtausschließende "oder" (die nicht-ausschließende *Adjunktion* oder *Disjunktion*) dar. z ist
genau dann falsch, wenn sowohl x wie y falsch ist; in allen anderen Fällen ist z wahr. In
symbolischer Abkürzung würde z also dasselbe besagen wie $x \lor y$." (W. Stegmüller 1969,
608, 1983: 729)

Die zweite Interpretation betrifft eine Schaltung:

"In einer zweiten Interpretation geben wir dieser Tabelle eine technische Deutung mittels
eines elektrischen Modells. Gegeben sei ein Stromkreis, der über eine Batterie eine Lampe
versorgt. In dem Stromkreis sind zwei Schalter angebracht, die *parallel geschaltet* sind. Dies
gewährleistet, daß die Lampe brennt, wenn auch nur einer der beiden Schalter geschlossen
ist. Das Symbol x wird nun als sogenanntes "binäres Signal" gedeutet, welches dem ersten
Schalter zugeordnet ist: $x=0$ besage, daß der Schalter 1 offen ist; $x=1$, daß er geschlossen ist.
In genau derselben Weise wird y als ein dem Schalter 2 zugeordnetes binäres Signal
interpretiert. $z=1$ besage, daß die Lampe brennt; $z=0$, daß die Lampe nicht brennt". (W.
Stegmüller 1969: 608, 1983: 729)

Stegmüller hat dieser Ausführung folgendes Schaltbild hinzugefügt:[6]

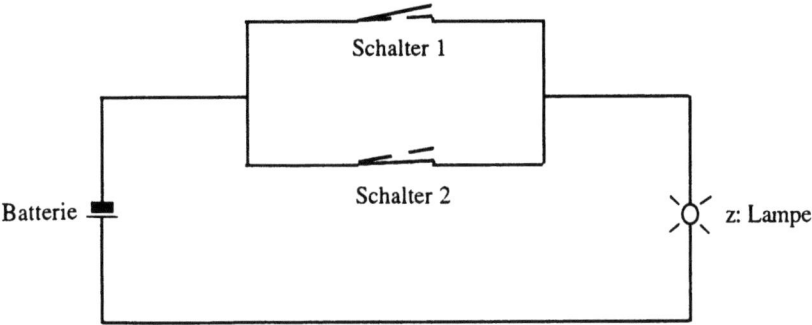

Der Zusammenhang zwischen beiden Interpretationen wird schließlich wie folgt nochmals hergestellt:

"Der metatheoretischen Aussage "eine Adjunktion ist genau dann wahr, wenn mindestens eines der beiden Adjunktionsglieder wahr ist" entspricht somit die Feststellung "die Lampe brennt [...] genau dann, wenn mindestens einer der beiden Schalter 1 oder 2 geschlossen ist"." (W. Stegmüller 1969: 608, 1983: 729)

Diese Entsprechungsthese hat also ihre wesentliche Basis in der Booleschen Funktion. Demnach ist besonders zu untersuchen, was jeweils die Formalisierung durch eine zweiwertige Funktion leistet. Hierfür ist die zweiwertige Wahrheitsfunktion von der zweiwertigen Schaltfunktion zu unterscheiden. Die zweiwertige Wahrheitsfunktion ist daraufhin zu analysieren, inwiefern sie geistige Leistungen, wie sie in umgangssprachlichen Junktoren von Aussagen zum Ausdruck kommen, hinreichend adäquat wiedergeben. Hinsichtlich der zweiwertigen Schaltfunktionen ist zu fragen, ob sie die zuordenbaren technischen Schaltungen ebenfalls hinreichend adäquat repräsentieren. Auch ist zu fragen, inwiefern der Entsprechungsgedanke von der Wahrheitsfunktion über die Boolesche Funktion hin zur Schaltfunktion erhalten bleibt.[7] Dieser Fragezusammenhang, ob höhere geistige Leistungen in technischen Schaltungen mit Hilfe der modernen Aussagenlogik und Schaltalgebra simuliert bzw. objektiviert oder angewandt werden können, läßt sich mit folgendem Schaubild zusammenfassen:

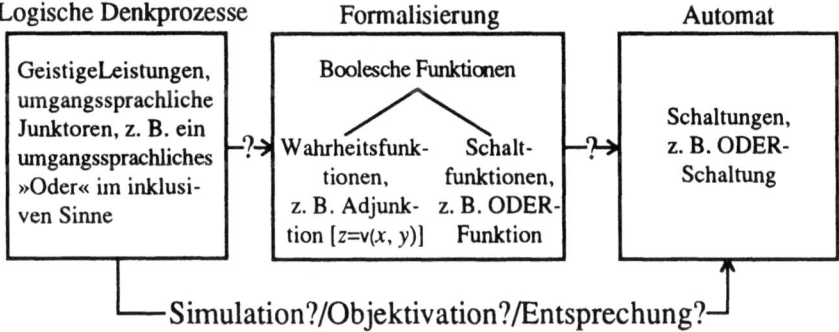

2. Erwägungs-»Oder«

Die Entsprechungsthese erhält ihr einigendes Band dadurch, daß abstrakt von einer Funktion ($z=f(x, y)$) ausgegangen wird, deren Funktions- und Argumentwerte jeweils nur zwei Ausprägungen haben können. Doch was durch dieses einigende Band vermittelt werden soll, ist von Stegmüller spezifischer angegeben worden: "Seit es geglückt war, die logischen Denkprozesse zu formalisieren, bestand die prinzipielle Möglichkeit, sie durch geeignete Automaten nachzuvollziehen" (s. o.). Demnach ist auf das Dreierverhältnis *logische Denkprozesse - Formalisierung - Automat* (bzw. Schaltungen mit binären Eingangs- und Ausgangsgrößen) unter dem Aspekt der Entsprechung näher einzugehen.

Um die Vergleichbarkeit zu erhöhen, soll der Gegenstandsbereich für eine Aussage mit dem für eine technische Schaltung übereinstimmen. Als Ersatz für eine solche Schaltung mag das oben angegebene Schaltbild dienen. Es repräsentiert eine ODER-Schaltung eines Stromkreises. Hier sollen zu einer solchen Schaltung zwei umgangssprachliche »Oder«-Aussagen diskutiert werden: Die erste Aussage (A_1) lautet: "Jetzt *ist* der Schalter 1 geschlossen oder auch jetzt *ist* der Schalter 2 geschlossen." Diese Aussage mag eine Antwort auf die Frage (F_1) sein, in welchem Schaltzustand sich der Stromkreis jetzt befindet, wenn die Lampe leuchtet. Die zweite Aussage (A_2) lautet: "Schalter 1 *kann* geschlossen sein oder auch Schalter 2 *kann* geschlossen sein." Diese Aussage mag eine Antwort auf die Frage (F_2) sein, in welchen Schaltzuständen der Stromkreis sein kann, wenn die Lampe leuchtet. Die Fähigkeit, solche Aussagen zu formulieren und zu verstehen, gehört dem Bereich an, den Stegmüller durch den Ausdruck "höhere geistige Leistungen" umschrieben hat, und der zu logischen Denkprozessen fähig ist.

Nutzt man nun die moderne Aussagenlogik zur Analyse der Aussagen A_1 und A_2, dann sind beide molekularen Aussagen aus atomaren zusammengesetzt und der verknüpfende Funktor ist der Adjunktor. Kürzt man die Teilsätze der Aussage A_1 durch "S_m" und "S_n" ab, dann läßt sich folgende Wahrheitstabelle angeben:

S_m	S_n	$S_m \lor S_n$
w	w	w
w	f	w
f	w	w
f	f	f

Eine derartige Wahrheitstabelle führt Bedingungen für die Funktion $z=f(x, y)$ als Wahrheitsfunktion an. In diesem Falle gibt die Wahrheitstabelle die Bedingungen für $z=v(x, y)$ (bzw. $z=(x \lor y)$) wieder. Ist man nun der Meinung, daß in technischen ODER-Schaltungen logische Denkprozesse simuliert oder objektiviert werden, dann ist der Übergang von den »höheren geistigen

Leistungen« zu ihrer Formalisierung unter der Frage zu untersuchen, was auf dem Weg der Formalisierung fortfällt und was bleibt. Allgemein ist zu fragen: In welchem Ausmaß geben Formalisierungen die »höheren geistigen Leistungen« als »logische Denkprozesse« wieder? Denn sollte im äußersten Falle die Formalisierung keine »logischen Denkprozesse« bewahren, wäre hier schon die Beweiskette unterbrochen, die argumentieren ließe, daß in technischen Schaltungen »logische Denkprozesse« simuliert würden. Nun sollen Komponenten des üblichen Gebrauchs der Junktoren in der jeweiligen wahrheitsfunktionalen Fassung fortfallen.[8] Demnach wäre es für eine ausführliche Untersuchung wichtig, vor aller Formalisierung die Komponenten herauszuarbeiten, die als unabdingbar für das jeweilige Verständnis der umgangssprachlichen Junktoren sind.

Die Wahrheitswerte, das Wahre (w) und das Falsche (f), werden in der modernen aussagenlogischen Literatur hinsichtlich der Wahrheitsangaben mit umgangsprachlichen Aussagen intuitiv eingeführt. Atomare Sätze wie "Jetzt ist der Schalter 1 geschlossen" oder "Jetzt ist der Schalter 2 geschlossen" sind je nach Schaltungszustand wahr oder falsch. Dies bringt zunächst intuitiv keine Schwierigkeiten, wenn "wahr" und "falsch" in der wahrheitsfunktionalen Fassung durch die Wahrheitswerte w und f ersetzt werden. Nun werden Junktoren in der wahrheitsfunktionalen Behandlung zu Funktoren, wodurch sich den Argumentwerten der atomaren Aussagen weitere Wahrheitswerte als Funktionswerte zuordnen lassen. Erst hierdurch wird z. B. ein spezifisches umgangssprachliches »Oder« zum wahrheitsfunktionalen Adjunktor (»v«). Wenn wahrheitsfunktional das aussagenlogische »v« durch Wahrheitswerte definiert wird, dann ist zu fragen, ob sich auch das umgangssprachliche »Oder« durch Wahrheits- bzw. Falschheitsangaben bestimmen läßt.

Zunächst ist diese Frage für die Aussage A_1 zu bedenken: "Jetzt *ist* der Schalter 1 geschlossen oder auch jetzt *ist* der Schalter 2 geschlossen." Eine solche Aussage erscheint nur sinnvoll, wenn man nicht weiß, was gerade der Fall ist. Es wird angenommen, daß das eine und das andere bzw. nur eines von beiden vorkommt; daß beides nicht zutrifft, wird ausgeschlossen. Diese umgangssprachliche »Oder«-Aussage geht also davon aus, daß von vier zu erwägenden *Alternativen* drei als potentielle Lösungen in Betracht zu ziehen sind (*Erwägungs-»Oder«*). Das »Oder« drückt hier ein *Nichtwissen* aus, weil von drei zu erwägenden Alternativen keine als Lösung ausgezeichnet werden kann. Allein für die ausgeschlossene Möglichkeit mag Wissen vorliegen. Auch dann, wenn man vom Wissen oder Nichtwissen des Menschen und somit von dieser epistemischen Komponente absehen wollte, könnte man kein derartiges »Oder«

bilden, ohne den Satz vom Widerspruch zu verletzen. Denn eine jede wahre Aussage schlösse die anderen beiden Alternativen zu ihr aus. Diese beiden Alternativen würden im Widerspruch zu der wahren Alternative stehen. Da aber bei einem derartigen umgangssprachlichen »Oder« die *Alternativen gleichberechtigt* sind und hierdurch das »Oder« konstituieren, schließt ein solches »Oder« Wahrheit aus. Wenn eine Alternative wahr ist, kann sie deshalb kein Bestandteil einer solchen »Oder«-Aussage sein. Ein »Oder«, wie es in der A_1-Aussage zur Sprache kommt, hat selbst mit Wahrheit und Falschheit nichts zu tun und ist insofern durch keine Wahrheits- bzw. Falschheitsverhältnisse zu bestimmen.[9] Die oben angegebene Wahrheitstabelle ist also nicht richtig, wenn sie als Destillat diesem umgangssprachlichen »Oder« zurechenbar sein soll.

Würde man den Bereich »höherer geistiger Leistungen«, wie sie in der Umgangssprache zum Ausdruck kommen, mit dem Bereich der aussagenlogischen Wahrheitsfunktionen vermengen, könnte man hinsichtlich des »Oders« der A_1-Aussage paradox formulieren: Wahrheitswerte, die die Adjunktion erfüllen, erfüllen sie dadurch, daß sie diese hinfällig machen und hierdurch zugleich nicht erfüllen.

3. ODER-Schaltung und Erwägungs-»Oder«

Selbst dann, wenn der Zusammenhang zwischen Wahrheitsfunktion und Aussage nicht derart falsch wäre, wie es im 2. Abschnitt hinsichtlich des »Oders« für die A_1-Aussage dargelegt worden ist, wäre hierdurch die Entsprechungsthese noch keineswegs gesichert. Denn auch der Zusammenhang zwischen Schaltfunktion und Schaltung wäre daraufhin zu untersuchen, was in der Schaltfunktion noch von der Schaltung repräsentiert wird. Aus diesen Überlegungen heraus soll daher nun das Verhältnis zwischen ODER-Schaltung und ODER-Funktion bedacht werden.

Eine Wahrheitsfunktion ist erfüllt, wenn für eine Einsetzung der Argumentwerte der Funktionswert des Wahren zuordenbar ist. Wenn jemand also sagt: "Jetzt ist der Schalter 1 geschlossen oder es ist jetzt der Schalter 2 geschlossen", dann ist wahrheitsfunktional die Aussage erfüllt, wenn Schalter 1 und nicht Schalter 2 geschlossen sind. Die beiden anderen Alternativen des inklusiven »Oders« spielen wahrheitsfunktional bei dieser Erfüllung keine Rolle, das heißt, sie müssen nicht erfüllt werden.[10] Hinsichtlich der Aussage "Jetzt ist der Schalter 1 geschlossen oder es ist jetzt der Schalter 2 geschlossen" soll und kann hier daher von den drei alternativen Erwägungen nur eine als wahr zutreffen.

Untersucht man unter dem Aspekt der Erfüllung die ODER-Funktion, dann wird deutlich, daß hier die Funktion (z=f(x, y)) anders verwendet wird. Eine ODER-Schaltung liegt nur dann vor, wenn hinsichtlich der Funktion *alle* Argumentwerte auch faktisch vorliegen *können*, die den Funktionswert 1 ergeben und die Schaltfunktion insofern »erfüllen«: Alle »Erfüllungsmöglichkeiten« müssen auch den tatsächlichen Möglichkeiten der Schaltungen entsprechen (*Exhaustion der Funktion*), die allerdings nur zu verschiedenen Zeiten vorliegen könnnen. Mit der Exhaustion der Funktion geht einher, daß zu den jeweils vorliegenden Schaltzuständen die alternativen Schaltzustände *Dispositionen* sind. Dagegen sind die Alternativen des umgangssprachlichen »Oder«-Gebrauchs gleichzeitig vorhanden und damit *aktual* (manifest), präsent. Gerade die Aktualität der Alternativen des »Oders« der A_1-Aussage bringt es mit sich, daß dieses »Oder« allein Erwägungen ausdrückt. Dieses »Oder« wird hinfällig, wenn der Erwägungsstatus durch Wahrheit aufgehoben wird, und kann insofern also nicht mit Hilfe einer Wahrheitsfunktion expliziert werden.

Wenn eine Alternative im umgangssprachlichen »Oder«-Gebrauch der A_1-Aussage bestätigt wird, dann werden die anderen Erwägungsalternativen widerlegt. Die entsprechenden Werte sind für die Wahrheitsfunktion nur fiktiv durchzuspielen.[11] Ein vorliegender Schaltungszustand »widerlegt« nicht die dispositionellen Alternativen; sie bleiben weiterhin möglich. Die entsprechenden Werte für Schaltzustände sind fiktiv *und* real durchzuspielen. Aktualität und Disposition der Alternativen kommen in den Wahrheits- und Schaltfunktionen nicht zum Ausdruck.

Da bei der Schaltfunktion gegenüber der wahrheitsfunktionalen Verwendung hinsichtlich der Funktionsangabe keine neuartige Komponente hinzukommt, gibt die Schaltfunktion nicht an, daß alle »Erfüllungen« vorkommen können müssen. Diese Bedingung ist ein *Zusatz zu der Funktion*. Eine ODER-Schaltung wird deshalb nicht hinreichend durch ihre ODER-Funktion charakterisiert.

Zusammenfassend läßt sich festhalten, daß es in der Kette der Vermittlung vom logischen Denken über die Formalisierung bis zur Schaltung und umgekehrt hinsichtlich der Objektivation des »Oders« (der A_1-Aussage) einen doppelten Bruch gibt, weil einerseits in der Wahrheitsfunktion die Alternativen nicht präsent gehalten werden können und weil andererseits in der Schaltfunktion die Dispositionen nicht ausgeschöpft werden müssen.

4. ODER-Schaltung und Lösungs-»Oder«

Nun drückt die Aussage A_2 "Schalter 1 *kann* geschlossen sein oder auch Schalter 2 *kann* geschlossen sein" Dispositionen der ODER-Schaltung aus. Bedenkt man diese »Oder«-Aussage im Zusammenhang mit der von ihr betroffenen ODER-Schaltung, dann sind Arten von Alternativen zu unterscheiden. Will man die Aussage A_2 verstehen, dann müssen die Alternativen, die das »Oder« verknüpft, präsent sein. Die präsenten Aussagen-Alternativen werden auf die Schaltung derart bezogen, daß mit Hilfe der präsenten Aussagen-Alternativen zu jeweils einer bestimmten manifesten Schaltungs-Alternative die dispositionellen Schaltungs-Alternativen mitgedacht werden können.

Im Unterschied zu dem »Oder« der A_1-Aussage werden demnach in der A_2-Aussage präsente Alternativen durch die je tatsächlich bestätigte Alternative nicht widerlegt. Das »Oder« der A_2-Aussage wird auch nicht hinfällig, wenn eine vorliegende Alternative bestätigt wird. Es bündelt nicht Erwägungsalternativen zu einem Erwägungs-»Oder«, sondern hält die Alternativen, die Dispositionen angeben, in *einer* Lösung präsent (*Lösungs-»Oder«*). Es ist zu fragen, ob das Lösungs-»Oder« durch eine Wahrheitsfunktion formalisiert werden kann.

Dadurch, daß das Lösungs-»Oder« eine Lösung ist, die aus mehreren Alternativen besteht, sind und bleiben *alle* Alternativen relevant. Es erhält seine Gültigkeit nicht dadurch, daß bloß *eine* Alternative bestätigt wird. Da aber die Wahrheitsfunktion durch *eine* der alternativen Argumentwerte erfüllt werden kann, ist hier die Problemlage ähnlich wie bei der ODER-Schaltfunktion. Die Funktion wäre auch hier wieder ohne Exhaustion der Erfüllungsmöglichkeiten erfüllt.

Will man der A_2-Aussage "Wahrheit" zusprechen, dann ist die *Gesamtheit* der alternativen Zurechnungen "wahr" zu nennen. Eine einzelne zurechenbare Alternative aus dieser Gesamtheit ist dann nicht wahr, aber auch nicht falsch, denn das würde diese »Oder«-Aussage verfehlen. Es ist also deutlich die einzelne Feststellung über den jeweiligen Schaltzustand (z. B.: "Jetzt ist der Schalter 1 geschlossen und jetzt ist der Schalter 2 nicht geschlossen.") von der gesamten A_2-Aussage zu trennen. Solche Feststellungen mögen die A_2-Aussage bestätigen, können sie aber nicht ersetzen. Das »Oder« der A_2-Aussage ist also nicht mit Hilfe einer Wahrheitsfunktion zu formalisieren, weil die Wahrheitsfunktion die Berücksichtigung von Alternativen in ihrer Gesamtheit nicht als Geltungsbedingung besitzt, sondern durch die Einsetzung einer Wahrheitswertkombination erfüllt ist, also der Molekularaussage "Wahrheit" zugesprochen wird. Hierdurch liegt eine *einseitige* Festlegung des Gebrauchs von "Wahrheit" im Umgang mit Alternativen vor.[12]

5. Mängel durch die funktionale Behandlung von Alternativen

Angenommen, die vorangegangenen Überlegungen würden eingehender Kritik über Verbesserungen hinweg standhalten, dann ist es wenig plausibel, daß in den hier zur Diskussion stehenden technischen Schaltungen logische Denkprozesse simuliert werden.[13] Denn es werden weder das Erwägungs- und das Lösungs-»Oder« noch die ODER-Schaltung in ihren jeweiligen Funktionen angemessen formalisiert. Hierdurch entstehen Vermittlungsbrüche, die eine Argumentation für eine Entsprechungsthese verhindern. Allerdings ist der Mangel auf der Seite der Schaltung nur dann ein Mangel, wenn man den Anspruch erhebt, daß in der Formalisierung der Dispositionscharakter wiedergegeben werden soll. Erheblicher ist dagegen der Mangel auf der Aussagenseite: Die A_1-Aussage hat mit Wahrheit nichts zu tun. Insofern liegt eine Themenverfehlung vor. Der A_2-Aussage könnte man zwar "Wahrheit" zusprechen, aber dann müßte man diese auf die Gesamtheit der Alternativen beziehen, was wahrheitsfunktional nicht erfaßbar ist.

Nun wurden die Erörterungen allein am Beispiel des »Oders« entwickelt. Lassen sich die Überlegungen verallgemeinern?

Das Erwägungs-»Oder« ist deswegen mit einer Wahrheitsfunktion nicht formalisierbar, weil Wahrheit eine Erwägung hinfällig macht. Alle Junktoren, die Erwägungen ausdrücken, können demnach nicht mit Hilfe von Wahrheitsfunktionen formalisiert werden.

Dem Lösungs-»Oder« mag man zwar "Wahrheit" zusprechen, aber nicht den einzelnen Alternativen, sondern der Gesamtheit der zurechenbaren Alternativen, wodurch ebenfalls keine wahrheitsfunktionale Formalisierung möglich ist. Junktoren, die Gegenstandsbereichen zurechenbare Aussagen-Alternativen bündeln, sind nicht wahrheitsfunktional formalisierbar, weil wahrheitsfunktional eine Funktion als erfüllt gilt, wenn zu *einer* Aussagen-Alternative der Funktionswert des Wahren zuordenbar ist. Wahrheitsfunktionen sind also nur ohne Berücksichtigung der Aussagen-Alternativen erfüllbar, wenngleich der Funktionswert "in jedem Fall durch den Wahrheitswert der Bestandteile bestimmt ist" (W. V. O. Quine 1974: 33).

Die Formalisierung durch Boolesche Funktionen läßt die jeweilige Gesamtheit der Alternativen bei der Einsetzung der Werte außer acht.[14] Hierdurch wird es möglich, den Umgang mit Alternativen ohne Kontrolle zu lassen. Diese Kontrolle ist aber konstitutiv für ein Verständnis der entsprechenden Junktoren.

Anmerkungen

1 Vgl. F. L. Bauer 1990 und A. W. und A. R. Burks 1988. Von einer einseitigen Abhängigkeit in dem Sinne, daß die Aussagenlogik vorgelegen habe und dann erst eine »Objektivation« in Schaltungen möglich wurde, kann allerdings nicht ausgegangen werden. Vielmehr wurden Schaltungen auch unabhängig von einem Kontakt zur mathematischen Logik entwickelt, wie die Arbeit der beiden Burks deutlich macht.

2 Aussagen sind in der Geschichte verschieden logisch behandelt worden (vgl. z. B. M. Maróth 1989). Die moderne, mathematisch orientierte Fassung ist also nur eine Variante. Ein distanziert-systematischer und erwägender Vergleich zwischen den verschiedenen Varianten ist uns nicht bekannt.

3 H. Frank 1966: 67 f.

4 G. Klaus 1973: 147 ff. Für Klaus hatte die "technische Realisierung der Logik" allerdings "ihre Besonderheiten". Denn sie "ist nicht einfach eine Anwendung der Logik auf die Technik, so, wie wir etwa von einer Anwendung der theoretischen Physik in den technischen Wissenschaften sprechen. In letzterem Falle nützen wir bestimmte Naturerkenntnisse für unsere Zwecke aus. Bei der technischen Realisierung der Logik aber "entäußern" wir unseren Geist selbst in die Natur" (160). Klaus erhoffte sich von derartiger Anwendung eine Befreiung des Menschen "von der schematischen geistigen Arbeit" und eine Freisetzung "für die schöpferische geistige Arbeit" (161). Derartige Zitate machen deutlich, wie die Frage nach der Möglichkeit der Simulation, Objektivation oder Anwendung der Logik mit dem psychophysischen Problem zusammenhängt.

5 Wenn Logisches nicht der empirischen Welt angehört, sondern einem besonderen Reich der Wahrheit, wie es z. B. G. Frege (1986: 42 ff.) angenommen hat, dann ergibt sich die Frage, ob auch Objektivationen bzw. Simulationen aus diesem Bereich in das Materielle möglich sind. Allgemein ist zu fragen, für welche Seinsbereiche Entsprechungsthesen aufstellbar sind.

6 "Diese Modelle dienen nur zur Veranschaulichung der prinzipiellen Möglichkeit des Simulierens logischer Operationen durch Automaten. Bei dem heute erreichten Stand der Technik werden die entsprechenden Systeme nicht aus Schaltern und Relais gebildet, sondern bestehen aus sogenannten elektronischen Schaltelementen" (W. Stegmüller 1969: 610, 1983: 731).

7 Wenn die Boolesche Funktion die Ebene ist, auf der der Entsprechungsgedanke zu verorten ist, dann wäre eigentlich allein von ihr aus und nicht auf der Ebene der Konkretionen von Wahrheitsfunktion und Schaltfunktion zu argumentieren. Wenn allerdings schon auf der konkreteren Ebene keine adäquate Vermittlung zwischen den jeweiligen Komponenten aus

umgangssprachlichen Junktoren und wahrheitsfunktionalen Funktoren sowie Schaltungen und Schaltfunktionen möglich ist, was wir in dieser Arbeit zeigen wollen, dann genügt eine Kritik schon hier.

8 "Als die Schöpfer der modernen Logik das Wort *"oder"* in ihre Überlegungen einbezogen, wollten sie, vielleicht unbewußt, seine Bedeutung vereinfachen und klarer machen. Die Bedeutung sollte frei werden von allen psychologischen Begleitumständen, insbesondere von jeglichem Wissen oder Nichtwissen." (A. Tarski 1977: 35) Bei I. M. Bochenski und A. Menne (1983) liest man: "Solche logischen Analysen und Präzisierungen der Sprache sollte man nicht Verrenkungen oder Vergewaltigungen nennen, sondern Veredlungen, denn sie erhellen ja die geistigen Konturen der Sprache." (18)
Die Überlegungen dieser Arbeit problematisieren nicht, inwiefern die "sprachlichen Aussagen-Verknüpfungen [...] Verknüpfungen der Aussagen selbst, nicht ihrer Wahrheitswerte" seien (D. Hilbert/P. Bernays 1968: 47 Anm. 1). Vielmehr sollen die Wahrheitswerte Thema sein. Deren Behandlung mit Hilfe von Wahrheitsfunktionen ist zu diskutieren. Das setzt voraus, daß man hierbei auch an Wahrheit bzw. Falschheit denkt, wobei es hier unerheblich bleiben soll, welcher Wahrheitstheorie man anhängt, und daß man nicht bloß abstrakt irgendwelche dualen Werte meint, die man »zufällig« mit "w" und "f" ausdrückt. Wie immer man die Ansprüche, die mit der modernen Aussagenlogik verbunden werden, zurücknimmt - etwa indem man die umgangssprachlichen Beispiele nur als didaktische Hilfsmittel auffaßt -, solange die dualen Werte als Wahrheitswerte gefaßt werden, bleibt der Kern der Aussagenlogik in seiner wahrheitsfunktionalen Variante erhalten. Diese Wahrheitswerte sind Thema unserer Arbeit.

9 Wollte man diesen mehr intuitiven Befund theoretisieren, müßte man die klassische Aussagenlogik verlassen und ein anderes theoretisches Konzept verwenden. Würde man ein entscheidungstheoretisches Konzept verwenden, dann könnte man formulieren: Dieses »Oder« gehört der Erwägung von Alternativen an und nicht einer Lösung, der man Wahrheit zurechnen kann (vgl. W. Loh 1990). Die retrospektive Bestätigung, daß die »Oder«-Aussage insofern angemessen war, als sie auch die Alternative umfaßte, von der nun gesagt wird, daß sie zutrifft, ist nicht zu verwechseln mit demjenigen aussagenlogischen Umgang mit Wahrheitswerten, durch den ein »Oder«-Funktor definiert wird.

10 Hier setzte H. Reichenbach (1966: 27 ff.) mit seinen Überlegungen zu einer konnektiven Aussagenlogik an; vgl. auch die Bemerkung von A. Oberschelp (1992: 45) zum Folgerungsbegriff.

11 "Truth-conditions circumscribe potentialities or possibilities for the truth (and falsity) of sentences; indeed, truth-conditions are naturally described as truth-possibilities." (G. P. Baker/P. M. S. Hacker 1984: 157; vgl. auch E. Stenius 1969: 196 f.)

12 Demnach kann man zwei Arten der Wahrheitskonzeption unterscheiden. Einmal wird Wahrheit durch einen exklusiven Gebrauch der Alternativen - wie in der klassischen Aussagenlogik - und zum anderen wird sie hinsichtlich einer inklusiven Verwendung von Alternativen bestimmt. Schließlich ist auch eine Kombination beider Möglichkeiten zu bedenken.

13 Einmal abgesehen von der in dieser Arbeit dargelegten Kritik wäre zu fragen, ob nicht auch die Repräsentationsfähigkeit simuliert werden müßte. Die Variablen für Wahrheitswerte lassen sich als Variablen für Repräsentationskonstellationen auffassen, während die Variablen für technische Werte Gegenstände betreffen, die (hier) nicht Repräsentationskonstellationen sind.

14 Den grundlegenden Unterschied zwischen Wahrheitsfunktionen und anderen Booleschen Funktionen kann man auch hinsichtlich der Einsetzung in die Variablen formulieren: Die Einsetzung von Wahrheitswerten in die Variablen hat unmittelbare Folgen für die gerade nicht eingesetzten Wahrheitswerte, während bei anderen Booleschen Funktionen - wie z. B. Schaltfunktionen - die Einsetzung von Werten keine unmittelbare Folge für die anderen Werte hat. Die anderen Einsetzungsmöglichkeiten müssen bei der Wahrheitsfunktion berücksichtigt werden, während dies bei der Schaltfunktion nicht notwendig ist. Deswegen kann man auch mit der Schaltalgebra sinnvoll arbeiten. Der Vergleich läßt sich zuspitzen,

denn wäre die Schaltung eine Objektivation, z. B. eines Erwägungs-»Oders«, dann müßte sie sich im »Erfüllungsfalle« selbst zerstören.

Literatur

Baker, Gordon P./Hacker, Peter M. S.: Language, Sense and Nonsense. Oxford 1984.

Bauer, Friedrich L.: Kurzer Abriß der Geschichte der Informatik 1890-1990. In: Fischer, Gerd/Hirzebruch, Friedrich/Scharlau, Winfried/Törnig, Willi (Hg.): Ein Jahrhundert Mathematik 1890-1990. Braunschweig/Wiesbaden 1990.

Bochenski, Joseph Maria/Menne, Albert: Grundriß der formalen Logik. Paderborn ⁵1983.

Burks, Arthur W./Burks, Alice R.: The History of Early Computer Switching. Grazer Philosophische Studien 32(1988)3-36.

Frank, Helmar: Kybernetik und Philosophie. Berlin 1966.

Frege, Gottlob: Logische Untersuchungen. Göttingen ³1986.

Hilbert, David/Bernays, Paul: Grundlagen der Mathematik I. Berlin/Heidelberg/New York ²1968.

Klaus, Georg: Moderne Logik. Berlin ⁷1973.

Loh, Werner: Logische Konstanten als Ausdruck von Entscheidungsverhältnissen und Ontologie. Arbeitspapier der »Forschungsgruppe Erwägungskultur«, Universität-GH Paderborn 1990 (eine gekürzte Fassung ist in der Zeitschrift für philosophische Forschung 47(1993)588-605 erschienen).

Maróth, Mikós: Ibn Sina und die peripatetische "Aussagenlogik". Leiden/New York/Kopenhagen/Köln 1989.

Oberschelp, Arnold: Logik für Philosophen. Mannheim/Leipzig/Wien/Zürich 1992.

Quine, Willard Van Orman: Grundzüge der Logik. Frankfurt am Main 1974.

Reichenbach, Hans: Elements of Symbolic Logic. New York/London ²1966.

Stegmüller, Wolfgang: Wissenschaftliche Erklärung und Begründung. Berlin/Heidelberg/New York 1969.

Stegmüller, Wolfgang: Erklärung Begründung Kausalität. Berlin/Heidelberg/New York ²1983.

Stenius, Erik: Wittgensteins Traktat. Frankfurt am Main 1969.

Tarski, Alfred: Einführung in die mathematische Logik. Göttingen ⁵1977.

Erwägen von Alternativen[1] und Wissenschaft

Bettina Blanck

1. Problementfaltung

Geht man davon aus, daß in den Wissenschaften zu jeweiligen Problemen bestmögliche Lösungen gefunden werden sollen, so stellt sich u. a. die Frage, wie man zu solchen Lösungen gelangen kann und wie diese zu begründen sind. In verschiedenen wissenschaftstheoretischen Arbeiten werden Alternativen als relevant für wissenschaftliche Forschungsprozesse erachtet. Gemeinsam scheint diesen Einschätzungen, daß das Vorliegen von Alternativen zu einem jeweiligen Problem als Konkurrenz betrachtet wird. Unterschiedliche Einschätzungen lassen sich hinsichtlich des spezifisch konkurrierenden Umgangs mit Alternativen feststellen. Eine Frage in diesem Zusammenhang ist, ob die Konkurrenz von Alternativen so ausgerichtet sein sollte, daß Alternativen, die als "unsinnig", "widerlegt" oder als "überwunden" gelten, eliminiert werden sollten. Bedenkt man die Argumente, die gegen eine Elimination von "unterlegenen" Alternativen sprechen, so läßt sich eine Möglichkeit entdecken, wie Alternativen für eine möglichst optimale Begründbarkeit von jeweiligen vorläufigen Problemlösungen genutzt werden könnten, indem neben der Ebene der Konkurrenz eine Ebene der Integration mit einem spezifisch erwägenden Umgang mit Alternativen institutionalisiert würde.

2. Konkurrenz von Alternativen in Forschungsprozessen

Über den genauen Ablauf von Forschungsprozessen und die Möglichkeit der Bestimmung von Fortschritten gibt es unterschiedliche Positionen. Insofern WissenschaftlerInnen aber gemeinsam die Zielsetzung haben, von Nicht-Wissen oder geringem Wissen zu (vorläufigem bzw. mehr) Wissen zu gelangen, wird die Konkurrenz von Alternativen als relevant eingeschätzt. Die Konkurrenz von Alternativen soll dazu beitragen helfen, zu möglichst "guten" und gegenüber der Kritik von anderen Positionen aus "bewährten" Lösungen zu

gelangen. "Vorschnelle" Lösungen, die vorurteilshaft oder dogmatisch sein
können, sollen so verhindert werden. So schreibt z. B. Hans Albert: "Wer also
danach strebt, die bestmögliche Lösung zu erreichen, hat Anlaß, *niemals* eine
gegebene Lösung gegen Kritik zu *immunisieren* und dadurch zu *dogmatisie-
ren"* (Hans Albert 1987: 88; s. auch Albert 1980: 43). Für Paul K. Feyerabend
"ist der Wettstreit der Theorien - oder, weniger platonisch gesprochen, die
Diskussion von Alternativen durch individuelle Wissenschaftler, Philosophen,
Politiker usw. - die Ursache, die allmähliche Verbesserung aller Theorien wie
auch des Bewußtseins der Mitwirkenden die Wirkung" (1981: 131). Und nach
Karl R. Popper ist die " Wissenschaft, und insbesondere der wissenschaftliche
Fortschritt, (...) nicht das Ergebnis isolierter Leistungen, sondern der *freien
Konkurrenz der Gedanken.* Denn die Wissenschaft braucht immer mehr
Konkurrenz zwischen Hypothesen und immer rigorosere Prüfungen" (1979:
121; s. auch Popper 1984: 224 Anm. 2).[2]

3. Aspekte der Gestaltung der Konkurrenz und Probleme bei der Entscheidung zwischen Alternativen

Hinsichtlich der Gestaltung der Konkurrenz und der Entscheidung zwischen
Alternativen gibt es unterschiedliche Ansichten, die sich aber kaum als
explizite Alternativen im Umgang mit Alternativen darstellen. Diese mangelnden Klärungen führen u. a. zu folgenden Fragen:

a) Sind Alternativen immer gleichermaßen wichtig oder eher nur bei Unzufriedenheit und Kritik an einer bestimmten Position bzw. einem bestimmten
Forschungsstand notwendig? Gernot Böhme z.B. scheint eher letzteres zu
meinen, wenn er schreibt: "Die Kritik an der herrschenden Wissenschaft ist das
Motiv für die Suche nach Alternativen" (1980: 15).

b) Soll die Konkurrenz zwischen Alternativen so früh wie möglich beginnen
oder soll man neuen Alternativen erst einmal eine Schonfrist einräumen, in der
sie sich entwickeln können, bevor sie sich der Konkurrenz stellen müssen? Imre
Lakatos beispielsweise hält beide Aspekte für relevant. Einerseits vermutet er,
daß, je *"früher der Wettstreit* (zwischen verschiedenen Forschungsprogram-
men; B.B.) *beginnt, desto besser ist es für den Fortschritt"* (1982: 68).
Andererseits hält er es für *"nicht ratsam, ein in frühem Wachstum begriffenes
Forschungsprogramm schon darum beiseite zu schieben, weil es ihm nicht
gelungen ist, einen mächtigen Rivalen zu überholen. (...) Ein junges Forschungsprogramm, das sich rational als eine progressive Problemverschie-*

bung rekonstruieren läßt, sollte für eine Weile vor einem mächtigen etablierten Rivalen geschützt werden" (1982:70).

c) Sollten konkurrierende Alternativen nicht nur durch verschiedene Personen, also sozial verteilt, vertreten, sondern auch von einzelnen Personen repräsentiert werden? Je ausgeprägter die Konkurrenz bzw. der Wettbewerb ist, umso eher kann Alternativenkonkurrenz zu einem regelrechten Kampf zwischen VertreterInnen verschiedener Positionen werden, die ihrer jeweiligen Position zum "Siege" verhelfen wollen, vor allem, wenn eine starke Identifikation mit der entsprechenden Position besteht. Wie weit eine solche Identifikation gehen kann, hat Thomas S. Kuhn sehr deutlich beschrieben: "Gefahr für die Theorie ist daher Gefahr für das wissenschaftliche Leben, und obwohl die Wissenschaft durch solche Gefährdungen Fortschritte macht, übersieht sie der einzelne Wissenschaftler, solange er nur kann. Das tut er besonders dann, wenn ihn seine eigene bisherige Tätigkeit bereits auf die Verwendung der bedrohten Theorie festgelegt hat" (1978: 283). Die Befürchtung, daß derartige Konkurrenz bei einzelnen WissenschaftlerInnen zu einer Kritikimmunisierung ihrer jeweiligen Position führen könnte, mag die Forderung nach einer breiten sozialen Verteilung der Alternativen und einer institutionellen Absicherung der Alternativenkonkurrenz begründen. So schreibt z. B. Popper: "Und die konkurrierenden Hypothesen müssen durch Personen vertreten werden: sie brauchen Anwälte, Geschworene und sogar ein Publikum. Diese persönliche Vertretung muß institutionell organisiert werden, wenn sie verläßlich funktionieren soll. Und diese Institutionen müssen unterhalten und gesetzlich geschützt werden. Letztlich hängt der Fortschritt in sehr hohem Maße von politischen Faktoren ab, von politischen Institutionen, welche die Gedankenfreiheit garantieren: von der Demokratie" (1979: 121; s. auch Albert 1987: 175). Neben demokratischen Verhältnissen werden von anderen Autoren Zeit und Geld als weitere wichtige Voraussetzungen für Alternativenkonkurrenz genannt. Nach Albert kommt der "Tatbestand der Knappheit (...) überdies insofern ins Spiel, als die Suche nach Alternativen nicht unbegrenzt fortgesetzt werden kann" (1978: 30; s. auch Albert 1987: 175).

d) Weitere Probleme, wie sie m. E. aus einem zu wenig geklärten Alternativenbegriff resultieren, sind Fragen der Vergleichbarkeit von Alternativen (Inkommensurabilitätsproblem) oder der Möglichkeit bzw. Unmöglichkeit einer "vollständigen" Erfassung von Alternativen zu einem bestimmten Problem. Gibt es, wie Albert schreibt, "zu jeder Theorie *unendlich viele mögliche Alternativen* und gleichzeitig *unendlich viele mögliche Anomalien* (Gegenbeispiele), so daß die Suche nach geeigneten Problemlösungen nie als abgeschlossen gelten kann" (1987: 88)?[3] Wieso aber sollte man Alternativen eigentlich nicht problemrelativ vollständig, etwa durch ein kombinierendes Vorgehen bestimmen können? Zu klären wäre m. E. hier, welche Funktion die Betonung der Unendlichkeit der Alternativen haben könnte. Soll sie vielleicht einen nie enden könnenden Fortschritt garantieren? Soll mit der Unendlichkeitsthese die Vorläufigkeit aller Entscheidungen, mit der Dogmatismen verhindert werden sollen, belegt werden? Entsteht so aber nicht die Gefahr, Angst vor Wissen zu haben, weil man Dogmatismus befürchtet? Böte die Möglichkeit, Alternativen problemrelativ vollständig anzugeben nicht gerade umgekehrt die Chance, jeweiliges problemrelatives Wissen in seinen Grenzen aufzuzeigen und deutlich von Nicht-Wissen zu unterscheiden?

4. Umgang mit Alternativen nach Abschluß von Konkurrenzen

Wie soll mit den "unterlegenen" Alternativen nach dem (vorläufigen) Abschluß einer Konkurrenz umgegangen werden? Sollten sie "eliminiert" werden oder sollten auch "Verlierer" bewahrt und tradiert werden? Eine Entscheidung hierüber hängt einerseits eng mit dem jeweiligen Fortschrittsverständnis, andererseits mit dem Begründungsanspruch für jeweilige Lösungen zusammen. Je größer die Gewißheit ist, daß es so etwas wie einen steten Fortschritt in dem Sinne gibt, daß ein jeweiliger Forschungsstand "besser" gegenüber seinem Vorgänger ist, umso eher mag es wenig sinnvoll scheinen, sich mit den "überwundenen" Alternativen weiterhin zu belasten.[4] Geht man hingegen wie Lakatos davon aus, "daß auch ein weit zurückgebliebener Gegner noch immer ein Comeback erleben kann" (1974: 283), so mag man zu ganz anderen Schlüssen gelangen: "Kein Vorteil für eine Seite darf jemals als absolut endgültig angesehen werden. Kein Triumph ist unvermeidbar, noch ist die Niederlage eines Programms unvermeidbar. Hartnäckigkeit und Bescheidenheit haben also größeren 'rationalen' Spielraum. *Aber die Liste der Erfolge und der Mißerfolge der konkurrierenden Programme muß aufgezeichnet und zu allen Zeiten öffentlich vorgelegt werden*" (1974: 283).[5] Neben der Unsicherheit, nicht genau zu wissen, ob eine Alternative wirklich endgültig "überwunden" ist, findet man insbesondere bei Feyerabend noch eine andere Überlegung, die gegen die Elimination von widerlegten Alternativen spricht: "Das Prinzip des Pluralismus empfiehlt nicht nur die Erfindung *neuer* Alternativen, es verhindert auch die Ausscheidung *älterer* Theorien, die widerlegt worden sind; denn solche Theorien tragen zum Gehalt ihrer siegreichen Konkurrenten bei" (1981: 130). Während eine Alternativenkonkurrenz, die mit der Elimination von unterlegenen Alternativen verbunden wird, der

Genese von Lösungen zuzurechnen ist, wird im letzten Zitat von Feyerabend auch der Bereich der Geltung angesprochen. Feyerabend selbst schreibt über die Unterscheidung von Genese und Geltung (Entdeckungs- und Rechtfertigungszusammenhang) in bezug auf die Bedeutung von Alternativen: "Sobald man aber erkennt, daß die Widerlegung (und damit auch die Bestätigung) einer Theorie ihre Einbeziehung in eine Familie miteinander unverträglicher Alternativen verlangt, in diesem Augenblick gewinnt die Diskussion dieser Alternativen größte methodologische Bedeutung und sollte auch in die Darstellung der schließlich anerkannten Theorie eingehen. Aus den gleichen Gründen ist eine strenge Betonung des Unterschieds zwischen einem Entdeckungszusammenhang (der Alternativen in Betracht zieht - aber nur auf rein psychologische Weise) und einem Begründungszusammenhang, der nur mehr Theorie und Tatsache untersucht, eine willkürliche und sehr schädliche Einschränkung der wissenschaftlichen Praxis: "psychologische" und "historische" Elemente sind wichtige Bestandteile wissenschaftlicher Prüfverfahren" (1981: 103 Anm. 72).

5. Erwägen von Alternativen als eine institutionalisierte Geltungsbedingung für Lösungsauszeichnungen

In den Wissenschaften gibt es bisher keine Forschungstraditionen, die verfolgen würden, wie Alternativen mit in den Geltungszusammenhang von Lösungen eingebracht werden könnten. Dies ist umso erstaunlicher, weil sich in wissenschaftstheoretischen Arbeiten Argumente für eine Bewahrung von Alternativen nach jeweiligem Abschluß von Konkurrenzen finden lassen. Und im oben angeführten Feyerabend Zitat wird ja sogar die Bedeutung von zu bewahrenden Alternativen für die Geltung einer Lösung angesprochen. Meines Wissens hat Feyerabend diese Überlegung aber nicht weiter ausgeführt. Dabei könnten Alternativen in bezug auf die Geltung von Lösungen wesentlich deren Begründbarkeit verbessern helfen. Denn würden Alternativen nicht nur für die Genese als relevant erachtet, sondern mit zu den Geltungsbedingungen von Lösungen zählen, so gehörte zu einer wissenschaftlich verantwortbaren Bestimmung einer Lösung als die vorerst richtige oder beste, daß die Alternativen, gegenüber denen diese Auszeichnung getroffen wurde, mit angegeben würden. Die Güte der Begründung einer Lösung hinge von der Güte des erwogenen Alternativenspektrums ab. Um so weniger für eine Lösung angegeben werden könnte, gegenüber welchen Alternativen sie ausgewählt wurde und um so weniger für die erwogenen Alternativen gezeigt werden könnte, daß sie einerseits adäquat in bezug auf die Problemstellung (d.h. das lösungsrelevante "richtige" Abstraktionsniveau haben) und andererseits (problemrelativ) vollständig angegeben sind, um so problematischer erschiene eine Behauptung, daß es sich um die vorerst richtige oder beste Lösung handelte. Wäre das möglichst vollständige Erwägen von Alternativen eine institutionalisierte Geltungsbedingung für Lösungen, so bedeutete dies, daß man versuchen müßte, jeweils konkurrierende Alternativen auf einer vergleichenden Erwägungsebene so zu integrieren, daß genauer bestimmbar würde, inwiefern Alternativen vorliegen. Parallel zu sogenannten Forschungsständen von Lösungen (Lösungsforschungsständen) könnte es dann Forschungsstände von Erwägungen (Erwägungsforschungsstände) geben. Neben der Ebene der Konkurrenz von Alternativen müßte eine Ebene der Integration von Alternativen institutionalisiert werden.[6]

6. Ausblick auf Konsequenzen

Würde das Erwägen von Alternativen zu einer Geltungsbedingung wissenschaftlich verantwortbarer Lösungen zählen, so müßten insbesondere Möglichkeiten und Methoden des möglichst vollständigen Erwägens von qualitativen Alternativen und deren Optimierung erforscht werden. Hierzu gibt es meines Wissens bislang keine Wissenschaftstraditionen. Ein wesentliches Forschungsziel wäre, Regeln für den Umgang mit der Vielfalt an jeweiligen Positionen zu einem bestimmten Problem zu entwickeln und neben Lösungsforschungsständen Erwägungsforschungsstände aufzubauen. Die Vermittlung von Erwägungswissen müßte zum Bestandteil der Lehre werden. Auch wissenschaftliche Zeitschriften, die dazu beitragen wollten, Regeln für den Umgang mit jeweiliger Vielfalt an Positionen zu einem Problem zu finden, müßten anders organisiert sein. Die Zeitschrift "Ethik und Sozialwissenschaften" ist ein Forschungsprojekt, das erstmals solche Wege zu beschreiten versucht. Die bisherigen Erfahrungen lassen ahnen, daß eine wissenschaftliche Erwägungskultur auch einen Wandel der Mentalitäten erfordern würde, was vor allem bei sehr grundsätzlichen und kontroversen Problemen deutlich wird. Welchen Wandel der Mentalitäten die Überwindung auch solcher Erwägungsgrenzen bedeuten würde, läßt eine Überlegung von John Stuart Mill ahnen: "Sonderbar ist es, daß die Menschen (und insbesondere WissenschaftlerInnen, B.B.) zwar für freie Diskussion eintreten, aber sich dagegen verwahren, daß die Meinungen bis ins Extrem getrieben werden; sie sehen nicht, daß die Gründe nur dann für zwingend gelten dürfen, wenn sie auch auf die äußersten Fälle angewandt werden dürfen" (1991: 33).[7]

Anmerkungen

1 Im folgenden geht es um das Erwägen von qualitativen Alternativen. Geht man von der verbreiteten Unterscheidung in quantifizierende und qualifizierende Bestimmungen aus, so wäre zu untersuchen, inwiefern die Möglichkeit, Alternativen quantitativ innerhalb jeweiliger Bereiche vollständig bestimmen zu können, als eine Geltungsbedingung für wissenschaftlich begründete Lösungsauszeichnungen genützt wird. Hängt der Erfolg der quantifizierenden Wissenschaften vielleicht sogar damit zusammen, daß zu jeweiligen Problemen die Alternativen quantitativ vollständig angegeben werden können?

2 Auch für Thomas S. Kuhn, der eine Konkurrenz von Alternativen besonders Zeiten außerordentlicher Wissenschaftsphasen, Fortschritte hingegen eher Zeiten normaler Wissenschaftsphasen zuordnet (z. B. 1978: 315 f.; 1981: 89, 174), sind Alternativen auf den Wissenschaftsprozeß insgesamt bezogen relevant. Denn für Kuhn zeichnet sich der Fortgang der Wissenschaften ja gerade durch einen Wechsel von Phasen außerordentlicher und normaler Wissenschaft aus.

3 S. hierzu auch Feyerabend, der die Möglichkeit einer vollständigen Erfassung der Alternativen zu einem Problem verneint, weil dies Allwissenheit voraussetzen würde: "Nun ist es klar, dass kein Physiker jemals *alle* Alternativen eines Experiments untersuchen kann - das würde schließlich Allwissenheit voraussetzen" (1983: 147).

4 Daß Gewißheit über die Richtigkeit bzw. Adäquatheit einer Lösung eine Alternativensuche und die Angabe von jeweils denkbaren Lösungsalternativen überflüssig machen würde, scheint Albert zu meinen, wenn er schreibt, daß für ihn die Ungewißheit über eine absolut sichere Begründung für eine Lösung zu verfügen, Anlaß ist, im Rahmen zu berücksichtigender Kosten nicht aufzuhören, nach Alternativen zu suchen: "Könnten wir unsere Lösungen in dieser Weise sicher begründen, dann würde sich die Suche nach alternativen Lösungen erübrigen und eine vergleichende Bewertung käme kaum in Betracht. Da wir aber heute Anlaß haben anzunehmen, daß auch unsere besten Problemlösungen bestimmte Schwächen haben, die sich über kurz oder lang zeigen werden, daß sie also im Sinne unserer Zielsetzungen und Wertmaßstäbe unvollkommen sind, ist die Suche nach alternativen Lösungen und die vergleichende Bewertung konkurrierender Lösungen eine wichtige Forderung einer adäquaten Konzeption rationaler Praxis, soweit die dabei zu berücksichtigenden Kosten ein solches Verfahren sinnvoll erscheinen lassen" (1978: 26). Im Gegensatz dazu hat Mill Zweifel, ob bei einer Zunahme zweifelsfreien Wissens um Wissen um Alternativen vernachlässigt werden sollte: "Wenn die Menschheit fortschreitet, wird die Zahl der Lehren, über die kein Zweifel mehr besteht, beständig zunehmen, und das Gedeihen der Menschheit kann beinahe bemessen werden nach der Wichtigkeit und Zahl der Wahrheiten, die nicht mehr bezweifelt werden können. (...) Aber obgleich diese gradweise Einengung der Meinungsverschiedenheiten notwendig ist, in des Wortes doppelter Bedeutung, nämlich unvermeidlich und unerläßlich, so brauchen wir daraus noch nicht zu schließen, daß alle ihre Folgen segensreich seien. Der Verlust einer so wichtigen Hilfe für die kluge und lebendige Aufnahme einer Wahrheit, wie sie die Notwendigkeit darstellt, sie zu erklären und gegen Widersacher zu verteidigen, schmälert nicht unerheblich das Wohltätige ihrer allgemeinen Anerkennung, wenn sie ihren Wert auch nicht ganz aufzuwiegen vermag. Wo man diesen Vorteil nicht länger haben kann, da sollten - wie ich meine - die Lehrer der Menschen sich um einen Ersatz bemühen; einen Kunstgriff müßte man finden, um die Schwierigkeit der Frage für das Bewußtsein des Lernenden ebenso gegenwärtig zu erhalten, als ob sie ihm aufgegeben würde von einem Kämpfer der Gegenpartei, der ihn bekehren will" (1991: 61). Ich sehe in diesen Überlegungen Mills zwei Aspekte, die ein Bedenken und Bewahren/Tradieren von Alternativen selbst bei zweifelsfreien Lösungen, wenn es die denn je geben können sollte, sinnvoll scheinen lassen. Einerseits kann man ein Alternativenwissen als didaktisches Mittel nutzen, um Lösungen zu plausibilisieren. Darüberhinaus würde ein Bedenken und Bewahren/Tradieren von Alternativen selbst bei zweifelsfreien Lösungen vor allem aber bedeuten, daß solche Lösungen nicht heteronom als vorgegebene (Glaubens-)Lösungen übernommen bzw. gelernt werden müßten, sondern daß jede und jeder einzelne autonom nachvollziehen könnte, warum eine bestimmte Lösung die beste oder richtige ist. Eine Bewahrung des Wissens um die alternativen Lösungen (des

Erwägungswissens) würde so gesehen eine Bewahrung der autonomen Entscheidungs- und Verantwortungsmöglichkeit jeder und jedes einzelnen bedeuten.

5 Obwohl Lakatos betont, daß man "nur schwer entscheiden" könne, "wann ein Forschungsprogramm hoffnungslos degeneriert ist oder wann eines von zwei konkurrierenden Programmen einen entscheidenden Vorteil über das andere gewonnen hat" (1974: 282), vertritt er die Auffassung, daß das Festhalten an einem degenerierenden Programm vornehmlich nur privat stattfinden sollte: "Herausgeber wissenschaftlicher Journale sollten sich weigern, ihre Aufsätze (Aufsätze von VertreterInnen degenerierender Forschungsprogramme; B.B.) zu publizieren, die im allgemeinen nicht mehr enthalten werden als feierliche Wiederholungen ihrer Position oder Absorption der Gegenevidenz (und selbst der konkurrierenden Programme) mit Hilfe von *ad-hoc*-linguistischen Adjustierungen. Auch Forschungsstiftungen sollten sich weigern, Geld zu diesen Zwecken zu gewähren" (1974: 286 f.). Schränkt Lakatos mit diesen Überlegungen seine Forderung, daß die *"Liste der Erfolge und der Mißerfolge der konkurrierenden Programme (...) aufgezeichnet und zu allen Zeiten öffentlich vorgelegt werden"* (1974: 283) müsse, nicht erheblich ein? Und müßte nicht genau diese Einschränkung sehr genau erforscht und gegenüber alternativen Einschränkungen bestimmbar sein, um sie nicht willkürlich ausfallen zu lassen?

6 Durch den Bezug auf eine Erwägungsebene würde allererst auch transparent, inwiefern überhaupt eine Konkurrenz von echten Alternativen vorliegt. Zu einer Unterscheidungsmöglichkeit in homogene (echte) und inhomogene Alternativen, s. Bettina Blanck 1988: 249.

7 Es wäre zu untersuchen, inwiefern es einen möglichen Zusammenhang zwischen patriarchalen Verhältnissen und bisherigen Wissenschaftsmentalitäten gibt, der als Behinderung der Entwicklung von Erwägungsmentalitäten eingeschätzt werden kann (s. Blanck 1992; wiederabgedruckt in diesem Buch).

Erwähnte Literatur

Albert, Hans: Traktat über rationale Praxis. Tübingen 1978.

Albert, Hans: Traktat über kritische Vernunft. Tübingen 1980.

Albert, Hans: Kritik der reinen Erkenntnislehre. Tübingen 1987.

Blanck, Bettina: Programmatisches Nachwort zur 2. Auflage: Therapeutische Möglichkeiten einer Philosophie des distanzfähigen Engagements. In: dies.: Magersucht in der Literatur. Frankfurt (Main) 1988.

Blanck, Bettina: Zum Konzept von Erwägungsforschungen für »nicht-patriarchale« Wissenschaften. In: Pellikaan-Engel, Maja (Ed.): Against Patriarchal Thinking. Amsterdam 1992. (Wiederabgedruckt in diesem Buch)

Böhme, Gernot: Alternativen der Wissenschaft. Frankfurt am Main 1980.

Feyerabend, Paul K.: Erklärung, Reduktion und Empirismus. In: ders.: Probleme des Empirismus. Braunschweig/Wiesbaden 1981.

Feyerabend, Paul K.: Antwort an Kritiker. In: ders.: Probleme des Empirismus. Braunschweig/Wiesbaden 1981.

Feyerabend, Paul K.: Institutionelle Methoden der Wahrheitsgewinnung und Wahrheitsfestlegung in den Wissenschaften. In: ders./Thomas, Christian (Hg.): Wissenschaft und Tradition. Zürich 1983.

Kuhn, Thomas S.: Die Funktion des Messens in der Entwicklung der physikalischen Wissenschaften. In: ders.: Die Entstehung des Neuen. Frankfurt am Main 1978.

Kuhn, Thomas S.: Die grundlegende Spannung: Tradition und Neuerung in der wissenschaftlichen Forschung. In: ders.: Die Entstehung des Neuen. Frankfurt am Main 1978.

Kuhn, Thomas S.: Die Struktur wissenschaftlicher Revolutionen. Frankfurt am Main 1981.

Lakatos, Imre: Die Geschichte der Wissenschaft und ihre rationalen Rekonstruktionen. In: ders/Musgrave, Alan (Hrsg.): Kritik und Erkenntnisfortschritt. Braunschweig 1974.

Lakatos, Imre: Falsifikation und die Methodologie wissenschaftlicher Forschungsprogramme. In: ders.: Die Methodologie der wissenschaftlichen Forschungsprogramme. Braunschweig/Wiesbaden 1982.

Mill, John Stuart: Über die Freiheit. Leipzig/Weimar 1991.

Popper, Karl R.: Das Elend des Historizismus. Tübingen 1979.

Popper, Karl R.: Logik der Forschung. Tübingen 1984.

Zum Konzept von Erwägungsforschungen für »nicht-patriarchale« Wissenschaften[1]

Bettina Blanck

1. Erwägen und Wissenschaft

Versteht man unter "Erwägen" das Bedenken von Alternativen zu einem Problem, bevor man sich für eine Lösung entscheidet, so könnte man meinen, daß Wissenschaft ein Ort ist, wo Erwägen einen hohen Stellenwert besitzen müßte. Denn vertritt Wissenschaft nicht den Anspruch, bestmögliche Begründungen für Lösungen zu suchen? Hat so gesehen die Bestimmung einer Lösung als die vorerst richtige oder beste nicht zur Voraussetzung, daß die jeweiligen Erwägungsalternativen zu einem Problem bekannt und angebbar sind?

Geht man von der verbreiteten Unterscheidung in quantifizierende und qualifizierende Bestimmungen aus, so läßt sich feststellen, daß Alternativen quantitativ innerhalb jeweiliger Bereiche vollständig erwogen werden können. Demgegenüber ist das vollständige Erwägen qualitativer Alternativen, und hierbei denke ich vor allem an die Sozialwissenschaften, wenig entwickelt.[2] Es gibt meines Wissens kein institutionell verankertes Wissenschaftsverständnis, welches ein Erwägen von qualitativen Alternativen derart fordern würde, daß zu bestimmten Lösungen möglichst vollständig die jeweiligen Alternativen erwogen werden müßten, bevor man überhaupt von "wissenschaftlich begründeten" Lösungen sprechen könnte. Das möglichst vollständige Erwägen von qualitativen Alternativen zählt nicht zu den institutionalisierten Geltungsbedingungen für Lösungen, die "wissenschaftlich" genannt werden. Entsprechend gibt es meines Wissens auch keine Wissenschaftstraditionen, die die Erforschung von Möglichkeiten und Methoden des möglichst vollständigen Erwägens von qualitativen Alternativen und deren Verbesserung verfolgen würden. Wissenschaftliche Zeitschriften sind z. B. traditionellerweise nicht so organisiert, daß zu einem bestimmten Problem alternative Positionen in der Absicht kontinuierlich zusammengebracht werden, um Regeln für den Umgang mit Vielfalt zu finden.[3]

These 1: *Das möglichst vollständige Erwägen von qualitativen Alternativen zählt nicht zu den institutionalisierten Geltungsbedingungen für Lösungen, die "wissenschaftlich" genannt werden.*

2. Das möglichst vollständige Erwägen von qualitativen Alternativen als eine institutionalisierte Geltungsbedingung für Lösungen

Gäbe es ein solches Erwägen, so müßte es zu jeweiligen Forschungsständen von Lösungen, im folgenden "Lösungsforschungsstände" genannt, Forschungsstände von Erwägungen, im folgenden "Erwägungsforschungsstände" genannt, geben. Wichtige Merkmale einer solchen Verbindung von Erwägen und Lösen wären:

2.1 Die Güte der Begründung eines Lösungsforschungsstandes hinge von der Güte des Erwägungsforschungsstandes ab. Um so weniger für die erwogenen Alternativen gezeigt werden könnte, daß sie einerseits adäquat inbezug auf die Problemstellung (d. h., das lösungsrelevante "richtige" Abstraktionsniveau haben) und andererseits (problemrelativ) vollständig angegeben sind, um so deutlicher wäre die "verkürzte Subjektivität", die einer Lösung zugrunde läge und um so problematischer erschiene eine Behauptung, daß es sich um die vorerst beste oder richtige - manche würden auch sagen: "objektive" - Lösung zu einem Problem handelte.[4] Man könnte - für manche paradox - formulieren, daß eine durch Erwägen *entfaltete Subjektivität* zu höherer Objektivität führe.

2.2 Durch die Angabe der jeweils erwogenen Alternativen, würden einzelne Lösungen immer als *relativ* zu diesen Erwägungen bestimmt. Der Status der Vorläufigkeit von jeweiligen Erwägungen würde mit einem entsprechenden Status der Vorläufigkeit einer bestimmten Lösung zusammenhängen.

2.3 Der jeweilige Erwägungsforschungsstand wäre Ausgang für die Suche nach möglichen weiteren Alternativen und ließe Begründungen von Lösungen daraufhin untersuchen, inwiefern bei ihnen gewisse Alternativen ausgeblendet worden wären. Durch eine solche Vorgehensweise würde die *Kritisierbarkeit* verbessert und ließen sich *Grenzen jeweiligen Wissens leichter herausfinden* und dadurch offenlegen.

These 2: *Wenn Subjektivität durch Erwägen entfaltet und dadurch Objektivität besser möglich wird, dann mindert ein Objektivitätsverständnis, welches Subjektivität ausschalten möchte, Objektivität.*

3. Welche sozialen Verhältnisse behindern Erwägen?

Wenn möglichst vollständiges Erwägen von qualitativen Alternativen institutionalisiert als eine Geltungsbedingung für Lösungen betrachtet würde, dann müßte das Interesse daran, mit Erwägen die Geltung von Lösungen in Frage zu stellen bzw. zu unterstützen, wachsen. Man müßte geradezu bestrebt sein, neue Alternativen zu bedenken. Denn so ließen sich Begründungen für oder gegen Lösungen kontinuierlich verbessern. Da auf der Erwägungsebene versucht würde, eine Vergleichbarkeit der verschiedenen Positionen herzustellen, könnte die Einführung von Erwägungsebenen gegenseitiges Verstehen verbessern helfen.

In dem Maße aber, wie die Erwägungen zunehmend als wichtig angesehen würden, wären solche sozialen Verhältnisse schwieriger aufbaubar oder weniger haltbar, die das Potential an erwägungsorientierten Verbesserungsmöglichkeiten von Lösungen einschränkten. Es ist somit zu fragen, welche sozialen Verhältnisse das Erwägen von Alternativen behindern oder ohne Erwägen auskommen. Überall dort, so scheint mir, wo Befehle übermittelt, Anweisungen befolgt, Wissen autoritätsgebunden übernommen, weiterhin überhaupt Gehorsam gefordert wird, wird das Erwägen als Grundlage eigenen begründeten Entscheidens entweder behindert oder gar als unzulässig erachtet. Diese angedeuteten sozialen Verhältnisse werden vielfach mit Worten wie "Macht", "Herrschaft", "Heteronomie" usw. umschrieben.

Gehen solche Herrschaftsverhältnisse usw. von Männern aus und betreffen Frauen, dann spricht man vielfach in der neueren Diskussion von "patriarchalen" Verhältnissen. Man kann somit behaupten, daß überall dort, wo patriarchale Verhältnisse bestehen, nicht nur Frauen unterworfen sind, sondern Frauen auch in ihren Wissenschaftsentwicklungen behindert werden.

Unabhängig von der Patriarchalismuskritik gilt diese Problemlage nicht nur zwischen Frauen und Männern, sondern für alle Herrschaftsverhältnisse, Machtverhältnisse usw. Je umfassender solche Herrschafts- bzw. Machtverhältnisse verbreitet sind, um so weniger ist zu erwarten, daß das Erwägen von Alternativen zu einer institutionalisierten Geltungsbedingung erhoben wird. *Vielleicht* findet hierin die Verwunderung eine Erklärung, wie wenig bisher ein solches Erwägen in den Wissenschaften verbreitet ist.

Bisherige Wissenschaft scheint den Umgang mit Vielfalt nur auf der Lösungsebene auszutragen, wo dies dann zu Konkurrenz, Macht- und Herrschaftsstrukturen führen mag. Unterscheidet man zwischen einer Vielfalt auf der Erwägungsebene und einer auf der Lösungsebene, so läßt sich vermuten, daß ein Umgang mit Vielfalt, der nur auf der Lösungsebene stattfindet, ein anderer ist, als wenn man zwischen Erwägungsvielfalt und Lösungsvielfalt unterscheidet. »Nicht-patriarchale« Wissenschaft könnte durch die institutionalisierte Geltungsbedingung des möglichst vollständigen Erwägens von qualitativen Alternativen einen anderen Weg des Umgangs mit Vielfalt einschlagen.

These 3: *Ein Mangel an möglichst vollständigem Erwägen von qualitativen Alternativen als institutionalisierte Geltungsbedingung für Lösungen kann ein Indiz für soziale Verhältnisse wie Herrschaft bzw. Macht sein.*

4. Patriarchalismuskritik und Konzepte feministischer Wissenschaft

Die These, daß in den Wissenschaften Herrschafts- und Machtstrukturen bestehen, ist nicht neu. Geradezu programmatisch für verschiedenste Konzepte feministischer Wissenschaft ist das Aufdecken von patriarchalen Herrschafts- und Machtstrukturen. Ist für diese Patriarchalismuskritik vielleicht das Konzept des dargelegten Erwägens relevant? Und wird dieses Konzept zum Aufbau und zur Entwicklung feministischer, »nicht-patriarchaler« Wissenschaften genutzt?

4.1 Aspekte der Patriarchalismuskritik

Meiner Einschätzung nach wird bisherige Wissenschaft von feministischen Positionen aus umfassend und grundsätzlich kritisiert.

Um nur einige Punkte zu nennen, wo feministische Kritik an bisheriger Wissenschaft ansetzt, seien hier genannt: der Ausschluß bzw. die Unterrepräsentation von Frauen als Forscherinnen, der Ausschluß bzw. die Unterrepräsentation von Forschungsthemen, die sich auf die Situation von Frauen (Stichwort "Hausarbeit") oder die Rolle von Frauen in der Geschichte beziehen, die Diskriminierungen von Frauen in den Wissenschaften, die Art, wie bisherige Wissenschaft organisiert ist, die Methoden, Ziele, Ergebnisse bisheriger Wissenschaften usw.

Ein wichtiges und vielleicht (bislang) das grundsätzlichste Analysemittel für einen Teil der feministischen Forschungen ist die Kategorie 'Geschlecht'. Mit

Hilfe der Kategorie 'Geschlecht' sollen Vorurteils- und Herrschaftsstrukturen in den bisherigen Wissenschaften aufgedeckt werden. Am konsequenzenreichsten scheint mir solche Kritik, die "männliche" Vorurteile und Herrschaftsstrukturen auch bei solchen Themen nachweist, die eigentlich "geschlechtsneutral", das heißt unberührt von "Frau-Mann-Problemen", zu sein scheinen. Einige Wissenschaftlerinnen gehen davon aus, daß durch den Einsatz der Kategorie 'Geschlecht' sogar eine generelle Sensibilisierung für Machtmechanismen und Herrschaftsstrukturen in wissenschaftlichen Diskursen entwickelt wird.[5]

Dennoch greift die Konfrontation der bisherigen Wissenschaft mit der Kategorie 'Geschlecht' meines Erachtens höchstens nur implizit deren Erwägungsbasis an. Ich kenne niemanden, die bzw. der sagt: "Eine sexistische Lösungsposition ist wissenschaftlich unhaltbar, weil sie Ergebnis mangelnder Erwägungseinbettung ist." Sexistische Lösungen werden nicht deshalb angegriffen, weil ihnen die oben vorgeschlagene Geltungsbedingung fehlt. Eher wird etwa so argumentiert: "Wissenschaft beansprucht vorurteilsfrei und rational zu sein. Sexismus ist eine diskriminierende und vorurteilhafte Lösungsposition. Sie ist wissenschaftlich unhaltbar, wenn sie sexistisch ist."

Das, was von feministischen Positionen aus an bisheriger Wissenschaft kritisiert wird, mögen vielleicht *Ergebnisse* mangelnder Erwägungsbereitschaft sein. Diese Ergebnisse werden aber nicht kritisiert, weil sie der oben skizzierten Geltungsbedingung nicht gerecht werden. Und auch für das feministische Kritikinstrumentarium - selbst wenn es seiner Entstehung nach Resultat einer höheren Erwägungsbereitschaft wäre - gibt es meines Wissens keine Tradition erwägungsorientierter Einbettungen. So wird beispielsweise hinsichtlich der Analysekategorie 'Geschlecht' weder explizit deutlich, welches hierzu die adäquaten alternativen Kategorien wären, noch wird die Anwendung dieser Kategorie derart reguliert, daß gewährleistet ist, daß die Anwendung der Kategorie nicht zum Instrument von Herrschafts-, Macht- oder Vorurteilsetablierung mißbraucht wird. Daher stellt sich mir die Frage, wie eine Sensibilisierung für soziale Verhältnisse wie Macht, Herrschaft usw. mit Hilfe der Kategorie 'Geschlecht' erreicht werden kann, wenn die Verwendung dieser Kategorie selbst auf einer lösungsfixierten Konstellation beruht.

These 4: *Wenn feministische Patriarchalismuskritik eine Herrschaftskritik sein will, die möchte, daß die eigenen Kritikmethoden nicht herrschaftlich oder vorurteilshaft angewendet werden, so bedarf es einer dementsprechenden Entwicklung und Anwendung von Methoden der Kritik. Das möglichst vollständige Erwägen von qualitativen Alternativen als institutionalisierte Geltungsbedingung für Lösungen könnte als Kategorie 'Erwägung' im Sinne von feministischer Kritik etwa zu einem »nicht-patriarchalen« Umgang mit Kategorien als Kritikinstrument beitragen helfen.*

Insofern ein Erwägen im skizzierten Sinne wesentliches Kriterium für Wissenschaft wäre, das sich aus dem bisherigen Selbstverständnis von Wissenschaft entwickeln ließe, ergäbe seine Verknüpfung mit der Patriarchalismuskritik eine *Umkehrung der Beweislast.*

These 5: *Wäre das möglichst vollständige Erwägen von qualitativen Alternativen eine institutionalisierte Geltungsbedingung für Lösungen, die "wissenschaftlich" genannt werden dürften, dann müßte nicht länger von feministischen Positionen aus bewiesen werden, daß bisherige Wissenschaft "patriarchal" zu nennen ist, sondern Vertreter und Vertreterinnen der bisherigen Wissenschaft müßten ihrerseits beweisen, daß für deren Lösungen dieses Erwägen erfüllt ist.*

4.2 Aspekte eines herrschaftsfreien Wissenschaftsverständnisses feministischer Alternativentwürfe

So wenig wie meines Wissens in feministischen Alternativentwürfen das skizzierte Erwägen genutzt wird, um den »patriarchalen« Charakter bisheriger Wissenschaft zu erforschen, so wenig wird meines Wissens das dargelegte Erwägen bei der Entwicklung von Alternativen zu bisheriger Wissenschaft und für den Umgang mit verschiedenen feministischen Positionen genutzt. Dies ist für mich erstaunlich.

Denn diejenigen Wissenschaftlerinnen und Wissenschaftler, die nach ihrer Analyse »patriarchaler« Wissenschaft den Bereich von Wissenschaft nicht verlassen, sondern sie verändern, verbessern, transformieren o. ä. wollen, wählen für dieses Vorhaben auch solche Aspekte und Merkmale, die im oben erläuterten Konzept des Erwägens zum Tragen kommen. In etlichen feministischen Konzepten für »nicht-patriarchale« Wissenschaft kommt beispielsweise den Aspekten der *Subjektivität, Ablehnung von Unterwerfung, Grenzen des Erkennens und Kritikmöglichkeit* eine wichtige Rolle bei dem Versuch der Vermeidung von neuen Dogmatismen zu.

So gelangt man nach Ulla Bock zur "Objektivität (...) nur über ein klares Bewußtsein von der Subjektivität."[6] Nach Cornelia Klinger gründet der "Anspruch feministischer Philosophie, allgemeine Sätze und Normen hervorzubringen, (...) im Unterschied zum männlichen Denken nicht auf der Verdrängung oder Verleugnung der Partialität der Herkunft dieser Theorie. Herrschaftlich wird partielles Denken, wenn es diese Partialität zu verschleiern sucht. Feministische Theorie zielt auf Anerkennung, nicht auf Unterwerfung."[7] Nach Elisabeth List schließt sich die "feministische Kritik am Androzentrismus des wissenschaftlichen Denkens (...), zumindest in ihrer akademischen Spielart, als eine Form der immanenten Kritik (...) der Forderung, sich der unvermeidlichen Standpunkthaftigkeit wissenschaftlicher Deutungen der Wirklichkeit und damit der Grenzen des eigenen Erkenntnisvermögens bewußt zu sein" an.[8]

Die in Forschungsmotiven und Forschungsinteressen sich äußernde Subjektivität soll nach Auffassung einiger Wissenschaftlerinnen bewußt offen gelegt werden, um so auch bessere *Kritikmöglichkeiten* zu eröffnen.

So schreiben beispielsweise Ruth Großmaß und Christiane Schmerl, "daß feministische Forschung (...) durch die bewußte Offenlegung ihrer Forschungsmotive (...) und ihrer Forschungsinteressen (...) ihre eigenen Ergebnisse einer viel offeneren und klareren Kritikmöglichkeit darlegt, als wenn sie ihr Forschungsinteresse hinter 'wertfreien' Bastionen verschanzen würde, wie dies landläufig die männliche Tradition tat."[9]

These 6: *Viele Aspekte aus den Konzepten feministischer Wissenschaft (wie Subjektivität, Ablehnung von Unterwerfung, Grenzen des Erkennens und Kritikmöglichkeit usw.) ließen sich m. E. besser verwirklichen, wenn das möglichst vollständige Erwägen von qualitativen Alternativen eine institutionalisierte Geltungsbedingung von Lösungen wäre.*

5. Lösungs- und Erwägungsmentalitäten

Abschließen möchte ich mit einigen Überlegungen zur Frage nach der Mentalität, die man haben müßte, wenn man sich auf ein Erwägen im hier skizzierten Sinne einließe. Diese Überlegungen weisen vielleicht auf Gründe hin, warum es bislang keine erwägungsorientierte Wissenschaft gibt.

These 7: *Wenn als eine institutionalisierte Geltungsbedingung für wissenschaftliche Lösungen zählen würde, daß zu einem Problem möglichst vollständig und systematisch die jeweils denkbaren Alternativen bedacht werden sollen, dann bedeutete dies, daß auf der Erwägungsebene eine gleichberechtigte Behandlung selbst der Negation der eigenen Position verlangt wird.*

Mit dieser These wird m. E. ahnbar, wieso das dargelegte Erwägen bislang nicht zu den Geltungsbedingungen von wissenschaftlichen Lösungen zählt. Das schon beinahe trivial anmutende Konzept des Erwägens und der Erwägungsforschungen könnte für Lösungsmentalitäten eine Distanzfähigkeit zur eigenen Position fordern, die nicht nur eher als Selbstaufgabe und Selbstverleugnung denn als Selbstaufklärung empfunden, sondern geradezu als moralisch gefährlich betrachtet werden mag.

Daß auf der Erwägungsebene auch solche Lösungen als Möglichkeiten mitbedacht werden sollen, die man zutiefst ablehnt und gerade bekämpfen will (wie z. B. vom Sexismus, Faschismus, Rassismus herrührende Konzepte) erscheint für manche als Aufhebung aller Denktabus. Die Befürchtung ist, daß das, was bedacht, auch gemacht wird. Und diese Befürchtung ist vermutlich umso eher berechtigt, solange wir nicht in einer Erwägungskultur leben und solange das skizzierte Erwägen von qualitativen Alternativen nicht zu den institutionalisierten Geltungsbedingungen von Lösungsauszeichnungen zählt. Gäbe es ein solches Erwägen, dann wäre die Distanzfähigkeit zu einer bestimmten Position durch Erwägen der jeweils denkbaren Lösungsmöglichkeiten die Voraussetzung, daß ich mich für eine Lösung verantwortbar engagieren kann.[10]

Anmerkungen

1 Die Forschungen zu diesem Thema wurden durch das Heinz Nixdorf Institut Paderborn ermöglicht, das derzeit die Forschungsredaktion der Zeitschrift "Streitforum für Erwägungskultur ETHIK UND SOZIALWISSENSCHAFTEN (EuS)" fördert.

2 Welche Möglichkeiten etwa der Verbesserung von Theoretisierungsniveaus in den Sozialwissenschaften nicht genutzt werden, weil es kaum eine auf Vollständigkeit angelegte Begriffsbildung durch (problemrelatives) vollständiges Erwägen von qualitativen Alternativen gibt, wird in dem Aufsatz "Ideen zur Erhöhung des Theoretisierungsniveaus in den Sozialwissenschaften" von Rainer Greshoff und Werner Loh deutlich (Österreichische Zeitschrift für Soziologie 12(1987): 31-47; wiederabgedruckt in diesem Buch).

3 Das "Streitforum für Erwägungskultur ETHIK UND SOZIALWISSENSCHAFTEN (EuS)" intendiert nicht nur eine Diskussionszeitschrift wie etwa "(The) Behavioral and Brain Sciences" zu sein, sondern es will darüber hinaus Regeln für den Umgang mit jeweiliger Vielfalt erforschen helfen. Hierfür sollen neue Diskussionsformen erprobt werden und es wurde eine eigene Instanz für Erwägungsforschung, »Metakritik« genannt, institutionalisiert. Insofern ist EuS nicht bloße Zeitschrift, sondern selbst als Forschungsprojekt zu verstehen.

4 Was man jeweils "Alternative" nennen will und wie diese (problemrelativ) adäquat und vollständig erwogen werden können, müßte genauer und möglichst ebenfalls unter Berück-

sichtigung von Alternativen bestimmt werden. Vergleichende Begriffssortierungen nach Abstraktionsstufen sowie (problemrelative) Vollständigkeit durch Kombinatorik (etwa Kombination von Merkmalen nach ihrem jeweiligen Vorliegen oder Nicht-Vorliegen) sind zwei Vorgehensweisen bei der Erarbeitung von Erwägungsforschungsständen. Wie kombinierendes Erwägen Subjektivität entfalten und Emanzipation ermöglichen sowie zugleich zu "höherer Objektivität" beitragen kann, zeigt Gabriele Gutzmann in ihrem Aufsatz: "Kombinatorisches Philosophieren und Emanzipation". In: Manon Maren-Grisebach/Ursula Menzer (Hg.): Philosophinnen. Von Wegen ins 3. Jahrtausend. Jahrbuch 1 der Internationalen Assoziation von Philosophinnen e. V. Mainz 1982: 57-84.

5 Siehe zum Beispiel: Herta Nagl-Docekal: Von der feministischen Transformation der Philosophie. Ethik und Sozialwissenschaften 3(1992): 528, Nr. ((36)).

6 Ulla Bock: Androgynie und Feminismus. Frauenbewegung zwischen Institution und Utopie. Weinheim/Basel 1988: 66.

7 Cornelia Klinger: Das Bild der Frau in der Philosophie und die Reflexion von Frauen auf die Philosophie. In: Karin Hausen/Helga Nowotny (Hg.): Wie männlich ist die Wissenschaft? Frankfurt am Main 1986: 81.

8 Elisabeth List: Mythos, Biologie, Politik. Feministische Ideologiekritik und Weltanschauungsanalyse. In: Kurt Salamun (Hg.): Aufklärungsperspektiven. Weltanschauungsanalyse und Ideologiekritik. Tübingen 1989: 178.

9 Ruth Großmaß/Christiane Schmerl (Hg.): Feministischer Kompaß, patriarchales Gepäck. Kritik konservativer Anteile in neueren feministischen Theorien. Frankfurt a. M./New York 1989: 249.

10 Eine solche Erwägungsmentalität könnte vielleicht durch ein Konzept einer Identität des distanzfähigen Engagements beschrieben werden. Siehe hierzu: Bettina Blanck: Programmatisches Nachwort zur 2. Auflage: Therapeutische Möglichkeiten einer Philosophie des distanzfähigen Engagements. In: dies.: Bettina Blanck: Magersucht in der Literatur. Zur Problematik weiblicher Identitätsfindung. Frankfurt (Main) 1988.

Ansätze für eine systematische Alternativen abwägende Erörterung des psychophysischen Problems

Exemplarische Darlegung in einer Auseinandersetzung mit Mario Bunge

Bettina Blanck

1. Problementfaltung

Das psychophysische Problem, unter anderem auch "Leib-Seele-Problem" oder "Gehirn-Bewußtsein-Problem" genannt[1], ist eine der fundamentalsten philosophischen Fragen. Die Konkurrenz der verschiedensten monistischen und dualistischen/pluralistischen[2] Lösungsvorschläge zum psychophysischen Problem konnte bislang, auch unter Einbeziehung und Berücksichtigung neuester naturwissenschaftlicher Erkenntnisse, insbesondere aus dem Bereich der Gehirnphysiologie, nicht entschieden werden. Das psychophysische Problem muß immer noch als ungelöst betrachtet werden.[3] Besonders deutlich wird der gegenwärtig kontroverse Diskussionsstand in den Beiträgen und Diskussionen der Zeitschrift *(The) Behavioral and Brain Sciences* oder aber in Veröffentlichungen von Vorträgen und Diskussionen von Symposien, wie z. B. dem "Symposium on Brain and Mind" der Ciba Foundation 1978. Angesichts der vielfältigen Positionen zum psychophysischen Problem, einschließlich derer, nach denen es sich bei dem psychophysischen Problem um ein Scheinproblem[4] oder um ein unlösbares Problem[5] handelt, stellen sich folgende Fragen:

1.1. Wie viele und welche alternativen Positionen liegen zum psychophysischen Problem vor und welche alternativen Positionen sind überhaupt denkbar? In diesem Zusammenhang wäre auch zu klären: Was bedeutet "Alternativität"? Wann ist etwas eine Alternative und woran erkennt man Scheinalternativen? Welche Möglichkeiten gibt es, verschiedene Formen von Alternativen zu unterscheiden? Sollte man vielleicht zwischen homogenen Alternativen, die derselben Abstraktionsstufe zuzurechnen wären, und inhomogenen Alternativen, die verschiedenen Abstraktionsstufen angehören würden, unterscheiden?[6] Wie weit will man den Rahmen stecken, in dem man nach alternativen Positionen suchen will? Soll man sich auf die Erfassung der alternativen Positionen innerhalb eines Paradigmas (eines wissenschaftlichen Weltbildes) konzentrieren oder auch alternative Positionen aus alternativen Paradigmen berücksichtigen?

1.2. Was wird unter dem "psychophysischen Problem" verstanden? Gibt es verschiedene Problembestimmungen und -darstellungen, und wenn ja, inwiefern ergänzen diese einander oder schließen einander aus? Kann man überhaupt von dem "psychophysischen Problem" sprechen oder handelt es sich um viele verschiedene Probleme, und wenn ja, welche Zusammenhänge bestehen zwischen diesen? Sollte man zum Beispiel zwischen traditionellen und neueren oder zwischen ontologischen, erkenntnistheoretischen, semantischen, ethischen und anderen psychophysischen Problemen unterscheiden?[7]

1.3. Inwiefern lassen sich die verschiedensten Positionen möglichst so systematisch miteinander vergleichen, daß eine abwägende Einschätzung über die Relevanz des psychophysischen Problems möglich wird sowie eine Entscheidung für einen Lösungsvorschlag oder mehrere gleichwertige Lösungsvorschläge getroffen werden kann? Vielleicht könnte ein systematischer Vergleich dabei auch zur Präzisierung und Verbesserung mancher einzelner Position beitragen.

In der bisherigen Diskussion des psychophysischen Problems wurden solche Fragen zu wenig berücksichtigt, was man auch daran erkennen kann, daß es keine Forschungstradition gibt, die sich auf eine systematische Analyse der überhaupt denkbaren Positionen zum psychophysischen Problem eingelassen hat. Viele Arbeiten zum psychophysischen Problem sind entweder Darstellungen einer bestimmten Position oder spezielle Einzeluntersuchungen über Introspektion, Bewußtsein, Aufbau des Gehirns usw. Die Diskussion anderer Positionen erfolgt häufig bloß als Abgrenzung zum eigenen Standpunkt oder als geschichtlicher Rückblick über bisher geäußerte und überlieferte Meinungen zum psychophysischen Problem. Inwiefern ein systematisches, Alternativen abwägendes und Alternativen aufsuchendes Vorgehen zu einer Klärung des psychophysischen Problems beitragen könnte, soll im folgenden exemplarisch an einigen Überlegungen von M. Bunge (besonders Bunge 1980/1984) untersucht werden. Bunges Arbeiten eignen sich insofern besonders für eine Konfrontation mit einem systematischen, Alternativen abwägenden und Alternativen aufsuchenden Vorgehen, weil Bunge zwar einerseits selbst systematische Ansprüche stellt, andererseits jedoch eine ausgeprägte Alternativenabwehr, wie sie unter anderem in seiner mehr oder weniger bloß polemischen Abhandlung der alternativen dualistischen Positionen zum psychophysischen Problem zum Ausdruck kommt, zeigt.[8]

Unterscheidet man im Sinne der unter Punkt 1.1 genannten Fragen zwischen der Berücksichtigung von Alternativen innerhalb eines Paradigmas (wissenschaftlichen Weltbildes) und der Erfassung von Alternativen aus alternativen Paradigmen, so kann man Bunge in beiden Bereichen kritisieren. Ziel dieser Arbeit ist die exemplarische Entfaltung einer solchen Kritik anhand einiger Überlegungen Bunges zur Bestimmung/Darstellung und Lösung des psychophysischen Problems. Dabei soll die Kritik an Bunge mit ihrer Skizzierung von Ansätzen zu einer systematischen, Alternativen aufsuchenden und abwägenden Bearbeitung des psychophysischen Problems zugleich die Vorteile eines derartigen methodischen Vorgehens zeigen.

2. Bunges Bestimmung des psychophysischen Problems

Im Sinne der unter Punkt 1.2 angedeuteten möglichen Unterscheidungen zwischen verschiedenen Aspekten des psychophysischen Problems oder sogar der Unterscheidung zwischen verschiedenen Problemen, die alle unter der Bezeichnung des "psychophysischen Problems" zusammengefaßt werden, kann man Bunge als einen Autor einschätzen, der das psychophysische Problem in erster Linie als ontologisches Problem behandelt. Voraussetzung für Bunges Problembestimmung ist seine Anerkennung einer Unterscheidung des common sense, eines intuitiven Dualismus von psychischen und physischen Zuständen und Prozessen (vgl. dazu Bieri 1981: 2). Bunge (1984: 6) geht davon aus, daß es psychische (mentale) Zustände und Prozesse, wie "wahrnehmen, fühlen, sich erinnern, sich etwas vorstellen, wollen und denken" gibt. Positionen, die die Existenz von psychischen (mentalen) Zuständen und Prozessen negieren, bezeichnet er als "wunderliche Ansichte[n]". Den Kern des Leib-Seele-Problems sieht Bunge in der "Identifizierung des Subjekts mentaler Prädikate". Das Leib-Seele-Problem besteht nach Bunge in der Frage nach dem Etwas, was sich in den mentalen Zuständen oder Prozessen befindet, denn es gebe keine Zustände oder Vorgänge an sich, sondern nur Zustände von etwas oder Vorgänge in etwas. Das Etwas wird von Bunge auch als Ding, das heißt nach Bunge (1984: 279) "jedwedes konkrete (oder materielle) individuelle Objekt[e]", bezeichnet. Mit dem Begriff 'Ding' führt Bunge die physische Komponente des psychophysischen Problems in seine Problemdarstellung ein und legt damit auch fest, daß der Träger/das Subjekt der mentalen Prädikate etwas Physisches ist. Die Möglichkeit eines psychischen Subjektes schließt Bunge aus. Bunge will sich mit seiner Problembestimmung von jenen Problemdarstellungen abgrenzen, in denen Leib und Seele als zwei gleichberechtigte Entitäten behandelt werden, womit für Bunge eine unzulässige Verdinglichung der Eigenschaften oder Vorgänge im Bereich des Nervensystems vorgenommen werde, mit der Folge, daß die Untersuchung von Psychischem zu einer wissenschaftlichen Anomalie werde (1984: 2).[9]

Mentalistische Prädikate/Phänomene sind für Bunge (1984:117) zwar "etwas unmittelbar Gegebenes, doch sind sie deshalb weder ontologisch noch wissenschaftlich primär, sie sind vielmehr etwas, was der Erklärung bedarf".

Bunge trifft mit seiner Problembestimmung bereits Entscheidungen über die Seinsweise und die Beziehung von Psychischem und Physischem, die andere Autoren (z. B. G. Vollmer[10] oder P. Stoerig[11]) mit ihren Problembestimmungen erst noch diskutieren und klären wollen. Einmal abgesehen davon, daß es auch noch andere Möglichkeiten gibt, die Seinsweise und die Beziehung zwischen Psychischem und Physischem zu bestimmen, gibt es, wenn man Bunges Anwendung der Unterscheidung zwischen "Ding" und "Zustand"/"Prozeß" - (systemtheoretisch mag man auch von "System" und "Systemeigenschaft" sprechen) - auf die Bestimmung von Psychischem und Physischem aufgreift, die in der Erwägungstafel 1 dargestellten Möglichkeiten.

Erwägungstafel 1 zu möglichen Bestimmungen von Physischem und Psychischem bei Anwendung der Unterscheidung "Ding (System)" und "Zustand/ Prozeß (Systemeigenschaft) :

	Psychisches	*Physisches*
1. Zeile:	Ding (System)	Ding (System)
2. Zeile:	Ding (System)	Zustand/Prozeß (Systemeigenschaft)
3. Zeile:	Zustand/Prozeß (Systemeigenschaft)	Ding (System)
4. Zeile:	Zustand/Prozeß (Systemeigenschaft)	Zustand/Prozeß (Systemeigenschaft)

Bunge entscheidet sich mit seiner Problembestimmung für die 3. Zeile und geht auf die weiteren Möglichkeiten (Zeilen 1, 2 und 4) nicht ein. Bunge erörtert also weder alternative Kriterien zur Bestimmung der Seinsweise und Beziehung von Psychischem und Physischem, noch bedenkt er alle Kombinationsmöglichkeiten seiner Kriterien "Ding" und "Zustand/Prozeß", sondern entscheidet sich ohne explizite Abwägung für die Möglichkeit, die hier in der 3. Zeile angegeben wird. Wieso berücksichtigt Bunge nicht die anderen Möglichkeiten? Eine Erklärung hierfür findet man bei näherer Betrachtung von Bunges Wissenschaftsverständnis. In Bunges Bestimmung des psychophysischen Problems kommen insbesondere folgende zwei Aspekte seines Wissenschaftsverständnisses zum Tragen, nämlich die Abgrenzung der Wissenschaft von einem phänomenalen Erfassen der Realität und die These von der Gebundenheit/Zugehörigkeit von Eigenschaften (Zuständen und Prozessen) zu Dingen.

Zu dem erstgenannten Aspekt seines Wissenschaftsverständnisses, das für die Bestimmung des psychophysischen Problems von Bedeutung ist, gehört, daß Bunge davon ausgeht, daß die Erscheinungen/Phänomene nur einen Teil der Realität ausmachen. Da das Ziel der Wissenschaft darin bestehe, "die Realität jenseits der Erscheinungen zu erfassen" (1984:117), sollte Wissenschaft phänomenalistische oder mentalistische Prädikate meiden (1984: 1 17f., 136). Mentalistische Prädikate seien zwar unentbehrlich, "ihre Formulierung jedoch eher unbestimmt und umgangssprachlich [...] als exakt und wissenschaftlich" (1984:103). Nach Bunge (1984:19) "benutzen die Wissenschaften technische Begriffsbildungen und Aussageformen, die weit über die Alltagssprache hinausgehen, sich ihr zuweilen sogar entgegenstellen". Wissenschaftliche Prädikate seien nichtphänomenal (1984: 21), und Sinneserscheinungen sollten mit Hilfe der physiologischen Psychologie "in einer in die Tiefe gehenden (also nichtphänomenalen) Weise" (1984: 21) erklärt werden.

Der zweite für die Bestimmung des psychophysischen Problems wichtige Aspekt von Bunges Wissenschaftsverständnis läßt sich folgendermaßen erläutern: Nach Bunge (1984: 26) betrachtet "moderne Wissenschaft" Eigenschaften "als etwas, was dem einen oder anderen Ding zukommt" und Vorgänge als "Änderungen bestimmter Eigenschaften" (1984: 30). Dabei handele es sich um substantielle Eigenschaften und deren Änderungen und nicht um solche von abstrakten Objekten (1984: 30).

An dieser Stelle möchte ich, ohne näher auf die unübersehbare Literatur zu dem Problem von Ding und Eigenschaft einzugehen, einen kleinen systematischen Exkurs zwischenschieben. Die Feststellung, daß es Eigenschaften und Vorgänge nicht unabhängig von Dingen geben kann, führt zu der Frage, ob auch umgekehrt gilt, daß es Dinge ohne Eigenschaften nicht geben kann. Anders ausgedrückt: Sind es nicht gerade bestimmte Eigenschaftsbündelungen, die Dinge konstituieren, oder sollte es ein eigenschaftsloses Ding an sich geben? Bunge geht wohl eher von einer untrennbaren Einheit von Ding und Eigenschaft(en) aus, wenn er schreibt: "Dinge sind nicht 'Träger' oder 'Substrat' von Bewegung, und sie sind auch nicht deren 'Medium' oder für sie 'verantwortlich'. Ganz schlicht und einfach, Dinge bewegen sich" (1984: 269), oder: "Gleich wie es kein System ohne Funktionen (Aktivitäten) gibt, so existiert keine Funktion, ohne daß dahinter ein System steht, das damit gewissermaßen das 'Subjekt' des Funktionierens ist" (1984: 85). Ginge man davon aus, daß es kein Ding ohne Eigenschaft(en) gebe, so wäre zu fragen, wie viele Eigenschaften notwendig für die Konstituierung eines Dinges wären. Kann es Dinge mit nur einer Eigenschaft geben? Vielleicht wäre es zudem sinnvoll, zwischen gleichsam festen (für die Konstituierung eines Dinges unabdingbare(n) Eigenschaft(en)) und variierenden (für die Konstituierung eines Dinges mögliche(n), aber nicht notwendige(n) Eigenschaft(en)) zu unterscheiden. Die Erwägungstafel 2 bietet einen systematischen Überblick über die hier angedeuteten Möglichkeiten:

Erwägungstafel 2 zu möglichen Beziehungen zwischen Dingen und Eigenschaften:

	Ding	feste Eigenschaft(en)	variierende Eigenschaft(en)
1. Zeile:	+	+	+
2. Zeile:	+	-	+
3. Zeile:	-	+	+
4. Zeile:	-	-	+
5. Zeile:	+	+	-
6. Zeile:	+	-	-
7. Zeile:	-	+	-
8. Zeile:	-	-	-

("+" soll heißen "liegt vor", "-" soll heißen "liegt nicht vor")

Ob und wie Bunges Wissenschaftsverständnis auch seinen Lösungsvorschlag für das psychophysische Problem prägt, möchte ich im folgenden Abschnitt untersuchen.

3. Bunges Lösungsansatz zum psychophysischen Problem

Bunge vertritt einen emergentistischen Materialismus, zuweilen bezeichnet er seine Position auch als emergentistischen psychoneuralen Monismus (vgl. z. B. 1984: 32) oder als systemorientierten Materialismus (vgl. z. B. 1984: 271). Bunge stellt mit dem emergentistischen Materialismus einen Lösungsansatz für das psychophysische Problem vor, den er nicht als fertige Theorie betrachtet, sondern als vorläufige "programmatische Hypothese, eine, die zugleich wissenschaftlichen und philosophischen Charakter trägt und sich auf der Suche nach wissenschaftlichen Theorien befindet, die ihr eine konkrete Form geben könnten" (1984: 33; vgl. auch 1984:105). Bunge (1984: 271) behauptet mit seinem Eintreten für einen emergentistischen Materialismus nicht, daß dieser bereits das Leib-Seele-Problem gelöst habe: "Das ist nicht der Fall und wird es auch nicht sein, weil ein emergentischer Materialismus eine Philosophie ist, die nur so etwas wie ein Gerüst für eine detaillierte Erforschung der vielen Probleme bildet, die man sorglos unter der Überschrift 'das Leib-Seele-Problem' in einen Topf wirft".

Im einzelnen lauten die den emergentistischen Materialismus charakterisierenden Thesen folgendermaßen:

3.1. "Alle psychischen Zustände, Vorgänge und Prozesse sind Zustände, Vorgänge und Prozesse in den Gehirnen der höheren Wirbeltiere."
3.2. "Diese Zustände, Vorgänge und Prozesse sind gegenüber solchen der zellulären Komponenten des Gehirns als emergent zu betrachten."
3.3. "Die sogenannten psychophysischen (bzw. psychosomatischen) Beziehungen sind Wechselwirkungen zwischen unterschiedlichen Teilsystemen des Gehirns oder zwischen einigen von ihnen und anderen Teilen des Organismus".[12]

Ad 3.1: "Alle psychischen Zustände, Vorgänge und Prozesse sind Zustände, Vorgänge und Prozesse in den Gehirnen der höheren Wirbeltiere":

Seine erste Aussage bezeichnet Bunge (1984: 32) als "Grundthese des psychoneuralen Monismus in seiner materialistischen Version". Mit dieser Interpretation und Präzisierung seiner ersten Aussage über den emergentistischen Materialismus wendet Bunge sein Wissenschaftsverständnis über Dinge und Eigenschaften (Zustände, Vorgänge) auf das psychophysische Problem an. Ohne die zitierte Präzisierung könnte Bunges erste These auch ganz anders interpretiert werden, z. B. nur als Ortsangabe darüber, wo sich das Psychische aufhält. Das Psychische selbst könnte immateriell sein. Diese Interpretation entspräche der 3. Zeile der Erwägungstafel 4. Andere Interpretationen der ersten unpräzisierten These könnten darauf hinauslaufen, die Lokalisation des Psychischen als Feststellung der neuralen physischen Voraussetzungen für die Entstehung und/oder Existenz des Psychischen zu sehen. Bunges erste Aussage besteht nicht nur in einer Lokalisationsangabe, nach der psychische Ereignisse im Gehirn stattfinden (vgl. z. B. 1984:115), sondern - und darin liegt meines Erachtens auch erst die materialistische und zum psychoneuralen Monismus führende Komponente der ersten Aussage - sie besagt zudem, daß das Psychische als "*res cogitans* eine *res extensa*" sei (Bunge 1984:116).

Bunges Lokalisationsthese des Psychischen bedeutet jedoch keine Zuordnung des Psychischen zu festgelegten neuralen Systemen. Bunge (1984: 96) geht vielmehr davon aus, daß sich mentale Zustände "nur bei solchen Lebewesen bilden", die, neben festgelegten neuronalen Systemen, "über ein plastisches, d. h. funktionell nicht festgelegtes (nicht auf eine bestimmte Aufgabe spezialisiertes) neurales System verfügen". Ein solches plastisches neurales System definiert Bunge (1984: 73) als Psychon, so daß er zusammenfassend feststellen kann, daß die psychischen Vorgänge ihren Platz dort haben, wo die entsprechenden Psychonen lokalisiert sind (1984:116). Bei der Lokalisation der Psychonen kann es sich um eine dauerhafte oder eine vorübergehende Fixierung handeln. Psychonen können "räumlich fixiert oder ortsveränderlich sein" (1984:196). Die Möglichkeit der Ortsveränderung der Psychonen bedeutet, daß "ein und derselbe mentale Prozeß [...] bald in diesem, bald in jenem neuralen System ablaufen" kann (1984: 100). Systematisch bedacht müssen also für Bunge die Bedingungen der 1. und/oder 2. Zeile der Erwägungstafel 3 erfüllt sein, damit Mentales/Psychisches stattfinden kann.

Erwägungstafel 3 zu möglichen Bedingungen für Psychisches/Mentales:

	funktionell fest- gelegte neurale Systeme	funktionell nicht festgelegte neurale Systeme (Psychone)	räumliche Fixiertheit der Psychonen
1. Zeile:	+	+	+
2. Zeile	+	+	-
3. Zeile:	+	-	+
4. Zeile:	+	-	-
5. Zeile:	-	+	+
6. Zeile:	-	+	-
7. Zeile:	-	-	+
8. Zeile:	-	-	-

("+" soll heißen "vorhanden"/liegt vor", "-" soll heißen "nicht vorhanden/liegt nicht vor")

Eine Begründung für die Materialität[13] des Psychischen ist für Bunge seine Beeinflußbarkeit: "Wäre Geistiges immateriell, so wäre eine Beeinflussung durch physikalische, chemische oder chirurgische Manipulationen unmöglich".[14] Systematisch kombinierend bedacht, bedeutet Bunges erste These zum emergentistischen Materialismus eine Entscheidung für die 1. Zeile der in der Erwägungstafel 4 aufgezählten Möglichkeiten. Bunges Entscheidung für die 1. Zeile hängt auch mit seiner Auffassung zusammen, "daß es keine Vorgänge an sich gibt, sondern nur solche, die bei einem bestimmten konkreten Ding passieren" (1984: 115). Mit dieser Auffassung konfrontiert er die Möglichkeit, daß "psychische Vorgänge durchaus unausgedehnt sein, doch irgendwo, sagen wir im Gehirn, stattfinden" könnten (1984: 114; Zeile 3 der Erwägungstafel 4). Bunge (1984: 115) kommt zu dem Schluß, daß "die Frage nach dem Raum, den ein Vorgang (also etwa auch ein psychischer Vorgang; B. B.) einnimmt, im Grunde identisch mit der nach der Ausdehnung der sich ändernden Dinge" (bezogen auf psychische Vorgänge ist für Bunge ein plastisches neurales System das Ding, was sich ändert) ist.

Erwägungstafel 4 zu möglicher räumlicher Ausgedehntheit und räumlicher Verortbarkeit des Psychischen:

	Psychisches ist räumlich ausgedehnt	*Psychisches ist räumlich verortbar, d.h. findet im Gehirn statt*
1. Zeile:	+	+
2. Zeile:	+	-
3. Zeile:	-	+
4. Zeile:	-	-

Zu weiteren Überlegungen gelangt man, wenn man die Fragen nach der räumlichen Ausgedehntheit und räumlichen Verortbarkeit des Psychischen als Fragen nach der Seinsweise von der Frage nach der jeweiligen Möglichkeit des Erkennens dieser Seinsweisen unterscheidet. Bunge (1984: 20) selbst weist darauf hin, daß "aus Unterschieden in der Art des Erkennens nicht (...) radikale Unterschiede in der Seinesweise" folgen müssen.[15] Demnach kann man je vier Möglichkeiten einerseits bezüglich der räumlichen Ausgedehntheit des Psychischen und ihres Erkennens (Erwägungstafel 5) und andererseits bezüglich der räumlichen Verortbarkeit des Psychischen und ihres Erkennens (Erwägungstafel 6) unterscheiden. Kombinierte man weiterhin die in diesen beiden Erwägungstafeln vorliegenden vier Merkmale untereinander, so wären 16 Möglichkeiten zu bedenken.

Erwägungstafel 5 zur räumlichen Ausgedehntheit des Psychischen und der
Erkenntnismöglichkeit dieser Seinsweise:

	Seinsweise des Psychischen	*Erkenntnismöglichkeit der räumlichen Ausgedehntheit des Psychischen*
1. Zeile:	räumlich ausgedehnt	vorhanden
2. Zeile:	räumlich ausgedehnt	nicht vorhanden
3. Zeile:	nicht räumlich ausgedehnt	vorhanden
4. Zeile:	nicht räumlich ausgedehnt	nicht vorhanden

Erwägungstafel 6 zur räumlichen Verortbarkeit des Psychischen und der
Erkenntnismöglichkeit dieser Seinsweise:

	Seinsweise des Psychischen	*Erkenntnismöglichkeit der räumlichen Ausgedehntheit des Psychischen*
1. Zeile:	räumlich verortbar	vorhanden
2. Zeile:	räumlich verortbar	nicht vorhanden
3. Zeile:	nicht räumlich verortbar	vorhanden
4. Zeile:	nicht räumlich verortbar	nicht vorhanden

Ad 3.2: "Diese Zustände, Vorgänge und Prozesse sind gegenüber solchen der
zellulären Komponenten des Gehirns als emergent zu betrachten":

Seine zweite Aussage über den emergentistischen Materialismus nennt Bunge
die Emergenzthese. Unter der Emergenzthese, die Bunge für die Entstehung
des Psychischen aufstellt, versteht er folgendes: "Die psychischen Eigenschaften des ZNS sind nicht etwas, was dessen einzelnen Zellbestandteilen zukommt, sondern Systemeigenschaften, die sich nicht aus denen der Systembe-
standteile herleiten lassen, und fernerhin trat dieses Emergenzphänomen zu
irgendeinem Zeitpunkt im Verlauf eines langen biologischen Evolutionspro-
zesses auf".[16]

Mit der Einführung der Emergenzthese will Bunge sich vor allem von einem
reduktiven Materialismus oder Physikalismus abgrenzen. Dabei verwirft er
die ontologische Reduktion (d. h. Nivellierung der Seinsstufen) des reduktiven

Materialismus, übernimmt jedoch, in gemäßigter Form, den epistemologischen Reduktionismus (d. h. die Umwandlung der Psychologie in einen Zweig der Physik) des reduktiven Materialismus (vgl. 1984: 13, 15). Wenn Bunge im Gegensatz zum reduktiven Materialismus einen "ontologisch pluralistischen Standpunkt" einnimmt, so bezieht er diesen auf "Eigenschaften und Gesetzmäßigkeiten" (1984: 15). Bunge unterscheidet zwischen so etwas wie Dingen, die ontologisch relevant sind, und Eigenschaften und Gesetzmäßigkeiten, die ontologisch relevant sind. Pluralistisch ist Bunges Ontologie insofern, als er annimmt, daß es verschiedene Arten von umfassenden/allgemeinen ("bulk or global") Eigenschaften gibt, nämlich resultierende ("resultant") und emergente ("emergent") (Bunge 1977: 502). Psychisches zählt für Bunge insofern zu den emergenten Eigenschaften, als es sich um Eigenschaften eines Systems handelt, die nicht auch zugleich den einzelnen Elementen des Systems zuzurechnen sind, sondern nur der Gesamtheit des Systems (vgl. Bunge 1977: 502). Da Bunge keine Substantialisierung des Emergenzvorganges annimmt, kann er seine Position eines materialistischen Substanzmonismus beibehalten (insofern und nur hier ist Bunge ontologisch monistisch), andererseits braucht er den ontologischen Status des Psychischen als emergenter Eigenschaft nicht zu negieren (insofern ist Bunge ontologisch pluralistisch).[17]

So kann Bunge (1979b: 39) über Vertreter eines emergentistischen Materialismus sagen: "Although they are substance monists they may be property pluralists". Systematisch bedacht kann Bunge damit der 2. Zeile folgender Erwägungstafel zugerechnet werden:

Erwägungstafel 7 zum Vorliegen von Monismus bzw. Dualismus/Pluralismus in bezug auf die Unterscheidung in Substanz und Eigenschaft/Akzidenz:

	Substanz	*Eigenschaft/Akzidenz*
1. Zeile:	Monismus	Monismus
2. Zeile:	Monismus	Pluralismus (evtl. auch bloß Dualismus)
3. Zeile:	Dualismus (evtl. auch Pluralismus	Monismus
4. Zeile:	Dualismus (evtl. auch Pluralismus)	Pluralismus (evt. auch bloß Dualismus)

Epistemologisch bedeutet die Bestimmung des Psychischen als emergenter

Eigenschaft eines komplexen Systems, daß Psychisches (potentiell wenigstens) mit den Begriffen und Strukturen der einzelnen neurophysiologischen Komponenten dieses Systems erklärt werden kann (vgl. Bunge 1977: 503). Unter der wissenschaftlichen Erklärung einer Eigenschaft versteht Bunge, daß man "den entsprechenden Begriff ('Variable') mit einem anderen, normalerweise komplexeren" gleichsetzt, wobei zum Beispiel "die Gleichsetzung eines bestimmten mentalen Zustandes mit der Aktivität eines gewissen plastischneuralen Systems die Erklärung des ersteren, einer psychologischen Gegebenheit, mit Hilfe der letzteren, eines zur Neurophysiologie gehörenden Sachverhaltes" bedeutet (Bunge 1984: 261). Die (potentielle) Erklärbarkeit des emergent Psychischen bedeutet jedoch nicht, daß dieses damit gleichsam hinwegerklärt[18] würde: "Erklärtes Sehen ist immer noch Sehen, erklärte Vorstellung immer noch eine Vorstellung und erklärtes Bewußtsein immer noch Bewußtsein" (1984: 16f.). Als "gemäßigt" bezeichnet Bunge seinen epistemologischen Reduktionismus insofern, als er zwar einerseits meint, "Psychisches könne mit den Mitteln der Wissenschaft erklärt werden, und dazu seien Physik und Chemie unerläßlich", darüberhinaus seien aber auch "neue Begriffe, Gesetzesaussagen und Theorien notwendig (...), um dieses Erklärungsziel zu erreichen" (1984: 15).

Zusammengenommen führen Materialismus- und Emergenzthese damit zu einer "partielle[n] Reduktion (Definition oder Deduktion) der psychischen Ebene auf die neurophysiologische, mit anderen Worten, emergente Eigenschaften sollen nicht eliminiert werden" (Bunge 1984: 120). Unter der partiellen Reduzierbarkeit mentalistischer Prädikate versteht Bunge (1984:120), daß weder "*jeder* umgangssprachlich formulierte Satz über geistige Vorgänge ohne weiteres in einen möglicherweise komplexeren wissenschaftlichen Ausdruck übersetzbar sein müßte", noch, "daß jede Gedankenäußerung ein neurophysiologisches Korrelat haben müsse". Damit grenzt Bunge seine Position von einer linguistisch orientierten Identitätstheorie, nach der es "zu jeder beliebigen gedanklichen Äußerung m ein neurophysiologisches Korrelat n" gebe, "so daß $m = n$ ist" (1984:120), ab.[19] Es ist wichtig zu beachten, daß sich Bunges Ausführungen über eine "Nichtäquivalenz der meisten mentalistischen und neurobiologischen Aussagen" (1984:121) auf Aussagen und nicht auf die diesen Aussagen entsprechenden Denkakte beziehen. Nach Bunge (1984:198) gehören Aussagen der Begriffssphäre an, womit sie Fiktionen (Gedankengebilde) sind, während es sich bei den diesen Aussagen entsprechenden Denkakten um Hirnprozesse handelt. Somit kann Bunge (1984:118) sagen: "Die monistische These lautet: Jeder psychische Vorgang ist ein Gehirnprozeß, aber nicht, jede mentalistische Aussage ist mit einer neurophysiologischen identisch".

Liest man Bunges Überlegungen über die Gründe für eine nur unvollständige Reduktion der Psychologie auf die Neurophysiologie, so bekommt man den Eindruck, daß Bunge für die Zukunft nicht ausschließt, daß eine noch vollständigere Reduktion erreicht werden könnte, vor allem, wenn man sich um eine systemorientierte und den Schichtenaufbau des Realen (vor allem auch die soziale Schicht) berücksichtigende Sichtweise bemühte (vgl. 1984: 267f.). Diese Aussichten auf eine vollständigere Erklärbarkeit des emergent Psychischen würden sich jedoch nur auf die epistemologische Ebene beziehen. Ontologisch würde selbst eine vollständige Erklärbarkeit der Emergenz des Psychischen nichts an dem ontologisch-pluralistischen Standpunkt, den Bunge in bezug auf Eigenschaften/Vorgänge einnimmt, ändern.

Ad 3.3: "Die sogenannten psychophysischen (bzw. psychosomatischen) Beziehungen sind Wechselwirkungen zwischen unterschiedlichen Teilsystemen des Gehirns oder zwischen einigen von ihnen und anderen Teilen des Organismus":

Die dritte These zur Charakterisierung der Position eines emergentistischen Materialismus stellt nach Bunge (1984: 32) "eine monistische Version des dualistischen Mythos in seiner interaktionistischen Fassung dar". Für Bunge (1984:107) ist es nur sinnvoll, "von psychischen und körperlichen Wechselwirkungen zu sprechen", wenn man voraussetzt, daß "diese Ausdrucksweise als Abkürzung für 'Wechselwirkungen zwischen plastischen (funktionell nicht festgelegten) neuralen Systemen einerseits und spezialisierten neuralen oder körperlichen Systemen, die nicht Teile des ZNS sind', andererseits" steht. Hintergrund für diese These ist Bunges Entscheidung für einen Systemismus, in Abgrenzung zu den Positionen des Neuronismus (oder Atomismus) und Holismus (1984: 53-59). Nach Bunge (1984: 56) liegt der systemistische Denkansatz "in der Mitte zwischen der Behauptung, ein einziges Neuron [...] könne für jeden möglichen Gedanken [...] verantwortlich sein, und der entgegengesetzten Auffassung, jeder einzelne psychische Vorgang beanspruche das gesamte Gehirn. Aus der Sichtweise des Systemismus ist jede psychische Funktion die Funktion eines neuralen Systems, bilde dieses eine festgefügte Struktur oder sei es ein vorübergehendes Gebilde".

Als ein Beispiel dafür, wie sich Leib-Seele-Wechselwirkungen als Wechselwirkungen zwischen neuralen Systemen verstehen lassen, nennt Bunge (1984: 23): "Des Autors Hinschreiben dieser Aussage ist als das Ergebnis der Wirkung von Denkvorgängen in seiner Großhirnrinde auf sein motorisches Zentrum erklärbar". Es fragt sich jedoch, ob Bunge mit dieser monistischen

Version eines psychophysischen Interaktionismus überhaupt noch das psychophysische Problem erfaßt oder ob er es nicht vielmehr zu einem physiophysischen Problem umgestaltet. Unter einem physiophysischen Problem verstehe ich die Behandlung der Beziehungen zwischen verschiedenen physischen Etwassen, d. h., es geht um die Untersuchung physisch-physischer Beziehungen. Folgende Skizze mag zur Verdeutlichung dieser Problemverschiebung beitragen:

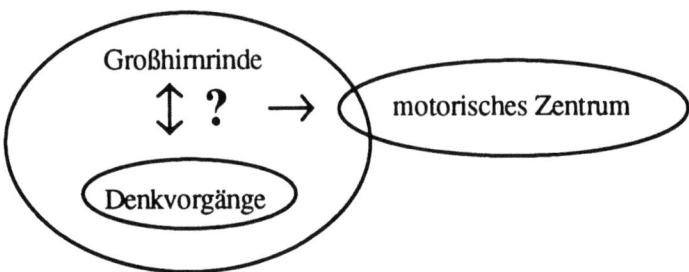

Bunge untersucht nicht die psychophysische Beziehung zwischen Denken und Großhirnrinde, sondern die Wirkung von Denkvorgängen in der Großhirnrinde auf das motorische Zentrum, d. h. die Wirkung eines neuralen Systems auf ein anderes neurales System. Anders formuliert: Bunge untersucht, wie etwas Physisches (mit psychischen Eigenschaften) auf etwas anderes Physisches (mit oder, wie in dem Beispiel über das Hinschreiben einer Aussage, ohne psychische Eigenschaften) wirkt (vgl. dazu auch Bunge 1984: 24, 114).

Aufgrund seiner ersten beiden Thesen zum emergentistischen Materialismus hätte man erwarten können, daß Bunge die psychophysischen Beziehungen allererst wie folgt fragend in Erwägung zieht: Kann - und wenn ja, wie - Psychisches als emergente Eigenschaft auf seinen physischen Träger wirken und umgekehrt?[20] Daß mentale Phänomene in Abhängigkeit von Physischem entstehen sollen, sagt noch nichts über die aktuellen und möglichen Beziehungen zwischen Psychischem und Physischem aus, nachdem das Psychische entstanden ist. Die Emergenzthese gibt nur Auskunft über die Entstehung des Psychischen. Darüber hinaus trägt sie nicht weiter zu einer Erfassung des Psychischen bei. Und bezüglich der Entstehung des Physischen ließe sich ja vielleicht auch eine Emergenzthese wagen, nach der Physisches durch den Urknall emergieren konnte. Unterscheidet man zwischen einer Entstehungs- und einer aktuellen Beeinflussungsbeziehung zwischen Psychischem und Physischem, so ergeben sich folgende Möglichkeiten:

Erwägungstafel 8 *zu Entstehungsrelationen* (der Begriff 'Entstehung' soll hier weit gefaßt sein und sowohl heißen, daß Etwas aus einem anderen Etwas entsteht, als auch, daß Etwas die Voraussetzung/Bedingung dafür ist, daß etwas Anderes entstehen kann (z. B. Psychisches entsteht als etwas Emergentes, wenn Physisches einen bestimmten Komplexitätsgrad erreicht hat)):

	Physisches entsteht aus Psychischem/Psychisches ist Voraussetzung für die Entstehung von Physischem	*Psychisches entsteht aus Physischem/ Physisches ist Voraussetzung für die Entstehung von Psychischem*
1. Zeile:	+	+
2. Zeile:	+	-
3. Zeile:	-	+
4. Zeile:	-	-

Mögliche Interpretationen:
1. Zeile: widersprüchlich (wenn die Entstehungsprozesse gleichzeitig stattfinden)
2. Zeile: z. B. Entstehungs-Spiritualismus
3. Zeile: z. B. Entstehungs-Materialismus
4. Zeile: z. B. Entstehungs-Parallelismus[21]

Erwägungstafel 9 *zu Beeinflussungsrelationen* (unter der Voraussetzung, daß es sowohl Psychisches als auch Physisches gibt, wobei der Begriff 'Beeinflussung' hier intuitiv verwendet wird):

	Physisches beeinflußt Psychisches	*Psychisches beeinflußt Physisches*
1. Zeile:	+	+
2. Zeile:	+	-
3. Zeile:	-	+
4. Zeile:	-	-

Mögliche Interpretationen:
1. Zeile: z. B. Interaktionismus
2. Zeile: z. B. Epiphänomenalismus
3. Zeile: z. B. Animismus
4. Zeile: z. B. Parallelismus

Welche Vielfalt an Möglichkeiten bei einem systematischen Vorgehen zu bedenken sind, wird deutlich, wenn man nun die möglichen Entstehungs- und Beeinflussungsmöglichkeiten von Psychischem und Physischem miteinander kombiniert, wobei sich die in Erwägungstafel 10 dargestellten zwölf denkbaren Stellungnahmen (und das nur zu den Fragen nach Entstehung und Beeinflussung von Psychischem und Physischem und ohne nähere Klärung der Begriffe 'Entstehung' und 'Beeinflussung'!) zum psychophysischen Problem ergeben.

<u>Erwägungstafel 10</u> zu möglichen möglichen Entstehungs- und Beeinflussungsmöglichkeiten von Psychischem und Physischen:

Zeilen 1-4 der Erwägungstafel 9 über Beeinflussungsmöglichkeiten / Zeilen 2-4 der Erwägungstafel 8 über Entstehungsmöglichkeiten	Physisches entsteht aus Psychischem ...	Psychisches entsteht aus Physischem ...	Physisches und Psychisches entstehen unabhängig voneinander
wechselseitige Beeinflussung zwischen Psychischem und Physischem			
Physisches beeinflußt Psychisches			
Psychisches beeinflußt Physisches			
keine Beeinflussung zwischen Psychischem und Physischem			

Daß Bunge sich die genannten Fragen und Überlegungen, insbesondere über die Wirkungsmöglichkeiten des Psychischen, nicht stellt, hängt mit seinem Wissenschaftsverständnis und seiner Bestimmung des psychophysischen Problems zusammen. Nach Bunge (1984:107) ist es irreführend, Wechselwirkungen zwischen Dingen und Eigenschaften anzunehmen. "Moderne Wissenschaft" zeichnet sich nach Bunge (1984: 26) geradezu dadurch aus, "daß man die platonische Vorstellung von autonomen Formen (Eigenschaften) und Vorgängen als animistisches Relikt" verworfen hat und "Eigenschaften als etwas" betrachtet, "was dem einen oder anderen Ding zukommt". Als materialistischer Substanz-Monist kann Bunge Psychisches als eine Eigenschaft des Physischen auffassen und so gelangt Bunge (1984: 6) auch zur Auffassung, daß der Kern des psychophysischen Problems "die Identifizierung des Subjekts mentaler Prädikate" sei.

Im Rückblick auf Bunges Entwurf einer Position des emergentistischen Materialismus läßt sich zusammenfassend festhalten, daß Bunge als Wissenschaftler mit seinem Wissenschaftsverständnis das psychophysische Problem nur als physiophysisches Problem behandeln kann: "Das Problem Geist-Körper stellt sich in der monistischen Perspektive nicht nur neu, sondern es ändert auch seinen Namen: es heißt, oder sollte heißen, das Problem Zentralnervensystem-übriger Körper" (Bunge 1983:116).

4. Bunges Umgang mit alternativen Lösungsvorschlägen zum psychophysischen Problem

Während in den bisherigen Überlegungen vor allem der Frage nachgegangen wurde, inwiefern Bunge innerhalb seines eigenen Paradigmas Alternativen zu seiner Bestimmung/Darstellung und seinem Lösungsvorschlag zum psychophysischen Problem systematisch erwägt, soll es in diesem Abschnitt auch um die Frage gehen, wie Bunge mit Argumenten von Vertreterinnen bzw. Vertretern von Lösungsvorschlägen aus alternativen Paradigmen umgeht. Im folgenden soll zunächst auf Bunges Unterscheidung zwischen monistischen und dualistischen Positionen eingegangen werden. Daran anschließend soll die These belegt werden, daß Bunges bloß polemischer Umgang insbesondere mit dualistischen Lösungsvorschlägen zum psychophysischen Problem dadurch zustande kommt, daß Bunge andere Theorien nur bezüglich ihrer Kompatibilität mit dem von ihm vertretenen Wissenschaftsparadigma beurteilt. Dies wird besonders deutlich in Bunges (1984:17-31) Pro- und Contra-Argumentation zum Dualismus, wo sich zeigt, daß Bunge sich zuweilen auf den von ihm selbst gesetzten Definitionsrahmen für dualistische Positionen nicht einläßt.

4.1 Bunges Unterscheidung zwischen monistischen und dualistischen Positionen

Bunge bezeichnet jene als psychophysische Dualisten, die dem Geist "eine vom Gehirn unabhängige Existenz" zusprechen, wohingegen die psychophysischen Monisten die Ansicht vertreten, "geistige Phänomene würden vom Körper (dem Nervensystem) erzeugt".[22]

Obwohl Bunge in seinen Überlegungen zu den wichtigsten Lösungsvorschlägen zum psychophysischen Problem auch solche monistischen Positionen bedenkt, die nur von der Existenz des Psychischen oder Physischen ausgehen, konzentriert er sich mit dieser Bestimmung auf diejenigen monistischen und dualistischen Positionen zum psychophysischen Problem, die davon ausgehen, daß es sowohl Psychisches als auch Physisches gibt. Bunge macht den entscheidenen Unterschied zwischen monisitschen und dualistischen Positionen daran fest, daß die Beziehung zwischen Psychischem und Physischem von Monisten anders als von Dualisten bestimmt wird. Bunge wählt bei dieser Unterscheidung von Monismus und Dualismus das Kriterium der Abhängigkeit bzw. Unabhängigkeit des Geistes vom Gehirn. Die Abhängigkeit geistiger Phänomene vom Gehirn bedeutet, daß Psychisches von Physischem erzeugt wird; die Unabhängigkeit des Geistes vom Gehirn gesteht dem Geist eine eigene Existenz zu.

Bunges Monismus-Dualismus-Definition hängt mit seiner Bestimmung des psychophysischen Problems mit Hilfe der Unterscheidung in Dinge und Zustände/Prozesse zusammen. Dadurch werden Positionen aus Bunges Diskussion ausgeklammert. Greift man z. B. die Erwägungstafel 1 (hier jetzt kreuztabelliert) auf und interpretiert sie mit Bunges Monismus- und Dualismus-Bestimmung, so ergeben sich folgende Zuordnungen und daran anknüpfende Fragen:

Erwägungstafel 11 mit Deutungsmöglichkeiten zur Erwägungstafel 1:

Physisches \ *Psychisches*	*Zustand/Prozeß (abhängige Eigenschaft des Physischen)*	*(unabhängiges) Ding*
Zustand/Prozeß *(abhängige Eigenschaft des Psychischen)*	"?-Fall" (vgl. Erläuterung im Text)	Monismus: z. B. emergentistischer Idealismus[23]
(unabhängiges) Ding	Monismus im Sinne der Definition Bunges	Dualismus im Sinne der Definition Bunges

Diese Erwägungstafel ist ein Beispiel dafür, wie man durch systematisches Vorgehen zu neuen Fragestellungen und Lösungsmöglichkeiten gelangen kann. Das mit einem Fragezeichen versehene Kästchen (im folgenden der "?-Fall" genannt) regt u. a. zu folgenden Überlegungen an: Im Rahmen der Kriterien dieser Erwägungstafel ist hier gleichsam die Möglichkeit einer "substanzlosen, wechselseitig voneinander abhängigen Eigenschaftsbeziehung" konstruiert worden. Die Begriffe 'Monismus' und 'Dualismus', als Bezeichnungen für ein Verhältnis zwischen Substanz/Ding und Eigenschaft(en)/ Zuständen/Prozessen bzw. als Verhältnis zwischen zwei Substanzen/Dingen, sind diesem "?-Fall" nicht zuordenbar, der damit sozusagen paradigmasprengend ist. Dieses Kombinationsergebnis könnte z. B. im Sinne der Erwägungstafel 2 zu einer Hinterfragung der Unterscheidung zwischen Ding(en)/ Substanz(en) und Eigenschaft(en)/Zuständen/Prozessen führen. Ein anderer Erklärungsversuch des "?-Falls" könnte darin bestehen, daß man im Sinne eines neutralen Monismus eine Substanz annimmt, die sowohl über psychische als auch über physische Eigenschaften bzw. Zustände/Prozesse verfügt. Psychisches und Physisches wären dann nicht wechselseitig voneinander abhängige, sondern zwei verschiedene Eigenschaften bzw. Zustände/Prozesse eines Dinges/einer Substanz als dritten Etwas. Dieser Interpretationsversuch würde jedoch den Rahmen dieser Kombinationstafel abstrakter fassen und damit über Bunges Unterscheidung zwischen Monismus und Dualismus hinausgehen.[24]

Eine andere Möglichkeit, Bunges Position zu befragen, kann darin bestehen, seine Verknüpfung von physischem Substanzmonismus und der Abhängigkeit des Geistes vom Gehirn bezüglich möglicher Alternativen zu untersuchen. In der Erwägungstafel 12 geschieht dies, indem die Unterscheidung zwischen Monismus und Dualismus (als der Abhängigkeit bzw. Unabhängigkeit des Geistes vom Gehirn) mit einer dieser Unterscheidung impliziten Annahme kombiniert wird, nämlich daß entweder ein physischer Substanz-Monismus oder ein Dualismus von physischer und psychischer Substanz vorliegt.

Mit dieser Erwägungstafel wird man auf aktualitätstheoretische Positionen aufmerksam, die Bunge mit seiner Unterscheidung von Monismus und Dualismus nicht berücksichtigen kann: Die unter anderem von W. Wundt und F. Paulsen vertretene Aktualitätstheorie geht davon aus, "daß die Seele nicht eine von dem geistigen Geschehen verschiedene Substanz, sondern daß sie das geistige Geschehen selbst ist" (Wundt 1919: 277). Aktualitätstheoretiker vertreten die Auffassung, daß es weder eine physische noch eine psychische Substanz gibt, die dem Psychischen zugrunde liegt. Sie lehnen die Unterscheidung in Substanz(en) und Eigenschaft(en), die sie für Physisches durchaus für sinnvoll erachten mögen, hinsichtlich des Psychischen ab (z. B. Paulsen 1920: 145f. Anmerkung). Bezüglich des "? - Falls" der Erwägungstafel 12 könnte man z. B. (unter Anwendung der in Abschnitt 3.3 vorgestellten systematischen Unterscheidung zwischen Entstehungs- und Beeinflussungsrelation) zu folgender Interpretation gelangen: Hinsichtlich der Entstehung ist Psychisches von Physischem abhängig. Das Physische stellt gleichsam eine primäre Substanz dar, der die psychische Substanz ihre Existenz verdankt. Einmal entstanden ist Psychisches als Substanz in seiner Selbsterhaltung unabhängig von Physischem, was die Substantialisierung des Emergenzvorganges bedeuten würde. Dieser "?-Fall" vermag, ebenso wie der der Erwägungstafel 11, zum Überdenken der Substanz-Akzidenz-Problematik anregen.

Erwägungstafel 12 zu möglichen Zusammenhängen zwischen der Abhängigkeit bzw. Unabhängigkeit des Geistes vom Gehirn und der Annahme eines physischen Substanzmonismus bzw. Substanz-Dualismus:

Existenz von Substanzen / Verhältnis zwischen Geist und Gehirn	physischer Substanzmonismus	Substanz-Dualismus
Abhängigkeit des Geistes vom Gehirn	Monismus im Sinne der Definition von Bunge: z. B. emergentistischer Materialismus	"?-Fall" (Erläuterungen im Text)
Unabhängigkeit des Geistes vom Gehirn	z. B. Aktualitätstheorie	Dualismus im Sinne der Definition von Bunge

Insgesamt zeigen die exemplarischen Überlegungen zu Bunges Definition von Monismus und Dualismus, wie man solche Definitionen zu einem systematischen Befragen der Position des Autors nutzen kann und dadurch Einblicke in den Rahmen bekommt, innerhalb dessen der Autor alternative Lösungen zu einem Problem abwägt. Der Umgang eines Autors mit Alternativen mag dann sowohl immanent (innerhalb des Rahmens, den der Autor gesetzt hat) als auch extern (bezüglich der Grenzziehung des Rahmens) überprüft werden.

4.2 Beispiele für Bunges voreingenommene Argumentation gegenüber dem Dualismus

Bunges Voreingenommenheit gegenüber anderen (insbesondere dualistischen) Positionen zum psychophysischen Problem besteht darin, daß Bunge den Dualismus immer schon von seiner Position und seinem Wissenschaftsparadigma aus beurteilt, daß er sich nicht auf die Argumentation in einem anderen Wissenschaftsparadigma einläßt und auch nicht gleichwertige Gegenargumente oder sogar die Umkehrbarkeit seiner eigenen Argumentation erwägt. Für Settle (1981: 373) ist diese Art des Vorgehens eine Disqualifikation des Dualismus, bevor der Wettbewerb überhaupt begonnen hat. Dies betrifft sowohl Bunges Argumentation gegen den Dualismus innerhalb seines selbst gesetzten Definitionsrahmens als auch seine Argumentation gegenüber Argumenten, die sich außerhalb dieses Rahmens befinden. Hierfür nun einige Beispiele: Bunge verwendet seine eigene These, nach der das Psychische eine emergente Eigenschaft des physischen Gehirns ist, als Argument gegen den Dualismus, so z. B. wenn er schreibt, daß beim Dualismus "die Vorstellung von dem abgespalten" wird, "was sie eigentlich hervorruft" (1984:18) oder behauptet: "*Der Dualismus vollzieht eine Trennung zwischen den Dingen und ihren Eigenschaften oder den Vorgängen, an denen sie beteiligt sind*" (1984: 25). Dies kann Bunge nur aus dem Blickwinkel seiner Position sagen. Ließe er sich auf den Dualismus ein, so müßte er seine eigene Definition des psychophysischen Dualismus ernster nehmen. Nach Bunges eigener Definition gehen die Dualisten davon aus, daß der Geist unabhängig vom Gehirn existiert, d. h., für sie gibt es Physisches mit physischen Eigenschaften und Psychisches mit psychischen Eigenschaften. Damit wird das Argument, daß die Dualisten eine künstliche Trennung zwischen den Eigenschaften und den Dingen betrieben, problematisch.

Auch bezüglich Bunges Einwänden gegen die dualistische Schlußfolgerung, daß der Geist immateriell sein müsse, "weil die Art und Weise, wie wir ihn erkennen, sich von der unterscheidet, wie wir Materielles erkennen,"[25] läßt sich feststellen, daß Bunge seine eigene Position als richtigen Ausgangspunkt zur Beurteilung dualistischer Argumente voraussetzt. Dies zeigt sich z. B. an folgender Argumentationssequenz (1984: 20): "Zum fünften, der Geist ist nicht so 'privat', wie das manchmal angenommen wird, und das einfach deshalb, weil das Gehirn niemals vollständig isoliert ist. Es ist eben nicht nur von innen, sondern auch von außen zugänglich, und das auf die unterschiedlichste Weise, sei es durch chirurgische Eingriffe, elektrische Reizung, Drogen und durch ganz gewöhnliche Verhaltensäußerungen, sei es ein freundliches Wort oder einen Nasenstüber. Psychische Zustände und deren Änderung (Vorgänge) sind ebenso privat oder öffentlich, wie es das denkende Gehirn ist". Wenn Bunge (1984: 20) davon spricht, daß das Gehirn sowohl von innen als auch von außen zugänglich ist, so liegt dieser Behauptung bereits seine Definition von Psychischem und seine Position zum psychophysischen Problem zugrunde. Nur weil Bunge die Auffassung vertritt, daß Psychisches, z. B. Denken, ein Gehirnvorgang ist (vgl. 1984: 202f.), kann er zu dem Schluß gelangen, daß es gleichsam dasselbe Etwas ist, zu dem er einmal einen introspektiven und einmal einen extraspektiven Zugang besitzt. Die folgende Erwägungstafel 13 faßt Bunges hiermit getroffene Abgrenzung zum Dualismus zusammen.

Erwägungstafel 13 zu möglichen Verknüpfungen zwischen Erkenntnisweisen und Seinsweisen dessen, was erkannt wird:

	unterschiedliche Erkenntnisweisen, d. h. sowohl intro- als auch extraspektive, liegen vor (+) bzw. liegen nicht vor (-)	*Seinsweise(n) dessen, was erkannt wird, ist/sind verschieden (≠) oder gleich (=)*
1. Zeile:	+	≠
2. Zeile:	+	=
3. Zeile:	-	≠
4. Zeile:	-	=

Bunges Position entspricht der Verknüpfungsmöglichkeit der 2. Zeile, die des Dualismus der 1. Zeile.

Bunge (1984: 203) selbst geht an anderer Stelle auf mögliche Einwände aus dualistischer Sicht ein: "Der Dualist mag einwenden, mit der Annahme, es sei das Gehirn, das denkt, hätten wir die Problemsituation schon vorentschieden. Aber wer oder was sonst soll das Denken besorgen? Die Antwort unseres Dualisten lautet, das sei eben der Geist. Er definiert umgekehrt den Geist als das, was denkt (und fühlt, will, sich etwas vorstellt usw.). Damit aber ist er es, der sich einer Zirkularität schuldig macht. Schlimmer noch, er schließt das Denken überhaupt von experimenteller Untersuchung aus und blockiert damit die einschlägige wissenschaftliche Forschung". Die Frage ist, ob es ausreicht, wenn Bunge sein eigenes zirkuläres Schließen aufgrund gewisser Vorentscheidungen dadurch für eher gerechtfertigt erachtet, weil seine Überlegungen ihm plausibler und für den Fortgang wissenschaftlicher Forschungen günstiger zu sein scheinen.

Bunges Voreingenommenheit für die eigene Position zeigt sich auch darin, daß er gleichwertige Gegenargumente anderer Positionen nicht erwägt. Sonst würde er vielleicht z. B. bedenken, ob man die umgangssprachliche Verwurzelung des Dualismus nicht auch als eine geschichtliche Quelle über Wahrnehmungen und Einschätzungen des Psychischen und des psychophysischen Verhältnisses betrachten kann (vgl. Stoerig 1985: 31). Und müßte Bunge nicht aufgrund seiner Emergenzthese des Psychischen, die besagt, daß nicht jede mentalistische Aussage mit einer neurophysiologischen identisch sei (1984: 118), in besonderem Maße auf alltagssprachliche Äußerungen achten, um so herauszufinden, was in eine behavioristische oder neurophysiologische Sprache übersetzbar ist und was nicht? In diesen Zusammenhang gehört auch Bunges Ablehnung von Phänomenologie und phänomenalen Prädikaten als unwissenschaftliche (weil umgangssprachliche) Prädikate (1984: 21); diese läßt sich genauso hinterfragen, wie man z. B. an folgendem Zitat aus einem Brief von T. Settle (1981: 360) an Bunge sehen kann: "How would you know you'd connected the neural state to anything at all unless you first knew what a mental state was. [...] Your 'emergent brain properties' cannot be identified except through personal introspection and then only if you made sense of the mental phenomena that identified them."[26]

Einseitig ist auch Bunges (1984: 27f.) Beharren auf einer Evolutionstheorie, die strikt und ausschließlich naturalistisch ist. Der Vorschlag von Dualisten zu einer Evolution mentaler Fähigkeiten wird von Bunge zwar erwähnt, aber nicht näher berücksichtigt. Daß und wie gerade Bunges Forderung (1984: 27f.) nach Verträglichkeit einer Position zum psychophysischen Problem mit der Evolutionstheorie auch gegen seinen monistischen Lösungsvorschlag eingesetzt werden kann, haben unter anderen K. R. Popper und T. Settle zu zeigen versucht: "Ferner ergibt sich, daß wir zur Theorie der Wechselwirkung kommen, wenn wir uns den darwinistischen Standpunkt zu eigen machen [...] und die Existenz eines evolutionär entstandenen Bewußtseins zugestehen" (Popper 1982: 132), und Settle (1981: 370) meint, daß "interactionism very easily and readily squares with the Darwinian point of view, since it [...] can explain the impact of the development of human mental capabilities on the physical world" und daß "the success of an interactionism uncommitted to the concept of substance at appending itself so naturally to evolutionary biology should register as a strong argument against materialism" (1981: 373).

Falsch ist Bunges Behauptung (1984: 27), daß der Dualismus nicht Wirkungen des Physischen auf das Psychische beachte. Befaßt sich nicht insbesondere der Interaktionismus mit wechselseitigen Beeinflussungen (und auch Abhängigkeiten) zwischen Psychischem und Physischem, so daß sich auch hier kein Unterscheidungsmerkmal zwischen monistischen und dualistischen Positionen festhalten läßt? So schreibt denn auch Puccetti (1981: 284): "What the evidence does establish is the brain dependence of the mind, something postulated by dualistic interactionism as well as psychophysical monism". Und bezüglich der These, daß der Dualismus den Energiesatz verletze (Bunge 1984: 26f.) wäre noch zu diskutieren, inwiefern dieser Satz auf den Menschen anwendbar ist.[27]

Die Tatsache, daß Bunge sich nicht auf die Argumentation insbesondere dualistischer Positionen einläßt, läßt sich dadurch erklären, daß er von der Richtigkeit seines Wissenschaftsverständnisses überzeugt ist. Immer wieder begründet Bunge seine Ablehnung des Dualismus mit dessen Unwissenschaftlichkeit (vgl. z. B. 1984: 30f.). Angesichts der kontroversen Diskussion darum, was Wissenschaft auszeichnet, ist jedoch zu fragen, ob eine solche Haltung, vorsichtig ausgedrückt, nicht allzu voreilig ist. Dualisten sind genauso von der Kompatibilität ihrer Position zum psychophysischen Problem mit Wissenschaft in ihrem Sinne überzeugt. Das Kompatibilitätsargument wird von Vertreterinnen und Vertretern der verschiedensten Positionen genutzt und erweist sich als unzureichend, um damit eine Position als die einzig richtige auszuzeichnen. Dies zeigt sich z. B., wenn Bunge (1984: 17-31) den Dualismus als religiöse und dem Aberglauben verhaftete Position als nicht kompatibel mit Wissenschaft einschätzt, wohingegen Eccles/Robinson (1985: 61) genau umgekehrt Bunges Position für nicht kompatibel mit Wissenschaft halten: "Wir sehen in dem versprechenden Materialismus einen Aberglauben ohne rationale Grundlage. Je mehr wir über das Gehirn herausfinden, desto klarer unterscheiden wir zwischen Geschehnissen des Gehirns und geistigen Phänomenen und desto wunderbarer werden beide: die Geschehnisse des Gehirns und die geistigen Phänomene. Der versprechende Materialismus ist einfach ein religiöser Glaube, der, von dogmatischen Materialisten wie Mario Bunge vertreten wird, die hin und wieder ihre Religion mit ihrer Wissenschaft verwechseln". Neueste experimentelle Ergebnisse und Informationen werden also gleichermaßen von Dualisten wie Monisten zur Bestätigung ihrer Positionen in Anspruch genommen.[28] Dieses Phänomen kann dann zu Erklärungsversuchen führen, in denen wiederum mit dem Argument der "höheren Wissenschaftlichkeit" die Ergebnisse, zu denen andere aufgrund desselben empirischen Materials gelangen, das auch für die Begründung der eigenen Position genutzt wird, als wissenschaftlich weniger relevant, vielleicht sogar als falsch eingeschätzt werden.[29]

Die exemplarisch vorgestellten Zitate gegenseitiger Vorwürfe verdeutlichen, wie mit Hilfe des Argumentes der "Unwissenschaftlichkeit" jeweils konkurrierenden Positionen der Status einer ernstzunehmenden Alternative gegenüber der eigenen Position abgesprochen wird. Vermag man aber alternative Positionen überhaupt ernsthaft zu erwägen, wenn man ihre Lösungsvorschläge von ihren Problembestimmungen und/oder dem ihnen jeweils zugrunde liegenden Wissenschaftsverständnis trennt und nur auf die Kompatibilität einer Lösung mit der eigenen Problembestimmung und/oder dem eigenen Wissenschaftsverständnis achtet? Erfordert ein systematisches Erfassen und Abwägen von Alternativen nicht geradezu die Beachtung der Ebene und des dazugehörigen Kontextes, auf der man Alternativen vergleicht? Graphisch wäre ein systematisches, die jeweiligen Ebenen mit den dazugehörigen Kontexten berücksichtigendes Verfahren folgendermaßen darstellbar, wobei innerhalb der jeweiligen Ebenen Alternativen auch noch nach verschiedenen Abstraktionsstufen sortiert werden müßten, um ein systematisch genaues Vergleichen und Abwägen zu ermöglichen:[30]

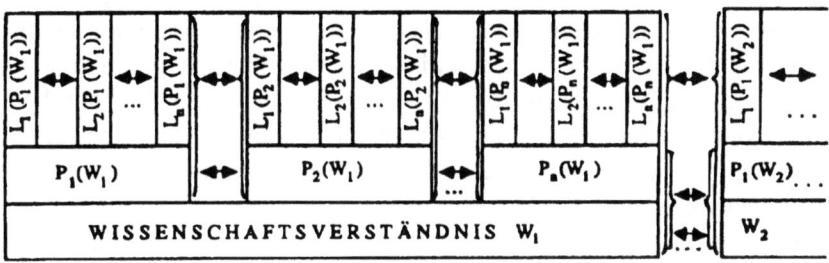

Die Symbole in dieser Abbildung sind folgendermaßen zu lesen: 'P' soll "Problembestimmung", 'L' "Lösungsvorschlag" heißen; die Doppelpfeile geben an, welche Ebenen und Kontexte bei einzelnen Vergleichen berücksichtigt werden müssen.

5. Rück- und Ausblick

Im Rahmen dieser Arbeit konnte die Idee eines systematischen, Alternativen abwägenden Vorgehens bei der Behandlung des psychophysischen Problems nur an einigen der in der Einleitung (Problementfaltung) genannten Fragen und Forderungen dargelegt werden. Dennoch wurden meines Erachtens Möglichkeiten eines derartigen systematischen Vorgehens für die Diskussion des psychophysischen Problems deutlich.

Anhand der Auseinandersetzung mit Arbeiten von M. Bunge sollte gezeigt werden, wie man mit Hilfe eines systematischen Vorgehens einen Autor bzw. eine Autorin sowohl immanent als auch extern systematisch kritisieren kann.

Der Vorteil eines solchen systematischen Erzeugens und Abwägens von Alternativen besteht meines Erachtens darin, daß man, trotz einer bereits mehr oder weniger bewußt gefaßten Position, fähiger wird, subjektive Voreingenommenheit zu überwinden, und damit auch erst zu einem Überblick über mögliche Alternativen sowie auch zu einer vorurteilsfreieren Entscheidung für eine, mehrere oder auch keine Alternative(n) gelangen kann. Der faire Umgang mit Alternativen soll keine Forderung nach einer bzw. einem neutralen, positionslosen Wissenschaftler/in sein, sondern geradezu eine reflektierte Konfrontation und Auseinandersetzung ihrer bzw. seiner Position mit möglichst allen zu ihr denkbaren Alternativen unterstützen. Verhindert werden soll, daß die eigene Position mehr oder weniger bewußt und offensichtlich in die Darstellung und Bewertung von alternativen Positionen einfließt. Statt dessen soll mit einem systematischen, Alternativen erfassenden Vorgehen zur Entfaltung eines distanzfähigen Engagements und einer Diskussionsbereitschaft beigetragen werden, in der die bzw. der Einzelne größtmögliche Transparenz des Denkens anstrebt.[31] Die Anwendung eines systematischen, Alternativen erfassenden Vorgehens mag für zeitraubend und überflüssig erachtet werden, weil man dabei zuweilen auch unsinnig erscheinende Alternativen bedenken muß. Andererseits stellt sich die Frage, wie man eigentlich eine Position als die beste oder die richtige wissenschaftlich verantwortbar vertreten kann, wenn man nicht alle (also auch die unsinnigen) Alternativen kennt. Mit dem Wissen von allen denkbaren Alternativen z. B. zu einem Problem wird Klarheit durch Vollständigkeit angestrebt. Dabei kann es sich jedoch immer nur um die Verwirklichung eines relativen Vollständigkeitsanspruchs handeln, der sich an der Anzahl der Kriterien/Aspekte orientiert, die einer jeweiligen Problemstellung zugrunde gelegt werden.[32]

Anmerkungen

1 Zu möglichen Problembezeichnungen vgl. Stoerig (1985: 2-8; 67-79) oder Wuketits (1985: 202ff.). Ich habe mich für die Bezeichnung "psychophysisches Problem" entschieden, weil diese eine weit gefaßte und interpretatorisch relativ neutrale Bezeichnung darstellt, so daß nicht von vornherein gewisse Positionen ausgeschlossen werden. Ebenso hätte ich auch im Sinne von P. Bieri die Ausdrücke "mental" und "physisch" wählen, also von einem "mentalphysischen Problem" sprechen können (vgl. Bieri 1981: 2ff.).

2 Zu den pluralistischen Lösungsvorschlägen zum psychophysischen Problem kann man z. B. die interaktionistische Drei-Welten-Theorie (Trialismus) von Popper/Eccles (1982) zählen.

3 Vgl. u. a. Metzinger (1985: 301), Vollmer (1986: 99), Wuketits (1982: 102).

4 Vgl. z. B. Schlick (1979: 324).

5 Vgl. z. B. Lorenz (1984: 215f.).

6 Zur Unterscheidung in homogene und inhomogene Alternativen vgl. Blanck (1988: 249).

7 Vorschläge und Überlegungen zur Unterscheidung verschiedener Aspekte oder Probleme beim psycho-physischen Problem finden sich unter anderem bei Bieri (1981: 5), P. M. Churchland (1984: 2-5) oder Bonsack (1985:169-174).

8 Bunge charakterisiert selbst seine Pro- und Contra-Argumentation zum Dualismus als polemisch (1984: XV). Kritik an Bunges Umgang mit anderen, insbesondere dualistischen Positionen zum psychophysischen Problem findet sich u. a. bei Settle (1981), Causey (1984), Jackson (1984), Puccetti (1981), Metzinger (1985: bes. 242-244).

9 Vgl. Vollmer (1986: 87), der Bunges Argumentation übernimmt und ihr zustimmt, daß es sich beim Dualismus um eine wissenschaftliche Anomalie handle.

10 Vollmer (1986: 75): "'Leib-Seele-Problem' oder 'psychophysisches Grundproblem' nennt man die Frage nach der Seinsweise von Leib und Seele, allgemeiner von Materie und Geist, und nach ihren wechselseitigen Beziehungen".

11 Stoerig (1985:1): "Das psychophysische Problem läßt sich also definieren als das Problem der Beziehung zwischen der psychischen und der physischen Klasse von Phänomenen. Daraus folgt, daß zur Annäherung an die Problematik dreierlei bestimmt werden muß: zwei phänomenale Bereiche und eine Beziehung".

12 Alle Zitate aus Bunge (1984: 32).

13 Bunge setzt das Kriterium der räumlichen Ausgedehntheit mit dem Kriterium der Materialität gleich.

14 Bunge (1984:111, 194). Die Übersetzung "Geistiges" für "the mental" (1980:154; 1984: 194) ist etwas irritierend; "the mental" sollte vielleicht besser mit "Psychisches" übersetzt werden, denn Bunge grenzt Geist (mind), als die Menge aller psychischen Ereignisse (mental events), von psychischen Ereignissen ab (1980: 89; 1984:115). Der Geist als Menge (im mathematischen Sinn) ist nirgendwo, wohingegen die psychischen Ereignisse im Gehirn stattfinden (1980: 89f.; 1984:115).

15 F. Brentano wendet diese Unterscheidung zwischen Seinsweise von Etwas und der Möglichkeit ihres Erkennens auf die innere Wahrnehmung an, wenn er schreibt: "Es ist gewiß, daß die innere Wahrnehmung uns keine Ausdehnung zeigt; aber etwas nicht zeigen und zeigen, daß etwas nicht ist, ist verschieden" (1973: 235). Interessant sind in diesem Zusammenhang auch die Überlegungen von H. Schleichert (1992: 144), der der Frage nachgeht, warum "niemand sein eigenes bewußtes Denken lokalisieren" vermag, "so wie er die äußeren Dinge oder Schmerzen am eigenen Leib lokalisieren kann" und dann überlegt, wie "ein Sinnesorgan beschaffen sein" müßte, "welches mich mein Gehirn und die darin ablaufenden Vorgänge empfinden und lokalisieren ließe".

16 Bunge (1984:13). Inwiefern die Zusammenstellung der Ausdrücke "Emergenz" und "Phänomen" zu der Bezeichnung "Emergenzphänomen" hier eventuell irreführend sein könnte, wäre zu diskutieren, was aber im Rahmen dieser Arbeit nicht geschehen kann.

17 Zu den Vorteilen der Bungeschen Verknüpfung eines Substanzmonismus mit einem Eigenschaftspluralismus, durch die eine Substantialisierung des Emergenzvorganges vermieden wird, vgl. Kanitscheider (1987: 108f.); zur Unterscheidung in "an emergent *entity*" und "an emergent *property* of entities of a certain kind" vgl. Bunge (1977: 504).

18 S. hierzu z. B. Metzinger (1985: 237-241) und Causey (1984: 466), die u. a. Bunges "Reduktivität der Emergentismusthese" kritisieren und meinen, daß Bunge aufgrund der (potentiell vollständigen) epistemologischen Erklärbarkeit der Emergenz des Psychischen damit das Psychische hinwegreduziert habe. Diese Kritik beachtet freilich nicht Bunges Unterscheidung zwischen ontologischer und epistemologischer Ebene. "To explain the mental in terms of the neural is not to rule out that the mental is a set of emergent functions of the brain, any more than explaining the formation of a liquid vortex rules out that it possesses properties beyond the properties of the individual atoms that take part in it. In other words, the ideal of rationality is consistent with pluralism: to explain is not necessarily to explain away" (Bunge 1977: 509).

19 Vgl. dazu z. B. Tetens' (1986) Überlegungen zu den Folgen einer Sprachreform im Sinne des Physikalismus.

20 Vgl. dazu Jackson (1984: 400), der in einer Rezension zu Bunge fragt: "What about the causal role of these new properties?". R. W. Sperry, der das Psychische auch als emergent auffaßt, beantwortet diese Frage und gesteht dem Psychischen die Möglichkeit zu, seinerseits auf die zentralnervösen Prozesse rückwirken zu können (Sperry 1976: 165f.). H. Sallinger thematisiert die Probleme, die entstehen, wenn man eine emergente kausale Wirkung geistiger Inhalte begründen wollte. Für ihn löst der emergentistische Materialismus das entscheidende Problem geistiger Kausalität nicht: "Sind aber geistige Inhalte emergent, so muß auch deren Wirkungsqualität zugebilligt werden, daß sie sich nicht notwendig (vollständig) auf physische Prozesse und Strukturen reduzieren läßt. Gerade dies wird von Bunge ignoriert" (Sallinger 1987: 61).

21 Laut Stoerig (1985: 166f.) könnte man Tertullian eine derartige Position eines Entstehungs-Parallelismus zuschreiben. Vgl. allgemein zu dieser Kombinationstafel auch F. M. Wuketits, nach dem sich nur der Panpsychismus und der Materialismus mit der Entstehung des Geistes/ Bewußtseins befassen (1985: 233), wohingegen die Dualisten die Frage nach der Herkunft des Bewußtseins offen ließen (1982:101).

22 Bunge (1984: 7); ähnlich charakterisiert Bunge (1979a: 126) den Dualismus durch die Behauptung, "that what does the minding (perceiving, feeling, thinking etc.) is the mind", wohingegen der Monismus behaupte, "that what does the minding [...] is the brain." Und Bunge (1987: 7-12) erläutert näher, was die Unterscheidung in monistische und dualistische Positionen bedeutet bzw. nicht bedeutet. In diesen Ausführungen wird u. a. auch deutlich, daß und warum Bunge (1987: 11) es für notwendig hält, das psychophysische Problem als ontologisches Problem zu behandeln.

23 Mir ist bislang keine Autorin und kein Autor bekannt, der so etwas wie einen emergentistischen Idealismus vertritt. Diese durch Systematik neu gefundene Position zeigt auch die Möglichkeiten, wie man mit einem systematischen Vorgehen versuchen könnte, möglichst alle denkbaren alternativen Positionen zum psychophysischen Problem zu erfassen. Inzwischen hat mich Herr Prof. Dieter Wandschneider darauf aufmerksam gemacht, daß möglicherweise Fichte ein Kandidat für diese Position sein könnte.

24 Obwohl der neutrale Monismus von Bunges Bestimmung des Monismus nicht erfaßt wird, bedenkt Bunge (1984: 11f.) diese Position. Er verwirft sie jedoch als ernst zu nehmende Alternative, da sie bislang jedenfalls nicht "klar und im Einklang mit der Wissenschaft formuliert werden" konnte (1984: 11).

25 Und zwar ist nach Ansicht von Bunge (1984: 20) "die eine Art von Erkenntnis privat, die andere öffentlich".

26 Zwar versucht Bunge derartige Einwände zum Teil vorwegnehmend mit Hilfe seines Wissenschaftsverständnisses zu entkräften (vgl. 1984: 117f.); inwiefern ihm dies tatsächlich gelingt, ist jedoch fraglich.

27 Vgl. dazu Stoerig (1985: 169, Anm. 33) und Popper (1982: 26, Anm. 4).

28 Vgl. dazu z. B. Kanitscheider (1987: 106). Bei Tetens (1986: 64) findet sich folgender Erklärungsvorschlag dafür, warum empirische Belege allein nicht ausreichen, um die Konkurrenz zwischen monistischen und dualistischen Positionen zugunsten einer physikalistischen Position zu entscheiden: "Man kann noch so viele empirische Belege aus den einschlägigen Naturwissenschaften aufeinanderhäufen, die Folgerung, nun sei gezeigt, daß mentale Ereignisse bloße Gehirnzustände seien, wird nur in dem Maße an Überzeugungskraft gewinnen, wie zusammen mit den Fortschritten der Naturwissenschaften die physikalistische Sprache den Platz in unserer Alltagswelt eingenommen hat, den jetzt noch der mentalistische Teil der Umgangssprache besetzt hält. Nicht empirische Belege sind nur zu häufen, der Physikalist muß nichts Geringeres als eine Reform unserer Umgangssprache nach den Grundsätzen und Regeln der physikalischen Fachsprache zu Wege bringen".

29 Vgl. dazu z.B. Vollmer (1986: 85f.).

30 Wenn hier von Problembestimmungen und -lösungen innerhalb bestimmter Wissenschafts-paradigmen die Rede ist, so wird damit nur ein Bereich angesprochen, in dem versucht werden kann, Probleme zu bestimmen und zu lösen. Eine umfassende systematische Arbeit über Möglichkeiten des Bestimmens und Lösens von Problemen müßte auch andere (Lebens-)Bereiche berücksichtigen und könnte so z. B. dem wissenschaftlichen (als reflektierten) Umgang mit Problemen einen intuitiven Umgang mit Problemen vergleichend gegenüberstellen.

31 Zum Konzept eines "distanzfähigen Engagements" vgl. Blanck 1988.

32 In Forschungen, für die das jeweilige Erwägen von Alternativen zu einem Problem zur Verbesserung der wissenschaftlichen Verantwortbarkeit einer Lösung zählt, kann solches Erwägen den Status einer Geltungsbedingung bekommen. Solche Forschungen, die man "Erwägungsforschungen" nennen mag, verfolgt die "Forschungsgruppe Erwägungskultur" in ihren Arbeiten (vgl. den Anhang am Ende dieses Buches) und für die Gründung und Herausgabe der Zeitschrift "Ethik und Sozialwissenschaften" war und ist die Idee von Erwägungsforschungen programmatisch grundlegend.

Literatur

Bieri, Peter (Hg.): Analytische Philosophie des Geistes. Königstein/Ts. 1981.

Blanck, Bettina: Programmatisches Nachwort zur 2. Auflage: Therapeutische Möglichkeiten einer Philosophie des distanzfähigen Engagements. In: dies.: Magersucht in der Literatur. Frankfurt (Main) 1988.

Bonsack, François: Das Leib-Seele-Problem, epistemologisch gesehen. In: Chisholm, Roderick M. u. a. (Hg.): Philosophie des Geistes, Philosophie der Psychologie. Akten des 9. Internat. Wittgenstein-Symposiums. Wien 1985.

Brentano, Franz: Psychologie vom empirischen Standpunkt. Erster Band. Hamburg 1973.

Bunge, Mario: Commentary - Emergence and the mind. Neuroscience 2 (1977): 501-509.

Bunge, Mario: Treatise on Basic Philosophy. Volume 4. Ontology II: A World of Systems. Dordrecht/Boston/London 1979a.

Bunge, Mario: Diskussionsbeitrag. Ciba Foundation Symposium 69 - Brain and Mind. Amsterdam/Oxford/New York 1979b: 38-39.

Bunge, Mario: The Mind-Body Problem - A Psychobiological Approach. Oxford/New York/Toronto u. a. 1980.

Bunge, Mario: Epistemologie - Aktuelle Fragen der Wissenschaftstheorie. Mannheim/Wien/Zürich 1983.

Bunge, Mario: Das Leib-Seele-Problem. Tübingen 1984.

Bunge, Mario/Ardila, Rubén: Philosophy of Psychology. New York/Berlin/Heidelberg/Tokyo 1987.

Causey, Robert L.: Review von M. Bunge (1980). Synthese 60(1984): 459-466.

Churchland, Paul M.: Matter and Consciousness. A Contemporary Introduction to the Philosophy of Mind. Cambridge(MA)/London 1984.

Eccles, John C./Robinson, Daniel N.: Das Wunder des Menschseins - Gehirn und Geist. München/Zürich 1985.

Jackson, Frank: Brain and Mind. Philosophy of the Social Sciences 14(1984): 397-401.

Kanitscheider, Bernulf: Gehirn und Bewußtsein - Ontologische und epistemologische Aspekte des Leib-Seele-Problems. Philosophisches Jahrbuch 94(1987): 96-110.

Lorenz, Konrad: Die Rückseite des Spiegels - Versuch einer Naturgeschichte menschlichen Erkennens. München 1984.

Metzinger, Thomas: Neuere Beiträge zur Diskussion des Leib-Seele-Problems. Frankfurt/ Bern/New York 1985.

Paulsen; Friedrich: Einleitung in die Philosophie. Stuttgart/Berlin 1920.

Popper, Karl R./Eccles, John C.: Das Ich und sein Gehirn. München/Zürich 1982.

Puccetti, Roland: Current Mind-Brain Confusions. The British Journal for the Philosophy of Science 32(1981): 282-286.

Sallinger, Hermann: Offener Interaktionismus: Zum Geist-Körper-Problem. Allgemeine Zeitschrift für Philosophie 12(1987): 59-70.

Schleichert, Hubert: Der Begriff des Bewußtseins. Frankfurt a. M. 1992.

Schlick, Moritz: Allgemeine Erkenntnislehre. Frankfurt a. M. 1979.

Settle, Tom: Letter to Mario: The Self and its Mind. In: Agassi, Joseph/Cohen, Robert S. (Eds.): Scientific Philosophy Today - Essays in Honor of Mario Bunge. London 1982: 357-379.

Sperry, Roger W.: Mental Phenomena as causal Determinants in Brain Functions. In: Globus, Gordon G./Maxwell, Grover/Savodnik, Irwin (Eds.): Consciousness and the Brain - A Scientific and Philosophical Inquiry. New York/London 1976: 163- 177.

Stoerig, Petra: Leib und Psyche - eine interdisziplinäre Erörterung des psychophysischen Problems. München 1985.

Tetens, Holm: Transzendentale Argumente in der Debatte um das Leib-Seele-Problem. Conceptus 20(1986): 59-68.

Vollmer, Gerhard: Was können wir wissen? Band 2: Die Erkenntnis der Natur. Stuttgart 1986.

Wuketits, Franz M.: Gehirn und Geist - Die permanente Herausforderung. Philosophischer Literaturanzeiger 35(1982): 96-104.

Wuketits, Franz M.: Zustand und Bewußtsein - Leben als biophilosophische Synthese. Hamburg 1985.

Wundt, Wilhelm: System der Philosophie. Band I. Leipzig 1919.

Ideen zur Erhöhung des Theoretisierungsniveaus in den Sozialwissenschaften

Rainer Greshoff und Werner Loh

I. Problemansatz: Welche Wissenschaftsentwicklung?

Die Vielfalt der Richtungen und Grundorientierungen in den Disziplinen des Sozialen wird angesichts der neuzeitlichen Erfolge von Physik, Chemie und Biologie als Konsequenz eines vergleichsweise geringeren wissenschaftlichen Niveaus eingeschätzt. Überanpassungen (z. B. Behaviorismus) sowie Abgrenzungen (z. B. Verstehen versus Erklären) waren und sind Reaktionsweisen auf diese Erfolge. Solange diese Erfolge nicht mit Hilfe von zu konstruierenden Alternativen vergleichend bewertet worden sind, besteht allerdings ein Begründungsmangel. Doch wie wären solche Alternativen zu konstruieren, wie zu vergleichen und zu bewerten? Die neuzeitlichen Wissensentwicklungen, die "wissenschaftlich" genannt werden, haben wenig Forschung auf diese Frage angewandt. Es ist nicht einmal klar, was als "Alternative" zu begreifen ist. Wenn es zur Wahrhaftigkeit gehören sollte, daß man auch Alternativen beachtet, dann sind diese zu erwägen und nicht wegen dominanter Ergebnisorientierung zu vernachlässigen. Neuzeitliche Wissensentwicklungen, die "wissenschaftlich" genannt werden, haben zugunsten der Erfolge das Problem der Erwägung von Alternativen vernachlässigt.[1] Bindet man aber "Wissenschaftlichkeit" an "Wahrhaftigkeit", dann wären diese naturwissenschaftlichen Wissensentwicklungen nur mit Vorbehalt als "wissenschaftlich" zu bezeichnen. Paradoxerweise hätten die so erfolglosen Disziplinen des Sozialen mit ihrer Vielfalt gerade das, was jenen erfolgreichen Disziplinen vergleichsweise mangelt: die Repräsentation der Vielfalt, die auf ihre Alternativität hin zu untersuchen wäre. Die Disziplinen des Sozialen könnten sich somit unter der Idee der Erforschung der möglichen Umgangsweisen mit Alternativen[2] von den irreführenden Vorbildern für Wissenschaftlichkeit emanzipieren und neue Ansprüche versuchen zu erproben, indem sie allerdings auch die brauchbaren Bestandteile dieser erfolgreichen neuzeitlichen Wissensentwicklungen aufzuheben trachten. Wissensverfassungen sind keine unwandelbaren Strukturen, sondern sie sind Folge von Erfindungen, vergleichbar den Erfindungen von Verkehrsregeln, die auch wieder zu verändern sind, wenn andere Erfindungen sich als geeigneter erweisen.

II. Vollständigkeit, Möglichkeitsdenken und Abstraktionsverhältnisse

Bisherige sozialwissenschaftliche Theoriearbeit ist unserer Meinung nach von insgesamt zu geringer bzw. unvorteilhaft entwickelter Regelherstellung und -bezugnahme gekennzeichnet. Mit dem Konzept der vollständigen Begriffsbildung intendieren wir diesbezüglich Ansätze für einen grundlegenden Verbesserungsvorschlag. Zur Verdeutlichung unserer Absichten nutzen wir die mit Biologie und Physik verbundenen unterschiedlichen Theoretisierungsweisen.

Die wohl einfachsten Konstellationen für das, was man "alternativ" nennen könnte, sind quantitative Bestimmungen. Mit ihrer Hilfe lassen sich Möglichkeiten des Umgangs mit Alternativen erkunden. Solche quantitativen Bestimmungen sind konkurrierend (exklusiv) verwendbar (eine gewisse Größe oder eine andere trifft zu) oder als zusammengehörige (inklusiv) nutzbar (etwas kann eine Größe annehmen, aber auch eine andere). Die quantitative Erfassung läßt alle überhaupt denkbaren alternativen Bestimmungsmöglichkeiten behandeln.[3] Hierdurch wird Vollständigkeit erreicht: "Die beliebige Verfeinerung, die leichte Uebersicht und Handhabung eines ganzen Continuums von Fällen, von dessen Vollständigkeit wir zugleich überzeugt sind (...), begründet den Vorzug solcher quantitativer Aufstellungen." (E. Mach 1981: 459)

Quantitative Vollständigkeit, die quantitativen Naturgesetzen zugrunde liegt, geht über das jeweilige empirische Datenmaterial hinaus. Insofern ist an diesen Gesetzen nicht ihre empirische Bewährtheit mit Hilfe von Daten das Besondere, sondern die vorausgesetzte Vollständigkeit. Gesetze bestimmen das real Mögliche.[4] E. Mach schrieb: "Ein Gesetz besteht immer in einer Einschränkung der Möglichkeiten." (E. Mach 1968: 450) Demnach kann gemäß dieser Auffassung Gesetzeswissen nur dann entstehen, wenn Möglichkeiten erschlossen worden sind, denn nun erst sind diese Möglichkeiten auf das real Mögliche einzuschränken. Optimal wäre es, die Möglichkeiten vollständig bestimmen zu können. Quantifizierende Begriffsbildung ermöglicht dies. Wie müßten aber Verfahren aussehen, die bei qualitativer Begriffsbildung Vollständigkeit gewährleisten?

Vergleicht man nun derartige naturwissenschaftliche Gesetze z. B. mit biologischen Taxonomien des Lebendigen, dann sind diese ebenfalls auf empirische Daten bezogen, aber sie sollen nicht über diese hinausgehen. Wenn man z. B. das Konzept des Tieres hat, dann bieten biologische Taxonomien keine Bestimmungsregeln, alle überhaupt denkbaren Tierarten angeben zu können. Biologische Taxonomie hat, wie H. Weyl schrieb, "von vornherein nur die wirklich vorhandenen Gegenstände im Auge" (H. Weyl 1966: 190). Solchen Taxonomien, die auf das empirisch Vorgefundene eingeschränkt sind, fehlen Regeln, welche - wie bei der quantitativen Ordnung - Alternativen systematisch denken lassen, die (noch) nicht empirisch festgestellt worden sind. Die Erforschung dieser Problemlage mag vielleicht helfen, das Theoretisierungsniveau in den Sozialwissenschaften zu erhöhen.

Nun bringen lebendige Prozesse wie Evolutionen und Geschichten Neues hervor. Fische sind nicht bloß quantitativ von Vögeln und Säugetieren verschieden. Ebenso unterscheiden sich Sklaven nicht allein quantitativ von Vasallen oder Lohnarbeitern. Untersucht man biologische Taxonomien[5] daraufhin, wie diese die qualitative Vielfalt erfassen, dann fällt zunächst auf, daß dies mit Hilfe der alten Methode der Sortierung von Begriffen nach Abstraktionsstufen geschieht. Die Termini der Begriffe lassen sich in eine pyramidale oder baumartige Struktur[6] einzeichnen. Geht man von einem Begriff irgendeiner Abstraktionsstufe aus, dann wird der konkretere Begriff nicht mit Hilfe einer Regel gebildet, die die konkreteren Merkmale bestimmt, sondern diese Merkmale werden hinzugefügt. So werden z. B. die Begriffe 'Weichtier' und 'Ringelwurm' nicht aus dem Begriff 'Tier' durch ein besonderes Konkretisierungsverfahren gewonnen, sondern die konkretisierenden Merkmale wie 'Exoskelett' oder 'Segmentierung' werden unabhängig von dem Begriff 'Tier' bestimmt und der Begriff des Tieres wird sodann durch diese Merkmale in verschiedene Richtungen konkretisiert. Wir möchten diese Art der hinzufügenden Merkmalsanreicherung "*heterogene Konkretisierung*" nennen. Dieses Verfahren heterogener Konkretisierung läßt die Begriffsbildung an das jeweilige Stadium empirischen Wissens anbinden. Die überhaupt denkbaren Alternativen sind auf diese Weise nicht zu erschließen. Wollte man also zu Konzepten gelangen, die auch qualitative Alternativen vollständig intendieren lassen, wäre diese Einschränkung aufzugeben.

Verfahren, die Möglichkeiten vollständig erschließen sollen, erfordern eine Differenzierung innerhalb empirischer Wissensbildung. Denn derartige Verfahren sind nicht mehr an empirische Daten zu binden, andererseits soll das Verfahren nicht bloß spekulativ sein, sondern sich im Datenbezug bewähren. Die mathematischen Verfahren ermöglichten der Physik, sich auch institutio-

nell in experimentelle und theoretische Physik zu differenzieren. Die Sozialwissenschaften haben ein derartiges Theoretisierungsniveau bisher nicht
erreicht. Ja, in manchen Disziplinen, wie in den Geschichtswissenschaften,
gibt es Abwehr gegen explizites Theoretisieren.[7]

III. Trennung der Datengewinnung von der Theoretisierung

Die vollständigen Möglichkeitsangaben sind jeweils problemrelativ und dadurch eingegrenzt. Vollständige Möglichkeitsangaben erfordern eine deutliche Trennung von empirischer Datengewinnung. Die von spezifischen Orts-
und Zeitangaben losgelöste Begriffs-und Urteilsbildung mag man "*Theoretisieren*" und einen sinnhaften Zusammenhang aus derartig gewonnenen Begriff-
fen und Urteilen "*Theorie*" nennen.

Wir motivieren hier die Trennung von Theorie und empirischen Daten nicht
durch unterschiedliche Begriffe oder Termini, wie etwa R. Carnap, der der
Theorie das zurechnen wollte, was in der Beobachtungssprache nicht explizit
definierbar sei (Carnap 1959: 33), sondern zunächst durch Entbindung von
spezifischen Orts- und Zeitangaben. Diese Motivierung wird nun zusätzlich
dadurch bestärkt, daß begrifflich-theoretische Verfahren, wenn sie Möglichkeiten vollständig erschließen, dem Zweck nach anders beschaffen sein
müssen als Verfahren der Datengewinnung.

Das explizite Einbeziehen des Problems der Begriffsbildung in den Prozeß des
Theoretisierens soll dabei einen Bestandteil sozialwissenschaftlicher Theoriebildung stärker betonen, als dies üblicherweise der Fall ist. Denn methodologische Aussagen zur Theoriebildung (vor allem solche von der analytischen
Wissenschaftstheorie hergeleiteten) thematisieren zwar auch den Begriffsbil-
dungsprozeß, befassen sich aber vorrangig mit Problemen der Aufstellung,
besonders der Prüfung von Hypothesensystemen. In Hypothesen bzw. Gesetze
gehen aber nun Begriffe ein, sie werden aus solchen gebildet. Ungenauigkeiten
und Ungeklärtheiten etwa bezüglich der benutzten Begrifflichkeit werden in
den Hypothesen bzw. Gesetzen immer wieder auftauchen und dort zu Problemen des Verständnisses führen. Will man Schwierigkeiten dieser Art vermeiden, ist eine kontrollierbare und geklärte Begriffsentwicklung notwendige
Voraussetzung für klare und überprüfbare Hypothesensysteme.[8]

Die Produktion expliziter Begriffsnetze, wie sie in der Literatur z. B. als
"dimensionale Analyse" (= "Aufstellung eines Begriffssystems der Dimensio-

nen des Sozialen" (H. L. Zetterberg 1973: 105)) bzw. als "Aufstellung eines Begriffsschemas" als "unverzichtbarer Teil theoretischer Arbeit" (G. C. Homans 1972: 47) gefordert wird, ist *kontrollierbarer* zu leisten, wenn die Begriffsentwicklung nach einem Verfahren verläuft, das es gestattet, jeweilige Begriffe nach Regeln überprüfbar entstehen zu lassen, um sie gegeneinander in ihren Abstraktionsverhältnissen einschätzbar zu machen. Eine solchermaßen geklärte Begrifflichkeit erlaubt es vermutlich auch erst, das Problem des Theorienvergleichs aussichtsreicher anzugehen. Vollständige Möglichkeitsangaben intendierende Begriffsbildung ermöglicht die oben genannte Kontrollierbarkeit, die vorherrschende mehr intuitive Begriffsentwicklung dagegen nicht.[9]

Begriffsarbeit, wie sie sich in Definitionsketten äußert, man denke z. B. an M. Webers (1976) "Soziologische Grundbegriffe" in "Wirtschaft und Gesellschaft", ist ein Beispiel für Theoretisieren. Doch wer Webers Begriffsbildung durchdenkt, wird immer wieder fragen können, wieso er auf diese Weise definierte, wieso die Begriffsentwicklung diesen und nicht einen anderen Weg nimmt. Weber hat kein Verfahren für seine Begriffsbildung angegeben, das kontrollieren ließe, ob sie sinnvoll sei oder nicht.[10] Sie wurde getragen und gesteuert von seinem enzyklopädischen Datenwissen. Webers Begriffsbildung ist wie die biologische Taxonomie gleichsam 'datenverfallen', was nicht ausschließt, daß die Daten auch falsch sein können.

Wenn Historiker Ereignisse oder Geologen den Erdaufbau schildern, Meteorologen Wetterkarten zeichnen oder Biologen die Evolution skizzieren, dann theoretisieren sie nicht, denn sie beziehen sich auf bestimmte Orte und Zeiten. Sie gehen aber zumeist weit über empirisch vorhandene Daten hinaus und ergänzen diese, etwa mit Hilfe einer Theorie. Es ist daher sinnvoll, neben dem Theoretisieren und Datengewinnen eine weitere Begriffs-und Urteilsbildung sinnhaft abzugrenzen, die man "*Darstellen*" nennen mag.[11]

IV. Endogenes und exogenes Theoretisieren

Darstellung, Theoretisierung und Datengewinnung[12] sind Subsysteme, die sich im Erkenntnissystem auf dem Niveau dieser Differenzierung beeinflussen. Die Subsysteme sind nicht autark. Begriffe, die in einem Subsystem gewonnen wurden, können in andere transferiert werden. Ergebnisse des einen Subsystems können als falsch eingeschätzt werden, wenn sie Ergebnissen eines anderen nicht in gewisser Weise zuzuordnen sind, etwa beim Erklären und Voraussagen.

Diese Subsysteme sind auch noch von anderen Konstellationen abhängig, etwa Werten und Interessen. Für das jeweilige Subsystem gehören die anderen Subsysteme und Konstellationen zur Umgebung dieses Subsystems. Vollständige Begriffsbildung macht auf ein besonderes Verhältnis der Systeme zu ihren Umgebungen aufmerksam. Wenn ein Kind mit Bauklötzchen spielt, sie türmt, mit ihnen überbrückt usw., dann mag es durch mannigfaches Probieren selbst zu Regeln kommen, wie man die Klötzchen handhaben muß, um zu gewünschten Gestalten zu gelangen. Es hätte die Regeln vielleicht auch durch Nachahmung gewinnen können, wobei der Nachahmungsbezug das Spielen anderer mit Bauklötzchen sein mag, aber auch andere Bezüge, etwa eine Baustelle. Allgemein und abstrakt gefaßt kann man nun definieren: Reguliert man eine Konstellation mit Hilfe von Regeln, die den Kombinationsmöglichkeiten der Konstellation selbst abgewonnen sind, dann sollen diese Regulation und die Regeln "*endogen*" heißen. Rühren die Regeln von anderen Konstellationen her, so mögen die Regeln und die Regulation "*exogen*" genannt werden. Begriffe zur Datengewinnung, für das Theoretisieren und Darstellen, können auf verschiedenen Abstraktionsstufen liegen. Man kann sehr abstrakt sagen: "Ich sehe dort ein Tier." Konkreter könnte es heißen: "Ich sehe dort ein Raubtier." Noch konkreter mag man feststellen: "Ich sehe dort einen Löwen" usw. Darstellen, Datenerfassen und Theoretisieren sind jedoch endogen die gleichen Regeln abgewinnbar: "Ordne Begriffe nach Abstraktionsstufen!"[13] Wenn aber Darstellung und Daten dem Sinn oder Zweck nach bestimmte Orte und Zeiten intendieren, dann ist es überflüssig, Begriffe zu bilden, die nicht in die Darstellung oder Daten eingehen können. Regeln für vollständige Begriffsbildung werden also kaum beim Darstellen und der Datenbildung endogen zu gewinnen sein.

Wenn Theoretisieren schwach ausgebildet ist oder gänzlich implizit bleibt, dann läuft es Gefahr, von anderen Subsystemen und Konstellationen her dominiert zu werden. Wenn man z. B. meint, die theoretische Begriffsentwicklung nur in dem Maße entwickeln zu dürfen, wie den Begriffen Daten zugeordnet werden können,[14] dann ist das Entscheidungssystem zum Theoretisieren so eingestellt, daß es entscheidet, für die Begriffsentwicklung über deren Ausmaß nicht selbst zu entscheiden, sondern Entscheidungen eines anderen Systems zu folgen, etwa dem Datengewinnungssystem. Ein Entscheidungssystem, das entscheidet, hinsichtlich bestimmter Probleme nicht selbst zu entscheiden, sondern Entscheidungen anderer Systeme zu folgen, mag man "*heteronom*", und ein Entscheidungssystem, das entscheidet, selbst hinsichtlich bestimmter Probleme zu entscheiden, "*autonom*" nennen. Autonomes Theoretisieren ist nicht autark: Von anderen Subsystemen können Begriffe,

Urteile und Regeln übernommen werden, nur muß das Entscheidungssystem des Theoretisierens selbstverantwortlich die Übernahme entscheiden. In dem Maße, wie Theoretisieren heteronom ist, ist die Suche nach endogenen Regeln behindert. Theoretisieren mittels endogener Regeln (kurz: endogenes Theoretisieren) hängt insofern eng mit autonomem Theoretisieren zusammen. Wenn im folgenden von "endogenem Theoretisieren" die Sprache ist, soll Autonomie immer mitgemeint sein. Die entsprechende Sprachregelung soll für exogenes Theoretisieren und Heteronomie gelten.

Theoretisieren mag verschiedenste Wege einschlagen. Soll es aus Sinnmangel sich nicht auflösen, bedarf es der Regeln. Fehlen endogene Regeln, müssen exogene gefunden werden. Bei empirischen Wissenschaften liegt es nahe, sofern sie das Theoretisierungsniveau erreichen, aber nicht genügend endogene Regeln für das Theoretisieren besitzen, das Theoretisieren von der Datenbasis her exogen zu regulieren.

Die Suche nach Regeln für qualitative und vollständige Begriffsbildung ist eine Suche nach endogenen Regeln des Theoretisierens. Wird Theoretisieren überhaupt abgelehnt, so wird die Suche nach vollständiger Begriffsbildung hinfällig. Hält man Theoretisieren für entwickelte empirische Wissenschaften für unumgänglich, dann ist die Suche nach derartigen Regeln erst dann zu motivieren, wenn ein Wissen um die Möglichkeit endogener Regulierung des Theoretisierens besteht.

Bedenkt man verschiedene sozialwissenschaftliche Theoretiker, dann wird deutlich, wie die Problemlage des Verhältnisses von exogener zu endogener Regulation des Theoretisierens bewältigt wird. Zwei Beispiele möchten wir kurz andeuten, M. Webers mehr exogene und T. Parsons mehr endogene Position.[15]

V. Idealtypische Begriffsbildung als mehr exogenes Theoretisieren

M. Weber bekannte sich explizit zur sozialwissenschaftlichen Theoriearbeit (M. Weber 1968: 185 ff.) und zur Differenzierung zwischen Theorie und Geschichtsdarstellung (M. Weber 1968: 195). Daß Sozialwissenschaften ein theoretisches Niveau wie Physik erreichen könnten, hielt er nicht für möglich (M. Weber 1968: 173 f. und 186 ff.). Wie wollte Weber das Theoretisieren nun geregelt wissen? Der "Glaube an den Wert wissenschaftlicher Wahrheit" war ihm "Produkt bestimmter Kulturen und nichts Naturgegebenes" (M. Weber

1968: 213). Werte bestimmen als Wertideen auch die Auswahl des Untersu-
chungsgegenstandes (M. Weber 1968: 499). Doch dies ist nur der Rahmen,
innerhalb dessen die Theoriearbeit anzusiedeln ist.

Nach Weber besitzen die Wissenschaften von der menschlichen Kultur eine
ihnen eigentümliche Begriffsbildung, die oben schon erwähnte idealtypische
Begriffsbildung: Der "Idealtypus (...) wird gewonnen durch einseitige Steige-
rung eines oder einiger Gesichtspunkte und durch Zusammenschluß einer
Fülle von diffus und diskret, hier mehr, dort weniger, stellenweise gar nicht,
vorhandenen Einzelerscheinungen, die sich jenen einseitig herausgehobenen
Gesichtspunkten fügen, zu einem in sich einheitlichen Gedankenbilde. In
seiner begrifflichen Reinheit ist dieses Gedankenbild nirgends in der Wirklichkeit empirisch vorfindbar" (M. Weber 1968: 191). Wie gewinnt man aber die
Gesichtspunkte, die die Begriffsbildung regeln?

Für den gleichen Sachverhalt lassen sich nach Weber zahlreiche Idealtypen
bilden, etwa für die kapitalistische Kultur, in denen jeder "tatsächlich gewisse,
in ihrer Eigenart bedeutungsvolle Züge unserer Kultur der Wirklichkeit entnommen und in ein einheitliches Idealbild gebracht hat" (M. Weber 1968:
192). Werte lassen den Untersuchungsgegenstand auswählen, damit grenzen
sie auch den Kreis der Werte ein, die dem Untersuchungsgegenstand selbst angehören und die man als Gesichtspunkte für typisierende Begriffsbildung nutzen
kann. Es wäre aber ein Fehler, die Bildung von Idealtypen mit der Propagie-
rung von Werten selbst zu verwechseln (M. Weber 1968: 196 ff.): "Es gibt
Idealtypen von Bordellen so gut wie von Religionen." (M. Weber 1968: 200)

Idealtypen werden erstens also durch Gesichtspunkte gewonnen, die dem
Untersuchungsgegenstand entnommen sind, und sie sind zweitens trotz aller
Abweichung vom zu erfassenden Gegenstand nur dann sinnvoll, wenn sie "für
die Erkenntnis konkreter Kulturerscheinungen in ihrem Zusammenhang, ihrer
ursächlichen Bedingtheit und in ihrer Bedeutung" (M. Weber 1968: 193)
erfolgreich sind. Das Konzept des Idealtypus ist nicht dazu da, das überhaupt
Mögliche zu bestimmen. Das war für Weber nicht realisierbar, denn "das
Leben in seiner irrationalen Wirklichkeit und sein Gehalt an möglichen
Bedeutungen sind unausschöpfbar, die konkrete Gestaltung der Wertbezie-
hung bleibt daher fließend, dem Wandel unterworfen in die dunkle Zukunft der
menschlichen Kultur hinein" (M. Weber 1968: 213). Da mit jedem sozialen
Wandel somit auch unvorhersehbar neue Werte entstehen, sind auch immer
wieder neue Idealtypen möglich: "es gibt Wissenschaften, denen ewige Ju-
gendlichkeit beschieden ist, und das sind alle historischen Disziplinen, alle die,

denen der ewig fortschreitende Fluß der Kultur stets neue Problemstellungen zuführt. Bei ihnen liegt die Vergänglichkeit aller, aber zugleich die Unvermeidlichkeit immer neuer idealtypischer Konstruktionen im Wesen der Aufgabe" (M. Weber 1968: 206).

Webers Theoretisierungsprogramm für die Bildung von Idealtypen ist ein Beispiel für exogene Theoretisierung. Die Begriffsbildung wird von Gesichtspunkten gelenkt, die dem Untersuchungsgegenstand entnommen sind, dessen Auswahl selbst von Werten bestimmt ist, und sie wird so weit entfaltet, als sie für diese Gegenstandserfassung Erfolg verspricht.

VI. Die AGIL-Funktionen als Grundlage endogener Theoretisierung

Das Spätwerk von T. Parsons ist von einem eigentümlichen Theoretisierungsverfahren geprägt.[16] Im Unterschied zu Weber hat Parsons nicht ausführlich in seinen Veröffentlichungen dargelegt, wie dieses Theoretisierungsverfahren zu rechtfertigen sei. Dieses Theoretisierungsverfahren hat Parsons bis zu der letzten, dieses Thema behandelnden Arbeit immer weiter verallgemeinert und abstrahiert, aber nicht die sich hieraus ergebenden Konzeptualisierungsprobleme systematisch thematisiert. Uns geht es hier nur um die Gegenüberstellung zu einer mehr exogenen Theoretisierungsstrategie, wie sie Webers kulturwissenschaftliche Auffassung prägte. Wir erörtern daher nicht die mannigfachen Deutungsprobleme der Theorie von Parsons, sondern heben jenen Aspekt hervor, der die endogene Theoretisierungsstrategie kennzeichnet.

Parsons nahm an, daß alle Handlungssysteme und organischen Systeme, die er als lebendige Systeme faßte, vier Funktionen erfüllen (T. Parsons 1977: 111 ff.), die er mit den Buchstaben "A", "G", "I" und "L" bezeichnete. Jede der Funktionen wird von einem Subsystem ausgeführt. Sind diese Subsysteme ebenfalls lebendige Systeme, dann hat nach Parsons jedes dieser Subsysteme wieder diese vier Funktionen zu erfüllen, für die weitere Subsysteme zuständig seien usw. Ein Beispiel soll das Schema ein wenig mehr verdeutlichen:

In seiner letzten größeren theoretischen Arbeit, die Parsons veröffentlichte, bezog er die AGIL-Funktionen auf ein System, das er "human condition" nannte (T. Parsons 1978: 352 ff.). Dieses System erfülle die vier Grundfunktionen der Anpassung (A), der Zielerreichung (G), der Integration (I) und der Strukturerhaltung (L). Dasjenige Subsystem, welches nach Parsons für Integration sorgt, nannte er "action system". Wir übergehen die anderen drei

Subsysteme - telic system (L), physico-chemical system (A) und human organic system (G) - und bedenken das action system selbst als lebendiges System, das seinerseits die vier Funktionen erfüllen muß. Das action system untergliedert sich somit in vier Subsysteme. Das social system soll die Funktion der Integration, das cultural system die Funktion der Strukturerhaltung, das behavioral system die Funktion der Anpassung und das personality system die Zielerreichungsfunktion erfüllen. Zieht man frühere Veröffentlichungen zu Rate, dann kann man theoretisch in der Untergliederung fortfahren. Das social system wäre etwa in die Systeme economy (A), polity (G), societal community (I) und fiduciary system (L) zu differenzieren (T. Parsons/ G. M. Platt 1974: 18 ff. und 426 ff.).

Mit Hilfe des Konzeptes der AGIL-Funktionen und des Konzeptes lebendiger Subsysteme ist ohne außertheoretische Mittel ein differenziertes Gebilde aufzubauen. Dieses Gebilde ist noch zu verfeinern, wenn man wie Parsons zwischen den Subsystemen Vermittlungen (Medien) annimmt und die Ausdifferenzierung der Subsysteme verzeitlicht (T. Parsons 1977: Kap. II und III). Die Theoretisierung von Parsons ist extrem endogen. Die Deutungen, die er den theoretisch gewonnenen Konzepten für Subsysteme gibt, sind schwer zu kontrollieren. J. Habermas schrieb u. E. zu Recht, daß die "willkürlichen Zuordnungen" von Parsons "nicht einmal dem Test einfacher intuitiver Überlegungen" (J. Habermas 1981: 370) standhalten. Die endogene Theoretisierung von Parsons hat eine Tendenz zur Autarkie. Es sind zu wenige endogene Regeln, um das umfangreiche Problemgebiet, das Parsons erfassen wollte, theoretisch zu behandeln. Sein Vorgehen würde einer Physik gleichen, die z. B. nur die arithmetischen Operationen der Addition, Multiplikation und Potenzierung kennen würde. Trotz derartiger Einwände ist von Parsons Theoretisierung hinsichtlich der Problemlage vollständiger Begriffsbildung zu lernen.

VII. Kreuztabellierung

Theoretisierungsprogramme wie das von M. Weber verhindern, daß die Suche nach Möglichkeiten vollständiger Begriffsbildung in den Sozialwissenschaften für sinnvoll erachtet werden kann. Sie schaffen keine Motivbasis, die Phantasie in diese Richtung freisetzen könnte. Und gerade die so frustrationsreiche Theoriearbeit bedarf begründbarer motivationaler Ressourcen, um nicht Pseudolösungen und Vorurteilen zu verfallen.

Das Theoretisierungsprogramm von Parsons erweckt dagegen die Hoffnung, vollständige qualitative Begriffsbildung sei in den Sozialwissenschaften möglich. Diese Hoffnung wird bestärkt durch die Annahme von Parsons, die AGIL-Funktionen seien nicht zu erweitern und insofern vollständig. Gegenüber R. Merton betonte Parsons z. B., daß "he has never seriously attempted to achieve theoretical closure of the set of primary function of a social system. I have attempted to do so in the four-function paradigm" (T. Parsons 1977: 111). Für viele mag Parsons' Theorie Wirklichkeit kaum noch zu treffen und die Rigidität seines Theoretisierens eine verbreitete Abneigung gegen endogenes Theoretisieren stabilisieren. Aber das Problem der vollständigen Begriffsbildung ist zu grundlegend, als daß man sich von solchen Einwänden, die u. E. richtig sind, bornieren lassen dürfte.

Welches Theoretisierungsverfahren gab Parsons die Hoffnung, die AGIL-Funktionen seien abgeschlossen, nicht zu erweitern, also vollständig? Auch bei der folgenden Erörterung sehen wir von Deutungsproblemen und der Veränderung der Schemata durch zunehmende Abstraktion und Generalisierung im Laufe der Zeit durch Parsons ab und konzentrieren uns nur auf den für diese Arbeit relevanten Gedanken der Vollständigkeit. Parsons gliederte die Konzepte der AGIL-Funktionen in eine Kreuztabellierung ein. Kreuztabellierung kombiniert Merkmale miteinander. Sie ist ein spezifisches kombinatorisches Verfahren. Parsons unterschied hinsichtlich lebendiger Systeme zwischen einem einerseits externalen und internalen und andererseits zwischen einem instrumentalen und einem vollendenden (consummatory) Aspekt. Den jeweiligen Kombinationen dieser Aspekte ordnete er die AGIL-Funktionen zu:

	Instrumental	Consummatory
Internal	L	I
External	A	G

Geht man von den Merkmalen wie 'external' und 'internal' sowie 'instrumental' und 'consummatory' aus, dann sind diese Paare in der Tat nur auf die vier Weisen kombinierbar. Die Kombination ist vollständig. Parsons konnte insofern ein Vollständigkeitsbewußtsein haben. Ob dieses allerdings über die Merkmalskombination hinaus auch auf das Konzept der AGIL-Funktionen zutrifft, wird als Problem erst deutlich, wenn man die Kreuztabellierung auf andere Konstellationen überträgt, um deren Leistungsfähigkeit zu testen.

Wir wollen die Problemlage am Beispiel von arithmetischen Verhältnissen diskutieren. Man nehme zwei Zahlen für die eine Achse, etwa 12 und 24, und zwei weitere für die andere, etwa 3 und 4:

	12	24
3		
4		

Was in den leeren Kästchen stehen soll, ist keineswegs bestimmt. Angenommen, es sollten dort nur Zahlenangaben zu finden sein, selbst dann wäre nicht eindeutig, was zu notieren wäre. Man könnte 12 und 3 addieren, multiplizieren, potenzieren usw. Das Beispiel macht deutlich, daß das kombinatorische Verfahren der Kreuztabellierung offen läßt, wie die Merkmale, die in den Kästchen zu finden sind, gewonnen werden können.

Die Kombinatorik derartiger Kreuztabellierung läßt also vollständige Berücksichtigung nur der angegebenen Merkmale erhoffen. Wenn aber Kombinatorik zur Vollständigkeit verhelfen soll, wäre die Kreuztabellierung in dieser Gestalt kein hinreichendes kombinatorisches Verfahren.

Dieses Ergebnis stimmt mit der Position von Parsons überein, der annahm, daß "with increasing complexity (...) succesively new emergent properties" (T. Parsons 1968: 765) erscheinen. Emergent Neues ist nicht durch kombinatorische Verfahren direkt erfaßbar. Würden die Merkmale in den Kästchen durch regelgeleitetes Kombinieren aus den Merkmalen der Achsen gewonnen, wären die Eigenheiten der durch die Merkmale der Kästchen erfaßten Systeme nicht emergent neu. So soll z. B. das "human action system" nach Parsons "a newly emergent level in the evolution of living Systems" (T. Parsons 1978: 379) sein.

VIII. Zwischenbetrachtung

Die bisherigen Erörterungen lassen deutlich werden, daß das Problem der vollständigen Begriffsbildung an Grundfragen von Weltbildern[17] rührt.

Vollständige Begriffsbildung erfordert Trennung der Theorie von Daten und Darstellung. Theoretisieren müßte endogene Regeln besitzen, die Möglichkeiten denken lassen, deren Einschränkung zu Gesetzeswissen führen mag. Begriffskombination mag diese Möglichkeiten erschließen. Doch wie ist Begriffskombination zu bewerkstelligen?

Bloße Kreuztabellierung hilft nicht weiter. Kombinatorische Literatur der Mathematik regt zuweilen an, aber für die spezifischen Problemlagen sozialwissenschaftlicher Theoriebildung wäre ein Zusammenspiel mit kombinatorischer Mathematik erst herzustellen. Sozialwissenschaftliche Theoretiker müssen hier selbst Regeln erfinden und zur Diskussion stellen.[18] Ja, das bewußte eigenverantwortliche Theoretisieren wäre allererst zu trainieren, denn noch immer gilt die Feststellung N. Luhmanns: "Lieber flüchtet man unter die Fittiche der Klassiker, die prinzipiell endlose Möglichkeiten der Interpretation und damit einen Schutz gegen Gedanken- und Arbeitslosigkeit zu bieten scheinen." (N. Luhmann 1981: 5) Das weit verbreitete exegetische Theoretisieren ist exogen. Hiermit wollen wir nicht für Traditionsabbruch und egozentrisches Drauflostheoretisieren plädieren. Auch das exegetische Theoretisieren ist Ausdruck für fehlende endogene Regeln. Parsons' Theoretisieren mag davor warnen, Pseudoregeln zu folgen, die (unbefriedigendes) endogenes Theoretisieren versprechen.

Neben Datenwissen, insbesondere auch aus eigener Erfahrung, und historischen Darstellungen kann Theorieexegese unter der Idee der Suche nach vollständiger Begriffsbildung Anregung zur Erfindung endogener Regeln des Theoretisierens bieten. Klassikertexte sind dann gleichsam ein Medium, gehen zu lernen. Als einen derartigen Gehversuch zur Erkundung der Möglichkeiten vollständiger Begriffsbildung mag man die abschließenden Überlegungen nehmen. Als Diskussionsmaterial nutzen wir Webers Herrschaftsbegriff.

IX. Hypertaktische, parataktische und hypotaktische Vollständigkeit

"Herrschaft" definierte M. Weber als "Chance, für einen Befehl bestimmten Inhalts bei angebbaren Personen Gehorsam zu finden" (M. Weber 1976: 28). Der Herrschaftsbegriff war für Weber eine Spezifikation von 'Macht': "Der Begriff 'Macht' ist soziologisch amorph. Alle denkbaren Qualitäten eines Menschen und alle denkbaren Konstellationen können jemand in die Lage versetzen, seinen Willen in einer gegebenen Situation durchzusetzen. Der soziologische Begriff der "Herrschaft" muß daher ein präziserer sein und kann nur die Chance bedeuten: für einen Befehl Fügsamkeit zu finden." (M. Weber 1976: 28 f.) Der Begriff "Macht" war demnach für Weber abstrakter und allgemeiner als der Herrschaftsbegriff. Weber definierte "Macht" als "Chance, innerhalb einer sozialen Beziehung den eigenen Willen auch gegen Widerstreben durchzusetzen, gleichviel worauf diese Chance beruht" (M. Weber 1976: 28). Der Begriff der sozialen Beziehung ist also noch abstrakter. Weber hat ihn an früherer Stelle definiert: "Soziale 'Beziehung' soll ein seinem Sinngehalt nach aufeinander gegenseitig eingestelltes und dadurch orientiertes Sichverhalten mehrerer heißen." (M. Weber 1976: 13).

Geht man von dem Begriff 'Herrschaft' aus, kann man zunächst drei Abstraktionsstufen (A) unterscheiden:

A_m: 'soziale Beziehung'

A_n: 'Macht'

A_o: 'Herrschaft'

Die Pfeile sollen andeuten, daß die Merkmale der einen Abstraktionsstufe in den Begriff der anderen Abstraktionsstufe eingehen.

Weitere Abstraktionsstufen lassen sich bei Weber finden. Wir brechen hier ab und fragen in die andere Richtung weiter. Weber unterschied nach Legitimitätsansprüchen drei "reine Typen legitimer Herrschaft" (M. Weber 1976: 124): rationale, traditionale und charismatische (M. Weber 1976: 124). Der Begriff 'Herrschaft' läßt sich somit in verschiedene Richtungen konkretisieren:

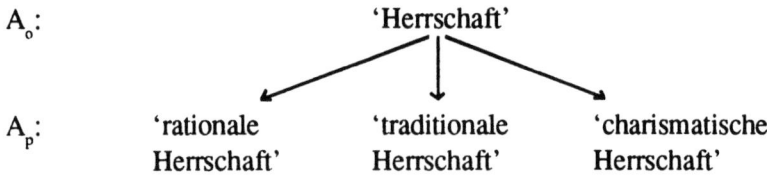

A_o: 'Herrschaft'

A_p: 'rationale   'traditionale   'charismatische
                  Herrschaft'   Herrschaft'   Herrschaft'

Hat Weber mit diesen drei Typen wirklich Alternativen erfaßt? Oder sind nur rationale und traditionale Herrschaft echte Alternativen, wie K. Allerbeck (1982: 670) meinte? Wie läßt sich kontrollieren, daß echte Alternativen vorliegen? Wie kann man überprüfen, ob alle Alternativen angegeben worden sind (Vollständigkeitsproblem)? Schließlich: Was sind Alternativen?

Die Gliederung der Begriffe nach Abstraktionsstufen ist hier zunächst grob und intuitiv. Dennoch erlaubt sie eine vorläufige Orientierung und ermöglicht weiteres Klären. Es gibt vermutlich Stufen der Klärung, die aufeinander aufbauen. Das Vollständigkeitsproblem läßt sich auf der hier gewonnenen Stufe nun unterteilen.

In der Quantifizierung hat man ein Vervollständigungsverfahren. Zusammengesetzte quantifizierbare Begriffe haben demnach mehrere Vollständigkeitsbereiche. Der Begriff 'Geschwindigkeit' besitzt z. B. als Merkmale die Dimensionen 'Zeit' und 'Länge' mit ihren jeweiligen quantitativen Vollständigkeitsbereichen. Sollte es Verfahren geben, die qualitative Vollständigkeit ermöglichen, dann wären bei Begriffen mit mehreren Merkmalen ebenfalls mehrere Vollständigkeitsbereiche zu bestimmen. Man kann also zunächst zwischen den Vollständigkeiten bezüglich der einzelnen Merkmale und der vollkommenen Vollständigkeit zu dem Begriff als einer Gesamtheit aus diesen Merkmalen unterscheiden.

Da nun in den Sozialwissenschaften die Begriffe auf verschiedenen Abstraktionsniveaus ansiedelbar sind, ist es sinnvoll bezüglich eines Begriffs, etwa 'Herrschaft', weitere Vollständigkeitsformen auseinanderzuhalten.

Besteht das Problem, hinsichtlich eines Begriffs Vollständigkeiten auf konkreterer Stufe herzustellen, dann soll von *"hypotaktischer Vollständigkeit"* die Sprache sein. Ob z. B. 'rationale Herrschaft', 'traditionale Herrschaft' und 'charismatische Herrschaft' zu dem Begriff 'Herrschaft' hypotaktisch vollständig sind, ist eine offene Frage. Quantifizierung verschafft hypotaktische Vollständigkeit. Sollen zu einem Begriff die Alternativen vollständig bestimmt werden, so sollen die so ermittelten Vollständigkeiten *"parataktisch"* heißen. Wird dagegen nach abstrakteren Begriffen gefragt, z. B. 'Macht', die in den konkreteren Bezugsbegriff, etwa 'Herrschaft', als Merkmale eingehen, und sollen deren Alternativen vollständig angegeben werden, dann mögen die so gewonnenen Vollständigkeiten *"hypertaktisch"* heißen. Die Begriffe und Merkmale zu jeweiligen Vollständigkeiten sollen entsprechend ebenfalls "hypotaktisch", "parataktisch" und "hypertaktisch" genannt werden.

X. Existenzkombinatorik

Für die folgenden Erörterungen nutzen wir weiterhin als Ansatz und Bezug Webers Herrschaftsbegriff. Zunächst möchten wir auf einfachste Weise ein Beispiel für eine vollständige hypotaktische Begriffsbildung entfalten.

Nach Weber wird bei dem "formal gleichberechtigten Tauschvertrag auf dem Arbeitsmarkt (...) die Arbeits- und Amtsstellung freiwillig eingegangen und verlassen, die Militärdienstpflicht aber" (M. Weber 1976: 543) nicht. Bei Sklaven dagegen sei das Verhältnis "unfreiwillig" und der Unterworfene stehe normalerweise in einem "unlöslich reinen Autoritätsverhältnis" (M. Weber 1976: 543). Weber deutet in dem hier zitierten Zusammenhang die Regulation des Eintritts und Austritts in eine soziale Beziehung als eine Herrschaftsbeziehung an. Auch an anderer Stelle bedachte er die Eingangsregulation, indem er die Eintrittsregulation eines Leiters und seines Verbandsstabes wie folgt definierte: "Autokephalie bedeutet: daß der Leiter und der Verbandsstab nach den eigenen Ordnungen des Verbandes, nicht, wie bei der Heterokephalie, durch Außenstehende bestellt wird." (M. Weber 1976: 27)

Von derartigen Äußerungen kann man sich zu einem systematischen Konzept anregen lassen. 1. Gegeben sei eine soziale Beziehung. 2. Es werde reguliert, wer die Positionen der Beziehung einnehme (*Eingangsregulation*) und wer sie verläßt (*Ausgangsregulation*). Träger dieser Regulationen können die aktuellen oder potentiellen Positionsinhaber sein oder gänzlich Außenstehende. Dieses Konzept ist insofern äußerst abstrakt, als es für soziale Beziehungen überhaupt gedacht ist. Da hier aber Herrschaftsbeziehungen erörtert werden sollen, ist das Konzept auf diese hin zu konkretisieren.

Wir vereinfachen die Problemlage und gehen von der Position eines Herrschaftssenders, dessen Träger (HS) Befehle im Sinne Webers gibt, und der Position eines Herrschaftsempfängers, dessen Träger (HE) gehorcht, aus. Potentielle oder aktuelle Herrschaftssender oder Herrschaftsempfänger mögen jeweils Eingang oder auch Ausgang regulieren. Von diesen Möglichkeiten bedenken wir nun eine konkreter.

Es soll sich um die Ausgangsregulation des Trägers der Position des Herrschaftsempfängers (HE) handeln, der selbst an der Regulation beteiligt sein kann (+) oder nicht (-). Ebenfalls mag der Träger der Position des Herrschaftssenders (HS) regulieren (+) oder nicht (-):

Tafel 1: Möglichkeitsfeld der Ausgangsregulation bei zwei Trägern

HS	HE
+	+
+	-
-	+
-	-

Dieses kombinatorische Verfahren ist äußerst einfach, weil nur erwogen wird, welche der angegebenen Konstellationen existieren mögen oder nicht. Eine Kombinatorik, in der erwogen wird, ob angegebene Konstellationen existieren können oder nicht, soll *"Existenzkombinatorik"* heißen.[19] Eine Existenzkombinatorik kann man schon anwenden, wenn die benutzten Begriffe intuitiv sind und selber nicht mit Hilfe von Vollständigkeitsverfahren erzeugt worden sind. Doch birgt dies auch Gefahren. So wie man mit Statistik allerlei Unsinn treiben kann, auch wenn die Rechnung stimmt, kann Kombinatorik zur Pseudovollständigkeit führen, die keinen Sinn ergibt.

Will man die Existenzkombinatorik eindeutig halten, ist die zusätzliche Regel zu befolgen, daß den negativen Fällen nicht verschiedene positive Fälle zugeordnet werden dürfen (*Eindeutigkeitsregel*). Ohne die Eindeutigkeitsregel könnte man der letzten Zeile der Tafel 1 den positiven Fall zuordnen, daß Außenstehende, die nicht an der Befehlsbeziehung beteiligt sind, den Ausgang regulieren. Wollte man auf diese Weise vorgehen, wären Außenstehende auch bei den anderen negativen Fällen zu berücksichtigen. Das mag man aber nicht beabsichtigt haben. Folgt man der Eindeutigkeitsregel und will die Möglichkeit nicht fortlassen, daß Außenstehende (A) auch regulieren, dann ist dieses Konzept explizit in die Existenzkombinatorik einzubringen:

Tafel 2: Möglichkeitsfeld der Ausgangsregulation bei drei Beteiligten

HS	HE	A
+	+	+
+	-	+
-	+	+
-	-	+
+	+	-
+	-	-
-	+	-
-	-	-

Derartige Existenzkombinatoriken (1. Stufe) mit ihren Möglichkeitsfeldern können selbst Ausgang für weitere Existenzkombinatoriken (2. Stufe) sein, die Möglichkeitsspielräume erschließen. Wir erörtern diese Möglichkeit mit Hilfe der Tafel 3. In herrschaftlichen Lohnarbeitsverhältnissen mögen der Herrschaftssender als Arbeitgeber, der Lohnarbeiter oder beide zugleich kündigen. Die ersten drei Zeilen kommen somit vor (Spalte 1). Bei bestimmten Beamten darf allein der Beamte als Herrschaftsempfänger normalerweise kündigen

(Spalte 2). Bis zum 11. Jahrhundert konnte in Mitteleuropa ein Lehnsvasall nur im Einverständnis mit seinem Herrn das Lehnsverhältnis auflösen (Spalte 3). Servile wie Sklaven und frühmittelalterliche Hörige hatten überhaupt kein Kündigungsrecht, aber der Herr konnte sie aus ihren Servilitätsverhältnissen entlassen (Spalte 4).

Tafel 3: Möglichkeitsspielräume für Kündigungen

HS	HE	1	2	3	4
+	+	+	-	+	-
+	-	+	-	-	+
-	+	+	+	-	-
-	-	-	-	-	-

Es lassen sich 16 Spalten unterscheiden, von denen aber nicht alle sinnvoll sind. Die vier angedeuteten Fälle machen die Hoffnung plausibel, daß derartige Kombinatoriken schon zu brauchbaren Unterscheidungen führen. Doch die angeführten Beispiele wie Lohnarbeit oder Sklaverei sind durch die jeweiligen Spielräume nicht hinreichend bestimmt. Dazu ist die Kombinatorik noch zu abstrakt. Wollte man "Lohnarbeit" bestimmen, müßte man weitere Merkmale angeben. Wenn sich aber mit dieser Kombinatorik, die Vollständigkeit verbürgt, Sklaverei von Lehensverhältnissen und diese wieder von Lohnarbeit unterscheiden lassen, dann ist sie grundlegend. Sie ist grundlegend wegen ihrer Abstraktheit. Aber für die Unterscheidungen auf dieser Abstraktionsstufe besitzen wir keine Worte. Wie sollte man die jeweiligen Spielräume bezeichnen? Diese Sprachlosigkeit macht zugleich bewußt, daß trotz der grundlegenden wissenschaftlichen Relevanz auf dieser Abstraktionsstufe nicht systematisch Theorie entwickelt wird. Es wäre so, als würde man in der Physik zwar Geschwindigkeiten der Planeten, des Wassers, von Steinen usw. kennen, aber nicht den abstrakt-allgemeinen Begriff 'Geschwindigkeit'.

XI. Beziehungskombinatorik

Wendet man Existenzkombinatorik isoliert an, dann bleiben die benutzten Begriffe im Dunkeln. Pseudokombinatorik ist kaum zu verhindern. Will man die benutzten Begriffe klären, dann ist ein Mittel hierfür, sie von Alternativen abzugrenzen. Am Beispiel des Merkmals 'Gehorsam' des Begriffes 'Herrschaft' möchten wir diese Problemlage kurz erörtern. Die Erörterung steht unter der parataktischen Fragestellung, die hier nicht voll zu beantworten ist, Alternativen zum Herrschaftsbegriff anzugeben.

Nach Weber soll "Gehorsam" "bedeuten: daß das Handeln des Gehorchenden im wesentlichen so abläuft, als ob er den Inhalt des Befehls um dessen selbst willen zur Maxime seines Verhaltens gemacht habe, und zwar lediglich um des formalen Gehorsamsverhältnisses halber, ohne Rücksicht auf die eigene Ansicht über den Wert oder Unwert des Befehls als solchen" (M. Weber 1976: 123). Diese Umschreibung läßt sich durch eine andere Textstelle ergänzen, wo man lesen kann, daß das Handeln der Befehlsempfänger "so abläuft, als ob die Beherrschten den Inhalt des Befehls, um seiner selbst willen, zur Maxime ihres Handelns gemacht hätten ('Gehorsam')" (M. Weber 1976: 544).

Weber hat den Begriff des Gehorsams nicht systematisch entwickelt. Will man Alternativen zu ihm erzeugen, dann ist ein Verfahren anzugeben, denn ohne ein derartiges Verfahren besteht keine Möglichkeit festzustellen, ob eine Alternative vorliegt. Sind 'Autismus', 'Widerstand', 'Egozentrik', 'Autonomie', 'Anarchie', 'Einsiedlertum', 'Tausch', 'Hilfe' usw. Alternativen zu Gehorsam? Derartige Beispiele verdeutlichen die Problemlage. Webers Angaben sind zu ungeklärt, um Alternativen bestimmen zu können. Abstraktere Begriffe sind zu bilden. Hiermit verließe man aber Webers Begriffswelt. Webers Begrifflichkeit soll aber weiterhin Bezug bleiben.

Wir entnehmen den Äußerungen über Gehorsam u. a. auch folgendes Verhältnis: Wenn jemand gehorcht, dann entscheidet oder (allgemeiner:) *eligiert*[20] er nicht selbst, sondern führt durch oder *realisiert*, was andere eligiert haben. An dieser Überlegung können wir versuchen, Merkmale so hervorzuheben, daß sie sich kombinieren lassen: Gegeben seien Träger von Realisationen und Träger von Elektionen. Die einzelnen Elektionen sollen nicht über mehrere Träger hinweglaufen. Jede Realisation bedarf einer Elektion, ob als ausgefeilte Entscheidung oder mehr automatisiert. Die Elektion kann nun in dem Träger der Realisation liegen oder in einem anderen Träger. Liegt die Elektion in einem anderen Träger, muß das Eligierte (etwa der Inhalt des Befehls) dem Realisierenden (etwa dem Gehorchenden) übermittelt werden; in diesem Fall soll von *"heterogener Elektion"* die Sprache sein. Wird innerhalb des Realisationsträgers die Realisationsintention eligiert, dann soll diese Beziehung *"autogene Elektion"* heißen.

Man kann über Entscheidungen entscheiden, etwa indem man eligiert, daß andere hinsichtlich einer Realisation eligieren. Elektionen lassen sich auf diese Weise aufeinander beziehen. Sie mögen etwa Netze mit mannigfachen Verzweigungen bilden. Wir werden hier nur einfachste Möglichkeiten erwägen: Welche Möglichkeiten gibt es, autogene Elektion (a) und heterogene Elektion

(h) aufeinander in dem angedeuteten Sinn zu beziehen, wenn man von zwei Elektionen ausgeht? Diejenige Elektion, die eine andere eligiert, soll *"Meta-elektion"* heißen. Ein Pfeil soll dieses Verhältnis ausdrücken, wobei am Pfeilanfang das Zeichen für die Metaelektion steht:

Tafel 4: Möglichkeitsfeld aufeinander bezogener autogener und heterogener Elektionen

$$a \rightarrow a$$
$$a \rightarrow h$$
$$h \rightarrow a$$
$$h \rightarrow h$$

Welcher der vier Fälle könnte Gehorsam ansatzweise bestimmen lassen? Wenn jemand selbst eligiert, entscheidet, selbst zu eligieren, dann kann hinsichtlich der zugehörigen Realisation kein Gehorsam vorliegen (1. Zeile). Man könnte diese Beziehung als "personal *autonom*" bezeichnen. Eligiert jemand hinsichtlich einer Realisation, nicht selbst zu eligieren, dann mag schon eher eine Voraussetzung für Gehorsam bestehen. Vielleicht ist der Ausdruck "personale *Heteronomie*" für diese Beziehung sinnvoll (2. Zeile). Wenn ein Kind von jemandem aufgefordert wird, sich selbst zu beschäftigen, zu spielen, und das Kind nun fragt, was es denn spielen solle, und es zur Antwort erhält, daß es selbst entscheiden solle, dann liegt in der letzteren Beziehung eine Metaheteroelektion vor, die eine Autoelektion bestimmt (3. Zeile). Auch diese Möglichkeit ist nicht Grundbestand von Gehorsam hinsichtlich der spezifischen Realisation (Spielen), denn das Kind eligiert die Weise des Spielens selbst. Wollte man die Metaheteroelektion als Gehorsam auffassen, dann müßte man schon die einfache Heteroelektion als Gehorsamsgrundlage nehmen. Wenn aber das Gehorsamsverhältnis nicht bloße Übernahme ist, sondern hergestellt oder "gemacht" ist, wie Weber formulierte, dann ist mindestens eine doppelte Elektion zu unterstellen. Widerstreben gegen die Übernahme ist ebenfalls nur von einer Metaelektion her verständlich. Da in Webers Machtdefinition Widerstreben einbezogen ist, wäre auch diese Problemlage zu berücksichtigen. Wenn aber Widerstreben allein als Ausdruck von Autoelektion konzeptualisiert werden kann, bliebe bloß die zweite Zeile (a → h) Grundlage für die Erfassung von Gehorsam, denn die letzte Zeile ließe in dieser einfachen Gestalt keine Interpretation für Widerstreben zu.

Doch vielleicht sollte man die Kombinatorik erweitern und eine zusätzliche Metaelektion einführen. Angenommen, die zweite Zeile (a → h) sei geeignet,

Gehorsam zu erfassen, wie steht es dann um das bewußte Entscheiden für Gehorsam? Wird dann nicht dieses Verhältnis selbst insgesamt eligiert: (a → (a → h))?[21] Denkt man diese Möglichkeit kombinatorisch weiter, dann ergeben sich acht Möglichkeiten. Wir unterlassen die Erörterung, da es uns hier nur um ein Beispiel für eine vollständige Begriffsbildung mit Hilfe einer Beziehungskombinatorik geht.

Angenommen, "Gehorsam" sei als Heteronomie definierbar, die von anderen Trägern reguliert wird, dann würden die oben angegebenen Kombinationen (Tafel 4) Alternativen zu Heteronomie (a → h) und somit auch zu Gehorsam und Herrschaft bestimmen. Hinsichtlich des Merkmals 'Heteronomie' erzeugte diese Beziehungskombinatorik eine parataktische Vollständigkeit. Aus abstrakteren Begriffen ('autogene Elektion', 'heterogene Elektion') wurden mit Hilfe einer Beziehungskombinatorik konkretere Begriffe hergestellt. Vollständigkeit ist vermutlich nur mit Hilfe abstrakterer Begriffe als denen des Vollständigkeitsbereiches und einem kombinatorischen Verfahren zu erreichen. Konkretion ist somit nicht mehr heterogen, sondern autogen. Die Abstraktionsstufen stehen dann nicht mehr in einem bloßen Subsumtionsverhältnis, bei dem von Konkretionsstufe zu Konkretionsstufe heterogene Merkmale hinzukommen, sondern sie gehen nach Regeln auseinander hervor. Form und Inhalt werden hierdurch gleichsam »dialektisch« vermittelt. Je unklarer die abstrakteren Begriffe sind, um so unmöglicher wird eine derartige endogene Theoriearbeit.

Bedenkt man Webers Begriffsbildung vor dem Hintergrund kombinatorischer Begriffsbildung, dann werden deren Unklarheiten bestimmbar. Würde man aber die in dieser Arbeit benutzten Kombinatoriken vor dem Hintergrund einer vom Abstrakten zum Konkreten kombinatorisch aufsteigenden und ausgearbeiteten Theorie bedenken, würden deren Unklarheiten ebenso erfaßbar werden. Der Sinn für vollständige Begriffsbildung erschließt somit Ideen zur endogenen Verbesserung des Theoretisierens, deren Fruchtbarkeit sich im Zusammenspiel von Datenbildung und Darstellung bewähren mag.

Anmerkungen

1 Vgl. zu dieser Thematik W. Loh 1988.

2 Erste institutionalisierte Ansätze zur Bearbeitung dieser Forschungsproblematik sind inzwischen schon wieder weitgehend versandet: die Theorienvergleichsdebatte war nur Episode. Indiz dafür, daß hier aber weiterhin ein Klärungsbedarf besteht, mögen die immer wieder auftauchenden Klagen über zersplitterte und zerfaserte Theorie-Diskussionen sein. Vgl. W. Bonß/H. Hartmann 1985: 9, 11 f.; M. Wehrspaun 1985: 11; J. W. Falter/G. Göhler 1986: 132. Zur grundsätzlichen Relevanz von Theorienalternativität und -vergleich vgl. ausführlicher H. F. Spinner 1980 und W. Loh 1988.

3 Es soll mit der Formulierung offen bleiben, ob man Anhänger des aktual Unendlichen in der Mathematik ist oder nur potentiell Unendliches für sinnvoll erachtet.

4 Vgl. G. Gutzmann 1980: 130 ff. sowie 144.

5 Vgl. E. Mayr 1975.

6 Ausführlich zu dieser Denkform vgl. H. Leisegang 1951: 208 ff.

7 Vgl. hierzu J. Rüsen: "'Theorie' hat keine traditionell vorgegebene und allgemein akzeptierte Stellung im arbeitsteiligen Betrieb historischer Forschung." (J. Rüsen 1974: 229).

8 Siehe dazu R. Mayntz 1983: 10 f., 13; W. Herzog 1984: 33 f.; G. Sartori 1984: 28.

9 Ein ähnliches Theoriebildungsverfahren könnte man auch bei N. Luhmann vermuten. Er organisiert den Theorieaufbau mittels seiner funktionalen Methode nach Problem-Problem-lösungssequenzen, die man als Abstraktionsebenen auffassen kann (vgl. N. Luhmann 1984: 32 f., 1987: 41 f.). Luhmanns explizite Analogisierung von funktionaler Methode mit Mathematik (1984: 83) mag so etwas wie Vollständigkeitsansprüche suggerieren sollen. Aus Luhmanns eigenen Aussagen ist aber erschließbar, daß die Methode Vollständigkeit nicht erreichen kann (vgl. 1984: 233; 1980: 43). Diesbezügliche Kritik an seiner Theoriebildungs-methode, die auf das Problem der aus der fehlenden Vollständigkeit resultierenden Willkür-lichkeit der Abstraktionsebenenkonstruktionen abhebt, weist Luhmann zurück mit dem Argument: Wenn "bei einem derart pragmatischen Vorgehen Erkenntnisse gewonnen werden können, spricht das nicht gegen das Vorgehen, sondern gegen die Bedenken" (1978: 108 f.). Dieser Einwand zeigt eine deutliche Nähe zur oben kritisierten erfolgsorientierten neuzeitlichen Wissenschaftsauffassung, die wir mit unserem Ansatz gerade zu kritisieren trachten.

10 In diese Richtung geht auch die Kritik von A. Walther an Weber: dieser habe "keine von den Zufälligkeiten und Selbsttäuschungen des 'Erfolges' ... unabhängige Kriterien für die Richtigkeit von Begriffsaufstellungen" (1926: 56) geliefert.

11 Ein anschauliches Beispiel für die Gewinnung von Darstellungswissen, das über die Daten hinausgeht, gibt E. Bernheim 1908: 613 ff.

12 Diese Einteilung dient hier nur der vorläufigen Orientierung und impliziert keine Vollständigkeitsansprüche.

13 Die Regel, Begriffe bzw. Urteile nach Abstraktionsstufen zu ordnen, ist in der Literatur zur sozialwissenschaftlichen Theoriebildung häufiger zu finden: J. Hage 1972: 118-120 sowie 151; H. M. Blalock 1969: 144 - 147; P. D. Reynolds 1971: 50. Theoriegeschichtlich kann man diesbezüglich bei K. Marx anknüpfen, der die "Methode vom Abstrakten zum Konkreten aufzusteigen" (K. Marx 1974: 22) programmatisch vertrat. Wieweit Marx diese Programmatik "des abstrakten Denkens, das vom Einfachsten zum Kombinierten aufsteigt" (K. Marx 1974: 23) in seiner Theoriearbeit, speziell bei der Konzeptualisierung des Klassenbegriffs, angewandt hat, dazu vgl. R. Greshoff 1985.

Wir kennen aber keine methodologische Literatur, die vollständige Begriffsbildung im kombinatorischen Sinne fordert; für diese sind Definitionsketten unabdingbare Vorausset-zung, aber selbst die Forderung nach Definitionsketten ist selten genug anzutreffen (vgl. z. B. P. D. Reynolds 1971: 46 ff. sowie 64; auch G. Sartori 1984: 44).

14 Als Beispiele für datenorientierte Theoriebildung siehe B. G. Glaser/A. L. Strauss 1967: 28 und 262; H. M. Blalock 1969: 8 sowie A. L. Stinchcombe 1968: 12.

15 Mit Bezug auf neuere Weber-Forschungen mag man einwenden, daß Weber und Parsons nicht gemeinsam unter dieser Problemstellung behandelt werden können, da heutige Soziologie einen ganz anderen Typ repräsentiere als die Webersche, die als Wirklichkeits-wissenschaft konzipiert worden sei (vgl. W. Hennis 1984: 12; F. Tenbruck 1986: 27, 29). Soweit in diesen Fragen bei Webers oft nur Andeutung bleibenden Aussagen überhaupt eine Klärung erzielt werden kann, gehen wir von der These aus, daß Weber nicht Soziologie,

sondern die Sozialwissenschaft, die bei ihm zur Kategorie der Kulturwissenschaften gehört, als Wirklichkeitswissenschaft verstanden hat. Kulturwissenschaft impliziert bei Weber verschiedene Teildisziplinen, z. B. Soziologie (Theorie) und Geschichtswissenschaft (Darstellung). In dieser Position, Typenbegriffe und generelle Regeln des Geschehens bildend, erfüllt Soziologie Mittel-Funktionen für den Zweck Kulturwissenschaft, und in dieser Referenz und den ihr entsprechenden Zielsetzungen kann man sie durchaus mit heutigen Soziologien parallelisieren. Daß letztere nicht (mehr) in ein umfassenderes Sozialwissenschaftskonzept integriert sein mögen, ist ein anderes Problem (vgl. M. Weber 1968: 165, 175 f., 178 f.; 1976: 9).

16 Vgl. W. Loh 1980 b.

17 Vgl. W. Loh 1980 a: 92-97.

18 Vgl. auch D. G. Wagner 1984: 133 f.; G.Sartori 1984: 56 f.; R. J. Anderson/A. J. Hughes/ W.W. Sharrock 1985: 20 f., 23 f.

19 Derartige Existenzkombinatoriken sind weit verbreitet. Aber es ist ein Unterschied, ob man solche Kombinatoriken isoliert verwendet oder als Bestandteil für einen kombinatorischen Aufbau von Theorien verwendet.

20 Vgl. zum Konzept der Elektion W. Loh 1980 a: 130 ff. sowie 144-159.

21 Hier hätte eine Kombinatorik anzusetzen, die Webers Unterscheidung in rationale, traditionale, charismatische Herrschaft aufhöbe, denn Webers Unterscheidung geht vom "Glauben" (M. Weber 1976: 122) an die Legitimität aus. Mit diesem "Glauben" sind Gründe gemeint, die das Gehorchen motivieren, also vermutlich Bestandteile einer Metaelektion.

Literatur

Allerbeck, K.: Zur formalen Struktur einiger Kategorien der verstehenden Soziologie, Kölner Zeitschrift für Soziologie und Sozialpsychologie 34(1982)665-676.

Anderson, R. J./Hughes, J. A./Sharrock, W. W.: The sociology game. London/New York 1985.

Bernheim, E.: Lehrbuch der historischen Methode und der Geschichtsphilosophie. Leipzig 1908.

Blalock, H. M.: Theory Construction. Englewood Cliffs 1969.

Bonß, W./Hartmann, H.: Konstruierte Gesellschaft, rationale Deutung. In: Bonß, W./ Hartmann, H. (Hg.): Entzauberte Wissenschaft. Göttingen 1985.

Carnap, R.: Beobachtungssprache und theoretische Sprache. In: Logica. Studia Paul Bernays dedicata. Neuchatel 1959.

Falter, J. W./Göhler, G.: Politische Theorie. In: Beyme, K. v. (Hg.): Politikwissenschaft in der Bundesrepublik Deutschland. Opladen 1986.

Glaser, B. G./Strauss, A. L.: The Discovery of Grounded Theory. Chicago/New York 1967.

Greshoff, R.: Probleme sozialwissenschaftlicher Theoriebildung am Beispiel des Marxschen Klassenbegriffs. Frankfurt a. M. 1985.

Gutzmann, G.: Logik als Erfahrungswissenschaft. Berlin 1980.

Habermas, J.: Theorie des kommunikativen Handelns, Bd. 2. Frankfurt a. M. 1981.

Hage, J.: Techniques and Problems of Theory Construction in Sociology. New York/London/ Sydney/Toronto 1972.

Hennis, W.: Max Webers Thema. Zeitschrift für Politik 31(1984)11-52.

Herzog, W.: Modell und Theorie in der Psychologie. Göttingen/Toronto/Zürich 1984.

Homans, G. C.: Wider den Soziologismus. In: Homans, G. C.: Grundfragen soziologischer Theorie. Opladen 1972.

Leisegang, H.: Denkformen. Berlin 1951.

Loh, W.: Kombinatorische Systemtheorie: Evolution, Geschichte und logisch-mathematischer Grundlagenstreit. Frankfurt a. M./New York 1980 a.

Loh, W.: AGIL-Dimensionen im Spätwerk von T. Parsons und Kombinatorik. Kölner Zeitschrift für Soziologie und Sozialpsychologie 32(1980 b)130-143.

Loh, W.: Zur Überwindung neuzeitlicher Wissenschaftsauffassungen. Zeitschrift für allgemeine Wissenschaftstheorie 19(1988)266-289.

Luhmann, N.: Soziologie der Moral. In: Luhmann, N./Pfürtner, S. H. (Hg.): Theorietechnik und Moral. Frankfurt a. M. 1978.

Luhmann, N.: Gesellschaftsstruktur und Semantik, Bd. 1. Frankfurt a. M. 1980.

Luhmann, N.: Soziologische Aufklärung 3. Opladen 1981.

Luhmann, N.: Soziale Systeme. Frankfurt a. M. 1984.

Luhmann, N.: Die Richtigkeit soziologischer Theorie. Merkur 41(1987)36-49.

Mach, E.: Erkenntnis und Irrtum. Darmstadt 1968.

Mach, E.: Die Principien der Wärmelehre. Frankfurt a. M. 1981.

Marx, K.: Grundrisse der Kritik der Politischen Ökonomie. Berlin 1974.

Mayntz, R.: Zur Einleitung: Probleme der Theoriebildung in der Implementationsforschung. In: Mayntz, R. (Hg.): Implementation politischer Programme II. Opladen 1983.

Mayr, E.: Grundlagen der zoologischen Systematik. Hamburg/Berlin 1975.

Parsons, T.: The Structure of Social Action. New York/London 1968.

Parsons, T.: Social Systems and the Evolution of Action Theory. New York/London 1977.

Parsons, T.: Action Theory and the Human Condition. New York/London 1978.

Parsons, T./Platt G. M.: The American University. Cambridge 1974.

Reynolds, P. D.: A Primer in Theory Construction. Indianapolis/New York 1971.

Rüsen, J.: Für eine erneuerte Historik. In: Engel-Janosi, F./Klingenstein, G./Lutz, H. (Hg.): Denken über Geschichte. Wien 1974.

Sartori, G.: Guidelines for concept analysis. In: Sartori, G. (Ed.): Social science concepts. Beverly Hills/London/New Delhi 1984.

Spinner, H. F.: Theorienpluralimus in Wissenschaft und Praxis. In: Neuhaus, G. A. (Hg.): Pluralität in der Medizin. Frankfurt a. M. 1980.

Stinchcombe, A. L.: Constructing Social Theories. New York/Chicago/San Francisco/Atlanta 1968.

Tenbruck, F.: Das Werk Max Webers: Methodologie und Sozialwissenschaften. Kölner Zeitschrift für Soziologie und Sozialpsychologie 38(1986)13-31.

Wagner, D. G.: The growth of sociological theory. Beverly Hills/London/New Delhi 1984.

Walther, A.: Max Weber als Soziologe. Jahrbuch für Soziologie 2(1926)1-65.

Weber, M.: Gesammelte Aufsätze zur Wissenschaftslehre. Tübingen 1968.

Weber, M.: Wirtschaft und Gesellschaft. Tübingen 1976.

Wehrspaun, M.: Konstruktive Argumentation und interpretative Erfahrung. Opladen 1985.

Weyl, H.: Philosophie der Mathematik und Naturwissenschaft. München/Wien 1966.

Whittaker, R. H.: New Concepts of Kingdoms of Organisms. Science 163(1969)150-160.

Zetterberg, H. L.: Theorie, Forschung und Praxis in der Soziologie. In: König, R. (Hg.): Handbuch der empirischen Sozialforschung, Bd. 1. Stuttgart 1973.

Methodische Überlegungen zum Theorienvergleich in den Sozialwissenschaften

Rainer Greshoff

1. Einleitung

(1) In den Sozialwissenschaften gibt es zu den verschiedensten Problemgebieten unterschiedliche Meinungen und Streite: eine Vielzahl an Konzeptionen werden als mögliche Problemlösungen diskutiert. Bislang gibt es aber keine anerkannten Verfahren, mit dieser Vielfalt derart vergleichend umzugehen, um distanziert und systematisch Aufschluß darüber zu erlangen, in welchen Grund-Verhältnissen jeweilige Konzeptionen zueinander stehen, um sie danach (gegebenenfalls) als besser/schlechter bewerten zu können.[1] Dabei haben solche Vergleiche eine grundsätzliche Relevanz. Wie soll man z.B. in den erwähnten Streiten begründet entscheiden können, wenn jeweilige Konzeptionen in ihren Verhältnissen nicht adäquat einschätzbar sind? Wie soll wissenschaftlicher Fortschritt möglich sein, und welche verantwortbare Rationalität kann Wissenschaft für sich in Anspruch nehmen, wenn von einer unzureichenden Einschätzbarkeit auszugehen ist? Angesicht dieser Relevanz ist es verwunderlich, daß die Fähigkeit, mit sozialwissenschaftlichen Theorien - um eine Wissensart zu thematisieren, die in vielfacher Weise forschungsleitend ist - in der angedeuteten Weise vergleichend umgehen zu können bzw. daß der Nachweis, daß dies nicht gelingen kann, so gering entwickelt ist. Dies mag verschiedene und untereinander zusammenhängende Gründe haben. Wesentlich scheinen mir die folgenden zu sein: zum einen die mangelhafte Vergleichbarkeit der Theorien, zum anderen die bisher zu wenig grundlegend ansetzenden Vergleichsversuche, die sowohl die Begriffsverhältnisse der Theorien als auch die Grund-Verhältnisse, in denen die Theorien zueinander stehen, zu wenig erforschten. Im folgenden werde ich zunächst die Grund-Verhältnisthematik erörtern und diese danach mit der Begriffsverhältnis- sowie Vergleichbarkeitsthematik verknüpfen. Methodische Vorschläge für Theorienverglei-

che werden die Überlegungen, die zum Ende die oben angedeutete grundsätzliche Relevanz der Vergleichsthematik aufgreifen, begleiten.

2. Grund-Verhältnisklärung als Forschungsproblem

(2) Vergleichen ist Herstellen von Relationswissen: Feststellungen zu mindestens zwei Gegenständen werden anhand eines Vergleichsgesichtspunktes (synonym: Vergleichskriteriums) in ein Verhältnis gesetzt, so daß Relationswissen entsteht. Dabei kann die jeweilige Angemessenheit von Vergleichsgesichtspunkten nicht als selbstverständlich vorausgesetzt werden, sondern ist zu prüfen. So bedarf es einer eigenen Erörterung, ob bzw. inwiefern Theorien sinnvoll auf besser/schlechter hin zu vergleichen sind. Geht man davon aus, daß Theorien aus Entscheidungszusammenhängen hervorgehen, kann man sie als Lösungen begreifen, die relativ zu jeweiligen Problemen und Arten von Gegenständen (beides zusammenfassend "Problembezug" genannt) produziert werden. Da Theorien aus den Problembezügen heraus erst adäquat zu beurteilen sind, sollten diese Zusammenhänge bei Theorienvergleichen berücksichtigt werden.

(3) Theorien, die zu gänzlich verschiedenen Problemen und Gegenständen konstruiert worden sind, eignen sich nicht für Vergleiche auf besser/schlechter hin. Haben sie dagegen gleiche Problembezüge, so liegt eine Gemeinsamkeit vor, die dies - zumindest vorerst - sinnvoll erscheinen läßt.

(4) Nun kann man sozialwissenschaftlichen Theorien ihren inhaltlichen Aufbau nicht einfach ansehen. Man kann nicht ohne weiteres wissen, ob Theorien derart gleich sind, daß sich ein Vergleich auf besser/schlechter hin erübrigt. Sind Gemeinsamkeit und Ungleichheit Voraussetzung für ein solches Vergleichen, dann läßt sich die Möglichkeit dafür im jeweiligen Fall einer Klärung zuführen, wenn man die Theorien zunächst daraufhin vergleichend untersucht, ob sie gleich oder alternativ sind. Durch dieses Vergleichskriterium geleiteten Vergleichen geht es also nicht um die Bewertung von Theorien, sondern darum, herauszufinden, in welchen Grund-Verhältnissen sie zueinander stehen. Grund-Verhältnisse sind Verhältnisse der Gleichheit bzw. Alternativität. Von welchen Verhältnissen auszugehen ist, läßt sich feststellen, wenn man auf Alternativität hin vergleicht. 'Alternative' bestimme ich dabei wie folgt: Alternativen sind Etwasse, die problembezogen 1) relativ zu einem Oberbegriff als Konkretionen zu diesem repräsentiert werden können und die 2) ungleich sind. Das bedeutet, daß die repräsentierten Etwasse die gleichen

Merkmale haben, wie sie im Oberbegriff zum Ausdruck kommen sowie zusätzlich weitere; die Etwasse unterscheiden sich so, daß sie nicht als Verhältnis 'Oberbegriff-Konkretion' repräsentiert werden können. Alternativität impliziert also Gemeinsamkeiten und Ungleichheiten. Zeigt ein Vergleich, daß nur Gemeinsamkeiten vorliegen, ist von Gleichheit auszugehen. Liegt Alternativität vor, sind für weitergehende Einschätzungen die ungleichen Merkmale der repräsentierten Etwasse etwa daraufhin zu untersuchen, inwieweit sie gegensätzlich und/oder ergänzend sind.

(5) Ein Vergleich auf Grund-Verhältnisse hin mag in unterschiedlichen Hinsichten erfolgen, denn bei den Entscheidungszusammenhängen sind verschiedene Merkmale auseinanderzuhalten. Will man etwa Gesellschaftstheorien vergleichen, so kann man folgende Merkmale hervorheben: die Theorien werden unter dem Anspruch produziert, 1) Wissenschaftliches, 2) Theoretisches, 3) theoretische Konzeptualisierungen von Sozialem sowie 4) solche von besonderem Sozialem - Gesellschaft - zu sein. Weitere Merkmale wären zu unterscheiden (vgl. etwa Hondrich 1976: 21). Geht man zunächst von den angedeuteten Merkmalen aus, dann kann man die Gesellschaftstheorien daraufhin vergleichen, in welchen Grund-Verhältnissen sie hinsichtlich jeweiliger Merkmale zueinander stehen, um sie dann diesbezüglich (gegebenenfalls) auf besser/schlechter hin zu vergleichen. Die Vergleichsgesichtspunkte, die dadurch eingenommen werden, bestehen somit aus zwei Teilen. Die Entscheidung, auf Grund- oder auf besser/schlechter-Verhältnisse hin zu vergleichen, legt dabei jeweils den einen Teil des Vergleichsgesichtspunktes fest. Die Entscheidung, dabei auf dieses oder jenes Merkmal hin zu vergleichen, bestimmt den anderen Teil.

(6) Vergleiche auf Grund-Verhältnisse hin erfordern eigene Forschungen. Denn untersucht man exemplarisch folgendes Vergleichsurteil, das Jürgen Klüver kürzlich in einer Arbeit zur Theorienvergleichsproblematik aufgestellt hat, dann zeigt sich, wie problematisch es ist, ohne solche Forschungen Grund-Verhältnisse zu konstatieren[2].

(7) Klüver geht es um die Charakterisierung der "theoriespezifische(n) Konstitution des Gegenstandsbereichs" (Klüver 1991: 210) der Gesellschaftstheorien von Marx und Luhmann. Für ihn bildet Marx' bzw. Luhmanns Gesellschaftsbegriff diese Konstitution; relativ dazu kommt er zu dem Ergebnis, daß "offenbar ... in dieser Dimension der Theoriearchitektonik die Theorien von Luhmann und Marx nicht nur vergleichbar, sondern zumindest äquivalent (sind, R.G.): sie favorisieren beide eine dezidierte Abstraktion vom Individu-

um." (Klüver 1991: 210). Zwar wird das "zumindest äquivalent" von Klüver nicht erläutert, es soll aber eine Gemeinsamkeit zwischen Marx und Luhmann ausdrücken. Doch wie ist es um diese Gemeinsamkeit - "dezidierte Abstraktion vom Individuum" - bestellt?

(8) Bedenkt man hinsichtlich Luhmanns Gesellschaftsbegriff seinen relativ dazu abstrakteren Begriff von Sozialem, so wird deutlich, wie problematisch diese Annahme ist. Bei der Bestimmung von Sozialem grenzt Luhmann sich immer wieder gegen traditionelle Soziologie, die Soziales mit Begriffen wie '(soziales) Handeln', 'Intersubjektivität', 'Beziehungen zwischen Menschen' usw. erfassen will, ab. Das Kennzeichnende von Sozialem kann seiner Auffassung nach mit derartigen Begriffen nicht erfaßt werden, da sie zu sehr auf Organisch-Körperliches bzw. Psychisches bezogen sind. Aus derartigen Bezügen hat Luhmann, für den nur kommunikatives Geschehen (Mitteilung von Information, die verstanden wird) als soziale Wirklichkeit bezeichnet werden kann, alle Begriffe, mit denen er Kommunikation beschreibt, herausgelöst. 'Subjekt', 'Mensch' sowie (mit Einschränkung) 'Individuum', die für ihn in solchen Bezügen stehen, kann er für die Beschreibung von Sozialem also nicht verwenden. Psychisches, Organisches usw. gehört zur (notwendigen) Umwelt von Sozialem, nicht aber zu Sozialem selbst (vgl. Luhmann 1990: 11 ff.).

(9) Diese Bestimmung von Sozialem ist als Merkmal in Luhmanns Gesellschaftsbegriff enthalten. Der Gesellschaftsbegriff ist somit auch aus den angedeuteten Bezügen herausgelöst und behandelt "alles Leben, auch alle organischen Systembildungen und sogar alle mentalen Prozesse, alles Bewußtsein, als Umwelt der Gesellschaft" (Luhmann 1987: 228).

(10) Bedenkt man nun Marx' Umschreibungen von Gesellschaft, so findet man hier - auf den 'ersten Blick' - die Bezüge, die Luhmann vermeiden will: "... gesellschaftliche Verhältnisse nur unter den Menschen, soweit sie denken und ... Abstractionsvermögen von der sinnlichen Einzelheit und Zufälligkeit besitzen." (Marx 1976: 210); "... Gesellschaft ... Das Produkt des wechselseitigen Handelns der Menschen." (Marx 1970 ff. (MEW 4): 548); "... gesellschaftlich in dem Sinne, als hierunter das Zusammenwirken mehrerer Individuen ... verstanden wird." (Marx 1970 ff. (MEW 3): 30); "Die Gesellschaft besteht nicht aus Individuen, sondern drückt die Summe der Beziehungen, Verhältnisse aus, worin diese Individuen zueinander stehn." (Marx 1974: 176). Es scheint also, daß die Art der Abstraktion von 'Mensch' usw., die Luhmann vornimmt, bei Marx so nicht gegeben ist. Jedenfalls wären Luhmanns Einwände gegen traditionelle Soziologie sowie seine Vorschläge zu

deren Überwindung relativ zu Marx' Ansprüchen und Begriffen allererst vergleichend zu diskutieren, bevor man hier gut begründet von der oben angedeuteten Gemeinsamkeit ausgehen darf.

(11) Zu fragen wäre etwa, ob wesentliche Merkmale der Gesellschaftsbegriffe - "Summe der Beziehungen ... worin ... Individuen zueinander stehn" (Marx 1974: 176) bzw. "aller aufeinander Bezug nehmenden Kommunikationen" (Luhmann 1986: 24) - gleiches ausdrücken. Diesbezüglich wäre z.B. die Hypothese zu prüfen, daß der Marxsche Begriff abstrakter ist als der Luhmannsche und mit ihm daher als Gesellschaftliches mehr Sachverhalte erfaßt werden können als mit dem Luhmannschen, der den dafür in Frage kommenden Bereich stärker einschränkt auf bestimmte Beziehungen, nämlich kommunikative. Damit wäre zunächst nur ein grundlegender Unterschied festgestellt, noch keine Bewertung getroffen. Daran könnten weitere Forschungen anschließen. Hat Marx einen abstrakteren Begriff 'Soziales' als Luhmann und kann von daher vergleichsweise zu diesem ganz unterschiedliche Formen des Sozialen konkretisierend konzeptualisieren? Oder fehlt im Unterschied zu Luhmann ein übergreifender Begriff des Sozialen bei Marx, so daß nicht deutlich werden kann, was vergleichsweise das je Gemeinsame und Spezifische verschiedener Formen des Sozialen ist? (Zur Kritik an Klüvers Vorschlag für Theorienvergleiche vgl. Greshoff 1992 sowie als Antwort darauf Klüver 1993.)

3. Klärung der Begriffsverhältnisse

(12) Derartige Problematisierungen machen deutlich, daß es schon hinsichtlich einzelner Konzepte aufwendig und schwierig ist festzustellen, in welchem Grund-Verhältnis sie stehen.[3] Nun kann man fragen, ob derartigen Schwierigkeiten eine solche Bedeutung zuzumessen ist, daß Theorienvergleiche bzw. methodische Überlegungen dazu sie zu berücksichtigen haben. Geht man aber davon aus, daß eine sozialwissenschaftliche Theorie ein sinnhafter Zusammenhang aus von spezifischen Orts- und Zeitangaben losgelösten Aussagen ist, dann kommt den Begriffen insofern eine grundlegende Bedeutung zu, als Aussagen aus ihnen gebildet werden und ein Vergleich derselben einen Vergleich der Begriffe voraussetzt. Grund-Verhältnisklärungen müssen daher zunächst bei der jeweiligen Begrifflichkeit ansetzen.

(13) Knüpft man an den oben angedeuteten Entscheidungszusammenhang an, dann lassen sich verschiedene Komponenten, die jeweils gleich bzw. alternativ sein können, unterscheiden: der Problembezug und die (Problem-)Lösung.

Letztere besteht aus Konzepten, die die je intendierte Gegenstandsart erfassen können sollen. Diese Komponente wird im folgenden Gegenstandskonzeptualisierung genannt.

Mittels einer kombinatorischen Tabelle sind folgende Fälle zu unterscheiden:

Tabelle 1

Problembezug	Gegenstandskonzeptualisierung
gleich	gleich
gleich	alternativ
alternativ	gleich
alternativ	alternativ

(14) Die gerade skizzierte Relevanz von Begriffen betrifft die Gegenstandskonzeptualisierung wie den Problembezug, da beide begrifflich verfaßt sind. Um herauszufinden, in welchen Grund-Verhältnissen die Komponenten jeweiliger Entscheidungszusammenhänge zueinander stehen, ist daher zunächst die Untersuchung der verwendeten Begriffe[4] zentral. Nun bestehen Theorien bzw. Entscheidungszusammenhänge, in denen sie produziert werden, aus einer Fülle von Begriffen. Relativ dazu muß eine Auswahl gerechtfertigt werden, die Begriffe in ein Alternativenverhältnis stellt. Die Theorien bzw. Entscheidungszusammenhänge sind also so zuzubereiten, daß prüfbar wird, welche Begriffe man aus ihnen hinsichtlich der je eingenommenen Vergleichsgesichtspunkte auswählen kann. Wie aber läßt sich herausfinden, welche Konzepte dafür geeignet sind? Hierfür kann die Methode, Begriffe nach Abstrakt-Konkret-Verhältnissen zu sortieren, genutzt werden. Die Paarung 'abstrakt/ konkret' meint ein Zuordnungsverhältnis zwischen Begriffen: ein (abstrakter) Begriff mit bestimmten Merkmalen steht im Verhältnis zu einem (konkreten) Begriff mit den gleichen Merkmalen, dem aber zusätzlich ein anderes Merkmal oder mehrere andere Merkmale zugehörig ist bzw. sind. Eine deutende Zubereitung der jeweiligen Begrifflichkeiten mittels dieser Methode verschafft einen Überblick, welche Konzepte in welcher Position - etwa: ob über-, unter-, nebengeordnet - in die Grund-Verhältnisklärung einzubeziehen sind.

(15) Adäquate Begriffsauswahlen sind keineswegs selbstverständlich. Daß hier eine Fehlerquelle vergleichender Untersuchungen liegt (vgl. auch Homann/Suchanek 1989: 84), die mittels der bisher skizzierten methodischen Überlegungen transparent gemacht werden kann, soll an einem Beispiel

gezeigt werden. In diesem Beispiel geht es um die Frage nach den konstitutiven Eigenschaften von Sozialität.

(16) Im Rahmen seiner Kritik an traditioneller Soziologie setzt Luhmann sich mit Max Webers Handlungstheorie auseinander.[5] Hinsichtlich der grundlegenden Frage (vgl. auch Berger 1992: 157) nach der "letzte(n) Einheit, bei deren Auflösung das Soziale verschwinden würde" (Luhmann 1984: 192), gelangt Luhmann zu dem Ergebnis, daß dies für Weber (soziales) Handeln, für ihn Kommunikation sei. Darin kommt für Luhmann die für die soziologische Theoriebildung "vielleicht wichtigste ... Alternative: ob man von einem Grundbegriff der Kommunikation ... oder von einem Grundbegriff der Handlung als letzter emergenter, für soziale Systeme nicht weiter auflösbaren Einheit ausgehen müsse" (Luhmann 1981: 93), zum Ausdruck. Da für ihn nur kommunikatives Geschehen als soziale Wirklichkeit zu bezeichnen ist (s. oben) und Kommunikation nicht als eine Art von Handlung begriffen werden kann, ist Webers Ansatz unzureichend und daher aufzugeben (vgl. etwa Luhmann 1990a: 6).

(17) Unter welcher Prämisse hat Luhmann die genannte Alternativität, die Grundlage seiner Bewertung von Webers Ansatz ist, gebildet? Alternativen sind für ihn verschiedene Problemlösungen, die demselben Problembezug subsumiert werden können. Wesentlich für die Alternativenkonstruktion '(soziales) Handeln'/'Kommunikation' ist die Frage nach den letzten Einheiten sozialer Systeme. Doch damit ist der Problembezug für die Alternativität noch nicht hinreichend bestimmt. Innerhalb der Luhmannschen Theorie sozialer Systeme bezeichnet 'Kommunikation' derartige letzte Einheiten. Da diese Theorie "auf dem Problembegriff der doppelten Kontingenz" aufbaut (Luhmann 1984: 154), ist Kommunikation als Problemlösung des Problems der doppelten Kontingenz deutbar. Diese Komponente - "Problembegriff der doppelten Kontingenz" - ist in den Problembezug aufzunehmen. Letzterer lautet dann so: welche Begriffe aus Webers und Luhmanns soziologischer Theorie sind relativ zum Problembegriff 'doppelte Kontingenz' Lösungen und bezeichnen dabei letzte Einheiten sozialer Systeme? Doppelte Kontingenz ist dadurch gekennzeichnet, daß - wie Luhmann sich ausdrückt - Alter und Ego (zwei 'Partner', die Träger der doppelten Kontingenz) aufeinandertreffen und versuchen, sich wechselseitig abzustimmen, was ein Problem für sie ist, da sie sich gegenseitig uneinschätzbar sind. Einer Lösung wird das Problem dadurch zugeführt, daß sie es nach und nach schaffen, miteinander zu kommunizieren.

(18) Bedenkt man nun Webers Definition (vgl. hierfür sowie für die folgenden

Begriffe Weber 1976: 1, 11 ff.) von 'Handeln' (sinnhaftes Verhalten von Menschen zu Objekten) bzw. von 'sozialem Handeln' (sinnhaftes menschliches Verhalten, das auf das Verhalten anderer Menschen bezogen ist), dann fällt auf, daß diese Begriffe dem Luhmannschen Problembezug gar nicht subsumierbar sind. 'Handeln' wie 'soziales Handeln' können keine Lösungen zum Problembegriff der doppelten Kontingenz sein, denn das Merkmal der wechselseitigen Abstimmung zweier Träger ist in diesen Begriffen Webers nicht enthalten. 'Handeln' wie 'soziales Handeln' können hier also keine Alternative zu 'Kommunikation' sein. Dagegen wäre Webers Begriff 'soziale Beziehung' (sinnhaft aufeinander gegenseitig eingestelltes und dadurch orientiertes Verhalten mindestens zweier Menschen) dem obigen Problembezug subsumierbar. Diesen Begriff diskutiert Luhmann im skizzierten Zusammenhang aber nicht.

(19) Durch die im dargelegten Kontext falsche Begriffswahl wird Luhmann Webers Ansatz nicht gerecht. Sein fehlerhaftes Vorgehen verdeckt, daß soziologische Konzeptionen verschieden grundgelegt werden können. Man kann - wie Weber - in sozialem Handeln oder - wie Luhmann - in Kommunikation den für Sozialität charakteristischen Tatbestand sehen und entsprechende Konzepte vorschlagen. Zwischen diesen entscheidet Luhmann undistanziert: indem er den oben dargelegten Problembezug auf sein eigenes Sozialitätsverständnis zugeschnitten hat, kann er Webers Ansatz als unzulänglich charakterisieren. (Zum Problem eines distanzierten Vergleichs s. unten.)

4. Vergleichbarkeit und Wissenschaftlichkeit

4.1 Untersuchung der Vergleichbarkeit von Theorien

(20) Nun mag man erwägen, daß Weber Luhmanns fehlerhafte Alternativenkonstruktion mitverschuldet habe, da seine (Webers) Konzeption einem Vergleich schwer zugänglich sei. Damit stellt sich die grundsätzliche Frage, ob und wieweit Theorien bzw. Entscheidungszusammenhänge, in denen sie produziert werden, überhaupt vergleichbar gebildet sind. Diese sollen dann als vergleichbar gelten, wenn beim Versuch, sie zu vergleichen, aus ihnen bzw. aus den gegebenenfalls zugehörigen begrifflichen Kontexten heraus hinreichend eindeutig belegt werden kann, in welchen Grund- bzw., wenn man auf besser/schlechter hin vergleicht, in welchen Bewertungsverhältnissen die zu vergleichenden Theorien stehen. Ist dies nicht möglich, und kann man folglich

nicht wissen, in welchem Verhältnis die Theorien bzw. Entscheidungszusammenhänge zueinander stehen, sind sie unvergleichbar.[6] Dies wird - graduell unterschiedlich - etwa bei vieldeutigen Termini bzw. widersprüchlichen Begriffen oder fehlenden Merkmalsangaben bzw. fehlenden Vernetzungen der Begriffe der Fall sein. Denn geht man, um letzteres aufzugreifen, davon aus, daß, um "zwei Begriffe überhaupt vergleichen zu können, ... sie ... in einer 'Reihe' stehen (müssen, R.G.), d.h. die eine Vorstellung muß aus der anderen durch Hinzufügen oder Weglassen eines oder mehrerer 'Inhaltselemente' entstanden sein ..." (Walther-Klaus 1987: 120; vgl. auch Klix 1992: 271 ff.), dann kann eine vergleichende Untersuchung von Begriffen um so besser gelingen, je umfassender die Konzepte konkretisierend auseinander hervorgehen. Je weniger die abstrakteren Begriffe, aus denen die konkreteren gebildet werden, erläutert sind, je unklarer also die 'Bausteine' der konkreteren Begriffe bleiben, desto unklarer und damit unvergleichbarer werden letztere sein.

(21) Bedenkt man unter diesen Aspekten Webers Theoriearbeit hinsichtlich der oben erläuterten Begriffe, dann macht es zunächst keine Schwierigkeiten, diese so zu deuten, daß die Vergleichbarkeitsanforderung des "in einer Reihe stehen" erfüllt wird. Weber kann so interpretiert werden, daß er die Begriffe nicht nur einzeln definiert, sondern konkretisierend auseinander hervorgehen läßt. 'Handeln' wird durch Merkmalshinzufügung zu 'sozialem Handeln', letzteres auf die gleiche Weise zu 'sozialer Beziehung' konkretisiert. 'Soziale Beziehung' wird dann konkretisiert zu weiteren Begriffen. Die Konzepte sind dadurch zumindest soweit merkmalsmäßig bestimmt und voneinander abgegrenzt, daß Luhmann ihnen die eigenen Begriffe hätte adäquat zuordnen können. Seine fehlerhafte Alternativenkonstruktion kann somit nicht durch eine gravierende Unvergleichbarkeit der relevanten Konzepte Webers erklärt werden.[7]

4.2 Förderung von Wissenschaftlichkeit durch Erhöhung von Vergleichbarkeit

(22) Die Vergleichbarkeit jeweiliger Begriffe könnte zunehmen, wenn gelten würde, Lösungen erst dann als solche auszuzeichnen, wenn zuvor angegeben würde, aus welchem Spektrum alternativer möglicher Lösungen heraus (Erwägen von Alternativen) mittels Kriterien eine (oder mehrere) Möglichkeit(en) ausgewählt und als Lösung(en) gesetzt worden wäre(n). Würde dies für die Erarbeitung von Lösungen gelten, wäre der Entscheidungszusammenhang um

zwei Komponenten zu erweitern. Neben dem Problembezug und der Gegenstandskonzeptualisierung wäre(n) das Erwägen von Alternativen und die Auswahlkriterien zu berücksichtigen.

(23) Die Untersuchung von Begriffen als Lösungen könnte dann davon profitieren, daß die jeweils alternativen Begriffe mit angegeben werden müßten. Geht man vom obigen Alternativenbegriff aus, dann sind Alternativen relativ zu einem Oberbegriff als solche zu identifizieren. Letzterer müßte für Begriffe ein relativ zu diesen abstrakterer Begriff sein. Begreift man den Oberbegriff als Lösung, dann wäre dieser - nimmt man den erweiterten Entscheidungszusammenhang als Maßstab - ebenfalls in alternative Oberbegriffe einzubetten. Für den Oberbegriff, der die Feststellung der Alternativität von Oberbegriffen ermöglichte, würde gleiches gelten. Gäbe man iterativ die Alternativen zu jeweiligen Begriffen bzw. Oberbegriffen an, müßte man nicht nur zu ganz abstrakten Konzepten gelangen, sondern umfangreiche, eventuell - was optimal wäre - vollständige (vgl. hierzu Greshoff/Loh 1987), nach Abstrakt-Konkret-Verhältnissen sortierte Begriffsfelder erarbeiten. Derartig strukturierte Begrifflichkeiten verschiedener Entscheidungszusammenhänge würden sich, wie das unten zu erläuternde Konzept der unterschiedlich adäquaten Alternativen verdeutlichen soll, besser miteinander vermitteln lassen.

(24) Im Rahmen eines distanzierten Vergleichs sind für die Vermittlungen - soweit das geht - eigene Begriffe zu bilden. Verwendete man dafür Konzepte der zu vergleichenden Theorien bzw. Entscheidungszusammenhänge, wäre davon auszugehen, daß diese in zu großer Nähe zu den zu vermittelnden Begriffen stünden. Auf derartige Konzepte zurückzugreifen würde die Gefahr bergen, Unterschiede, Gemeinsamkeiten usw. zwischen den zu vergleichenden Begriffen nicht adäquat feststellen zu können. Diese Annahme wird durch Luhmanns oben beschriebenes Vorgehen bestätigt. Indem er den Problembezug so konstruiert, daß als Problemlösung nur in Frage kommt, was seinem Soziologiekonzept strukturell entspricht, geht er nicht auf Distanz zur eigenen Theorie. Webers Ansatz wird dadurch von vornherein benachteiligt. Die Anlage seiner Konzepte wird von Luhmann nicht in ihrer Eigenständigkeit berücksichtigt. Webers Begriffe müssen den Konzepten Luhmanns genügen, letztere sind gleichsam die Vorgabe für erstere, wodurch Luhmann seine Konzepte in Maßstabsposition bringt.[8]

(25) Sind die Konzepte der zu vergleichenden Theorien bzw. Entscheidungszusammenhänge in alternative Begriffe eingebettet, wird es weniger problema-

tisch sein, im Rahmen eines distanzierten Vergleichs für die Vermittlung eigene Konzepte zu bilden, denen die zu vergleichenden Begriffe zugeordnet werden können. Dies kann durch Distanz erzeugende Abstraktion (kurz: distanzierende Abstraktion) geschehen. Letztere hätte an die zu vermittelnden Begriffe anzuknüpfen und dabei von diesen gleichermaßen zu abstrahieren. Dadurch würden begrifflich Vereinfachungen erarbeitet, die als Ausgangspunkt den zu vermittelnden Konzepten in gleicher Weise gerecht werden können. (Vgl. hierzu auch die Überlegungen von Johansson 1986: 12 ff.)

(26) Ist die zu vergleichende Begrifflichkeit wie beschrieben zubereitet, kann zudem geprüft werden, welche Begriffe hinsichtlich jeweiliger Vergleichsgesichtspunkte als adäquate Alternativen einzuschätzen sind. Denn vermutlich reicht es nicht aus, bloß die Alternativität von Konzepten zu belegen, wenn man herausfinden will, ob diese sinnvoll auf besser/schlechter hin zu vergleichen sind. Bloße Alternativitäts-Feststellungen lassen noch zu viele Verschiedenheitsgrade zu. Was kann zu dem Oberbegriff 'Etwas' nicht alles alternativ sein? Unterscheidet man adäquate von nicht-adäquaten Alternativen, lassen sich Verschiedenheitsgrade voneinander abgrenzen.

(27) Man kann z.B. bei Max Weber die Abstraktionsverhältnisse 'soziale Beziehung' (SB) - 'Tausch' - 'Geldtausch' und ebenso bei Niklas Luhmann 'Kommunikation' (K) - 'Tausch' - 'Zahlung' unterscheiden. 'Tausch' und 'Geldtausch' bei Weber sind Konkretionen von 'soziale Beziehung' bzw. 'Geldtausch' ist Konkretion von 'Tausch'. Bei Luhmann sind 'Tausch' und 'Zahlung' Konkretionen von 'Kommunikation'; 'Zahlung' ist Konkretion von 'Tausch'. Ich gehe nun davon aus, daß die gerade genannten Begriffe von Weber und Luhmann einem mittels distanzierender Abstraktion gebildeten Oberbegriff ('Beziehungen zwischen zwei sinnfähigen Etwassen') subsumierbar sind. Weiter soll hier der Einfachheit halber davon ausgegangen werden, daß 'soziale Beziehung' und 'Kommunikation' relativ zu ihm Alternativen sind. Wenn auch diesem Oberbegriff alle genannten Begriffe subsumierbar sind, so ist er für die Begriffe, die Konkretion von 'soziale Beziehung' bzw. 'Kommunikation' sind, nicht der adäquate Oberbegriff, da er für sie zu abstrakt gebildet ist und deren begriffliche Qualität, die sich im Konkretionsverhältnis ausdrückt, nicht angemessen erfaßt. Um eine derartige Inadäquanz ausschließen zu können, soll zunächst ein inadäquater Oberbegriff bestimmt werden. Ein Oberbegriff, dem zwei Konzepte (K und SB) subsumiert werden können und dem auch Konkretionen dieser Konzepte subsumiert werden können, ist relativ zu diesen Konkretionen ein zwar möglicher, aber inadäquater Oberbegriff. Ob der Oberbegriff dagegen zu den beiden abstrakteren

Konzepten (K und SB) adäquat ist, läßt sich so (und damit korrigiere ich die Bestimmung in der ursprünglichen Version dieser Arbeit) bestimmen: wenn innerhalb der jeweiligen Theorie, in der auch die thematisierten Begriffe (K und SB) angesiedelt sind, die nächst abstrakten Konzepte zu K und SB dem gebildeten Oberbegriff nicht subsumierbar sind, ist der gebildete Oberbegriff der adäquate für die thematisierten Begriffe. - Da die Qualität der Bestimmung eines adäquaten Oberbegriffs auch von der Dichte der Abstraktionsstufen der zu beurteilenden Theorien abhängt (gäbe es abstraktere Konzepte, die dem Oberbegriff subsumierbar wären, würde dadurch die Inadäquanz des Oberbegriffs für die thematisierten Konzepte (K und SB) belegt), ist die Bestimmung zunächst als Annäherungswert aufzufassen. - Denkbar ist nun, daß der Oberbegriff nur zu einem der thematisierten Konzepte (etwa SB) der adäquate ist, während relativ zu dem anderen Konzept (K) ein abstrakterer Begriff bildbar ist, der dem Oberbegriff subsumiert werden kann und für den er adäquat ist. Weiter ist denkbar, daß dieser abstraktere Begriff nicht in der Theorie zu finden ist, aus der das Konzept (K) stammt. Dann ist davon auszugehen, daß diese Theorie hinsichtlich des thematisierten Begriffsbereichs im Vergleich zur anderen Theorie lückenhaft ist. Die zu adäquaten Oberbegriffen gehörigen Alternativen sollen adäquate, die zu inadäquaten gehörigen inadäquate Alternativen heißen. Hierdurch sind unterschiedliche Adäquanzgrade von Alternativen unterscheidbar. (Vgl. in diesem Zusammenhang auch Blanck 1988: 248 f.)

(28) Je umfassender Lösungen in Erwägungen eingebettet sind, um so höher kann das Begründungsniveau für erstere sein.[9] Will man Begründungsniveaus von Theorien in Theorienvergleiche miteinbeziehen, kann dafür der erweiterte Entscheidungszusammenhang genutzt werden. Eine Grund-Verhältnisklärung hätte dann alle oben genannten Komponenten zum Gegenstand:

Tabelle 2

Problem-bezug	Erwägen von Alternativen	Auswahl-Kriterien	Gegenstands-konzeptualisierung
alternativ	alternativ	alternativ	alternativ
gleich	alternativ	alternativ	alternativ
gleich	gleich	alternativ	alternativ
usw.	usw.	usw.	usw.

(29) Ordnet man den vier Komponenten jeweils zunächst nur die Merkmale

'gleich' bzw. 'alternativ' zu, lassen sich 16 Kombinationsmöglichkeiten unterscheiden. Die Frage, welche Bedingungen erfüllt sein sollen, damit Theorien sinnvoll auf besser/schlechter hin verglichen werden können[10], wird dann in einem ersten Schritt so diskutierbar: welche der Komponenten müssen gleich und/oder alternativ sein, damit die Voraussetzungen[11] für ein solches Vergleichen bestehen? Will man genauer werden, wäre zu fragen: Welche der Komponenten müssen dafür gleich und/oder adäquat alternativ sein? Muß etwa der Problembezug jeweils gleich und haben die Gegenstandskonzeptualisierungen adäquat alternativ zu sein? Kommt den anderen Komponenten für diese Frage eine geringere Relevanz zu?

(30) Je weniger Theorien eingeschätzt werden können, ob und wie sie alternativ bzw. adäquat alternativ zu anderen sind, um so weniger kann man feststellen, ob sie die optimale Lösung für die Problembezüge sind, relativ zu denen sie gebildet wurden. Soll es Aufgabe von Wissenschaft sein, im Wissen um die je denkmöglichen Alternativen und nach Auswahl unter ihnen die optimalen Problemlösungen anzubieten, dann können Theorien, je unvergleichbarer sie sind, desto weniger dazu beitragen. (Zum Konzept einer erwägungsorientierten Wissenschaft vgl. auch Blanck 1990 sowie Loh 1989.)

Anmerkungen

1 Dies belegt für die Soziologie zum einen, daß die Theorienvergleichsdebatte, die es in den 70er Jahren gab, versandet ist, ohne zu anerkannten Ergebnissen geführt zu haben (s. etwa Weymann 1991). Zum anderen sind die andauernden Äußerungen, die von vielfältigem Durcheinander, offenkundiger Zerfaserung, heilloser Zersplitterung, Fragmentierungen usw. in der soziologischen Theorieszene ausgehen (vgl. Greshoff 1991), ein Indikator dafür; s. diesbezüglich auch die Diskussion zu Patzelt 1993. Daß es in der Wirtschaftswissenschaft ähnliche Probleme gibt, lassen Aussagen von Elsner 1986: 147, Holub 1993: 231 sowie Weimann 1988: 145 vermuten; vgl. auch Ramb 1989 sowie die Diskussion zu Kazmierski 1993. Andere Akzente setzt Simon 1988/89.

2 Auf diese Problematik verweist - zwar eher implizit - auch Gebhard Kirchgässner, wenn er hinsichtlich der Frage nach der Geeignetheit des "Psychologischen Reduktionismus" zur Grundlegung der Sozialwissenschaften schreibt: "Wie weit in der Debatte um den psychologischen Reduktionismus sich die einzelnen Positionen tatsächlich widersprechen und wie weit nicht, ist jedoch nicht ganz einfach herauszufinden, da die einzelnen Teilnehmer mit dem Begriff des 'psychologischen Reduktionismus' zum Teil sehr unterschiedliche Vorstellungen verbinden." (Kirchgässner 1991: 212).

3 Vgl. diesbezüglich auch die vergleichenden Untersuchungen Weberscher und Luhmannscher Konzepte in Greshoff 1991.

4 Möglicherweise ist die eingangs erwähnte Theorienvergleichsdebatte auch deshalb versandet, weil die Begriffsebene zu wenig beachtet wurde und der Vergleich der Aussagen daraufhin zu viele Schwierigkeiten barg. Eine Bestätigung für diese Vermutung mag man darin sehen, daß Matthes im Anschluß an die Debatte "einen systematisch betriebenen Konzeptvergleich (als, R.G.) vordringlich aufzunehmen" bezeichnete (Matthes 1978: 13 f.). Zur Relevanz des Vergleichens von Begriffen s.a. Kuhn 1982: 670ff.; Mudersbach 1990: 88 ff.; Pearce 1987: 188.

5 Diese Auseinandersetzung kann hier nur verkürzt dargelegt und erörtert werden; ausführlicher vgl. Greshoff 1991.

6 Da man prinzipiell alles, was Merkmale bzw. Eigenschaften hat, vergleichen kann, ist 'Vergleichbarkeit' vom 'Vergleichen können' zu unterscheiden. In diesem Sinne von 'Vergleichbarkeit' deute ich das "vergleichen zu können" im nachfolgenden Zitat (s. Haupttext) von Ellen Walther-Klaus.

7 Damit soll nicht angedeutet werden, Webers Theoriearbeit sei vorbildlich vergleichbar. Nach welcher Regel er seine Begriffe konstruiert, macht er nicht explizit. Zudem lassen sich seine Konzepte nicht umfassend nach Abstrakt-Konkret-Verhältnissen sortieren. Zur Kritik an Webers Begriffsaufstellungen vgl. etwa Walther, 1926: 12 f., 58 f.

8 Luhmanns Vergleich ist daher nicht distanziert, sondern "karikaturhaft". Vgl. zum Konzept des karikaturhaften Vergleichs Müller-Godeffroy 1981: 246 sowie Seyfarth 1978: 286.

9 Will man gewährleisten, daß die (vorerst) beste Lösung erarbeitet wurde, sind vorher - eingegrenzt durch die jeweilige Problemstellung - die denkmöglichen Alternativen vollständig anzugeben. Alternativen wären dann natürlich z.b. auch - gleichsam selbstreferentiell gemeint - für Theorienvergleichsmethoden anzugeben. Der hier skizzierte Ansatz einer Methode des Theorienvergleichs ist so angelegt, daß er - dann von einer Reflexionsebene her - zur Erzeugung und Beurteilung von solchen Alternativen nutzbar ist.

10 Unter welchen Gesichtspunkten ein solches Vergleichen zu entwickeln wäre - denken mag man etwa an Gesichtspunkte wie Bewährungsgrad, Erklärungskraft, Gehalt, Reichweite sowie Widerspruchsfreiheit, aber auch an Qualität der Begriffsentwicklung (Differenziertheit der Begriffe, Lückenhaftigkeit, Verwendung von inkompatiblen Begriffselementen, Vollständigkeit usw.) -, müßte eigens diskutiert werden.

11 Zu erforschen, wie es um diese Voraussetzungen bestellt ist, versäumen z.B. die Beiträge in Opp/Wippler 1990. Ohne die Grund-Verhältnisse zu klären, werden soziologische Theorien direkt auf ihre empirische Bewährtheit hin verglichen. In diese Richtung scheint auch die Kritik von Schmid zu gehen, der den Beiträgen vorwirft, daß sie vor dem Vergleich auf empirische Bewährtheit hin "die Frage nach den logischen Beziehungen zwischen den untersuchten Theorien" (Schmid 1991: 582) nicht beachten. Sein Vorschlag zur Untersuchung der logischen Beziehungen (vgl. Schmid 1993) klärt allerdings die Begriffsverhältnisse von Theorien nur sehr intuitiv; zudem bleibt unklar, was Alternativität von Theorien bei ihm bedeutet.

Eine methodische Unterscheidung wie die, Theorien auf Grund-Verhältnisse bzw. besser/schlechter hin zu vergleichen, vermisse ich auch in den unter dem Etikett "Inkommensurabilität" geführten Diskussionen. Diese Unterscheidung könnte zur Untersuchung dort vertretener Positionen genutzt werden. Die Behauptung etwa der radikalen Verschiedenheit konkurrierender Theorien, die Gemeinsamkeiten zwischen ihnen ausschließt (vgl. Lueken 1992: 29 ff.), wäre durch eine Grund-Verhältnisklärung zu prüfen. Der Nachweis einer Alternativität der Theorien bedeutete dann eine Widerlegung der Behauptung. Überhaupt wäre durch einen Vergleich auf Grund-Verhältnisse hin allererst zu plausibilisieren, daß die Annahme von der Konkurrenz sinnvoll ist.

Literatur

Berger, Johannes: Der Konsensbedarf der Wirtschaft. In: Giegel, Hans-Joachim (Hg.): Kommunikation und Konsens in modernen Gesellschaften. Frankfurt a. M. 1992.

Blanck, Bettina: Programmatisches Nachwort zur 2. Auflage: Therapeutische Möglichkeiten einer Philosophie des distanzfähigen Engagements. In: Dies.: Magersucht in der Literatur. Frankfurt a. M. 1988.

Blanck, Bettina: Raumfahrt als Erwägungsproblem. Ethik und Sozialwissenschaften 1(1990)515-524.

Elsner, Wolfram: Ökonomische Institutionenanalyse. Berlin 1986.

Greshoff, Rainer: Theorienvergleich und Theorienentscheidung. Luhmanns Auseinandersetzung mit Max Weber. Arbeitspapier 1991-1, Forschungsgruppe Erwägungskultur. Paderborn 1991. [Überarbeitete Fassung abgedruckt in diesem Buch.]

Greshoff, Rainer: Klüvers Vorschlag für Theorienvergleiche - eine aussichtsreiche Möglichkeit zur Wiederaufnahme der Theorienvergleichsdebatte? Zeitschrift für Soziologie 21(1992)467-471.

Greshoff, Rainer/Loh, Werner: Ideen zur Erhöhung des Theoretisierungsniveaus in den Sozialwissenschaften. Österreichische Zeitschrift für Soziologie 12(1987)31-47. [Abgedruckt auch in diesem Buch.]

Holub, Hans Werner: Einige kritische Überlegungen zum zeitgenössischen Wissenschaftsbetrieb. Ökonomie und Gesellschaft 10(1993)228-244.

Homann, Karl/Suchanek, Andreas: Methodologische Überlegungen zum ökonomischen Imperialismus. Analyse & Kritik 11(1989)70-93.

Hondrich, Karl Otto: Entwicklungslinien und Möglichkeiten des Theorievergleichs. In: Lepsius, M. Rainer (Hg.): Zwischenbilanz der Soziologie. Stuttgart 1976.

Johansson, Ingvar: Levels of intension and theories of reference. Theoria LII(1986)1-15.

Kazmierski, Ulrich: Grundlagenkrise in der Volkswirtschaftslehre. Ethik und Sozialwissenschaften 4(1992)283-295 (mit 22 Kritiken und Replik von U. Kazmierski sowie 11 Kritiken auf die Replik hin und einer zweiten Replik von U. Kazmierski (S. 295-368)).

Kirchgässner, Gebhard: Homo Oeconomicus. Tübingen 1991.

Klix, Friedhart: Die Natur des Verstandes. Göttingen u.a. 1992.

Klüver, Jürgen: Formale Rekonstruktion und vergleichende Rahmung soziologischer Theorien. Zeitschrift für Soziologie 20(1991)209-222.

Klüver, Jürgen: Computergestützte Rekonstruktion soziologischer Theorien. Eine Antwort auf R. Greshoff. Zeitschrift für Soziologie 22(1993)76-77.

Kuhn, Thomas S.: Commensurability, Comparability, Communicability. In: Asquith, Peter D./Nickles, Thomas (Eds.): PSA 1982, vol. 2. East Lansing 1982.

Loh, Werner: Erwägende Vernunft. prima philosophia 2(1989)301-323. [Abgedruckt auch in diesem Buch.]

Lueken, Geert-Lueke: Inkommensurabilität als Problem rationalen Argumentierens. Stuttgart/Bad Cannstadt 1992.

Luhmann, Niklas: Ausdifferenzierung des Rechts. Frankfurt a. M. 1981.

Luhmann, Niklas: Soziale Systeme. Frankfurt a. M. 1984.

Luhmann, Niklas: Ökologische Kommunikation. Opladen 1986.

Luhmann, Niklas: Soziologische Aufklärung 4. Opladen 1987.

Luhmann, Niklas: Die Wissenschaft der Gesellschaft. Frankfurt a. M. 1990.

Luhmann, Niklas: Essays on Self-Reference. New York 1990a.

Marx, Karl: Werke in 39 Bdn. (MEW). Berlin 1970ff.

Marx, Karl: Grundrisse der Kritik der politischen Ökonomie. Berlin 1974.

Marx, Karl: Gesamtausgabe (MEGA), Zweite Abtl./Bd. 3. Berlin 1976.

Matthes, Joachim: Die Diskussion um den Theorienvergleich in den Sozialwissenschaften seit dem Kasseler Soziologentag 1974. In: Hondrich, Karl Otto/Matthes, Joachim (Hg.): Theorienvergleich in den Sozialwissenschaften. Darmstadt-Neuwied 1978.

Müller-Godeffroy, Heinrich: Paradigmenwechsel in den Sozialwissenschaften. Frankfurt a. M. 1981.

Mudersbach, Klaus: Theorien-Vergleich und Vereinheitlichung von Atomismus und Holismus. In: Agazzi, Evandro (Ed.): La comparabilité des théories scientifiques. Die Vergleichbarkeit wissenschaftlicher Theorien. Fribourg 1990.

Opp, Karl-Dieter/Wippler, Reinhard (Hg.): Empirischer Theorienvergleich. Opladen 1990.

Patzelt, Werner J.: Formen und Aufgaben von 'Theorieforschung' in den Sozialwissenschaften. Ethik und Sozialwissenschaften 4(1993)111-123 (mit 32 Kritiken und Replik von W. J. Patzelt sowie einer Metakritik zur gesamten Diskussionseinheit von Elfriede Billmann-Mahecha (S. 123-203)).

Pearce, David: Roads to commensurability. Dordrecht 1987.

Ramb, Bernd-Thomas: Krise? Welche Krise? In: Ders. (Hg.): Krise der Ökonomie. München 1989.

Schmid, Michael: Rezension zu: Opp, Karl-Dieter/Wippler, Reinhard 1990. Kölner Zeitschrift für Soziologie und Sozialpsychologie 43(1991)581-582.

Schmid, Michael: Verhaltenstheorie versus Nutzentheorie. Journal for General Philosophy of Science 24(1993)275-292.

Seyfarth, Constans: Zur Grundlegung eines nicht-restriktiven Vergleichs soziologischer Theorien. In: Hondrich, Karl Otto/Matthes, Joachim (Hg.): Theorienvergleich in den Sozialwissenschaften. Darmstadt-Neuwied 1978.

Simon, Herbert A.: Why Economists Disagree. Journal of business administration 18(1988/89)1-19.

Walther, Andreas: Max Weber als Soziologe. Jahrbuch für Soziologie 2(1926)1-65.

Walther-Klaus, Ellen: Inhalt und Umfang. Hildesheim/Zürich/New York 1987.

Weber, Max: Wirtschaft und Gesellschaft. Tübingen 1976.

Weimann, Joachim: Normgesteuerte ökonomische Theorien. Frankfurt a. M./New York 1988.

Weymann, Ansgar: Interpretative Soziologie. Berliner Journal für Soziologie 1(1991)245-251.

Theorienentscheidung und Theorienvergleich

Niklas Luhmanns Auseinandersetzung mit Max Weber

Rainer Greshoff

I. Vergleichender Umgang mit Vielfalt: Relevanz und Problem

(1) Unterschiedliche Meinungen und Streite zu den verschiedensten Problemgebieten sind heute in der Soziologie[1] und anderen Sozialwissenschaften ein Normalzustand. Eine Vielzahl an Konzeptionen - Theorien, Darstellungen, Daten - werden als mögliche Problemlösungen diskutiert. Weithin wird davon ausgegangen, daß es schwierig ist, mit dieser Vielfalt vergleichend umzugehen, um sich in ihr derart orientieren zu können, daß es möglich wird, die Grund-Verhältnisse, in denen diese Konzeptionen zueinander stehen, anzugeben und dadurch Voraussetzungen zu schaffen, um zwischen diesen begründeter auswählen zu können. Dabei haben solche Vergleiche eine grundsätzliche Relevanz. Wie soll man z.B. in den oben erwähnten Streiten begründet Position beziehen können, wenn jeweilige Konzeptionen in ihren Verhältnissen nicht adäquat einschätzbar sind? Wie soll wissenschaftlicher Fortschritt möglich sein und welche verantwortbare Rationalität kann Wissenschaft für sich in Anspruch nehmen, wenn von einer derartigen Einschätzbarkeit auszugehen ist?[2] Vor allem diese Relevanz und die Schwierigkeiten, solche Vergleiche zu realisieren, waren, bezogen auf eine Wissensart, soziologische Theorien, ein Motiv für die Theorienvergleichsdebatte, die es Mitte bis Ende der 70er Jahre in der Soziologie gab. Auch wenn die Thematik immer wieder aufgegriffen wird, gilt diese Debatte inzwischen als versandet, ohne zu anerkannten Ergebnissen darüber, wie Theorienvergleiche anzulegen sind, geführt zu haben. Geblieben ist die Einschätzung, daß es wichtig, aber schwierig sei, Theorien vergleichen zu können.[3] Es gibt aber auch Soziologen wie Niklas Luhmann, einem Teilnehmer der Theorienvergleichsdebatte, der seine Konzeption als >geeigneter/fortschrittlicher< usw. relativ zu >überholten< usw. anderen beurteilt. Stellen für ihn Theorienvergleiche keine Schwierigkeit dar? Hat er, etwa im Anschluß an die Theorienvergleichsdebatte, die Probleme

gelöst? Kann man also bei ihm Erkundungen darüber einholen, wie solche Vergleiche bewerkstelligt werden können?

Im folgenden soll diesen Fragen anhand von Luhmanns Auseinandersetzung mit der Handlungstheorie, und zwar wie er sie mit Max Weber - von Luhmann (neben z.b. Parsons) als relevanter Vertreter derselben eingeschätzt - führt, nachgegangen werden (Luhmann 1984: 191; vgl. auch 1990c: 136 f.; 1991: 145 sowie 1988d: 138).

II. Luhmanns Auseinandersetzung mit Max Weber: Voraussetzungen und Ausgangspunkte

1. Wissenschaftsprogramm und Supertheoriekonzept

(2) Luhmanns Umgang mit Theorien ist von seinem Wissenschaftsprogramm geprägt, das ermöglichen soll, "verschiedene Alternativen auf ihre Voraussetzungen und Folgen hin zu durchdenken." (Luhmann 1987: 151). Die Alternativenorientierung ist Konsequenz seiner Entscheidungsorientierung, sein Wissenschaftsprogramm ist daher als entscheidungsorientiert aufzufassen (vgl. Luhmann 1990b: 576 ff.).

(3) Im folgenden interessiert mich Luhmanns durch dieses Programm geprägte Theorienforschung. Bezüglich des zu jeweiligen Themen existierenden Theorienpluralismus, von dem Luhmann ausgeht, ist bei ihm immer wieder von Theorieentscheidungen, davon, daß Theoriestreite, Theorieprogramme oder Fragen der Substitution von Theorien entschieden werden sollen, zu lesen (Luhmann 1978: 9, 16, 18 ff.; 1981: 113 ff.; 1986: 41; 1990: 281).

(4) Solche Entscheidungen betreibt Luhmann von einer von der Ebene der Normal-Theorien unterschiedenen Super-Theorieebene. Supertheorien, die Normaltheorien zum Gegenstand haben, sollen letztere nicht bloß registrieren, sondern durch sie sollen Möglichkeiten des Lernens für weitere Theorieentwicklungen eröffnet werden (Luhmann 1978: 9). Supertheorien verfahren totalisierend: Theorien werden rekonstruierend erfaßt und in Relation gesetzt. Dafür fungiert eine der Theorien, die in der Totalisierung steht, als Ausgangspunkt für die Supertheoriebildung. Das heißt für Luhmann, daß er seine Normaltheorie >Systemtheorie< zum Entwurf einer Supertheorie nutzt, wobei die Systemtheorie dafür hochgeneralisiert und hochabstrakt angesetzt sein muß (vgl. Luhmann 1978: 17, 24; 1984: 19). Systemtheorie als Supertheorie

rekonstruiert mit ihren eigenen Begriffen sich selbst und die je anderen Theorien. Ziel ist es, für die anderen Theorien einen berechtigten Platz im eigenen theoretischen Rahmen zu finden. Das erfordert eine Reformulierung und Reproblematisierung des Problembewußtseins des Gegners. Dieses Vorgehen "benötigt Rückhalte in einer Theorie, die in der Lage ist, Problemstellungen sachgemäß zu abstrahieren im Ausgang von der Realität, in der alle Probleme immer schon gelöst sind." (Luhmann 1978: 20). Diesen Rückhalt verschafft die Supertheorie >Systemtheorie< mittels ihrer funktionalistischen Methode.

(5) Auch seine Auseinandersetzung mit Max Weber führt Luhmann von einer solchen Supertheorieebene her. Die Frage, ob man von einem Grundbegriff 'Handlung' (Weber) oder 'Kommunikation' (Luhmann) aus soziologische Theoriebildung betreibt, hat für Luhmann grundlegende Relevanz. 'Handlung' bzw. 'Kommunikation' begreift er dabei als Alternativen, die zu entscheidende alternative Theorieansätze repräsentieren. Da Luhmann die Theorieansätze für sich entschieden hat - er ist zu dem Ergebnis gekommen, daß der handlungstheoretische durch den kommunikationstheoretischen Ansatz zu ersetzen ist - und insofern Theoriesubstitution einen Theorievergleich (Luhmann 1981: 114 f.) voraussetzt, kann man erwarten, hinsichtlich der Theorienvergleichsproblematik durch die Erörterung dieser Entscheidung lernen zu können.

2. Erfordernis einer konzeptuellen Revolution

(6) Für Luhmann ist die heutige soziologische Theorie in einem unbefriedigenden Zustand, da es einen "Überhang traditioneller Begrifflichkeiten, Semantiken, Erkenntnisinstrumente" gibt, "die durch den Stand der Forschung eigentlich überholt sind" (Luhmann 1990: 282). Luhmann macht nun ein Theorieangebot, das es seiner Auffassung nach ermöglicht, diese Behinderungen "ins Museum für soziologische Altertumskunde abzustellen" (1990: 282) und zu zeigen, warum die "klassischen Prämissen" (1990: 282) unbrauchbar sind: die Theorie selbstreferentiell-autopoietischer Sozialsysteme. >Unbrauchbarkeit der klassischen Prämissen< bezieht Luhmann auch auf Max Weber und bestimmt seine eigene Theorie und Webers Handlungstheorie als alternativ (Luhmann 1990: 283; vgl. auch 1988: 298 sowie 1984: 191 f.). Dabei schließt er Gemeinsamkeiten zwischen sich und Weber nicht aus. Er begreift Weber als soziologischen Theoretiker der den Anspruch hatte, eine allgemeine soziologische Theorie zu bilden. Dies reklamiert Luhmann auch für sich selbst,

betonend, "daß das *Max-Weber*-Niveau der Begriffsbildung ... theoretisch nicht ausreicht" (Luhmann 1980: 248) und er Webers Konzeption, die mit "nur unzureichend definierten Grundkonzepten" arbeitet (Luhmann 1987: 157), "vom gedanklichen Ansatz her (für, R.G.) ausgebootet" hält (Luhmann 1981b: 51). Es geht ihm daher darum, nach Max Weber, "eine zweite theoretische Konsolidierung (der Soziologie, R.G.) zu erarbeiten..."(Luhmann 1987: 160). Dafür hält er eine konzeptuelle Revolution in den Grundlagen der Soziologie für erforderlich (vgl. Luhmann 1990a: 6).

(7) Bisher wurde Luhmanns Deutung nach in der Soziologie davon ausgegangen, daß >Handlung< - und nicht, wofür er plädiert, >Kommunikation< - die elementare, nicht weiter zerlegbare (Letzt-) Einheit sozialer Systeme sei. Hierbei geht es für Luhmann um die konstitutiven Eigenschaften von Sozialität: was ist "die letzte Einheit, bei deren Auflösung das Soziale verschwinden würde" (Luhmann 1984: 192)? Er fragt damit "nach den Letzteinheiten, aus denen ein soziales System besteht und durch deren Relationierung es sich von seiner Umwelt unterscheiden kann." (Luhmann 1984: 240). Für Weber - so Luhmann - ist Sozialität mit sozialem Handeln[4] gegeben und soziale Systeme beruhen demnach auf einem bestimmten Typ von Handlungen, nämlich sozialen Handlungen (vgl. Luhmann 1984: 191). Luhmann konzeptualisiert im Rahmen seiner Theorie selbstreferentiell-autopoietischer Sozialsysteme anders: "Only communication is necessarily and inherently social; action is not." (Luhmann 1990a: 6). Als soziale Operation kommt nur Kommunikation in Betracht, denn nur kommunikatives Geschehen kann in einem genauen Sinne als soziale Wirklichkeit bezeichnet werden (Luhmann 1990: 283; 1988a: 14; 1984: 155, 223). Da Kommunikation für Luhmann nicht als eine Art von Handlung begriffen werden kann, ist "the replacement of action theory by communication theory as characterization of the elementary operative level of the system." (Luhmann 1990a: 6) notwendig.

(8) Diese Alternativenkonstruktion hat für ihn in doppelter Weise Grundlagencharakter. 1. Durch sie kommt die für die soziologische Theoriebildung "vielleicht wichtigste... Alternative: ob man von einem Grundbegriff der Kommunikation ... oder von einem Grundbegriff der Handlung als letzter emergenter, für soziale Systeme nicht weiter auflösbaren Einheit ausgehen müsse" (Luhmann 1981c: 93), zum Ausdruck. Die Entscheidung für den einen oder anderen Begriff - der jeweils, so deute ich Luhmanns Äußerung, letzte, nicht weiter auflösbare Einheiten sozialer Systeme bezeichnen soll - bedeutet eine grundlegende Weichenstellung für die auf ihm aufbauende soziologische Theorie (Luhmann 1984: 192). 2. Luhmann nimmt für die Entscheidung von

Theorieansätzen deren Begrifflichkeit zum Ausgangspunkt. Für ihn sind Theorien[5] begrifflich formulierte Aussagen. Die Angewiesenheit auf Begriffe macht diese für ihn zu einem wesentlichen Element von Theorien (Luhmann 1990b: 384, 386 f., 406; vgl. auch 1988b: 43). Die Thematisierung der Begrifflichkeiten jeweiliger Theorien ist für Luhmann daher zentral, etwa um klarzustellen, daß Max Webers Begriffe "heutigen begrifflichen Ansprüchen kaum noch genügen...." können (Luhmann 1989a: 5) bzw. um hervorzuheben, daß er (Luhmann) "sehr stark auf Genauigkeit ... des Begriffseinsatzes Wert lege ..." (Luhmann 1987: 96)[6].

3. Entscheidung und Alternative

(9) Hinsichtlich der oben skizzierten Alternativenkonstruktion soll Luhmanns Theorienforschung in einigen grundsätzlichen Punkten problematisiert werden. Neben der Klärung, was >Entscheidung< bzw. >Alternative< für Luhmann bedeutet, ist zu fragen: Wie kommt er zu der Alternativenkonstruktion? Wie baut er die Entscheidungen auf, an welcher Stelle spielt der Theorienvergleich eine Rolle? Wie wird er durchgeführt? Auf welche Weise macht Luhmann sich die Theorien zugänglich, damit sie Gegenstand seiner Programmatik werden können? Schließlich: Luhmanns Theorienforschungsprogramm kann erhebliche Konsequenzen für die Soziologie haben: bestimmte Theorien werden weiterentwickelt, andere aufgegeben. Es liegt daher die Frage nahe, ob es bei ihm ein besonderes Anspruchsniveau gibt, das - auf derartige Probleme reflektierend - Kriterien, Methoden usw. beinhaltet, um mit ihnen umgehen zu können.

(10) Luhmann hat sich in seinem Gesamtwerk an verschiedenen Stellen mit >Entscheidung< befaßt. Ohne hier auf den Wandel seines Entscheidungsbegriffs eingehen zu können - seit Anfang/Mitte der achtziger Jahre betreibt er eine >Soziologisierung< desselben (Luhmann 1984: 399 ff.; 1984a: 595) -, sind folgende Merkmale kennzeichnend: relativ zu einem Problem (einem Zweck, einer Erwartung) werden Alternativen gebildet; zwischen diesen Alternativen wird ausgewählt, die gewählte Alternative wird als Entscheidungsergebnis ausgezeichnet (vgl. Luhmann 1984: 402; 1984a: 597; 1981d: 337 f.). Mit diesem Entscheidungskonzept ist sein Alternativenbegriff zu verbinden. Der Entwurf sowie das Abwägen von Alternativen erfolgt problemrelativ. Luhmann unterscheidet Problembezüge (Bezugsprobleme, Problemorientierungen) und relativ dazu Problemlösungen. Alternativen bestimmt er dabei als verschiedenartige, getrennte Formen habende Problemlösungen, die

insofern gleich sind, als sie alle dasselbe (Bezugs-)Problem lösen. Damit nicht alles mögliche Problemlösung werden kann, will Luhmann den Problembezug entsprechend gestalten. Es sind hinreichend abstrahierte Bezugsprobleme nötig, die spezifisch und genau zu präzisieren sind (vgl. Luhmann 1981d: 337; 1986 f; 1974: 36; 1981: 40; 1976: 20; 1983a: 161).

Wenn Luhmann Webers und seinen Theorieansatz als >alternativ< bzw. als >überholt/geeigneter< beschreibt, so impliziert das meiner Ansicht nach zwei Entscheidungssituationen. Zum einen wird Luhmann das Problem verfolgt haben, in welchem *Grund-Verhältnis* die Theorieansätze zueinander stehen: sind sie gleich oder alternativ? Zum anderen wird er gefragt haben, in welches *Bewertungs-Verhältnis* die Ansätze zu stellen sind: Welcher der Ansätze ist besser/schlechter?[7] Im folgenden diskutiere ich zunächst die erste, später den Kontext der zweiten Entscheidungssituation.

4. Zubereitung von Theoretisierungen als Problem

(11) Was ist für die Luhmannsche Alternativenkonstruktion 'Handlung/ Kommunikation' der Problembezug? Da die Begriffe 'Handlung/Kommunikation' offenbar Letztelemente sozialer Systeme bezeichnen und in dieser Referenz Alternativen sein sollen, kann man folgenden annehmen: welche Begriffe aus den beiden Theorien bezeichnen Letztelemente sozialer Systeme und in welchem Grund-Verhältnis stehen sie zueinander?

Geht man zunächst einmal davon aus, dies sei Luhmanns Problembezug und die obige Alternativität die dazugehörige Problemlösung, so ist zu fragen: Hat er alternative Lösungen erwogen? Hat er überprüft und wenn ja, wie, ob die gewählte bzw. mögliche alternative Lösung(en) unter den Problembezug paßt bzw. passen? Nach welchen Kriterien hat er zwischen ihnen ausgewählt? Antworten auf diese Fragen findet man bei Luhmann ebensowenig wie Erläuterungen dazu, warum er solche Fragen nicht thematisiert. Er präsentiert die Alternativenkonstruktion als Lösung, ohne den Weg dahin bzw. die Geltungsbedingungen dafür und die dabei (eventuell) auftretenden Schwierigkeiten darzulegen bzw. zu diskutieren. Ein Nachvollzug der Theorienentscheidung wird dadurch erschwert.

(12) Daß hier ein Problem liegt, ist kurz zu skizzieren: Luhmanns wie Webers Theoretisierungen bestehen aus einer Fülle von Begriffen. Relativ dazu muß eine Auswahl gerechtfertigt werden, die Begriffe in ein Alternativenverhältnis stellt. Die Theoretisierungen sind also so zuzubereiten, daß geprüft

werden kann, welche Begriffe man aus ihnen relativ zu der je vorliegenden Problemstellung auswählen kann. Wie aber findet man heraus, welche Konzepte dafür überhaupt in Frage kommen? Wieso wählt man gerade >diese< und nicht >andere<? Wie kann man gewährleisten, daß man >schlechte< Begriffswahlen korrigieren kann?[8]

5. Welches Anspruchsniveau verfolgt Luhmann?

(13) Derartige Fragen (s. auch (9)) sind nicht selbstverständlich, sondern stellen sich erst, wenn Theorienentscheidungen Ansprüchen[9] genügen sollen. Welche Ansprüche Luhmann verfolgt, darüber geben seine - umfassender auf Wissenschaft überhaupt bezogenen - "Regeln methodologischer Orientierung" ersten Aufschluß:

a) Die Wissenschaft "ist darauf angewiesen, hinreichend genaue und hinreichend unterscheidungsfähige Begriffe zu bilden." (Luhmann 1988b: 43); sie "erschöpft sich nicht in Begriffsbildungen, aber ohne eigene, distinkte Begrifflichkeit ist sie keine Wissenschaft." (Luhmann 1988b: 43).
b) "Begriffsbildung ist eine Operation, die eine *Unterscheidung* benutzt, um etwas damit Unterschiedenes *bezeichnen* zu können." (Luhmann 1988b: 43).
c) "Man muß klarstellen, im Rahmen welcher Unterscheidung man das eine und nicht das andere bezeichnet." (Luhmann 1988b: 43).
Weiterhin betont Luhmann immer wieder seine vergleichsweise "sehr viel höheren Ansprüche ... an begriffliche Genauigkeit" (Luhmann 1991: 143; s. auch oben (6) und (8)); welche Kriterien er dabei - "*hinreichend* genau"; "*höhere* Ansprüche" - anwendet, läßt er aber im Dunkeln.

(14) Dieses Anspruchsniveau kann man prinzipiell auch für seine Theorienentscheidungen bzw. -vergleiche als gültig betrachten, da Luhmann davon ausgeht, daß eine Wissenschaft nur das "beobachten und beschreiben kann ..., was sie mit Begriffen bezeichnen kann" (Luhmann 1989: 358) und man Begriffe in dieser Funktion auch bei derartigen Entscheidungen bzw. Vergleichen braucht. Wie will er seine Ansprüche umsetzen? Zunächst fällt auf, daß Luhmann die Schwierigkeit von Theorienvergleichen betont (z.B. Luhmann 1987h: 135). Äußerungen in diesem Kontext - "Ein Vergleich (Habermas/ Luhmann, R.G.) im einzelnen ist schwierig, weil alle wichtigen Begriffe (Kommunikation, Handlung, System usw.) verschieden angesetzt sind" (Luhmann 1983: 149) - kann man so deuten, daß er auf in (12) genannte Probleme[10] reflektiert.

6. Zubereitung mittels Ebenen-Schema

(15) Für letzteres spricht ebenfalls, daß Luhmann eine Art >Theorie-Regel< formuliert, die er bei seiner Theoriebildung anwendet: "Vergleiche zwischen verschiedenen Arten von Systemen müssen sich an eine Ebene halten. Dasselbe gilt für negative Abgrenzungen. Schon durch diese Regel werden zahlreiche unergiebige Theoriestrategien eliminiert." (Luhmann 1984: 17). Luhmann wählt >(selbstreferentiell-autopoietische) Systeme< als Ausgangspunkt und unterscheidet drei System-Ebenen (Luhmann 1984: 16; 1990a: 2)[11]:

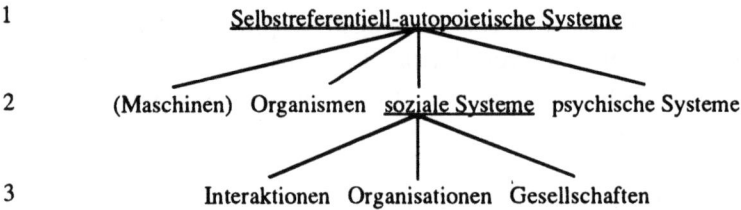

1   Selbstreferentiell-autopoietische Systeme

2   (Maschinen) Organismen soziale Systeme psychische Systeme

3   Interaktionen Organisationen Gesellschaften

Das Schema der drei Ebenen der Systembildung benutzt er als begriffliches Schema. Damit sollen fruchtbare Vergleichshinsichten festgelegt, Fehler und Unklarheiten vermieden werden. Bei der Konstruktion des Schemas geht Luhmann von einem allgemeinen Systembegriff aus (1. Ebene), der dann in verschiedener Weise respezifiziert wird (vgl. Luhmann 1984: 32 f.), so daß Begriffe von spezifischen Systemen entstehen, die ihrerseits für ihren Bereich Allgemeinheitscharakter haben (z.B. für Soziales ein allgemeiner Begriff 'soziales System'). Dabei mag die "Zuordnung bestimmter Systemarten zu bestimmten Ebenen ... zunächst mehr oder weniger intuitiv erfolgen" (Luhmann 1984: 18); sie läßt sich, wenn nötig, korrigieren, wobei "Korrekturen ... aber nur vorgenommen werden (können, R.G.) wenn die Ebenendifferenz als solche intakt bleibt." (Luhmann 1984: 18).

(16) Die Konstruktionslogik des Schemas ließe sich nun problematisieren. Etwa: Luhmann benutzt immer wieder den Begriff 'Sinn-System' als Oberbegriff zu 'soziales -' und 'psychisches System' und ich frage mich, warum er nicht im Schema auftaucht und gegen die anderen Begriffe abgegrenzt wird. Oder: wieso plaziert Luhmann z.B. 'psychisches System' und 'soziales System' auf einer Ebene (zusammen mit 'Organismus' und 'Maschine'), wieso 'Interaktion-Organisation-Gesellschaft'? Außer, daß dies "intuitiv" geschieht, erfährt man von ihm dazu an der Stelle, wo er das Schema einführt, nichts.

Derartige Problematisierungen werde ich hier nicht weiterverfolgen, sondern fragen: Wie bereitet sich Luhmann Webers Begrifflichkeit so zu, daß er sie mit seiner eigenen vermitteln kann?

(17) Das begriffliche Fundament von Webers Soziologie bildet nach Luhmanns Deutung[12] der Begriff des 'sozialen Handelns', damit, so Luhmann, "ein Handeln bezeichnend, das seinem gemeinten Sinn nach auf das Verhalten anderer bezogen ist." (Luhmann 1975: 90). Darauf baut Weber seine Typen des Handelns sowie seine Typen sozialer Beziehungen auf (vgl. Luhmann 1975: 90). Dem oben genannten Fundament ist noch die 'Ebene der Einzelhandlung' vorgelagert (vgl. Luhmann 1975: 91). Luhmann benutzt somit schon damals eine Ebenen-Konzeption.[13] Insofern er von 'begrifflichem Fundament' und 'darauf Aufbauendem' schreibt, gehe ich davon aus, daß die Ebenen Begriffs-Ebenen meinen (vgl. Luhmann 1975: 104). Er unterscheidet bei Weber folgende:

1 Handeln
2 Typen des Handelns
3 Soziales Handeln
4 Typen sozialer Beziehungen
5 Verband.

Denkbar ist auch, daß die Typen des Handelns keine eigene (Haupt-) Ebene bilden, sondern eine Sub-Ebene der Ebene des Handelns oder des sozialen Handelns. Wenn Luhmann von den Typen sozialer Beziehungen schreibt, will er wohl darauf aufmerksam machen, daß Weber verschiedene soziale Beziehungen kennt, also nicht nur Verbände.

III. Luhmanns Alternativenkonstruktion '(soziales) Handeln/Kommunikation'

1. Analyse und Beurteilung der Alternativenkonstruktion

(18) Im folgenden soll nun weiter bedacht werden, auf welchem Wege, unter Zugrundelegung welcher Geltungsbedingungen Luhmann zu dieser Alternativität gelangt ist. Luhmann betont die Relevanz des Problembezuges: damit nicht Beliebiges möglich ist, muß er spezifisch und genau präzisiert sein. Wie ist diesbezüglich der von mir angenommene Luhmannsche Problembezug (s. (11)) zu beurteilen?

(19) Zentrales Moment des Problembezuges ist die Frage nach den Letztelementen sozialer Systeme. 'Letztelemente (synonym: 'Letzteinheiten' oder 'basale Operationen' (vgl. Luhmann 1982: 367; 1986: 52)) sozialer Systeme' ist bei Luhmann Konkretion des abstrakteren Begriffs 'Letztelemente selbstreferentiell-autopoietischer Systeme'. Insofern er davon ausgeht, daß Systeme aus miteinander relationierten Elementen bestehen, sind Elemente Eigenschaften von Systemen. Entsprechend impliziert der Begriff 'System' das Begriffsmerkmal 'Element'. Relativ zu der Unterscheidung 'System/Element' diskutiert Luhmann das Holismus/Reduktionismus-Problem: "Man muß entweder vom Element oder vom System ausgehen, also entweder reduktionistisch oder holistisch argumentieren. ... Wenn man klären will, was für eine bestimmte Art von System ein für dieses System nicht weiter auflösbares Letztelement ist, muß man in bezug auf diese Art von System Zwischenentscheidungen treffen. Und umgekehrt, wenn man klären will, welche Art von System man beobachtet (um entscheiden zu können, was für dieses System Umwelt ist), muß man wissen, was für dieses System Element ist." (Luhmann 1990b: 66). Luhmann geht davon aus, daß jeweilige Systeme aus bestimmten (Letzt-) Elementen bestehen, die für diese Systeme nicht >unterschritten< werden können. Soziales läßt sich nicht auf Psychisches, letzteres nicht auf Biologisches reduzieren. Usw. Systeme bilden somit für Luhmann je typische emergente Ordnungen, die für ihr Fortbestehen auf emergente Elementaroperationen angewiesen sind (vgl. Luhmann 1986: 53). Die Frage nach den Letztelementen sozialer Systeme behandelt ein bestimmtes Reduktionismus-Problem. Es geht dann um Elemente sozialer Systeme und dabei um "die letzte Einheit, bei deren Auflösung das Soziale verschwinden würde" (Luhmann 1984: 192). Im Rahmen seiner Theorie sozialer Systeme bezeichnet der Begriff 'Kommunikation' diese Letztelemente.

(20) Nach diesen Erläuterungen ist der Problembezug aber noch dahingehend zu klären, daß durch ihn Aufschluß darüber erlangt werden kann, welche Begriffe *anderer* Theoretisierungen als Alternative zu 'Kommunikation' in Frage kommen. Dafür beziehe ich mich auf Luhmanns Begriffsbildungsstrategie. Die Begriffe allgemeiner Theorieebenen will er nicht als reine Merkmalsbegriffe, sondern als Problembegriffe, d.h. "in der Sprache von Problemen und Problemlösungen" (Luhmann 1984: 33) formulieren: "In die Gattungsabstraktion (= Merkmalsbegriff, R.G.) wird ... eine funktionale Abstraktion eingebaut" (Luhmann 1984: 33; s.a. 1974: 17). Entsprechend schreibt Luhmann für die Theorie sozialer Systeme, daß sie "auf dem Problembegriff der doppelten Kontingenz aufgebaut" ist (Luhmann 1984: 154). Gegenständlich formuliert er: "Soziale Systeme entstehen nur unter der Bedingung doppelter

Kontingenz." (Luhmann 1988a: 237) sowie bezüglich Kommunikation: ">doppelte Kontingenz< ... (liegt, R.G.) aller Kommunikation zu Grunde" (Luhmann 1986d: 75 f.; s.a. 1984: 217). Kommunikation ist also als Problemlösung des Problems der doppelten Kontingenz deutbar.[14] Von daher kann man - jetzt wieder begrifflich orientiert - annehmen, daß auf dem Problembegriff der 'doppelten Kontingenz' der Kommunikationsbegriff aufgebaut ist und dieser Problembegriff in den für die Alternativenkonstruktion relevanten Problembezug aufgenommen werden muß, um ihn zu präzisieren. Der Problembezug lautet dann so: Welche Begriffe aus Webers und Luhmanns soziologischer Theorie sind relativ zum Problembegriff 'doppelte Kontingenz' Lösungen und bezeichnen dabei Letztelemente sozialer Systeme und in welchem Grund-Verhältnis stehen sie zueinander? Von diesem Problembezug her soll Luhmanns Wahl von Webers Begriff 'Handeln' bzw. 'soziales Handeln' als behauptete Alternative zu seinem Kommunikationsbegriff geprüft werden.[15]

(21) Doppelte Kontingenz ist dadurch gekennzeichnet, daß Alter und Ego (zwei >Partner<, >black boxes<; vgl. Luhmann 1984: 154, 156) aufeinandertreffen und versuchen, sich wechselseitig abzustimmen. Da sie sich gegenseitig uneinschätzbar sind - beide können einander nicht durchschauen, es könnte für beide jeweils alles anders sein (Kontingenz, mit der beide umgehen müssen) -, ist das ein Problem für sie. Einer Lösung wird das Problem dadurch zugeführt, daß sie es nach und nach schaffen - wechselseitiger Aufbau von Erwartungen, wechselseitiges Unterstellen von wechselseitigen Handlungen, an denen sich beide orientieren -, miteinander zu kommunizieren und so eine neue emergente Einheit, nämlich "Kommunikation, also Bildung sozialer Systeme" herstellen (Luhmann 1987g: 40 f.; vgl. Luhmann 1984: 148 ff.; 1978: 45; 1988a: 237; 1981d: 14).[16] Bildlich kann man doppelte Kontingenz so skizzieren: Alter (A) ↔ Ego (E). Kommunikation beschreibt Luhmann so: Alter hat eine Information seligiert, die es durch Selektion eines Mitteilungsverhaltens Ego mitteilt. Ego seinerseits seligiert eine bestimmte Beobachtung: Verstehen der Information und Mitteilung.

Weber definiert Handeln als ein "durch irgendeinen ... *(subjektiven) Sinn* spezifiziertes (menschliches, R.G.; vgl. Weber 1976: 1) Sichverhalten zu >Objekten<" (Weber 1973: 429), wobei es sich bei den >Objekten< um innere (z.B. Vorstellungen) oder äußere (z.B. Bäume) handeln kann. Bildlich kann man sich Handeln so vorstellen: A → O, wobei der von >A< (= Träger der Handlung) ausgehende Pfeil die Handlung(santeile) ohne das Objekt, auf das sie sich richtet, meint; letzteres sei durch das >O< bezeichnet. 'Soziales Handeln' definiert Weber als ein spezifisches Handeln, "welches seinem von dem oder den Handelnden gemeinten Sinn nach auf das Verhalten anderer bezogen wird und daran in seinem Ablauf orientiert ist." (Weber 1976: 1). Weber nimmt also hinsichtlich der Objekte dieses Handelns eine Einschränkung vor: nur das Verhalten *anderer* Menschen ist gemeint (vgl. Weber 1976: 11 f.). Es ergibt sich also folgendes Muster für soziales Handeln: A → (E), wobei >(E)< für ein Verhalten eines anderen Menschen steht. Stellt man die Strukturmuster von (Webers) Handeln bzw. sozialem Handeln (1a), 1b)) und (Luhmanns) doppelter Kontingenz bzw. Kommunikation (2), 3)) zusammen, so ergibt sich:

1a) Handeln: A → O; 1b) soziales Handeln: A → (E); 2) doppelte Kontingenz: A ↔ E; 3) Kommunikation: A ⇆ E.

(22) Zu diskutieren ist nun: können '(soziales) Handeln' und 'Kommunikation' als Problemlösung dem obigen Problembezug (s. (20)) subsumiert werden? Da der Problembezug zwei Träger impliziert, fällt der Begriff 'Handeln' hierfür schon einmal weg, da hier nur ein Träger Merkmal ist. Dies ist auch bei 'sozialem Handeln' nur in gewisser Weise der Fall, insofern neben dem einen Träger ein potentieller zweiter Begriffsmerkmal ist. Bei 'sozialem Handeln' ist aber nur eine *einseitige* Beziehung von A zu E, nicht auch eine umgekehrte von E zu A Begriffsmerkmal. Die Situation der *doppelten* Kontingenz liegt bei der des sozialen Handelns gar nicht vor. Luhmanns Alternativenbegriff besagt: Alternativen sind Problemlösungen, die dasselbe Problem lösen. Letzteres können '(soziales) Handeln' *und* 'Kommunikation' für den genannten Problembezug nicht leisten und insofern ist es hinsichtlich der bisher angegebenen Bezüge falsch, '(soziales) Handeln' und 'Kommunikation' als Alternativen aufzufassen. '(Soziales) Handeln' ist kein möglicher begrifflicher Kandidat zur Bezeichnung von (im Luhmannschen Sinne) Letztelementen sozialer Systeme. Somit entfällt die Grundlage für Luhmanns Bedenken der (vermeintlichen) Alternativen und damit ist auch seine Beurteilung dieser >Alternativen< hinfällig.[17]

Zu fragen ist nun - denn Ziel ist es ja, von Luhmanns Theorienentscheidung zu lernen -, was die Gründe für die fehlerhafte Alternativenkonstruktion sein mögen.

2. Mögliche Gründe für die fehlerhafte Alternativenkonstruktion

(23) *Erste Fehler-Hypothese:* Luhmann geht von einer Weber-Deutung aus, nach der dieser (Weber) der Meinung war, 'Handeln' sei zur Bezeichnung von

Letztelementen sozialer Systeme verwendbar; diese Annahme Webers wollte er widerlegen. Zur Erörterung dieser Hypothese knüpfe ich an das oben skizzierte Holismus/Reduktionismus-Problem an. Eine ganz ähnliche Problematik kann man bei Weber vermuten, da seine Soziologie "das Einzelindividuum und sein Handeln als unterste Einheit, als ihr >Atom<" (Weber 1973: 439) behandeln will. Sein Urteil, "Begriffe wie >Staat<, >Genossenschaft< ... bezeichnen für die Soziologie ... Kategorien für bestimmte Arten menschlichen Zusammenhandelns, und es ist also ihre Aufgabe, sie ... auf Handeln der beteiligten Einzelmenschen ... zu reduzieren" (Weber 1973: 439), kann man so deuten, daß "Arten menschlichen Zusammenhandelns" (soziale Gebilde bzw. soziale Beziehungen) Ganzheiten meinen sollen (holistische Perspektive), die aus untersten, nicht weiter >auflösbaren< Einheiten (Handlungen = reduktionistische Perspektive) bestehen. Luhmann wäre demnach davon ausgegangen, daß das, was Weber mit "Arten menschlichen Zusammenhandelns" meint, durch 'soziales System' wiedergegeben und das, was Weber "unterste Einheit" (das >Atom< Handeln) nennt, als 'Letztelement sozialer Systeme' gedeutet werden kann. Relativ zu dem obigen Problembezug konnte er dann die diskutierte Alternativität annehmen. Mit dieser Weber-Deutung geht seine Kritik an dessen Konzeptualisierung von Letzteinheiten sozialer Systeme einher[18]: 'Handeln' bzw. 'soziales Handeln' bezeichnen nichts charakteristisch Soziales (vgl. (7)). Diese Kritik ist zugleich eine solche an der Grundlage von Webers Soziologie, die damit als unzureichend beschrieben wird und insofern sie (über Weber hinaus) Grundlage der Soziologie geworden ist, ist für Luhmann eine Revolutionierung letzterer nötig.

(24) Zu prüfen ist, ob es angemessen ist, Weber die oben skizzierte Auffassung zuzuschreiben. Aus dem Kontext des obigen Weber-Zitates wird ersichtlich, daß es Weber bei seiner Reduktion um anderes geht als Luhmann. Während Luhmann eine Reduktionsperspektive einnimmt, die auf die Einheit reduzieren will, auf die soziale Systeme für ihr >Funktionieren< (ihre Existenz, Weiterentwicklung usw.; kurz: >Existenzperspektive< genannt) angewiesen sind, reduziert Weber aus ganz anderen Gründen: "Das Ziel der Betrachtung: >Verstehen<, ist schließlich auch der Grund, weshalb die verstehende Soziologie ... das Einzelindividuum und sein Handeln als unterste Einheit ... behandelt." (Weber 1973: 439). Dabei bezieht er die holistische Perspektive explizit mit ein: "Für die verstehende Deutung des Handelns durch die Soziologie sind dagegen diese (sozialen, R.G.) Gebilde lediglich Abläufe und Zusammenhänge spezifischen Handelns *einzelner* Menschen, da diese allein für uns verständliche Träger von sinnhaft orientiertem Handeln sind." (Weber 1976: 6). Weber geht es also bei seiner Reduktion nicht um eine Existenz-, sondern

Verstehensperspektive: durch deutendes Verstehen soll die Erklärung von Sozialem ermöglicht werden (vgl. Weber 1976: 1, 7). Während es Luhmann mit der Existenzperspektive um konstitutive Eigenschaften des Sozialen geht, geht es Weber nicht darum, sondern um Bedingungen für die Möglichkeit der Kausalanalyse hinsichtlich von Sozialem[19]. Beides sind ganz verschiedene Problemstellungen und es ist nicht einsichtig, wieso die Ergebnisse, zu denen Weber relativ zu seiner Problemstellung gelangt, unter der ganz andersartigen von Luhmann subsumiert werden können sollen.

(25) *Zweite Fehler-Hypothese*: Es fällt auf, daß Luhmann die Alternativen auch als Grundbegriffe bezeichnet. Grundbegriffe sind für ihn Begriffe, die "auf Sachverhalte von sehr allgemeiner Bedeutung" verweisen (Luhmann 1981d: 67) bzw. "mit denen man normalerweise anfängt, eine Theorie aufzubauen." (Luhmann 1981d: 126). Insofern er bei der bislang diskutierten Alternativenkonstruktion Begriffe des Sozialen thematisieren will, ist davon auszugehen, daß soziologische Grundbegriffe gemeint sind (vgl. Luhmann 1981c: 93). Denkbar ist daher, daß Luhmann im Problembezug nicht einfach nach >Begriffen<, sondern nach >soziologischen Grundbegriffen< fragt. Bei der *Auswahl* der Lösungen hat er dann das Merkmal 'soziologischer Grundbegriff' einerseits so stark in den Vordergrund gestellt, daß die anderen Merkmale des Problembezuges gleichsam als irrelevant in den Hintergrund traten, andererseits hat er hinsichtlich des Merkmals 'soziologischer Grundbegriff' das >soziologisch< begrifflich unbestimmt gelassen und sich nur am Wort »soziologisch« sowie an seinem Verständnis von 'Grundbegriff' orientiert, so daß es möglich war, als Lösungen Webers Begriff 'soziales Handeln' und seinen Begriff 'Kommunikation' (als jeweilige Ausgangspunkte von Webers und seiner Soziologie) zu wählen. Bei der *vergleichenden Einschätzung* dieser Lösungen hat Luhmann dann sein eigenes Verständnis von 'soziologisch' bzw. - gegenständlich gedacht - sein Sozialitätsverständnis, das von Situationen mit doppelter Kontingenz bzw. Kommunikation ausgeht (vgl. Luhmann 1984: 560; 1987g: 45; Luhmann/Schorr 1979: 121), in den Problembezug eingebaut. Dadurch ist aber unter der Hand die Alternativenkonstruktion hinfällig geworden, denn relativ zu Luhmanns - gleichsam nachträglich präzisiertem - Verständnis von 'soziologisch' bzw. 'sozial' sind die Begriffe 'soziales Handeln' und 'Kommunikation' keine Alternativen. *Daß* Luhmann beim Vergleich Webers Begriff 'soziales Handeln' von seinem Sozialitätsverständnis her interpretiert, ist deutlich, wenn er schreibt "social action implies communication" (Luhmann 1990a: 6). Auch in anderen Zusammenhängen wird dies erkennbar: "Nur in diesem Deutungskontext (von doppelter Kontingenz, R.G.) kann sich überhaupt >gemeinter Sinn< sozialen

Handelns (Max Weber) bilden." (Luhmann 1981d: 14). Dieses Vorgehen Luhmanns verweist auf ein Grundproblem bei Theorienvergleichen.

(26) Vergleicht man eigene und fremde soziologische Konzeptionen, kann man ja den Problembezug so konstruieren, daß als mögliche Problemlösung nur das in Frage kommt, was dem eigenen Soziologiekonzept entspricht. Man geht nicht auf Distanz zur eigenen Theorie und bringt dadurch die andere von vornherein ins Hintertreffen. Letztere wird nicht als gleichberechtigt und eigenständig aufgefaßt, sondern muß den Konzepten der anderen Theorie gleichsam >genügen< bzw. ihnen als Vorgabe >folgen<. Ein solches undistanziertes Vorgehen ist auch als "Karikaturmethode des Vergleichens"[20] bezeichnet worden, da es die Möglichkeit, Unterschiede, Gemeinsamkeiten usw. adäquat und nicht verzerrt zu erfassen, erheblich gefährdet. Ist Luhmann so verfahren, wie in (25) angenommen, kann man letzteres durch sein Vorgehen bestätigt sehen: Da er bei der vergleichenden Einschätzung seiner und Webers soziologischer Grundbegriffe einen Problembezug annimmt, der auf sein eigenes Soziologieverständnis zugeschnitten wird, ist sein Vorgehen als karikaturhaft einzuschätzen.[21] Er unterläuft damit gleichsam Webers Begrifflichkeit. Luhmann kann zwar davon ausgehen, daß 'soziales Handeln' bzw. 'Kommunikation' relativ zu dem Problembezug 'Grundbegriff' Alternativen sind, er übersieht aber, daß die Konzepte dies nicht mehr sein können, wenn man diesem Problembezug das Merkmal 'soziologisch' (in seinem Sinne) hinzufügt.

Nach der Darlegung der beiden möglichen Fehler-Hypothesen (wobei denkbar ist, daß sie ganz oder in Teilen auch kombiniert verwand werden können), soll im folgenden überlegt werden, wie die falsche Alternativenkonstruktion hätte vermieden werden können.

3. Wie hätte die fehlerhafte Alternativenkonstruktion vermieden werden können?

(27) Vergleiche zwischen Konzeptionen müssen gleichsam im >Bodenlosen< beginnen, denn vieles ist zunächst dunkel und unklar. Grundsätzlich halte ich es daher für förderlich, bei Vergleichen jeweiliger Konzeptionen zunächst mit den Begriffen beginnen zu können[22], die im Rahmen derselben die grundlegenden sind. Will man also allgemeine soziologische Konzeptionen vergleichen, wären zunächst die (Grund-) Begriffe miteinander zu vermitteln, die das Sozialitätsverständnis ausdrücken. Auf diesen Begriffen werden bzw. können

weitere soziologische Konzepte aufbauen. Hat man erstere in ihren Grund-Verhältnissen eingeschätzt, wird man die letzteren besser und adäquater in ihren entsprechenden Verhältnissen beurteilen können. Will man distanzierte Vergleiche, so ist das durch Einführung von Vereinfachungen mittels distan-zierender Abstraktion[23], die übergreifend an die zu vergleichenden Begriffe anknüpft, möglich.

(28) Geht man von den Grundbegriffen 'soziales Handeln' bzw. 'Kommuni-kation' aus und bedenkt diese hinsichtlich der Frage, wie Soziales sehr abstrakt - menschlich-sinnhafte, tierische usw. Sozialitäten übergreifend - umschrieben werden kann, dann kann man zu dem Ergebnis gelangen, daß es durch 'Beziehung(en) zwischen (mindestens zwei, wovon ich im folgenden, falls nicht anders vermerkt, ausgehe) Etwassen' zu charakterisieren ist. Diese sehr abstrakte Bestimmung kann man so konkretisieren, daß sie auf 'Menschlich-Soziales' eingeschränkt wird. Dies soll dadurch geschehen, daß an die Stelle der Begriffe 'zwei Etwasse' die Begriffe 'Alter/Ego' (in der Umschreibung, wie ich sie oben, s. Anm. 16) eingeführt habe) eingefügt werden. Will man wissen, in welcher(n) Beziehung(en) (→) Alter(A)/Ego(E) zueinander stehen können, läßt eine kombinatorische Tabelle die Möglichkeiten vollständig erfassen:

Tabelle 1

			A	E
1. Zeile	A ⇆ E	1. Zeile	+	+
2. Zeile	A → E	2. Zeile	+	-
3. Zeile	A ← E	3. Zeile	-	+
4. Zeile	A E	4. Zeile	-	-

Das '+' soll bedeuten, daß A eine Beziehung zu E bzw. E eine Beziehung zu A hat, das '-', daß A keine Beziehung zu E bzw. E keine Beziehung zu A hat. (Links neben der Tabelle mit '+/-' wird anschaulich das dargestellt, was die Merkmale '+/-' hinsichtlich A bzw. E ausdrücken. Der Pfeil '→' soll dabei eine Beziehung symbolisieren.)

(29) Diese Tabelle stellt mit ihren Bestimmungen eine Vereinfachung dar. Sie soll in dieser Form eine formal-regulative Funktion haben insofern, als mit ihr einfache Grundpositionen, auf die man sich als Ausgangsbestimmung immer wieder rückbeziehen kann, die kontrolliert korrigiert oder konkretisierend ausgebaut werden können, festgehalten werden. Relativ zu dem in (28)

genannten Problem sind die in den einzelnen Zeilen angesiedelten Konzepte Alternativen. Verbindet man mit diesem Problem die Frage, auf welchem(n) Konzept(en) man eine Soziologie gründen möchte, sind die Alternativen Erwägungsalternativen, also mögliche alternative Lösungen, zwischen denen man auswählen kann.

(30) Den Konzepten der Tabelle lassen sich, zunächst bloß aufgrund ihrer >Strukturmusterverwandschaft<, die Grundbegriffe von Weber ('soziales Handeln' - Konzepte der 2. und 3. Zeile) und Luhmann ('Kommunikation' - Konzept der 1. Zeile) zuordnen. Für die Frage, welche Begriffe der Tabelle als soziologische Konzepte in den Konzeptionen von Weber (W) und Luhmann (L) - wiederum die >Strukturmusterverwandschaft< als Basis genommen - vorkommen (ja/nein), ist die Tabelle zu erweitern:

Tabelle 2

	A	E	W	L
1. Zeile	+	+	ja	ja
2. Zeile	+	-	ja	nein
3. Zeile	-	+	ja	nein
4. Zeile	-	-	nein	nein

Die Konzepte der 2. und 3. Zeile kann man im Grunde als einen Fall betrachten: als einseitige Beziehung von Alter zu Ego (und umgekehrt). Es gibt auf diesem Vereinfachungsniveau Gemeinsamkeiten zwischen Luhmann und Weber. Beide lehnen es ab, ein Konzept wie das der 4. Zeile als soziologisches zu betrachten; beide kennen in ihren Theoretisierungen ein Konzept wie das der 1. Zeile. Aber während Luhmann seine Soziologie wesentlich darauf basiert, ist dies bei Weber nicht so. Er zieht dafür ein Konzept wie das der 2./3. Zeile heran. Daß auch der 1. Zeile ein Begriff aus Webers soziologischen Konzepten - 'soziale Beziehung', wofür Weber das Moment des "gegenseitigen sozialen Handeln(s)" als konstitutiv auffaßt (Weber 1976: 23; s.a. 13; s. ausführlicher dazu Nr. (40) ff.) - zugeordnet werden kann, ist kein Widerspruch dazu.[24]

(31) Soziologische Konzeptionen kann man offenbar ganz verschieden grundlegen. Nimmt man die Begriffe der Zeilen 1-3 der Tabelle 1 gleichermaßen als alternative Ausgangskonzepte, dann stehen Konzepte mit einem Strukturmuster, das dem der 1. Zeile entspricht, bei der einen Theorie ganz am Anfang, bei der anderen an zweiter Stelle. Diese Formulierungen "Anfang", "zweiter Stelle" führen zu folgender methodischer Überlegung: Offenbar stellt es - s.

Luhmann - ein Problem dar, für Alternativenkonstruktionen die geeigneten Konzepte auszuwählen. Um mögliche Fehler besser entdecken zu können, soll die Luhmannsche Zubereitung von Webers und seiner Theorie (in modifizierter Form[25]) mit den Möglichkeiten der Tabelle 1 gedeutet werden, um dadurch die Konzeptionen stärker aufeinander beziehbar zu machen. Die aufbereiteten Theoretisierungen mit ihren unterschiedlichen Begriffsbereichen (>Handeln<; >soziales Handeln< ... / >selbstref.-autop. System<; >Organisches-, Sinn-, (Maschinen-) System< ...) kann man je nebeneinander anordnen. Den einzelnen Begriffsbereichen werden dann - von oben nach unten - die Ziffern 1 bis 4 zugeordnet, so daß die auf der gleichen (horizontalen) Ebene liegenden Bereiche mit der gleichen Ziffer gekennzeichnet sind. Die auf diese Weise markierten Begriffsbereiche (bzw. deren mit Spiegelstrich ("-") gekennzeichneten Teilbereiche) sind dann daraufhin zu untersuchen, welchen die Konzepte der jeweiligen Zeilen von Tabelle 1 als passend zugeordnet werden können.

Tabelle 3

1 Handeln	1 selbstref.-autop. System
2 soziales Handeln	2 Organisches System Sinn-System (Maschinensystem)
3 soziale Beziehung	3 (3a) psychisches System (3b) soziales System
-gegenseitiges	-Kommunikation
soziales Handeln	
4 Typen sozialer	4 Gesellschaft Interaktion Organisation
Beziehungen	

Dadurch kann es erleichtert werden anzugeben, welche Begriffe welcher Bereiche für jeweilige Alternativenkonstruktionen (überhaupt oder nicht) in Frage kommen. Weiter können Alternativenannahmen besser überprüft werden, ob sie dem je angenommenen Problembezug subsumierbar sind.

(32) Denn mittels Tabelle 3 hätte Luhmann folgende Begriffshypothese prüfen können: ein Konzept mit dem Strukturmuster wie 'Kommunikation' kennt Weber in seiner Konzeption auch - 'gegenseitiges soziales Handeln'. Dieser Begriff scheint unter dem obigen Problembezug (s. (20)) die adäquate Alternative zu 'Kommunikation' zu sein. Die Begriffshypothese läßt sich durch Approximationsüberlegungen[26] plausibilisieren: Wenn es Luhmann um soziologische Grundbegriffe geht, die geprüft werden, ob sie relativ zum genannten Problembezug Alternativen sind und wenn der Grundbegriff der einen soziologischen Theorie nicht unter diesen subsumierbar ist, die innerhalb dieser Theorie nächst folgende Konkretion zu diesem Grundbegriff aber schon, dann

ist zunächst davon auszugehen, daß diese Konkretion, und nicht Konkretionen zu dieser Konkretion, die prinzipiell auch dem Problembezug subsumierbar sind, die adäquate Alternative zu dem Grundbegriff der anderen soziologischen Theorie, der dem Problembezug unterordenbar ist, bildet. Anhand der Einteilung in Begriffsbereiche läßt sich diese Begriffshypothese verorten. Konzepte der Begriffsbereiche 1 und 2 sowie 4 können als zu wählende Optionen ausgeschlossen werden. Sie grenzen - 1 und 2 nach oben, 4 nach unten - den Bereich ab, der in Frage kommt. Bezüglich Luhmann ist noch der Teilbereich 3a auszuschließen. Sollte sich die Begriffshypothese nicht bewähren, so bleiben durch die Tabelle 3 die ihr zugrundeliegenden Ausgangsannahmen präsent und kontrolliert umbaubar. Ein möglicher Umbau läßt sich durch folgende Fragen andeuten: enthält der Problembezug solche Merkmale, daß 'gegenseitiges soziales Handeln' nicht unter ihn subsumierbar ist? Müßte für diesen Begriff ein abstrakterer Problembezug gebildet werden bzw. wäre aus Webers Konzeption ein Begriff des Begriffsbereiches 4 als adäquate Alternative[27] zu 'Kommunikation' zu wählen?

Diese Überlegungen können hier nicht weiter verfolgt werden. Im folgenden soll der Hintergrund für die Fehlerhaftigkeit von Luhmanns Alternativenkonstruktion bedacht werden.

IV. Luhmanns Kritik an traditioneller Soziologie: Untersuchung ihrer Argumentation anhand einer Vermittlung der Begriffe 'Kommunikation' (Luhmann) und 'soziale Beziehung' (Weber)

1. Luhmanns 'Kommunikation' >ohne Subjekt< und Unterscheidung verschiedener Systemreferenzen

(33) Zu Beginn habe ich dargelegt, daß Luhmann die Soziologie behindert sieht durch traditionelle Begrifflichkeiten. Die Begründung für diese Kritik soll nun dargestellt und exemplarisch überprüft werden durch eine Vermittlung von Luhmanns Kommunikationsbegriff mit Webers Konzept 'soziale Beziehung'[28] als Beispiel für eine traditionelle Begrifflichkeit.

(34) Kommunikation kommt nach Luhmann "zustande durch eine Synthese von drei verschiedenen Selektionen ... Selektion einer *Information*, Selektion der *Mitteilung* dieser Information und selektives *Verstehen oder Missverstehen* dieser Mitteilung ... ." (Luhmann 1987d: 5 f.). Diese drei Selektionen

müssen zusammenkommen ("Zusammenfallen" (Luhmann 1984: 294)), damit eine Kommunikation entsteht: "Irgendein Kommunikationsinhalt muß
anders sein, als er sein könnte. Irgend jemand muß sich entschließen, dies
mitzuteilen ... Und irgend jemand muß dies Geschehen (unter Einschluß der
Differenz von Information und Mitteilung) verstehen ... " (Luhmann 1986:
51). (Statt >irgend jemand< schreibt er auch >Alter< bzw. >Ego<. Alter meint
dann jemanden, der eine Information mitteilt, Ego den Verstehenden (s.
Luhmann 1988a: 257)). Kommunikation ist eine Operation, die die drei
verschiedenen Selektionen zur Einheit bringt (vgl. Luhmann 1986d: 94); eine
vierte Art von Selektion - das Annehmen oder Ablehnen des Mitgeteilten -
"geschieht >außerhalb< der Einheit einer elementaren Kommunikation und
setzt sie voraus." (Luhmann 1984: 203). Luhmann betont, daß zwischen den
drei Selektionen kein Übertragungsvorgang stattfindet, sondern es geht "um
symbolische Vermittlung, um Herstellung einer emergenten Einheit ... "
(Luhmann 1988a: 246). Schon gar nicht geht es um ">Übertragung< von
etwas von einem Subjekt auf ein anderes Subjekt." (Luhmann 1986: 50).
>Subjekt< (ähnlich wie >Mensch</>Individuum<) markiert einen wesentli-
chen Kritikpunkt Luhmanns an verschiedenen soziologischen Konzeptionen.
Hinsichtlich der Frage, "in welchem Umfang traditionelles Theoriegut der
Soziologie übernommen, reformuliert oder aufgegeben werden muß und was
dabei eventuell verloren geht", ist sich Luhmann ganz sicher: "Natürlich das
Subjekt und all das, was dem >Menschen< zugemutet oder angedichtet wird,
wenn verlangt wird, man solle ihn als >Subjekt< beachten." (Luhmann 1987e:
309). Diese Meinung korrespondiert seiner Einschätzung, daß das, "was man
Subjekt nennt, ... nie Teil eines sozialen Systems sein" kann (Luhmann 1986:
54). Daher ist für ihn auch Webers Soziologie-Konzeption hinfällig, denn
letztere deutet er so, daß in ihr "über Handlung ... sozusagen das Subjekt ins
(soziale, R.G.) System" kommt (Luhmann 1984: 191, s. a. 240).

(35) Am Subjektbegriff stört Luhmann die Überschätzung des Subjekts, die in
ihm zum Ausdruck kommt: "Ein Subjekt liegt allem, was ist, zugrunde."
(Luhmann 1986: 41; s.a. 1984: 244). Diese Überschätzung will Luhmann
aufheben, wie er (exemplarisch) bezüglich sozialer Systeme formuliert: "Sozialen Systemen liegt nicht >das Subjekt<, sondern die Umwelt >zu Grunde<,
und mit >Zu Grunde liegen< ist dann nur gemeint, daß es Voraussetzungen der
Ausdifferenzierung sozialer Systeme ... gibt, die nicht mitausdifferenziert
werden." (Luhmann 1984: 244). Zu diesen Voraussetzungen gehören seiner
Meinung nach (z.B.) organische (lebende) sowie psychische Systeme. An die
Bedeutung von >Subjekt<, von dem man "spricht ..., um die selbstreferentielle
Begründung der Kognitionen des Bewußtseins durch das Bewußtsein zu

bezeichnen ... " (Luhmann 1988g: 901), will Luhmann anknüpfen[29]: Der Gebrauch des Subjektbegriffes sei aufzugeben und - um die Überschätzungskomponente zu eliminieren - statt dessen der Begriff 'psychisches System' (synonym: 'Bewußtseinssystem') zu verwenden (s. Luhmann 1987: 160 f.; 1986e: 319 f.; 1973: 174). Psychische Systeme reproduzieren eigene Gedanken durch eigene Gedanken (vgl. Luhmann 1990b: 45; s. a. Luhmann 1984: 355); ihre Operationsweise "ist das Fortspinnen mehr oder minder klarer Gedanken, wobei das Ausmaß an Klarheit ... selbstregulativ kontrolliert wird" (Luhmann 1987 f: 31). Wichtig ist für Luhmann, jeweilige Systeme genau auseinanderzuhalten. Psychische Systeme sind nicht Teil/Element sozialer Systeme, sondern gehören deren Umwelt an: "Der Fortgang von Gedanke zu Gedanke und der Fortgang von Kommunikation zu Kommunikation laufen nicht im selben System ab." (Luhmann 1986: 53 f.). Zwar "sind alle Kommunikationssysteme (synonym: soziale Systeme, R.G.) selbstverständlich an Bewußtseinsvorgänge gekoppelt. Ohne Bewußtsein keine Kommunikation. Aber das heißt gerade nicht, daß Bewußtseinsereignisse (Wahrnehmungen, Gedanken) als solche schon Elemente eines Kommunikationsprozesses sein könnten." (Luhmann 1990: 281). Denn "Bewußtsein wird in der Kommunikation ... in Anspruch genommen ... als Operationsfähigkeit einer Umwelt ... " (Luhmann 1986: 51 f.). Trotz der skizzierten Kopplung geht Luhmann davon aus, daß Bewußtseinssysteme und Kommunikationssysteme völlig getrennt existieren; es gibt keinerlei Überschneidungen ihrer Operationen (vgl. Luhmann 1990b: 32, 30).

(36) Das Bemühen, verschiedene Systeme auseinanderzuhalten, wird auch bei Luhmanns Verwendung des Terminus »Mensch« deutlich. Menschen als Teile/Elemente sozialer Systeme anzusehen, hält er für falsch. Der Mensch ist für ihn kein (Gesamt-) System, sondern besteht aus verschiedenen Systemen. Er ist ein "Kontaktpunkt verschiedener Systeme, mentaler, organischer, neurophysiologischer, genetischer Systeme ... deren Zwischenbeziehungen sehr komplex sind ..." (Luhmann 1987: 50). Die Unterscheidung hinreichend vieler Systeme soll eine differenzierte soziologische Theorie ermöglichen (vgl. Luhmann 1987: 83; 1990c: 7). Mit seiner Theoriebildung will Luhmann "allzu kompakte Prämisse(n)" (Luhmann 1984: 153) auflösen und ersetzen. Damit bringt er gleichzeitig eine grundsätzliche Kritik an der Verfaßtheit bisheriger soziologischer Theorien zum Ausdruck, die ihm zu wenig komplex, abstrakt und zu kompakt gebaut sind (vgl. Luhmann 1984: 15; 1988a: 13).

2. Luhmanns Kritikpunkte: Vermischung von und Wahl ungeeigneter
   Systemreferenzen

(37) In diesem Sinne wird auch die Webersche Handlungskonzeption kritisiert.[30] Zentral ist für Luhmann, daß "der Begriff der Handlung ... primär auf
das handelnde Individuum und seine körperliche und mentale Ausstattung
(verweist, R.G.). Er hat keine notwendig soziale Referenz. Und wenn Weber
von sozialem Handeln spricht, sieht er die Sozialität in der individuellen
Intention, im >gemeinten< Sinn begründet." (Luhmann 1990: 283). Die
Handlungstheorie hat somit eine "Vorliebe für bestimmte organisch/psychi-
sche Systemreferenzen" (Luhmann 1988a: 330) und ermöglicht nicht - auch
nicht durch Bezug auf Begriffe wie 'Intersubjektivität' oder 'Beziehungen
zwischen Menschen' - die Ausarbeitung einer eigenständigen Theorie des
Sozialen (vgl. Luhmann 1984: 234).

'Intersubjektivität' ist "überhaupt kein Begriff, sondern eine Verlegenheitsformel, die angibt, daß man das Subjekt nicht mehr aushalten oder nicht mehr
bestimmen kann. ... Er dient lediglich dazu, in eine Theorie, die bei der
Subjektivität des Bewußtseins ansetzt, etwas einzuführen, was von dieser
Theorie aus nicht gedacht werden kann." (Luhmann 1986: 42). Man kommt
also mit diesem Begriff nicht vom Bezug auf psychische Systeme weg. Zwei
psychische Systeme bilden aber kein soziales System, sondern stehen im
System-System-Verhältnis zueinander, wobei jedes System einen eigenen
geschlossenen Gedankenzusammenhang bildet, aus dem es nicht heraus kann
(vgl. Luhmann 1986: 47). Das Konzept 'Intersubjektivität' hat daher "theorie-
bautechnisch gesehen ... einen folgenreichen Nachteil: es hat Mühe, die *Einheit*
dessen zu bezeichnen, was mit dem Begriff gemeint ist ... " (Luhmann 1986:
44). Ähnliches gilt für den Begriff 'Beziehungen zwischen Menschen' ("...kein
Mensch enthält Beziehungen zu anderen als Teil seiner selbst und er kann auch
nicht in der Form von Interaktionen teilweise außerhalb seiner selbst existieren." (Luhmann 1990b: 275)), der seiner Meinung nach auch nur eine Art von
Verlegenheitsformel ist: der "Beziehungsbegriff bildet oft den Ausweg aus
einem schon verkorksten Theorieanfang." (Luhmann 1990c: 197). Begriffe
wie 'Intersubjektivität', 'Beziehungen zwischen Menschen' sind ihm zu sehr
auf Organisch-Körperliches bezogen bzw. zu sehr psychologisiert; sie verweisen auf Operationen von Bewußtseinssystemen, auf die "Konkretausstattung"
von "Einzelmenschen mit Einstellungen, Interessen, Motiven, Präferenzen ..."
(Luhmann 1990b: 712). Da aber kein "Bewußtsein ... die eigenen Operationen
an die eines anderen anschließen" kann (Luhmann 1990b: 23), da es "daher
auch keine Sondersphäre des >Dazwischen<, der Relation oder des >Inter...<

..." gibt (Luhmann 1990b: 24), kann man die Eigenständigkeit sozialen Geschehens (im Luhmannschen Sinne) nur dann adäquat beschreiben, wenn man alle "Begriffe, mit denen Kommunikation beschrieben wird, ... aus jeder psychischen Systemreferenz" herauslöst (Luhmann 1990b: 24). Dieses >Herauslösen< will Luhmann - so deute ich ihn - dadurch erreichen, daß er diese Begriffe von der Ebene des Begriffes 'Sinn-System' her bildet.

(38) Bei der Beschreibung dieses Begriffs führt er aus, daß die "Sprache dieser Beschreibung ... eine psychische Systemreferenz (suggeriert, R.G.). Davon muß und kann jedoch abstrahiert werden ... Wir abstrahieren in Richtung auf übergreifende Gültigkeit für personale und für soziale Systeme. Das heißt: Begriffe wie Intention, Verweisung, Erwartung, Erleben, Handeln bezeichnen in der folgenden Darstellung Elemente bzw. Strukturen, die sowohl zu psychischen als auch zu sozialen Systemen aufgeordnet werden können. Die Terminologie legt uns auf dieser Ebene der Theoriebildung also noch nicht auf eine dieser Systemreferenzen unter Ausschließung der anderen fest." (Luhmann 1984: 93).[31] Diese Ebene der Theoriebildung hat für Luhmann also eine erhebliche Wichtigkeit. Wenn sie sich nicht als tragfähig erweist, muß man davon ausgehen, daß die darauf aufbauenden Konzepte des Sozialen bzw. Psychischen davon nicht unberührt bleiben, sondern mangelhaft sein werden.

(39) Luhmanns dargelegte Einwände gegen Handlungstheorie, Intersubjektivitätsbegriff usw., sollen nun hinsichtlich Webers Konzept 'soziale Beziehung' geprüft werden. An Urteilen Luhmanns (etwa wenn er schreibt, der Staat habe seine Realität "bei Max Weber im Bewußtsein des Einzelmenschen" (Luhmann 1987a: 78), wobei mitzubedenken ist, daß 'Staat' bei Weber Konkretion von 'soziale Beziehung' ist) und Webers (z. B. wenn er vom Sozialen als "der Beziehung zwischen Menschen ... " (Weber 1973: 165) schreibt und "Beziehungen" bestimmt als "das aktuelle oder potentielle Handeln ... konkreter oder nach Merkmalen konkret angebbarer Personen ..." (Weber 1976: 186)) läßt sich belegen, daß Luhmanns Einwände auch das Konzept 'soziale Beziehung' treffen: es ist zu sehr einer Präferenz für organische/psychische Systeme verhaftet, als daß es Grundbegriff einer eigenständigen Theorie des Sozialen sein könnte.

3. Webers Konzept 'soziale Beziehung'

(40) Zur Überprüfung der Einwände will ich zunächst an Webers Begriff 'soziale Beziehung' anknüpfen. Dieses Konzept ist, auch wenn Weber keine explizite Regel für seine Begriffsbildung bzw. -anordnung angibt[32], vom

Aufbau seiner Begrifflichkeit in den >Grundbegriffen< her als Konkretion des Begriffes 'soziales Handeln' aufzufassen. Es wird von Weber weiter konkretisiert zu: 'ephemere -', 'perennierende soziale Beziehung'; 'Vergesellschaftung', 'Vergemeinschaftung'; 'Kampf'; 'offene -', 'geschlossene soziale Beziehung' usw.

'Soziale Beziehung' definiert er als ein "seinem Sinngehalt nach aufeinander gegenseitig *eingestelltes* und dadurch orientiertes Sichverhalten mehrerer... " (Weber 1976: 13). "Mehrere" ist nach unten begrenzt - mindestens zwei müssen sich entsprechend verhalten - nach oben hin offenbar aber nicht [33]: "Ein Mindestmaß von Beziehung des *beider*seitigen Handelns *aufeinander* soll also Begriffsmerkmal sein." (Weber 1976: 13). Dadurch macht Weber deutlich, daß eine soziale Beziehung nicht auf ein einfaches soziales Handeln reduziert werden kann. Geht man von diesem Minimalfall einer sozialen Beziehung aus, so ist im Vergleich zu Luhmanns Kommunikationsbegriff zunächst festzustellen: ebenso wie Luhmann von mindestens >zwei Köpfen< bzw. "zwei Etwasse(n)" ausgeht (vgl. Luhmann 1983: 134; 1984: 66), ist derartiges auch für 'soziale Beziehung' anzunehmen. (Für diese "zwei Etwasse" verwende ich weiterhin gleichermaßen die Bezeichnung Alter/Ego.) Kann diesbezüglich von Gleichheit ausgegangen werden, ist zu fragen, ob Weber auch hinsichtlich der weiteren Begriffsmerkmale das Gleiche oder sehr Ähnliches wie Luhmann mit 'Kommunikation' meint und lediglich andere, einen größeren Unterschied suggerierende Wörter gebraucht.

(41) Dafür, daß Weber der Gegenstand >Kommunikation< bekannt war[34], spricht, daß er das Wort »Kommunikation« in abgewandelter Form an verschiedenen Stellen benutzt ("Inkommunikabilität des mystischen Erlebnisses" (Weber 1978: 566; vgl. auch 560f.); "... daß das >Psychische< als solches überhaupt inkommunikabel sei ... " (Weber 1973: 120)). Auch die Verwendung von Worten wie »Konversation«, »geschäftliche Mitteilung« usw. (Weber 1976: 24) läßt annehmen, daß Weber damit so etwas wie Kommunikation bezeichnet. Ein frühes Beispiel für eine soziale Beziehung[35] scheint zunächst die obige Frage zu bejahen: "zwei Wilde ... oder ein Europäer, der im schwärzesten Afrika einem Wilden begegnet, und dieser letztere >tauschen< zwei beliebige Objekte gegeneinander aus. Man legt alsdann ... den Nachdruck darauf, daß hier eine bloße Darstellung des äußerlich wahrnehmbaren Hergangs: der Muskelbewegungen also und eventuell, wenn dabei >gesprochen< wurde, der Töne ... dessen >Wesen< in gar keiner Weise erfassen würde. Denn dieses >Wesen< bestehe ja in dem >Sinn<, den beide diesem ihrem äußern Verhalten beilegen, und dieser >Sinn< ihres gegenwärtigen Verhaltens wieder-

um stelle eine >Regelung< ihres künftigen dar. Ohne diesen >Sinn< sei ... ein
>Tausch< überhaupt weder real möglich, noch begrifflich konstruierbar.
Ganz gewiß! Der Umstand, daß >äußere< Zeichen als >Symbole< dienen, ist
eine der konstitutiven Voraussetzungen aller >sozialen< Beziehungen." (Weber 1973: 331 f.). Nimmt man zunächst die Merkmale >Mitteilung<, >Verste-
hen< als kennzeichnend für eine Kommunikation an, ist dann nicht der Schluß
zwingend, daß es sich bei sozialen Beziehungen immer um kommunikatives
Geschehen handelt? Wofür braucht man in diesem Kontext (Tausch) sonst
Symbole, wenn nicht dafür, daß etwas von Alter mitgeteilt und von Ego
verstanden werden soll? Symbol- bzw. Zeichengebrauch spielen auch für
Luhmanns Verständnis von Kommunikation eine wesentliche Rolle (vgl.
Luhmann 1988a: 246; 1984: 197, 137). Weiter ist Tausch für ihn eine
(besondere) Kommunikation (vgl. Luhmann 1988a: 256).

(42) Ist von diesem Beispiel her soziale Beziehung als Kommunikation
aufzufassen, so liest man in den späteren definitorischen Ausführungen der
>Grundbegriffe< nirgendwo, daß es für alle sozialen Beziehungen konstitutive
Voraussetzung ist, daß äußere Zeichen als Symbole dienen. Weber hat dort
einen abstrakteren Begriff 'soziale Beziehung'. Vorstellen kann man sich
darunter Handlungszusammenhänge, in denen nichts mitgeteilt wird und sich
das Problem der von Luhmann so genannten vierten Selektion (s. (34)) daher
nicht stellt. Bloßes gegenseitiges Verstehen; Formen von Kampf, z.B. im
Sport; Abläufe im Straßenverkehr; bestimmte Hilfeleistungen, z.B. in Fami-
lien; sinnhaft gesteuerte Körperverhaltensabstimmungen, z.B. beim Tanzen
oder Fließbandarbeit usw. können Beispiele für derartige soziale Beziehungen
sein. Offenbar ist für 'soziale Beziehungen' lediglich der wechselseitig sozial
gerichtete Sinngehalt als charakteristisch einzuschätzen: Alter und Ego *orientieren* ihr sinnhaftes Verhalten "irgendwie *aneinander*" (Weber 1976: 22).
Kommunikation fällt damit nicht aus diesem Begriffsbereich heraus, sondern
ist eine spezifische soziale Beziehung. Dieser Sinngehalt von Alter/Ego wird
für Luhmann aber der Angelpunkt seiner Kritik sein, daß 'soziale Beziehung'
nicht aus der Subjektreferenz herauskommt. Denn untersucht man Webers
Umschreibungen von 'Sinn', dann tauchen dabei Begriffe auf, die Luhmann
der Referenz >psychisches System< zugehörig einschätzen muß.

(43) »Sinn«[36] wird von Weber durchgängig wenig geklärt verwand (vgl. etwa
Weber 1973: 69 f.). Es gibt aber Äußerungen, die vermuten lassen, wie er
»Sinn« verwandte. Eine umfassendere und engere Bedeutung sind zu unterscheiden. Erstere deutet Weber an, wenn er ein Verständnis sozialen Handelns
"von den subjektiven Erlebnissen, Vorstellungen, Zwecken der Einzelnen -

vom >Sinn< ... " (Weber 1976: 245) her gewinnen will. Sinn umfaßt hier vermutlich all das, was Weber "die >innere< Seite des Hergangs" nennt (Weber 1973: 361): "die Vorstellung der Handlung als einer >zu bewirkenden<, die Abwägung der >Mittel<, endlich die Abwägung ihres >Zwecks< ..." (Weber 1973: 361). Der (gesetzte) Zweck ist für Weber die "Vorstellung eines Erfolges ... " (Weber 1973: 183), zu dessen Realisierung der Ablauf der Handlung führen soll (Weber 1973: 433 f.). Zweitere kommt zum Ausdruck, wenn er Sinn als >Zweck< auffaßt: ">Technik< eines Handelns bedeutet uns den Inbegriff der verwendeten *Mittel* desselben im *Gegensatz* zu jenem Sinn oder Zweck, an dem es letztlich ... orientiert ist ... " (Weber 1976: 32; statt von "Zwecken" schreibt Weber zuweilen auch von "Motiven" (Weber 1973: 95, 131)). Auf welche Begriffsfassung man sich auch bezieht, die Merkmale von 'Sinn' - 'Vorstellungsmäßig-Gedankliches', 'Subjektives' -, müssen Luhmann den Begriff 'soziale Beziehung' für eine >Verlegenheitsformel< halten lassen, denn die Begriffe 'Vorstellung', 'Motiv' usw. kennzeichnen psychische, nicht soziale Systeme. Auch wenn man sich - Weber immanent - eine soziale Beziehung als Kommunikation vorstellt - etwa: Alter verfolgt den Zweck, Ego etwas mitzuteilen und benutzt dafür Mittel (Gesten, Worte) bzw. Ego verfolgt den Zweck, Alter zu verstehen und nutzt dafür Mittel (Aufmerksamkeit, Hinhören) -, so muß es sich für Luhmann bei diesen Operationen um die voneinander getrennter psychischer Systeme handeln. Ein auf dem Weberschen Sinnbegriff basierender Kommunikationsbegriff kann für ihn nur ein Schein-Kommunikationsbegriff sein.

4. Diskussion von und Kritik an Luhmanns Kritikpunkten

(44) Zur Prüfung dieser Meinung soll Luhmanns Beschreibung von Kommunikation bedacht werden. Kommunikationen bestehen aus drei Selektionen, die von zwei Trägern, Alter und Ego, getragen werden. Selektion ist für Luhmann "ein subjektloser Vorgang, eine Operation, die durch Etablierung einer Differenz ausgelöst wird." (Luhmann 1984: 57). Die Operation Kommunikation besteht somit aus drei Teil-Operationen. Was sind die Eigenschaften von Operationen?

Luhmann betont den Bezug auf Unterscheidungen. "Jede Operation ... muß mit einer Unterscheidung beginnen." (Luhmann 1986a: 180); "Ohne Unterscheidung ... keine Operation ... " (Luhmann 1989: 355). Damit klar ist, welche Seite der Unterscheidung als Anknüpfung für weitere Operationen dienen soll, bedarf es zusätzlich zur Unterscheidung einer Bezeichnung. "Unterscheidung und Bezeichnung sind im Grunde also nur zwei Momente einer einzigen Operation." (Luhmann 1986a: 181). Der Unterscheidungs- und Bezeichnungsbezug macht Operationen zu Beobachtungen[36a]: "Beobachten findet immer dann statt, wenn etwas unterschieden und ... bezeichnet wird." (Luhmann 1988c: 15). "Beobachten setzt, so jedenfalls fassen wir diesen Begriff (unter Abstreifen aller spezifisch psychologischen Konnotationen), Anwendung einer Unterscheidung voraus, innerhalb derer die eine ... Seite durch die Beobachtung bezeichnet wird. Nur so vermittelt die Beobachtung Information ..." (Luhmann 1987a: 242). Statt »Unterscheidung« benutzt Luhmann auch die Worte »Differenz« (Luhmann 1983b: 33; 1984: 597) oder »Differenzschema« (Luhmann 1986b: 49; 1986c: 19). Um Information überhaupt gewinnen zu können, ist die Eingrenzung eines Möglichkeitsbereiches nötig (Luhmann 1984: 102). Dies geschieht durch die Wahl eines Differenzschemas (Luhmann 1985: 148; 1984: 654; 1986b: 47) bzw. einer Differenz (Luhmann 1984: 642; 1987a: 15 f.) oder Unterscheidung (Luhmann 1988d: 129). "Differenzen sind Informationspotentiale" (Luhmann 1987a: 15), sie regulieren die Informationsgewinnung sowie -verarbeitung und legen fest, "in welchem Auswahlbereich etwas als etwas erscheint." (Luhmann 1985: 148). Unterscheidungen haben >zwei Seiten<; sie führen nicht weiter, d.h. sie sind nicht anschlußfähig, wenn man es dabei beläßt: "Schließlich ist zu beachten, daß anschlußfähige Unterscheidungen eine ... Asymmetrisierung erfordern. Die eine (und nicht die andere) Seite wird bezeichnet. Es liegt auf der Hand, daß die Unterscheidung zugleich Anfang und Ende des Operierens wäre, wenn sie keine Bezeichnung mit sich führte." (Luhmann 1988e: 49). Asymmetrisierungen, die die erforderliche Richtungsangabe leisten, sind z.B. - wenn es um bestimmte sinnhafte Operationen, nämlich Steuerungen, geht - Zwecke (Luhmann 1988a: 335; 1989a: 5). Mittels einer so gestalteten Unterscheidung können "Zustände und Ereignisse" (Luhmann 1986b: 45), "Objekte" (Luhmann 1984: 103 f.), "Tatsachen" (Luhmann 1986b: 47) "erfaßt", "vorgestellt", es können Informationen erzeugt werden; letztere haben immer "ein gewisses Maß an Überraschung" (Luhmann 1990b: 440), d.h. eine "Information, die sinngemäß wiederholt wird, ist keine Information mehr." (Luhmann 1984: 102).

(45) Sind Operationen im allgemeinen so aufgebaut, wie spezifiziert hat man sich dann die Eigenschaften bei den drei Operationen einer Kommunikation vorzustellen? Für sie muß ja gelten, daß sie nichts mentales, gedankliches usw. implizieren. Anders wäre z.B. Luhmanns Gesellschaftsbegriff, "der alles Leben, auch alle organischen Systembildungen und sogar alle mentalen Prozesse, alles Bewußtsein, als Umwelt der Gesellschaft behandelt" (Luhmann 1987a: 228), nicht einsichtig, da Gesellschaft dasjenige soziale System

ist, "das alles Soziale in sich einschließt" und für das "alles, was Kommunikation ist, ... Gesellschaft (ist, R.G.)" (Luhmann 1984: 555). Differenzschema, Information usw. als Bestandteil von Kommunikation können also nichts Psychisches sein. Aber als was hat man etwa Zwecke von Alter/Ego aufzufassen? Zwecke sind für Luhmann spezifische Erwartungen (vgl. Luhmann 1981: 43). 'Erwartung' ist ein Begriff, den er auf der Ebene 'Sinn-System' einführt. Dort ist er als weder psychologisiert noch soziologisiert bestimmt anzunehmen (Luhmann 1984: 399, 93). Denn wenn Luhmann "im Ansatz des Sinnbegriffs psychische und soziale Systeme, Bewußtsein und Kommunikation untergreift" (Luhmann 1984: 143), dann kann ja selbst für 'Sinn'[37] 'Gedankliches' usw. als Merkmal nicht in Frage kommen. Der Begriff 'Erwartung' kann nun von der Begriffsebene 'Sinn-System' auf die Begriffsebene 'psychisches System' oder 'soziales System' >aufgeordnet< werden (Luhmann 1990b: 136; 1984: 362). Um diese >Aufordnung< begrifflich nachvollziehen zu können, müßte man wissen, welche Merkmale 'Erwartung' auf der Ebene 'Sinn-System' hat. Liest man Umschreibungen von 'Sinn': "The structure of meaning is the structure of this difference between actuality and potentiality. Meaning is the link between the actual and the possible; it is not one or the other." (Luhmann 1990a: 83), oder: "Etwas steht im ... Zentrum der Intention, und anderes wird marginal angedeutet als Horizont ... " (Luhmann 1984: 93), wodurch höhere Komplexität >appräsentiert< (Luhmann 1987: 161), >heranassoziiert< (Luhmann 1986b: 43), >repräsentiert< (Luhmann 1986b: 44) werden kann, dann ist zu fragen, wie Sinn, das mit Worten wie »heranassoziiert« oder »appräsentiert« usw. beschrieben wird, als etwas Nicht-Gedankliches usw. begriffen werden kann. Um nachvollziehen zu können, daß die Ebene 'Sinn-System' 'Psychisches' usw. tatsächlich *begrifflich* und nicht nur verbal, d.h. mit Worten[38], die einen solchen Schein erwecken, untergreift, wäre es nötig, daß Luhmann die Begriffe, die auf der Sinn-System-Ebene relevant sind ('Intention', 'Erwartung', 'Information', 'Appräsentation' usw.; s. (38)), in Abgrenzung voneinander bestimmte. Erst dann könnte verständlich werden, wie der Schritt von der übergreifenden Ebene zu den Ebenen des 'Sozialen' bzw. 'Psychischen' vollzogen werden kann.[39] Da dies nicht geschieht, ist nicht einsichtig, wie man z.B. 'Erwartung' als entpsychologisiert begreifen können soll.

(46) Dieses >Nicht-Einsichtigsein< will ich exemplarisch diskutieren am Beispiel einer der drei für Kommunikation notwendigen Operationen, dem Verstehen, das Luhmann so erläutert: "Die *Leitdifferenz*, die das Verstehen als Beobachtung ermöglicht, ist ... *die System/Umwelt-Differenz eines anderen Systems*. Vom verstehenden System ist damit eine eigentümliche *Reflexivität*

von System/Umwelt-Unterscheidungen verlangt. ... Es führt (1) *in das System* dieser Unterscheidung diese Unterscheidung ein, das heißt: es orientiert die eigene Operation in der Differenz des eigenen Systems zu seiner Umwelt (denn sonst würde es sich selbst mit dem zu verstehenden System verwechseln). Es führt aber zugleich (2) *in die Umwelt* dieser primären Unterscheidung eine zweite System/Umwelt-Differenz ein, nämlich die eines *anderen* Systems. Es versteht *in seiner* Umwelt ein anderes System *aus dessen Umweltbezügen heraus.* Es ist für das Zustandekommen von Verstehen nun entscheidend, daß beide re-entries (damit sind (1) und (2) gemeint, R.G.) zugleich oder zumindest kurzfristig oszillierend realisiert werden ... ein Verstehen ist nur möglich, wenn die jeweils andere (Systemreferenz, R.G.) mit im Blick bleibt. Ein ständiges Hin- und Hergleiten ... ist notwendig, weil nur so das erreicht wird, was diese Art der Beobachtung vor allen anderen auszeichnet: daß das verstehende System *sich selbst als Moment in der Umwelt des verstandenen Systems erfahren kann.*" (Luhmann 1986d: 80 f.). Nun geht es beim Verstehen als Teiloperation einer Kommunikation nicht um System-System-, sondern Operation(en)-Operation-Verhältnisse. Kommunikation nimmt dabei Verstehen nur in stark vereinfachter Form in Anspruch; dies hat für Luhmann jedoch nicht die Konsequenz, mit zwei verschiedenen Verstehensbegriffen zu operieren. - Für die Erörterung ist erhellend, wie er 'Systemreferenz' bestimmt: "Wir meinen mit >System< ... nie ein nur analytisches System, eine bloße gedankliche Konstruktion, ein bloßes Modell. Der Bedarf für eine solche Ausdruckweise wird mit dem Begriff der Systemreferenz befriedigt."(Luhmann 1984: 599 f.). Im Anschluß daran muß man davon ausgehen, daß mit den im Zitat genannten "eingeführten Unterscheidungen" bzw. "re-entries" gedankliche Konstruktionen gemeint sind. Ersetzt man, da es hier um Verstehen als eine Teiloperation bei Kommunikation geht, den System/Umwelt-Bezug durch einen Operation/Umwelt-Bezug, dann kann man Luhmann so deuten: zum Ablauf des Verstehens von z.B. Ego gehört es, daß es sich ein gedankliches Modell von seiner Operation und seiner Umwelt macht. Es nimmt z.B. in ihr eine andere (nichteigene) Operation mit eigener Umwelt an. Für die dort verortete Operation werden eigene Umweltbezüge angenommen. Die (vorgestellte) Operation kann (z.B.) die Mitteilung einer Information sein, die von einer anderen (vorgestellten) Operation in deren Umwelt verstanden wird. Letztere ist dann Egos gedankliche Konstruktion des antizipierten Verstehens von Ego aus der Perspektive von Alter. Ego bildet demnach beim Verstehen mehrere aufeinander folgende Gedanken. Selbst wenn die zwei (System- bzw. Operations-) Referenzen als durch einen Gedanken hergestellt anzunehmen sind, gilt: "Die Einheit ... eines einzelnen Gedankens ... kann immer nur im System ... erzeugt werden" (Luhmann 1990b: 30) und Gedanken sind bei Luhmann ja Elemente von psychischen Systemen. Daneben läßt sich aber noch anderes Gedankliches beim Verstehen annehmen: Ego muß z.b. eingangs entscheiden, ob es verstehen will oder nicht. Was anderes als etwas Gedankliches kann die Entscheidung sein? Geht man davon aus, daß es sich bei Alter im Prinzip ähnlich verhält (Alter muß entscheiden, ob eine Information[40] aufgebaut, ob sie mitgeteilt, mit welchen Mitteln sie mitgeteilt werden soll; die Information muß in Alter repräsentiert sein oder aus seinem Gedächtnis abgerufen werden usw.), also auch hierbei - was anderes sonst? - Gedanken aufeinander abfolgen, dann wird die scharfe Abgrenzung von psychischen und sozialen Systemen unhaltbar. Denn wenn "die Systeme vollständig getrennt (bleiben, R.G.)" (Luhmann 1990b: 31; s. auch 1988g: 892 f.), wie kann dann etwa Verstehen Teil von Kommunikation sein? Anders: wenn Gedankliches immer in Kommunikation enthalten ist, wieso bilden die für Kommunikation relevanten Operationen dann eine soziale Einheit? Oder hat 'Kommunikation' den gleichen "theoriebautechnisch(en)" (Luhmann 1986: 44) Nachteil wie 'Intersubjektivität' oder 'Beziehungen zwischen Menschen' und kommt aus der >Subjektreferenz< gar nicht heraus?[41]

(47) Solchen Einwänden scheint Luhmann entgegenzukommen, wenn er die konsequente Trennung psychischer und sozialer Systeme in verschiedenen Äußerungen abmildert. So hebt das "soziale System der Kommunikation ... von der psychischen Realität mehr oder weniger ab" (Luhmann 1986d: 96), läßt sich Kommunikation "Zurückrechnen ... auf das Bewußtsein der Beteiligten." (Luhmann 1984: 297) bzw. schließen am Einzelereignis "Bewußtsein und Kommunikation sich nicht aus, fallen vielmehr häufig mehr oder weniger zusammen." (Luhmann 1984: 142). Letztlich werden die Einwände aber zurückgewiesen: "Man könnte geradezu sagen, daß das gesamte kommunikative Geschehen durch eine Beschreibung der beteiligten Mentalzustände beschrieben werden könnte - mit der einzigen Ausnahme der Autopoiesis der Kommunikation selber. Wenn es auf eine Beschreibung momentaner Zustände ankommt, wäre also ein >psychischer Reduktionismus< oder auch ein >methodologischer Individualismus< möglich; nicht aber, wenn die autopoietische Dynamik des Kommunikationssystems miterfaßt und miterklärt werden soll." (Luhmann 1990b: 38 f.). Wie ist das zu verstehen? Daß die "Autopoiesis der Kommunikation ... Kommunikation aus Kommunikation - nie aus Bewußtseinszuständen ... " produziert (Luhmann 1990b: 43; allgemeiner schreibt er: Autopoiesis ist "Reproduktion der Elemente des Systems durch die Elemente des Systems." (1988a: 131)), soll an einem Beispiel erörtert werden. Angenommen, Ego hat eine mitgeteilte Information Alters verstanden (Ego wurde eingeladen) und teilt Alter nun mit, die Einladung anzunehmen. Diese Mittei-

lung hat Alter verstanden und teilt seine Freude mit, was Ego wiederum versteht usw. Für sich so aneinander anschließende Kommunikationen, muß Luhmanns Autopoiesis-Begriff zutreffen. Wieso aber soll die Autopoiesis der Kommunikation nicht durch eine Beschreibung der beteiligten Mentalzustände beschrieben werden können, wie Luhmann es für momentane Kommunikationszustände für möglich erachtet? Wenn "Produktion von Kommunikation aus Kommunikation" heißen soll, daß Ego nach dem Verstehen der Mitteilung Alter seinerseits etwas mitteilt und dabei auf die vorhergehende Kommunikation Bezug nimmt, was anschließend ebenso für Alter bei seinem Verstehen zutrifft, dann liegen ja wiederum die für Kommunikation relevanten Operationen in zwei Köpfen vor, die - wie oben beschrieben - Gedankliches implizieren. Somit müßte Luhmann auch die Autopoiesis der Kommunikation durch eine Beschreibung der beteiligten Mentalzustände beschreiben können. Ist Autopoiesis derart zu beschreiben - wobei auffällt, daß Luhmann hier den Anteil des Körperlichen[42] gänzlich wegläßt -, dann ist das Argument, der Handlungsbegriff sei aufgrund der Präferenz für Psychisches untauglich für die Beschreibung sozialen Geschehens, nicht mehr stichhaltig. Warum soll man nicht kommunikatives Geschehen als soziale Handlung(en)/soziale Beziehung(en) im Weberschen Sinne konzeptualisieren können?[43]

(48) Treffen Luhmanns Einwände gegen traditionelle Begriffe auch auf seine eigenen zu, ist die obige Frage (s. (46)) nach der Bildung einer sozialen Einheit erneut zu stellen. Das Argument, man komme aus der Referenz 'psychisches System' nicht heraus, denn kein Bewußtsein könne die eigenen Operationen direkt an die eines anderen anschließen (s. (37)), gilt auch für die gedanklichen Abläufe in Alter und Ego bei Kommunikationen. Wodurch wird hier Soziales - wovon Luhmann ausgeht - realisiert? Entscheidend scheint doch, daß Alter/Ego jeweils ihre Gedanken auf etwas richten, was außerhalb von ihnen existiert, dem sie bestimmte Eigenschaften zurechnen und bei dem sie - je nach dem - etwas >bewirken< (z.B. eine Mitteilung zu verstehen) oder von dem sie etwas >aufnehmen< (z.B. verstehen) wollen. Alter/Ego könnten ihre Gedanken auch ohne diese Außengerichtetheit auf eigene innere Gedanken richten - etwa darauf, was sie vor einiger Zeit gedacht haben, warum sie es gedacht haben usw. -, aber das wäre dann eine ganz andere Zielsetzung. In diesem Fall wären Alter/Ego allein mit sich, nicht-sozial beschäftigt. In beiden Fällen liegen gedankliche Abläufe vor. Gedanken sind beide Male gleichsam die >Betriebsgrundlage<, aber die >Gegenstände< der Gedanken sind verschieden. Wenn die angedeutete Außengerichtetheit charakteristisch für Soziales, also auch für kommunikatives Geschehen im Sinne Luhmanns, ist, wie ist dann seine Einordnung des Konzeptes 'soziale Beziehung' als >Verlegenheitsfor-

mel< einzuschätzen? Basiert sie darauf, daß er davon ausgeht, 'soziale Beziehung' konzeptualisiere allein eine Innengerichtetheit von Gedanken? Dies wäre aber unzutreffend, denn schon für den Begriff 'soziales Handeln' betont Weber, daß das "innere Sichverhalten ... soziales Handeln nur dann (ist, R.G.), wenn es sich am Verhalten anderer orientiert. Religiöses Verhalten z.B. dann nicht, wenn es ... einsames Gebet usw. bleibt." (Weber 1976: 11). Die Außengerichtetheit wird damit deutlich betont; sie gilt ebenso für den Begriff 'soziale Beziehung' bzw. dessen Konkretion zum Konzept 'Kommunikation', das die Merkmale >Mitteilung/Äußerung eines gemeinten Sinnes< sowie >Verstehen dieses Sinnes< enthält (vgl. Weber 1973: 453, 455 f.; 1976: 24, 3).

(49) Man gewinnt den Eindruck, daß Differenzen zwischen Luhmanns und Webers Konzepten nicht so gravierend sind, wie ersterer sie darstellt. Dies wäre an anderen Themen zu prüfen. Etwa an Luhmanns Problem, wie die Autopoiesis sozialer Systeme dauern kann. Eine ähnliche Frage scheint Weber verfolgt zu haben: "Eine soziale Beziehung kann ganz vorübergehenden Charakters sein oder ... derart eingestellt sein: daß die Chance einer kontinu- ierlichen *Wiederkehr* eines sinnentsprechenden ... Verhaltens besteht. *Nur* das Vorliegen dieser *Chance* ... bedeutet den >*Bestand*< der sozialen Beziehung ... " (Weber 1976: 14). Für Luhmann lösen die Strukturen von Systemen das Problem. Strukturen schränken ein "was auf was folgen kann" (Luhmann 1988h: 172; vgl. auch 1984: 383 f.). Im Falle sozialer Systeme werden Strukturen gebildet durch (relativ dauerhafte) Verhaltens- bzw. Erwartungs- erwartungen (vgl. Luhmann 1984: 62, 158, 397; 1990b: 368, 392). Für Weber kann der "Sinngehalt, welcher eine soziale Beziehung *perennierend* konstitu- iert ... in >Maximen< formulierbar sein, deren ... Innehaltung die Beteiligten von dem oder den Partnern *erwarten* und an denen sie ihrerseits ... ihr Handeln orientieren." (Weber 1976: 14). (Relativ) dauerhafte Erwartungen bzw. (relativ) auf Dauer gestellte Einstellungen (die Ordnung sozialer Beziehun- gen), die erwartet werden - wird hier nicht in sehr ähnlicher Weise das Anschlußproblem gelöst?

Weiter wäre Luhmanns systemische Sichtweise mit Webers Konzept der 'funktionalen Betrachtung', seine vom Ganzen bzw. den Teilen eines Ganzen ausgehende Begriffsbildung, zu vermitteln (Weber 1976: 7, 8 f.). Diese ganzheitliche Perspektive[44] hält Weber als Soziologe für nützlich und unent- behrlich, insofern sie dasjenige soziale Handeln herausfinden helfen kann, dessen Verstehen für die Erklärung eines Zusammenhanges wichtig ist (Weber 1976: 7). Aber sie leistet für ihn nur *Vor*arbeit: "an diesem Punkt *beginnt* erst die Arbeit der Soziologie ... Wir sind ja bei >sozialen Gebilden< ... in der Lage: *über* die bloße Feststellung von funktionellen Zusammenhängen und Regeln ... *hinaus* etwas aller >Naturwissenschaft< ... ewig Unzugängliches zu leisten: eben das >*Verstehen*< des Verhaltens der beteiligten *Einzelnen* ... " (Weber 1976: 7).[45]

(50) Das darin sich ausdrückende Soziologieverständnis Webers regt zu folgender Hypothese an: Der Gegenstandsbereich von Webers Soziologie - mit 'sozialem Handeln' ansetzend und darauf konkretisierend (auch 'Kommunikation' einbeziehend) aufbauend - ist umfassender als der von Luhmanns Soziologie. Was Luhmann erfaßt, erfaßt Weber - neben anderem - auch. Sollte sich diese These bewähren, wäre zu diskutieren: Was spricht für das umfassende bzw. das weniger umfassende Soziologiekonzept? Kommt man etwa in unlösbare Schwierigkeiten, wenn man für die Erklärung sozialen Geschehens die Motive der Beteiligten mitberücksichtigen muß (bei Problemen etwa der Weltgesellschaft wären 5 Milliarden zu beachten; vgl. Luhmann 1988d: 132; 1990: 282) und ist es daher notwendig, um diesen zu entgehen, sie der Umwelt sozialer Systeme zuzurechnen (vgl. Luhmann 1988a: 36; 1985: 141)? Oder ist eine Erklärung sozialen Geschehens überhaupt erst möglich, wenn man - wie Weber - die Motive der Beteiligten miteinbezieht?

V. Die Realisierung welchen Anspruchsniveaus kann man von Luhmann bei Theorienentscheidungen und -vergleichen erwarten?

(51) Es ist erstaunlich, wie wenig Luhmann im Kontext seiner Revolutionierungsthese grundlegende Konzepte Webers diskutiert. Auch bezüglich seines Nachweises, daß 'soziales Handeln' kein geeignetes Konzept zur Erfassung von Letztelementen sozialer Systeme ist, fragt man sich: Wie wenig muß Luhmann sich mit Weber auseinandergesetzt haben, daß dieser derart fehlerhaft geraten konnte und dem von ihm selbst eingeführten Kriterium nicht genügt? Und: Wie paßt dies alles mit seinem Anspruchsniveau und mit der Betonung der Schwierigkeit von Theorienvergleichen zusammen (s. (13)/ (14))? Hat er wenig Interesse an einer Auseinandersetzung, die die jeweiligen Konzepte tatsächlich vergleicht? Andererseits ist es Luhmann offenbar wichtig, sich an Klassikern zu messen.[46] Was motiviert ihn hierzu? Ist es sein Wissenschaftsprogramm bzw. seine Alternativenorientierung, nach dem (der) das Entwerfen und gegeneinander Abwägen von Alternativen zu den Voraussetzungen wissenschaftlichen Fortschritts gehört (Luhmann 1974: 260)?

(52) Möglicherweise beantworten sich die Fragen durch Luhmanns Markt-Konzept von Wissenschaft. Betrachtet man seine Supertheorieauffassung dann wird deutlich, daß er sich supertheoretisch befassen will "natürlich nicht mit jedem denkbaren Gegner ... wohl aber mit denen, die in einer bestimmten historischen Situation auf dem Markt und im Gespräch sind." (Luhmann 1978: 18). Demnach geht es Luhmann nicht darum, möglichst umfassend Einwände zu erhalten bzw. entsprechend Alternativen zu konstruieren und zu bedenken, um die weitere Theorienentwicklung zu befördern. Das Niveau der Chancen für Theorienverbesserungen schränkt er ein auf das, was sich an Angeboten (Lösungen) auf dem Theorie-Markt befindet. Das bedeutet dann auch, daß die Lösungen nicht daraufhin bedacht werden, aus welchem Alternativenspektrum (Erwägungen) sie jeweils ausgewählt wurden. Das heißt weiterhin, daß die den Lösungen zugehörigen verschiedenen Alternativenspektren nicht vergleichend bedacht bzw. in ein umfassenderes Alternativenspektrum integriert werden, das die denkmöglichen Lösungen repräsentiert. Luhmann genügt die Reflexion der konkurrierenden Lösungsangebote, die sich historisch durchgesetzt haben. Relativ dazu die denkmöglichen Erwägungen zu konstruieren und zu bedenken, wäre ihm viel zu komplex und würde viel zu viel Zeit kosten, um sich selber eine Marktposition zu verschaffen (und zu erhalten), um selber im Gespräch zu sein (und zu bleiben). Man hat nur begrenzt Zeit zur Verfügung, um dies zu erreichen und aufwendige Theorienvergleiche, Erwägungen usw. sind dann nur schädlich (vgl. Luhmann 1984: 70; 494 f.).[47] Das gleiche Problem stellt sich, wenn man - um an den verschiedenen Theorien lernen zu können - mit den Mitteln seiner am Markt vertretenen Theorie supertheoretisch tätig wird, also Markteinschätzungen und -bewertungen vornimmt, sobald von verschiedenen Theorien aus konkurrierende supertheoretische Reflexionen vorgenommen werden. So wenig man aufwendig Vergleichen und Erwägen kann, um auf den Markt der Normaltheorien zu gelangen, so wenig kann man es auch, um sich auf dem Markt der Supertheorien zu etablieren.

(53) Von daher ist es denn auch kein Wunder, daß Luhmann zu falschen Alternativenannahmen gelangt und Weber so wenig diskutiert. Sein Anspruchsniveau ist geprägt davon, sich auf Märkten in Konkurrenz zu anderen durchsetzen zu müssen. Dabei ist dann einfach keine Zeit, "alle Möglichkeiten (zu, R.G.) realisieren, die im funktionalen Vergleich sichtbar gemacht werden können, noch die beste von ihnen heraus(zu, R.G.)finden." (Luhmann 1984: 469 f.). Zu fragen ist dann aber, ob die Einschätzungen, die auf dem Fundament einer solchen Position erwachsen sind - etwas sei überholt; die Soziologie stecke in einer Theoriekrise usw. - nicht illusionär sind und vor

allem, wie sie verantwortet werden können. Man kann sich - fürs Überleben genügt Luhmann ja Evolution (vgl. Luhmann 1984: 645) - damit beruhigen und "es als einen Glücksfall ansehen, daß sehr oft gar nicht feststellbar ist, ob Theorien einander widersprechen oder nicht, und wenn: in genau welchen Hinsichten. Keine wissenschaftliche Disziplin ist ein logisch durchkonstruiertes System. So bleiben Theorievarianten, die einander möglicherweise widersprechen, gemeinsam erhalten, und die Eliminierung wird nicht unbedingt über Logik entschieden. Theorievarianten können daher überleben, auch wenn sie wenig brauchbar erscheinen, bis andere Modifikationen am Corpus der Theorien ihnen plötzlich Anschlußchancen eröffnen." (Luhmann 1990b: 583).

Wenn man aber anstrebt, relativ zu einem Problem etwas nur dann als Lösung anbieten zu wollen, wenn man vorher die denkmöglichen Alternativen erwogen und transparent gemacht hat, dann ist die Luhmannsche Position nicht als beruhigend, sondern als Herausforderung, um sie durch eine erwägungsorientierte Wissenschaft zu ersetzen, anzusehen.[48]

Anmerkungen

1 "Wer mit den fachinternen Querelen vertraut ist, weiß, daß es zu praktisch jeder wissenschaftlichen Frage in der Soziologie ... mindestens zwei, völlig *konträre Antworten* gibt." (Berger 1988: 225).

2 Daß es damit in der Soziologie nicht sehr weit her sein kann, lassen Äußerungen vermuten, die von vielfältigem Durcheinander, offenkundiger Zerfaserung, heilloser Zersplitterung, Fragmentierungen oder gar >Feudalverhältnissen< in der soziologischen Theorieszene ausgehen; vgl. Stehr 1986: 134; Bonß/Hartmann 1985: 9; Wehrspaun 1985: 11; Ludes 1989: XIX. Coleman geht gar davon aus, daß momentan "there is anarchy in the discipline of sociology" (Coleman 1992: 277); es gibt keinen "consensus on the definition of the discipline, the character of the problems that give it its coherence" (Coleman 1992: 263) sowie kein "criterion for judging what is 'right'" (Coleman 1992: 264). Interessant ist in diesem Kontext die Aussage Essers, daß "sich die Soziologie neuerdings wieder mehr in ihre selbsterzeugten Sprachspiele verstrickt, dabei die eigentlichen Fragen und Problemstellung(en) vor lauter 'Paradigmen'-Streitigkeiten schon kaum mehr kennt" (Esser 1992: 131). Sie läßt annehmen, daß für ihn das Problem des vergleichenden Umgangs mit Vielfalt tendenziell irrelevant ist. Werden aber - wovon ich ausgehe - mittels Konzepten der jeweiligen Paradigmen deren Fragen und Problemstellungen gebildet, dann ist zu fragen, welche Rationalität es haben kann, bestimmte Fragen und Problemstellungen als die "eigentlichen" auszuzeichnen, ohne sie mit anderen Konzepten, Fragen und Problemstellungen verglichen zu haben. Solange es keine systematische Zusammenstellung und Erwägung der alternativen Konzepte usw. gibt, liegt die Vermutung nahe, daß durch eine solche Auszeichnung lediglich die Fragen und Problemstellungen eines Paradigmas dominant gesetzt werden sollen.

3 Vgl. etwa Agazzi 1990: 7 f.; Camus/Elting 1986: 88 f.; Holzer 1982: 28, 52 f.; Hoyningen-Huene 1991: 46; Mozetic 1990: 270 ff.; Nauck 1988: 15; Postmann 1986: 8 f.; Witte 1991: 132. Klinkmann meint, daß ein solches ("interparadigmatisches") Vergleichen prinzipiell zum Scheitern verurteilt sei (Klinkmann 1981: 249, 253), ohne allerdings ein solches Scheitern exemplarisch durch den Vergleich von Theorien in seiner Notwendigkeit vorgeführt zu haben.

4 Wenn bei der Darlegung von Luhmanns Auseinandersetzung mit Weber immer wieder zwischen >Handeln/Handlung< und >sozialem Handeln< gewechselt wird, so wird damit nur Luhmanns Wechselhaftigkeit gefolgt.

5 Geht man davon aus, daß Theorien ein sinnhafter Zusammenhang aus von spezifischen Orts- und Zeitangaben losgelösten Aussagen sind, dann sind Begriffe insofern grundlegend, da Aussagen aus ihnen gebildet werden (vgl. Greshoff/Loh 1987: 33 f.). Dies ist auch für Vergleiche relevant, insofern ein Vergleich von Aussagen einen Vergleich der in ihnen benutzten Konzepte voraussetzt. Möglicherweise ist die Theorienvergleichsdebatte auch deshalb versandet, weil der Vergleich der Aussagen ohne einen vorgängigen Konzeptvergleich zuviele Schwierigkeiten barg. Eine Bestätigung für diese Vermutung mag man darin sehen, daß Matthes im Anschluß an die Debatte "einen systematisch betriebenen Konzeptvergleich" als "vordringlich aufzunehmen" bezeichnet (Matthes 1978: 14; vgl. zum Problem auch Berger 1978: 150 f.; Giesen/Schmid 1978: 243 f.).

6 Hier sind andere anderer Meinung, etwa Obermeier, der von "der Vagheit, Vieldeutigkeit und Dynamik des Luhmannschen Begriffsapparats ..." schreibt (Obermeier 1988: 188) sowie Zolo, der Luhmanns "*begriffliche Unklarheiten* ... " herausstreicht (Zolo 1985: 534). Diese Einschätzung bestätigt sich, wenn man exemplarisch Luhmanns Informationsbegriff untersucht: "Information ist mithin eine rein systeminterne Qualität. Es gibt keine Überführung von Informationen aus der Umwelt in das System." (Luhmann 1986b: 45); dann liest man von "Informationszufuhr aus der Umwelt" (Luhmann 1985a: 38) bzw. davon, daß "ein System, das sich selbst zwingt, seine Zustände laufend zu ändern, genötigt (ist, R.G.), seiner Umwelt Informationen zu entnehmen..." (Luhmann 1984: 80). Weiter bestimmt er: "Den Begriff der Information verwende ich auf der Ebene der allgemeinen Theorie autopoietischer Systeme ... " (Luhmann 1987c: 14), also für organische und Sinn-Systeme gleichermaßen. Dann heißt es: "Es gibt keine Information ausserhalb der Kommunikation ... " (Luhmann 1987d: 8); andererseits erfährt man, daß "psychische Systeme ... Informationen erzeugen und verarbeiten ... " (Luhmann 1990c: 20) sowie, daß "... alle Information Sinn hat." (Luhmann 1984: 103). Man kann, wenn derartiges nicht selten ist, ahnen, warum manche meinen, daß seine Theoriearbeit "vom theoretischen Gehalt der Aussagen ... alle Möglichkeiten offen läßt ..." (Esser 1991: 8) oder daß es "nahezu unmöglich (ist, R.G.), den Autor auf eine bestimmte Deutung seiner Aussagen festzulegen." (Münch 1990: 381; vgl. auch Haferkamp 1987: 57 f.; Gripp-Hagelstange 1991: 90, 81 sowie Bühl 1991: 211).

7 Ich halte es für voreilig, Theoretisierungen auf besser/schlechter hin zu vergleichen, solange nicht geklärt ist, ob sie relativ zu einem Problembezug gleich sind bzw. das Ausmaß ihrer Verschiedenheit so beschaffen ist, daß sich ein derartiger Vergleich lohnt. Dies läßt sich einer Klärung zuführen, wenn man Theoretisierungen auf Alternativität (s. Anm. 27) hin prüft. Letztere impliziert Gemeinsamkeiten und Ungleichheiten. Liegen nur Gemeinsamkeiten vor, ist von Gleichheit auszugehen. Grundsätzlich sollten Theoretisierungen daher zunächst auf ihre Grund-Verhältnisse (Gleichheit, Alternativität) und gegebenenfalls danach auf besser/schlechter, etwa >empirisch bewährter< verglichen werden. Letzteres intendieren - allerdings, und das ist ein gravierender Mangel, ohne die Grund-Verhältnisse zu klären - z.B. die Beiträge in Opp/Wippler 1990. Vgl. insgesamt dazu Greshoff 1994.

8 Vgl. hierzu auch Homann/Suchanek: "Als eines der größten Hindernisse für die interdisziplinäre Arbeit erweist sich das Problem, daß häufig die >falschen< Elemente aus verschiedenen wissenschaftlichen Theorien miteinander in Beziehung gesetzt werden." (Homann/Suchanek 1989: 84); s. auch Porstmann 1986: 110.

9 Diesbezüglich verbinde ich die in (12) angesprochenen Probleme mit folgenden Überlegungen: Auswahl wie Prüfung beziehen sich auf die (hier zunächst: Konzepte der) Theoretisierungen. Sie müssen dafür in irgendeiner Weise interpretierend zubereitet werden. Ginge man dabei regelgeleitet vor, hätte man folgendes erreicht: 1) Durch Regeln wird angegeben, wie man zu der Zubereitung gelangt ist; kontrollierte Verbesserbarkeit wird möglich. Weiter sind Regeln übertrag- und wiederanwendbar. 2) Die Zubereitung strukturiert die Begrifflichkeiten und vermittelt einen Überblick, welche Konzepte in welcher Position - etwa: ob über-, unter-, nebengeordnet - zur Vermittlung mit Begriffen anderer Theoretisierungen zur Disposition stehen. Eine Möglichkeit, Theoretisierungen derart zuzubereiten, bildet die Methode, die in ihnen benutzten Begriffe nach Abstraktionsverhältnissen zu sortieren. Mit 'abstrakt/konkret' meine ich ein Zuordnungsverhältnis zwischen Begriffen: ein (abstrakter) Begriff mit bestimmten Merkmalen ist als relationiert zu denken mit einem (konkreten) Begriff mit den gleichen Merkmalen, dem aber zusätzlich ein anderes oder mehrere andere

Merkmal(e) zugehörig ist (sind). Vgl. in diesem Zusammenhang Mudersbach (1990: 88 ff.), der mit einem Bedeutungsstufenkonzept für Begriffe ähnliches zu meinen scheint.

10 Zu diesem Problemkreis vgl. auch Luhmann 1981d: 154 sowie 1984: 12.

11 Man kann annehmen, daß Luhmann heute, wenn er von >Systemen< schreibt, >selbst-referentiell-autopoietische Systeme< meint (vgl. 1987a: 37 f.; 1990a: 2; zuweilen schreibt er verkürzend von: >autopoietischen - < bzw. >selbstreferentiellen Systemen<). Daher habe ich diesbezüglich die Tabelle in 1984 mit der in 1990a gemischt. Da in der Tabelle in 1990a >Maschinen< nicht auftauchen - Maschinen sind keine selbstreferentiellen-autopoietischen Systeme (Luhmann 1988 f: 47; vgl. wieder anders 1988: 293) -, habe ich das Wort in Klammern gesetzt. Statt >Organismus< heißt es 1990a >living systems< und als Unterfälle werden dort (nicht hier) aufgeführt: cells, brains, organisms.

12 In den 60er Jahren hat Luhmann sich in einem Aufsatz speziell mit Weber befaßt. Nun hat er inzwischen seine eigene Konzeption im Vergleich zu der, die er früher vertrat, geändert und auch wenn diese Weber-Arbeit in einer in den 80er Jahren neu aufgelegten Textsamm-lung unter seinem Namen erscheint, so kann man doch bezweifeln, ob Luhmann damit ausdrücken will, daß er ihren Inhalt heute noch teilt. Wenn ich diese Arbeit trotzdem berücksichtige, dann beziehe ich mich dabei vorrangig auf Luhmanns Weber-Deutung, nicht auf seine eigene Konzeption. Die alte Weber-Arbeit von Luhmann heranzuziehen hat wesentlich den Zweck aufzuzeigen, von welchen Weber-Kenntnissen Luhmanns man belegbar ausgehen kann.

13 Die Ebenen-Konzeption ähnelt der, Begriffe nach Abstraktionsverhältnissen zu sortie-ren. So schreibt Luhmann auch von "Konkretisierungsstufen" sowie "Abstraktionsschema" (Luhmann 1984: 16 f.; s. auch 1981: 334. Vgl. dazu auch Starnitzke 1992: 77, 85.).

14 Daß 'sozialem System' wie 'Kommunikation' der gleiche Problembezug zugrunde liegt, ist insofern nicht überraschend, als auch eine einzelne Kommunikation für Luhmann ein soziales System - der Minimalfall sozusagen - sein kann (vgl. Luhmann 1984: 33, 212; anders aber 1988: 299).

15 Im folgenden geht es im wesentlichen nicht um eine Problematisierung von Webers und Luhmanns Begrifflichkeit, sondern darum, für die hier behandelte Fragestellung relevante Grundmuster derselben aufzuzeigen.

16 Im Kontext von 'doppelter Kontingenz' sollen die Begriffe 'Alter/Ego' bei ihm weder soziale noch psychische Systeme bezeichnen, sondern dies offen halten; Luhmann meint hier damit wohl 'Sinn-Systeme' (vgl. Luhmann 1984: 151; zu 'doppelter Kontingenz' bei Luhmann s.a. Beermann 1991). Im folgenden gebrauche ich die Termini »Alter/Ego«, wenn nicht z.B. der Gebrauch erläutert wird, den Luhmann von ihnen macht, als Bezeichnung für (verschiedene) >Träger von ... (je nach dem: Handlungen, sinnhaften Operationen usw.)<; solche Träger können, davon gehe ich aus, Handlungen usw. selbst aufbauen.

17 Zu diesem Ergebnis kommt Luhmann im Grunde auch selbst wenn er schreibt, daß die Situation der doppelten Kontingenz "mit dem Grundbegriff der Handlung nicht zu fassen" ist (Luhmann 1984: 154) bzw. daß "Kommunikation nicht als Handlung begriffen werden" kann (Luhmann 1984: 212; s. a. 225 f.). Wenn 'Handlung' bzw. 'Kommunikation' nicht als alternativ (im bisher diskutierten Sinne) zu begreifen sind, dann verwundert diese Einschät-zung Luhmanns nicht. Man muß sich aber darüber wundern, daß er die beiden Konzepte überhaupt als alternativ einordnet. Zu derartigen Inkonsistenzen vgl. Anm. 6.

18 Das wäre dann auch als Kritik an seiner eigenen früheren Auffassung zu deuten; vgl. 1975: 104; 1976: 24 f.

19 Vgl. auch Merz 1990: 371.

20 Vgl. dazu Müller-Godeffroy 1981: 246 sowie Seyfarth 1978: 286.

21 Die Karikaturhaftigkeit ist Konsequenz seiner Supertheorieanlage. Innerhalb der existie-renden Theorienvielfalt hält er seine Normaltheorie für die Geeignetste, um als Supertheorie zu fungieren, da sie hinreichend abstrakt, komplex und lernfähig gebildet ist. Eine distan-

ziert-vergleichende Untersuchung der verschiedenen Normaltheorien, von der her er seine Einschätzung begründet, wäre notwendig, ist aber nirgendwo erkennbar. Vgl. zur Supertheorie auch Lübbe 1991: 124 ff., die in diesem Zusammenhang das Etikett >Theorieimperialismus< gebraucht. Dies wird nachvollziehbar, wenn man liest, daß Luhmann aus Supertheorieperspektive bezüglich der Reformulierung des Problembezugs eines Gegners schreibt: man "unterstellt ihm dabei ein Bezugsproblem, das die eigene Theorie, wie sich dann herausstellt, besser lösen kann" (Luhmann 1978: 20) und dieses Vorgehen "Taktik" nennt.

22 Vgl. auch Pearce 1987: 188. Mit "beginnen zu können" will ich darauf verweisen, daß die Begriffe, die das Sozialitätsverständnis ausdrücken, auf abstrakteren Konzepten aufbauen. Ein Wissen um je abstraktere Konzepte ist vor allem deshalb wichtig, weil aus ihnen die konkreteren Begriffe gebildet werden, die bei einer fehlenden oder geringen Klärung ihrer >Bausteine< unklar bzw. unvergleichbar bleiben müssen: "Um zwei Begriffe überhaupt vergleichen zu können ... in einer >Reihe< stehen, d.h. die eine Vorstellung muß aus der anderen durch Hinzufügen oder Weglassen eines oder mehrerer >Inhaltselemente< entstanden sein." (Walther-Klaus 1987: 120; vgl. auch Dahlberg 1983: 6 f.). Theoretisierungen kann man diesbezüglich danach beurteilen, wieweit sie je abstraktere Konzepte einbeziehen. Bezogen auf Luhmanns und Webers soziologische Theoretisierungen bedeutet dies meinem Eindruck nach, daß Luhmann klärender ist, da er mehr abstraktere Begriffe berücksichtigt.

23 Mittels solcher Abstraktion können Problembezüge gebildet werden, die auf genügend Distanz zu dem zu Vergleichenden gehen und ihm so gleichermaßen gerecht werden können. Ihre Anwendung (als Teil der Methode, Begriffe nach Abstraktionsverhältnissen zu sortieren) - und ebenso kombinatorisches Denken - versteht sich nicht von selbst. Es sind Methoden, zu denen Alternativen systematisch erwogen und erprobt werden müßten. Bislang besteht aber eher ein Mangel an überhaupt irgendwelchen Methoden für Theorienvergleiche. Der kürzliche Vorschlag von Klüver (1991) bedarf einer eigenen Erörterung, da hier vieles klärungsbedürftig ist (vgl. Greshoff 1992; in seiner Antwort geht Klüver (1993) auf keinen meiner Einwände ein).

24 Man kann Weber so deuten, daß er den Begriff 'soziale Beziehung' so angelegt hat, daß, ähnlich dem Verhältnis der Begriffe 'soziales System' und 'Kommunikation' bei Luhmann, 'gegenseitiges soziales Handeln' einerseits den Minimalfall einer sozialen Beziehung, andererseits aber auch Teile einer solchen meinen kann.

25 Hinzugenommen wird zum einen der Begriff 'Sinn-System' (vgl. Luhmann 1984: 64f., 97 f., 184, 602; 1986b: 46; 1990b: 30), da man mit Bezug auf ihn Luhmann besser verstehen und angemessen kritisieren kann. 'Sinn-System' deute ich als abstrakter als 'soziales System' und 'psychisches System' (vgl. Luhmann 1984: 64). Zum anderen wird bezüglich Weber der Begriff 'Verband' weggelassen, da seine Hervorhebung mir hier zu willkürlich ist.

26 Vgl. dazu im Kontext der Entscheidungsthematik Loh 1992.

27 Zweifelhaft ist, ob Luhmanns Alternativenbegriff (s. (10)) ausreicht, um adäquate Alternativen (vgl. dazu auch Blanck 1988: 248 f.) feststellen zu können. Denn was heißt hinsichtlich von Begriffen "verschiedenartige, getrennte Formen habend"? Sind etwa relativ zum (Ober-) Begriff 'Obst' die Begriffe 'Kirsche' und 'Sauerkirsche' Alternativen, obwohl 'Kirsche' als Begriffsmerkmal in 'Sauerkirsche' vollständig enthalten ist und also als Begriff selber kein unterschiedliches Merkmal gegenüber 'Sauerkirsche' beinhaltet? Derartige Probleme vermeidet man, wenn man unter 'Alternative' folgendes versteht: Alternativen sind Etwasse, die problembezogen 1) relativ zu einem Oberbegriff als Konkretionen zu diesem repräsentiert werden können und die 2) ungleich sind. Das bedeutet, daß die repräsentierten Etwasse die gleichen Merkmale haben, wie sie im Oberbegriff zum Ausdruck kommen sowie zusätzlich weitere; die Etwasse unterscheiden sich so, daß sie nicht als Verhältnis >Oberbegriff-Konkretion< repräsentieren können. 'Kirsche' und 'Sauerkirsche' wären demnach keine Alternativen, da 'Kirsche' Oberbegriff für 'Sauerkirsche' sein kann. Zur Unterscheidung verschiedener Adäquanzgrade von Alternativität s. Greshoff 1994.

28 Mit 'soziale Beziehung' ist im folgenden, wenn nicht anders vermerkt, im Sinne der Unterscheidung in Anm. 24 der Minimalfall einer sozialen Beziehung gemeint.

29 Neben diesem Vorschlag ("bewußte Systeme (oder >Subjekte<) ... " (Luhmann 1987 f: 57)) gibt es aber auch einen anderen: "Die Systemtheorie ... hat ... keine Verwendung für den Subjektbegriff. Sie ersetzt ihn durch den Begriff des selbstreferentiellen Systems." (Luhmann 1984: 51; vgl. auch 1988c: 10). Das Wort »Subjekt« wird hier für ganz verschiedene Begriffsbereiche eingesetzt.

30 Anders etwa Allerbeck, der mit Bezug auf Luhmanns Einwand, Webers Begrifflichkeit sei zur Erfassung komplexer Zusammenhänge nicht geeignet, meint, "daß die *Weber*sche Begriffsbildung gerade für ein hohes Maß an Komplexität vortrefflich geeignet ist." (Allerbeck 1982: 674).

31 'Person' gebraucht Luhmann heute im Unterschied zu früher nicht mehr synonym mit 'psychischem System'. Mit Bezug auf die Referenz >soziales System< bezeichnet 'Person' Strukturen der Autopoiesis sozialer Systeme (vgl. Luhmann 1990b: 33 f.).

32 Es soll hier nicht der Eindruck entstehen, als sei Webers Theoriearbeit, im Unterschied zu der von Luhmann, problemlos. Schon bald ist Weber kritisiert worden, daß es bei ihm "keine von den Zufälligkeiten und Selbsttäuschungen des >Erfolges< ... unabhängige(n) Kriterien für die Richtigkeit von Begriffsaufstellungen gäbe." (Walther 1926: 57; s. auch 58, 12 f.). Andererseits liest man auch, daß "seine (Webers, R.G.) Begriffs-Architektonik doch zu den am besten konstruierten in der gesamten Soziologie" gehört (Albrow 1989: 183). Zur Diskussion aktueller Deutungen von Webers Soziologie vgl. Döbert 1989: 212-228; Döbert problematisiert, ob es sinnvoll erscheine, "Weber noch einmal unter dem Gesichtspunkt seiner elementaren Begrifflichkeit zu thematisieren, denn - wird mancher denken - diese Zusammenhänge dürfen ja nun als geklärt gelten. Dem ist nicht so." (Döbert 1989: 210).

33 Vgl. auch Albrow 1990; 160.

34 Vgl. grundsätzlich dazu Weiß 1981: 47 ff.

35 Im Kategorienaufsatz taucht der Terminus »soziale Beziehung« noch nicht auf; vgl. auch Prewo 1979: 404.

36 Im folgenden wird nur >subjektiv gemeinter Sinn< gemeint, auf >objektiven Sinn< gehe ich hier nicht ein. Zum Sinnbegriff bei Weber vgl. Girndt 1967: 24 ff. sowie Lindner 1986: 152.

36a Daß Luhmann von der "Unaufhebbarkeit der Differenz von Operation und Beobachtung ... " (Luhmann 1987 f: 80) schreibt, problematisiere ich hier nicht.

37 Luhmanns dunklen Sinnbegriff zu diskutieren, bedürfte einer eigenen Untersuchung (vgl. auch Künzler 1989: 109). Manchen ist der Sinnbegriff "schwer verständlich, wenn nicht gar unverständlich ... " (Ganßmann 1986: 144), andere haben nicht solche Probleme, etwa Kiss 1989: 168 ff.

38 Zur Unterscheidung von 'Wort/Begriff' vgl. Greshoff 1991: 204 f.

39 Vgl. diesbezüglich auch Schmid 1987: 40 f.

40 Interessant ist, daß in den 70er Jahren 'Information' für ihn "ein konkret auf Bewußtseinszustände bezogener Begriff" ist (Luhmann 1975: 185).

41 Zur Unhaltbarkeit der scharfen Trennung von Psychischem und Sozialem vgl. jetzt auch Martens 1991; im Unterschied dazu s. Kneer/Nassehi 1991. Vgl. in diesem Kontext auch Krüger 1990: 133; Lübbe 1991: 145 f. sowie Ellrich 1992. Luhmanns Antwort (1992) auf Martens bringt diesbezüglich keine neuen Argumente.

42 Luhmanns Einwand, Webers Konzept '(soziales) Handeln' meine die körperlich-organische Ausstattung der Handelnden primär mit, ist noch zu überprüfen. Weber unterscheidet mehrfach explizit unterschiedliche Betrachtungsweisen bzw. Gegenstandsbereiche: man kann Menschen als Komplexe chemischer, biochemischer, psychischer, biologischer oder physiologischer Abläufe bzw. Gebilde betrachten (vgl. Weber 1976: 6 f.; 1973: 439; auf Webers Psychologiekonzept gehe ich hier nicht ein). Davon zu unterscheiden ist die

Betrachtungsweise der verstehenden Soziologie, die (spezifisches) sinnhaftes Verhalten zum Gegenstand hat. Da etwa Zellgefüge oder Organismen für Weber nicht verstehbar sind, sind sie als solche auch nicht im Begriff des '(sozialen) Handelns' als charakterisierendes Merkmal mitgemeint (vgl. etwa Weber 1973: 439). Diese Abgrenzungen Webers machen Luhmanns Behauptung, '(soziales) Handeln' verweise primär (auch) auf die körperlich-organische Ausstattung des Handelnden, problematisch. Ohne jede vergleichende Diskussion solcher Urteile Webers durch Luhmann halte ich seine Behauptung für irreführend.

43 Man hat immer wieder den Eindruck, daß Luhmann adäquate Vergleiche dadurch verbaut, daß er illusionäre Abgrenzungen aufbaut. Zu denken ist etwa daran, daß er - gegen Handlungstheorie gerichtet - zur Konzeptualisierung sozialer Systeme den Handlungsbegriff meint nicht kategorial verwenden zu können, da Kommunikation nicht als Handlung zu begreifen sei. Verzichten will er auf den Handlungsbegriff aber nicht, sondern ihn zur Konzeptualisierung der Selbstbeobachtung sozialer Systeme verwenden. Handlung rückt damit gleichsam an >zweite Position<: Kommunikation ist für die Selbstkonstitution, Handlung für die Selbstbeobachtung der konstituierten sozialen Systeme zuständig. Überrascht ist man nun, wenn man liest, daß diese Handlung eine bestimmte Kommunikation ist. (Vgl. Luhmann 1983: 134 f.; 1984: 212, 241; 1987e: 309, 321; 1988a: 76; vgl. auch Heidenescher 1992: 442.) Kann also Kommunikation doch als Handlung begriffen werden? Und bezeichnet »Handlung« hier das gleiche wie >der< Handlungsbegriff, auf den Luhmann nicht verzichten will? Es scheint, daß Luhmann bloße Wortspielerei betreibt, die andere Soziologien als weniger grundlegend ausweisen soll. Neben diesem Fall kann man weiter daran denken, daß Luhmann (1988a: 335) mit der Systemtheorie das, was die Handlungstheorie als Zwecke postuliert, rekonstruieren will: Steuerung, die er als Differenzminderung begreift, kann auch ganz traditional als Zweckorientierung aufgefaßt werden. "Der Begriff der Differenzminderung hat den Vorteil, daß er uns von der klassisch-teleologischen Sprache unabhängig macht und diese als Fall eines allgemeineren Prinzips verdeutlicht." (Luhmann 1989a: 5) Zu fragen ist, bezogen auf welche Begriffsbereiche er hier argumentiert. Geht es um einen Differenzbegriff, der für organische wie sinnhafte Operationen Gültigkeit hat oder um einen solchen, der nur für Sinnhaftes adäquat ist? Wird der Vorteil, den er betont, durch eine Art Abstraktionstrick bloß vorgetäuscht? Bezieht die Unabhängigkeit (s. Zitat) sich nur auf einen sehr abstrakten Differenzbegriff, der zur adäquaten Erfassung des Geschehens, an das etwa Weber als sinnhaftes denkt, zu konkretisieren wäre und dabei 'Teleologisches' als Merkmal enthalten müßte? - An derartige Probleme mag Esser denken, wenn er der "Bielefelder Systemtheorie" Hochstapelei vorwirft (Esser 1992: 134).

44 Die ganzheitliche Perspektive wird auch als systemische gedeutet; vgl. Albrow 1987: 58 f., Maier 1982: 165; anders aber Allerbeck 1982: 673 f. Luhmann scheint früher soziale Beziehungen als soziale Systeme gedeutet zu haben. Damals wirft er Weber vor, der Begriff 'umweltoffenes System' spiele bei ihm keine wesentliche Rolle (vgl. Luhmann 1975: 104). Weber sei von einer nach innen gerichteten Systemkonzeption ausgegangen und ihn hätten Systeme nur als interne Ordnungen von Teilen zu einem Ganzen interessiert. Abgesehen davon, daß Weber an verschiedensten Stellen immer wieder auf das Problem der (Außen-) Grenze von Gemeinschaften, Menschenumkreisen usw. verweist (Weber 1976: 190, 203, 236, 240; 1973: 343, 394, 463), fällt auf, daß Luhmann den Begriff der 'offenen/geschlossenen sozialen Beziehung' nicht diskutiert. Hierin wird aber der Umweltaspekt reflektiert (vgl. Weber 1976: 23; 1973: 448 f.). Zu prüfen wäre nun etwa, ob mit diesem Begriff nicht in ähnlicher Weise das konzeptualisiert wird, was Luhmann mit >Geschlossenheit< meint.

45 Auch das Problemfeld der Selbst-/Fremdreferenz ist Weber nicht unbekannt. Die Orientierung von Handlungen am vorgestellten eigenen/fremden Verhalten bzw. Handeln, an der Vorstellung der Existenz einer sozialen Beziehung, der man selber zugehört, spielt in Webers Konzepten durchgängig eine erhebliche Rolle (vgl. Weber 1973: 364, 279, 448 f., 339). Weiter findet sich bei Weber dem Luhmannschen Autopoiesiskonzept ähnliches: "Der heutige, zur Herrschaft im Wirtschaftsleben gelangte Kapitalismus ... erzieht und schafft sich im Wege der ökonomischen *Auslese* die Wirtschaftssubjekte ... deren er bedarf." (Weber 1978: 37). Begreift man Kapitalismus systemisch als eine soziale Beziehung, dann lassen sich Parallelen zu der (abstrakteren) Aussage von Luhmann erkennen: "Autopoietische Systeme erzeugen die elementaren Einheiten (Elemente, Strukturen, Prozesse usw., R.G.), aus denen sie bestehen, durch das Netzwerk eben dieser elementaren Einheiten. Sie sind also

... auf Eigenproduktion eingestellt ... " (Luhmann 1988h: 166). Für Weber ist seine obige Aussage ("Der ... Kapitalismus ... schafft sich ...") eher ungewöhnlich und - wenn man so will - er kritisiert sich an anderer Stelle auch selbst, wenn er gegen die >Unsegen< stiftenden Kollektivbegriffe polemisiert: "Man nehme ... den Begriff >Landwirtschaft< ... Nehmen wir zunächst die >Interessen der Landwirtschaft< als die empirisch konstatierbaren ... *subjektiven* Vorstellungen der einzelnen wirtschaftenden Individuen ... das gewaltige Knäuel von durch- und gegeneinander laufenden Wertbeziehungen ... Der Gebrauch der undifferenzierten Kollektivbegriffe ... ist stets Deckmantel von Unklarheiten des Denkens oder Wollens, oft genug das Werkzeug bedenklicher Erschleichungen, immer aber ein Mittel, die Entwicklung der richtigen Problemstellung zu hemmen." (Weber 1973: 210-212). Während Weber die Tendenz hat, derartige soziale Zusammenhänge stärker >aufzuschlüsseln< in die Handlungen, Einstellungen usw. der Beteiligten, scheint Luhmann eine eher entgegengesetzte Tendenz des >Wegkürzens< zu haben. Gefragt, ob er für das Betreiben von Wissenschaft nicht Werte brauche, die deutlich werden sollten, antwortete er (u.a.): "Aber was gewinnt man an Einsicht, wenn man sagt, jede Selektion, jede Entscheidung, etwas zu tun und nicht etwas anderes, ist letztlich der Ausdruck eines Wertes. Was gewinnt man zusätzlich dazu? Das kann man gleichsam wegkürzen, das kann man streichen. Der Fortschritt oder die Modernität einer solchen Attitüde liegt dann ... in der besseren Durchsichtigkeit ... der Instrumente, mit denen man arbeitet ... " (Luhmann 1987: 33). Bedenkt man dieses >Wegkürzen< als für Luhmanns Theoriearbeit insgesamt aussagekräftig, dann kann das Verständnis Luhmannscher Konzepte dadurch gefördert werden, daß man das >Weggekürzte< wieder >hinzudenkt<. So schreibt Luhmann etwa: "Wenn Operationen aneinander anschließen, entsteht ein System." (Luhmann 1990b: 271). Also: Wenn Kommunikationen aneinander anschließen, entsteht ein soziales System; letzteres ist somit nichts jenseits oder unabhängig von Kommunikationen. Kommunikationen ihrerseits sind - wie oben beschrieben - nichts unabhängig von den je relevanten Operationen der beteiligten >Köpfe<; ebenso ist das Aneinanderanschließen nichts jenseits dieser >Köpfe<. Auch Aussagen wie "Autopoietische Systeme erzeugen ..." müßte man dann - wiederum hinsichtlich der Referenz >soziales System< - >aufschlüsseln< können in die für Kommunikation notwendigen Operationen der beteiligten >Köpfe<. Für andere Begriffe Luhmanns - etwa: 'Selbstreferenz', 'Kopplung', 'Interpenetration' usw., die hier nicht weiter behandelt werden konnten - ließe sich vermutlich ähnliches plausibilisieren. - Wieweit durch diese Überlegung eine These von Matthes zu Luhmanns Religionssoziologie - daß "nicht wenige der zunächst neu ... anmutenden Aussagen das Ergebnis einer sprachlich-begrifflichen Transformation sind. Ihr Inhalt ist ... längst geläufig; es ist das ungewohnte sprachlich-begriffliche Gewand ..., das sie als neue ... Einsicht erscheinen läßt. ... Nun ist gegen terminologische Transformationen ... nichts einzuwenden; freilich sollte dann nicht ... der Eindruck erweckt werden, als sei alle bisherige Forschung ... zum Thema als unzureichender Vorläufer des eigenen Unternehmens anzusehen." (Matthes 1978a: 9) - bezüglich Luhmanns allgemeiner soziologischer Theorie genährt wird, wäre zu erforschen.

46 Dabei gibt es auch merkwürdige Anknüpfungen: "Die wichtigste Konsequenz dieser Analyse ist: *daß Kommunikation nicht direkt beobachtet, sondern nur erschlossen werden kann.* ... Hier dürfte denn auch der Grund dafür liegen, daß Soziologen lieber vom Handlungsbegriff als vom Kommunikationsbegriff ausgehen." (Luhmann 1984: 226; vgl. auch 1989a: 7 f.). Es ist mir unerfindlich, wie dies für Weber, dem es um deutendes Verstehen (mittels innerer Nachbildung der Motivation von Handelnden) und eben nicht um direkte Beobachtung geht, formuliert werden kann (vgl. Weber 1976: 7; 1973: 70, 114 f., 437).

47 Luhmann erwartet dergleichen auch nicht von anderen bezüglich seiner Theorie: "Muß man nach all dem nun mit einer Art Währungsreform in der Soziologie rechnen? Muß man befürchten, daß die Soziologie auf das neue Paradigma der autopoietischen Systeme einschwenkt ... ? Keine Sorge, ein solcher Vorgang ... würde viel zu viel Zeit brauchen, mehr Zeit, als jedem einzelnen aus Karrieregründen zur Verfügung steht. Wir werden bei einem pluralen Theoriewährungssystem bleiben, aber vielleicht läßt sich durch Mitführen von universalistischen Theorien dieses oder anderen Typs die Zirkulation im System beschleunigen." (Luhmann 1987e: 320).

48 Vgl. diesbezüglich zu den Chancen, Problemen, Konsequenzen usw. einer erwägungsorientierten Wissenschaft auch Blanck 1992 sowie Loh 1989.

Literatur

Agazzi, Evandro (Ed.): La comparabilité des théories scientifiques. Die Vergleichbarkeit wissenschaftlicher Theorien. Fribourg 1990.

Albrow, Martin: Der Begriff des Sozialen im Werk von Marx und Weber. In: Böckler, Stefan/ Weiß, Johannes (Hg.): Marx oder Weber? Opladen 1987.

Albrow, Martin: Die Rezeption Max Webers in der britischen Soziologie. In: Weiß, Johannes (Hg.): Max Weber heute. Frankfurt a. M. 1989.

Albrow, Martin: Max Weber's Construction of Social Theory. London 1990.

Allerbeck, Klaus: Zur formalen Struktur einiger Kategorien der verstehenden Soziologie. Kölner Zeitschrift für Soziologie und Sozialpsychologie 34(1982)665-676.

Beermann, Wilhelm: Luhmanns Autopoiesisbegriff - "order from noise"? In: Fischer, Hans Rudi (Hg.): Autopoiesis. Heidelberg 1991.

Berger, Johannes: Soziologische Handlungstheorie und politische Ökonomie. In: Hondrich, Karl Otto/Matthes, Joachim (Hg.): Theorienvergleich in den Sozialwissenschaften. Darmstadt/Neuwied 1978.

Berger, Johannes: Modernitätsbegriff und Modernitätskritik in der Soziologie. Soziale Welt 39(1988)224-236.

Blanck, Bettina: Programmatisches Nachwort: Therapeutische Möglichkeiten einer Philosophie des distanzfähigen Engagements. In: Dies.: Magersucht in der Literatur. Frankfurt a. M. 1988.

Blanck, Bettina: Zum Konzept von Erwägungsforschungen für nicht-patriarchale Wissenschaften. In: Pellikaan-Engel, Maja (Ed.): Against Patriarchal Thinking. Amsterdam 1992. [Abgedruckt auch in diesem Buch.]

Bonß, Wolfgang/Hartmann, Heinz: Konstruierte Gesellschaft, rationale Deutung. In: Bonß, Wolfgang/Hartmann, Heinz (Hg.): Entzauberte Wissenschaft. Göttingen 1985.

Bühl, Walter L.: Politische Grenzen der Autopoiese sozialer Systeme. In: Fischer, Hans Rudi (Hg.): Autopoiesis. Heidelberg 1991.

Camus, Jürgen/Elting, Agnes: Die Bedeutung des Paradigmakonzepts für eine integrative Vermittlung ätiologischer und definitorischer Erklärungsansätze in der Devianzforschung. In: Elting, Agnes (Hg.): Menschliches Handeln und Sozialstruktur. Opladen 1986.

Coleman, James S.: The problematics of social theory. Theory and Society 21(1992)263-283.

Dahlberg, Ingetraut: Conceptual Compatibility and Ordering Systems. International Classification 10(1983)5-8.

Döbert, Rainer, 1989: Max Webers Handlungstheorie und die Ebenen des Rationalitätskomplexes. In: Weiß, Johannes (Hg.): Max Weber heute. Frankfurt a. M. 1989.

Ellrich, Lutz: Die Konstitution des Sozialen. Zeitschrift für philosophische Forschung 46(1992)24-43.

Esser, Hartmut: Aufklärung als Passion - (Zwischen-)Betrachtungen als Theorie. Soziologische Revue 14(1991)5-13.

Esser, Hartmut: 'Foundations of Social Theory' oder 'Foundations of Sociology'? Analyse & Kritik 14(1992)129-142.

Ganßmann, Heiner: Kommunikation und Reproduktion. Leviathan 14(1986)143-156.

Giesen, Bernhard/Schmid, Michael: Methodologische Modelle und soziologische Theorien. In: Hondrich, Karl Otto/Matthes, Joachim (Hg.): Theorienvergleich in den Sozialwissenschaften. Darmstadt/Neuwied 1978.

Girndt, Helmut: Das soziale Handeln als Grundkategorie erfahrungswissenschaftlicher Soziologie. Tübingen 1967.

Greshoff, Rainer: Grenzen der >Sprachethik<. Ethik und Sozialwissenschaften 2(1991)202-205.

Greshoff, Rainer: Klüvers Vorschlag für Theorienvergleiche - eine aussichtsreiche Möglichkeit zur Wiederaufnahme der Theorienvergleichsdebatte? Zeitschrift für Soziologie 21(1992)467-471.

Greshoff, Rainer: Methodische Überlegungen zum Theorienvergleich in den Sozialwissenschaften. Homo Oeconomicus XI(1994). [Abgedruckt auch in diesem Buch.]

Greshoff, Rainer/Loh, Werner: Ideen zur Erhöhung des Theoretisierungsniveaus in den Sozialwissenschaften. Österreichische Zeitschrift für Soziologie 12(1987)31-47. [Abgedruckt auch in diesem Buch.]

Gripp-Hagelstange, Helga: Vom Sein zur Selbstreferentialität. Überlegungen zur Theorie autopoietischer Systeme Niklas Luhmanns. Deutsche Zeitschrift für Philosophie 39(1991)80-94.

Haferkamp, Hans: Autopoietisches soziales System oder konstruktives soziales Handeln? In: Haferkamp, Hans/Schmid, Michael (Hg.): Sinn, Kommunikation und soziale Differenzierung. Frankfurt a. M. 1987.

Heidenescher, Mathias: Zurechnung als soziologische Kategorie. Zeitschrift für Soziologie 21(1992)440-455.

Holzer, Horst: Soziologie in der BRD. Frankfurt a. M. 1982.

Homann, Karl/Suchanek, Andreas: Methodologische Überlegungen zum ökonomischen Imperialismus. Analyse & Kritik 11(1989)70-93.

Hoyningen-Huene, Paul: Der Zusammenhang von Wissenschaftsphilosophie, Wissenschaftsgeschichte und Wissenschaftssoziologie in der Theorie Thomas Kuhns. Journal for General Philosophy of Science 22(1991)43-59.

Kiss, Gabor: Evolution soziologischer Grundbegriffe. Stuttgart 1989.

Klinkmann, Norbert: Das systematische Vergleichen von Theorien. Soziale Welt 32(1981)249-260.

Klüver, Jürgen: Formale Rekonstruktion und vergleichende Rahmung soziologischer Theorien. Zeitschrift für Soziologie 20(1991)209-222.

Klüver, Jürgen: Computergestützte Rekonstruktion soziologischer Theorien. Eine Antwort auf R. Greshoff. Zeitschrift für Soziologie 22(1993)76-77.

Kneer, Georg/Nassehi, Armin: Verstehen des Verstehens. Zeitschrift für Soziologie 20(1991)341-356.

Krüger, Hans-Peter: Luhmanns autopoietische Wende. Selbstorganisation 1(1991)129-147.

Künzler, Jan: Medien und Gesellschaft. Stuttgart 1989.

Lindner, Clausjohann: Max Weber als Handlungstheoretiker. Zeitschrift für Soziologie 15(1986)151-166.

Loh, Werner: Erwägende Vernunft. prima philosophia 2(1989)301-323. [Abgedruckt auch in diesem Buch.]

Loh, Werner: Dezision als Bestandteil einer Fortschrittsmoral. Ethik und Sozialwissenschaften 3(1992)68-74.

Ludes, Peter: Drei moderne soziologische Theorien. Göttingen 1989.

Lübbe, Weyma: Legitimität kraft Legalität. Tübingen 1991.

Luhmann, Niklas: Systemtheoretische Argumentationen. In: Habermas, Jürgen/Luhmann, Niklas: Theorie der Gesellschaft oder Sozialtechnologie - Was leistet die Systemforschung? Frankfurt a. M. 1971.

Luhmann, Niklas: Politische Verfassungen im Kontext des Gesellschaftssystems. Der Staat 12(1973)1-22, 165-182.

Luhmann, Niklas: Soziologische Aufklärung 1. Opladen 1974.

Luhmann, Niklas: Politische Planung. Opladen 1975.

Luhmann, Niklas: Funktionen und Folgen formaler Organisationen. Berlin 1976.

Luhmann, Niklas: Soziologie der Moral. In: Luhmann, Niklas/Pfürtner, Stephan H. (Hg.): Theorietechnik und Moral. Frankfurt a. M. 1978.

Luhmann, Niklas: Max Webers Forschungsprogramm in typologischer Rekonstruktion. Soziologische Revue 3(1980)243-250.

Luhmann, Niklas: Gesellschaftsstruktur und Semantik, Bd. 2. Frankfurt a. M. 1981.

Luhmann, Niklas: Politische Theorie im Wohlfahrtsstaat. München 1981a.

Luhmann, Niklas: Ideengeschichten in soziologischer Perspektive. In: Matthes, Joachim (Hg.): Lebenswelt und soziale Probleme. Frankfurt a. M. 1981b.

Luhmann, Niklas: Ausdifferenzierung des Rechts. Frankfurt a. M. 1981c.

Luhmann, Niklas: Soziologische Aufklärung 3. Opladen 1981d.

Luhmann, Niklas: Autopoiesis, Handlung und Kommunikation. Zeitschrift für Soziologie 11(1982)366-379.

Luhmann, Niklas: Die Einheit des Rechtssystems. Rechtstheorie 14(1983)129-154.

Luhmann, Niklas: Das sind Preise. Soziale Welt 34(1983a)153-170.

Luhmann, Niklas: Wohlfahrtsstaat zwischen Evolution und Rationalität. In: Koslowski, Peter u.a. (Hg.): Chancen und Grenzen des Sozialstaats. Tübingen 1983b.

Luhmann, Niklas: Soziale Systeme. Frankfurt a. M. 1984.

Luhmann, Niklas: Soziologische Aspekte des Entscheidungsverhaltens. Die Betriebswirtschaft 44(1984a)591-603.

Luhmann, Niklas: Zum Begriff der sozialen Klasse. In: Luhmann, Niklas (Hg.): Soziale Differenzierung. Opladen 1985.

Luhmann, Niklas: Die Soziologie und der Mensch. Neue Sammlung 25(1985a)33-41.

Luhmann, Niklas: Intersubjektivität oder Kommunikation: Unterschiedliche Ausgangspunkte soziologischer Theoriebildung. Archivio di Filosofia 54(1986)41-60.

Luhmann, Niklas: Die Lebenswelt nach Rücksprache mit Phänomenologen. Archiv für Rechts- und Sozialphilosophie 40(1986a)176-194.

Luhmann, Niklas: Ökologische Kommunikation. Opladen 1986b.

Luhmann, Niklas: Die soziologische Beobachtung des Rechts. Frankfurt a. M. 1986c.

Luhmann, Niklas: Systeme verstehen Systeme. In: Luhmann, Niklas/Schorr, Karl Eberhard (Hg.): Zwischen Intransparenz und Verstehen. Frankfurt a. M. 1986d.

Luhmann, Niklas: The individuality of the individual. In: Heller, Thomas C. u.a. (Eds.): Reconstructing individualism. Stanford 1986e.

Luhmann, Niklas: Alternative ohne Alternative. Frankfurter Allgemeine Zeitung 149(1986f) 2.7.1986.

Luhmann, Niklas: Archimedes und wir. Berlin 1987.

Luhmann, Niklas: Soziologische Aufklärung 4. Opladen 1987a.

Luhmann, Niklas: Paradigmawechsel in der Systemtheorie - ein Paradigma für den Fortschritt? In: Herzog, Reinhart/Koselleck, Reinhart (Hg.): Epochenschwelle und Epochenbewußtsein. München 1987b.

Luhmann, Niklas: Grundkonzepte der Theorie autopoietischer Systeme. Neun Fragen an Niklas Luhmann und Humberto Maturana und ihre Antworten. (Interview von Marianne Krüll) Zeitschrift für systemische Therapie 5(1987c)4-25.

Luhmann, Niklas: Was ist Kommunikation? Information Philosophie 15(1987d)4-16.

Luhmann, Niklas: Autopoiesis als soziologischer Begriff. In: Haferkamp, Hans/Schmid, Michael (Hg.): Sinn, Kommunikation und soziale Differenzierung. Frankfurt a. M. 1987e.

Luhmann, Niklas: Die Autopoiesis des Bewußtseins. In: Hahn, Alois/Kapp, Volker (Hg.): Selbstthematisierung und Selbstzeugnis: Bekenntnis und Gedächtnis. Frankfurt a. M. 1987f.

Luhmann, Niklas: Die Richtigkeit soziologischer Theorie. Merkur 41(1987g)36-49.

Luhmann, Niklas: Die gesellschaftliche Differenzierung und das Individuum. In: Olk, Thomas/Otto, Hans-Uwe (Hg.): Soziale Dienste im Wandel 1. Darmstadt/Neuwied 1987h.

Luhmann, Niklas: Neuere Entwicklungen in der Systemtheorie. Merkur 42(1988)292-300.

Luhmann, Niklas: Die Wirtschaft der Gesellschaft. Frankfurt a. M. 1988a.

Luhmann, Niklas: Die >Macht der Verhältnisse< und die Macht der Politik. In: Schneider, Heinrich (Hg.): Macht und Ohnmacht. St. Pölten/Wien 1988b.

Luhmann, Niklas: Erkenntnis als Konstruktion. Bern 1988c.

Luhmann, Niklas: Warum AGIL? Kölner Zeitschrift für Soziologie und Sozialpsychologie 40(1988d)127-139.

Luhmann, Niklas: Frauen, Männer und George Spencer Brown. Zeitschrift für Soziologie 17(1988e)47-71.

Luhmann, Niklas: Selbstreferentielle Systeme. In: Simon, Fritz B. (Hg.): Lebende Systeme. Berlin u.a. 1988f.

Luhmann, Niklas: Wie ist Bewußtsein an Kommunikation beteiligt? In: Gumbrecht, Hans Ulrich/Pfeiffer, K. Ludwig (Hg.): Materialität der Kommunikation. Frankfurt a. M. 1988g.

Luhmann, Niklas: Organisation. In: Küpper, Willi/Ortmann, Günther (Hg.): Mikropolitik. Opladen 1988h.

Luhmann, Niklas: Gesellschaftsstruktur und Semantik, Bd. 3. Frankfurt a. M. 1989.

Luhmann, Niklas: Politische Steuerung. Politische Vierteljahresschrift 30(1989a)4-9.

Luhmann, Niklas: Über systemtheoretische Grundlagen der Gesellschaftstheorie. Deutsche Zeitschrift für Philosophie 38(1990)277-284.

Luhmann, Niklas: Essays on Self-Reference. New York 1990a.

Luhmann, Niklas: Die Wissenschaft der Gesellschaft. Frankfurt a. M. 1990b.

Luhmann, Niklas: Soziologische Aufklärung 5. Opladen 1990c.

Luhmann, Niklas: General Theory and American Sociology. In: Gans, Herbert J. (Ed.): Sociology in America. Newbury Park u.a. 1990d.

Luhmann, Niklas: Steuerung durch Recht? Zeitschrift für Rechtssoziologie 12(1991)142-146.

Luhmann, Niklas: Wer kennt Wil Martens? Kölner Zeitschrift für Soziologie und Sozialpsychologie 44(1992)139-142.

Luhmann, Niklas/Schorr, Karl Eberhard: Reflexionsprobleme im Erziehungssystem. Stuttgart 1979.

Maier, Ferdinand: Zur Herrschaftslogik des sozialen Handelns. Königstein/Ts. 1982.

Martens, Wil: Die Autopoiesis sozialer Systeme. Kölner Zeitschrift für Soziologie und Sozialpsychologie 43(1991)625-646.

Matthes, Joachim: Die Diskussion um den Theorienvergleich in den Sozialwissenschaften seit dem Kasseler Soziologentag 1974. In: Hondrich, Karl Otto/Matthes, Joachim (Hg.): Theorienvergleich in den Sozialwissenschaften. Darmstadt/Neuwied 1978.

Matthes, Joachim: Niklas Luhmann: Funktion der Religion. Soziologische Revue 1(1978a)5-10.

Merz, Peter-Ulrich: Max Weber und Heinrich Rickert. Würzburg 1990.

Mozetic, Gerald: Individualismus und Kollektivismus. In: Acham, Karl/Schulze, Winfried (Hg.): Teil und Ganzes. München 1990.

Mudersbach, Klaus, 1990: Theorien-Vergleich und Vereinheitlichung von Atomismus und Holismus. In: Agazzi 1990.

Müller-Godeffroy, Heinrich: Paradigmenvergleich in den Sozialwissenschaften. Frankfurt a. M. 1981.

Münch, Richard: Die Wirtschaft der Gesellschaft - ein autopoietisches System? Soziologische Revue 13(1990)381-388.

Nauck, Bernhard: Sozialstrukturelle und individualistische Migrationstheorien. Elemente eines Theorienvergleichs. Kölner Zeitschrift für Soziologie und Sozialpolitik 40(1988)15-39.

Obermeier, Otto-Peter: Zweck - Funktion - System. Freiburg/München 1988.

Opp, Karl-Dieter/Wippler, Reinhard (Hg.): Empirischer Theorienvergleich. Opladen 1990.

Pearce, David: Roads to Commensurability. Dordrecht u.a. 1987.

Porstmann, Reiner: Wissenschaftstheoretische Grundfragen in den Wirtschaftswissenschaften. Berlin 1986.

Prewo, Rainer: Max Webers Wissenschaftsprogramm. Frankfurt a. M. 1979.

Schmid, Michael: Autopoiesis und soziales System: Eine Standortbestimmung. In: Haferkamp, Hans/Schmid, Michael (Hg.): Sinn, Kommunikation und soziale Differenzierung. Frankfurt a. M. 1987.

Seyfarth, Constans: Zur Grundlegung eines nicht-restriktiven Vergleichs soziologischer Theorien. In: Hondrich, Karl Otto/Matthes, Joachim (Hg.): Theorienvergleich in den Sozialwissenschaften. Darmstadt/Neuwied 1978.

Starnitzke, Dierk: Theoriebautechnische Vorentscheidungen, Differenzhandhabung und ihre Implikationen. In: Krawietz, Werner/Welker, Michael (Hg.): Kritik der Theorie sozialer Systeme. Frankfurt a. M. 1992.

Stehr, Nico: Kopfarbeit. Soziologische Revue 9(1986)133-137.

Walther, Andreas: Max Weber als Soziologe. Jahrbuch für Soziologie 2(1926)1-65.

Walther-Klaus, Ellen: Inhalt und Umfang. Hildesheim u.a. 1987.

Weber, Max: Gesammelte Aufsätze zur Wissenschaftslehre. Tübingen 1973.

Weber, Max: Wirtschaft und Gesellschaft. Tübingen 1976.

Weber, Max: Gesammelte Aufsätze zur Religionssoziologie, Bd. I. Tübingen 1978.

Wehrspaun, Michael: Konstruktive Argumentation und interpretative Erfahrung. Opladen 1985.

Weiß, Johannes: Rationalität als Kommunikabilität. In: Sprondel, Walter M./Seyfarth, Constans (Hg.): Max Weber und die Rationalisierung sozialen Handelns. Stuttgart 1981.

Witte, Erich H.: Eine Systematisierung intendierter Anwendungsformen für sozialwissenschaftlich-psychologische Theorien. Ethik und Sozialwissenschaften 2(1991)123-133 (mit anschließender Diskussion).

Zolo, Danilo: Reflexive Selbstbegründung der Soziologie und Autopoiesis. Soziale Welt 36(1985)519-534.

Erwägende Vernunft

Voraussetzungen und Hindernisse eines Philosophierens mit Alternativen

Werner Loh

1. Alternativenprobleme

§ 1: Fünf fundamentale geschichtliche Herausforderungen dieses Jahrhunderts. - Technische Entwicklungen der Menschen haben in diesem Jahrhundert zu fundamental neuen geschichtlichen Möglichkeiten geführt: Der Weltraum wird erschlossen, Gene werden gezielt verändert und menschliche Konzepte von Computern gewandelt. Die technischen Entwicklungen ermöglichen zugleich die menschliche Geschichte zu beenden, ob nun durch ökologisch bedingte (wie Klimaveränderung) Megakrisen oder auch durch ABC-Waffen. Es soll im folgenden nicht versucht werden, zu diesen fünf fundamentalen und neuen geschichtlichen Herausforderungen Stellung zu nehmen. Vielmehr soll die Frage bedacht werden, welche geistigen Orientierungen bzw. Verfassungen oder Einstellungen überhaupt diskutable und problemadäquate Stellungnahmen erwarten lassen.

§ 2: Assoziationshorizont zu "Mentalität". - Das, was eine Stellungnahme entwickeln läßt, soll hier ohne weitere begriffliche Klärung *"Mentalität"* genannt werden. Einige Termini mögen einen Assoziationshorizont zu dem Ausdruck andeuten: "Glaube", "Ideologie", "Magie", "Mythos", "Philosophie", "Rationalität", "Religion", "Vernunft", "Vorurteilshaftigkeit", "Wahn", "Wissenschaft" usw. Einige dieser Ausdrücke mögen den Horizont für manche wenig erhellen. Da in der Literatur diese Worte sehr verschieden verwendet werden, mag die Horizontangabe auch eher verwirren als klären. Doch das erschwert vielleicht voreilige Problemverengungen. Dennoch bleibt zu fragen: Passen die Worte überhaupt zusammen? Doch: was soll hier "zusammenpassen" heißen? Die Frage nach derjenigen Mentalität, die eine möglichst adäquate Stellungnahme erlauben soll, unterstellt, daß es alternative Mentalitäten gebe, die es vergleichend zu beurteilen gelte. Demnach wäre die

Frage nach dem Zusammenpassen der Worte in die Frage übersetzbar, ob in dem Assoziationshorizont alternative Mentalitäten bestimmbar sein könnten.

§ 3: Bestimmungsschwierigkeiten und verunsichernde Gedankencollage. - Aber wie sollten Alternativen angebbar sein, wenn schon die Bestimmung einzelner Mentalitäten kaum gelingt. Was ist z.B. "Religion" zu nennen? Ist Beten ein religiöser Akt (vgl. F. Heiler 1969)? Sollte man mit I. Kant behaupten, Beten sei "ein abergläubischer Wahn (ein Fetischmachen)" (1968: 194), "denn Gott kann von uns nichts empfangen" (1968:154 Anm.)? Sollte man mit U. Schneider (1980: 3 f. u. 57 ff.) den Buddhismus nicht als "Religion", sondern eher als "Philosophie" bezeichnen? Oder kann gerade umgekehrt der Buddhismus zur Problematisierung solcher Religionsdefinitionen herangezogen werden, die "Religion" "als Beziehung des Menschen zu Gott" definieren, wie H. Siemers (1980:103) meinte? Ist es sinnvoll, sich wie N. Luhmann (1977) gegen einen "historisch relativierten, nicht mehr universell verwendbaren Religionsbegriff" (83) zu wenden? Welche Maßstäbe könnten dies methodisch rechtfertigen? Da es solche Maßstäbe nicht gibt, ist es auch nicht verwunderlich, wenn man den eigenen Wertungen nachgibt und seine sprachlichen Festlegungen daran orientiert (vgl. die Kritik von T. Pawlowski (1980:115 ff.) an E. Fromm).

Die Problemlage potenziert sich in ihrer Undurchsichtigkeit, wenn man andere Ausdrücke des oben angegebenen Assoziationshorizontes zu "Mentalität" aufeinander bezieht. Wie immer strittig Religionsdefinitionen auch sein mögen, könnten bestimmte wiederkehrende Merkmale Alternativen zu dem angeben lassen, was häufig "Wissenschaft" genannt wird? Aber wie wäre "Wissenschaft" zu definieren? Sollte man 'Philosophie' zur "Wissenschaft" zählen und wie wäre "Philosophie" selbst zu bestimmen? Geben vielleicht die Ausdrücke "Philosophie" und "Wissenschaft" oft nur Sondergestalten dessen wieder, was "Rationalität" heißen könnte? Wenn das, was viele Psychiater "Wahn" nennen, mit "erhaltener Intelligenz" einhergeht (G. Huber/W. Gross 1977: 11) und man diese zur 'Rationalität' rechnen will, ist dann »Wahn« selbst eine Gestalt dieser »Rationalität«? Für manche ist »Wahn« ein besonderes »Vorurteilsgebilde« (A. u. M. Mitscherlich 1980:143; vgl. G. Allport 1970: 423 f.). Wenn aber nach T. Kuhn (1963: 347 ff.) viel dagegen spricht, »Wissenschaft« nicht als »Vorurteilsgebilde« einzuschätzen, und »Wahn« selbst eine Gestalt von »Vorurteilsgebilden« sein kann, wo sind dann die Grenzen zwischen »Wahn« und »Wissenschaft« zu ziehen (vgl. W. Loh 1984)? Kann Vorurteilsforschung vielleicht wahnhaft und Wahnforschung vorurteilshaft sein? Wer solche Fragen an Hand der Literatur weiter verfolgt und zusätzliche Problemgebiete heranzieht, kann durch solche Gedankencollagen die Verwirrung noch erhöhen. Der Rückzug auf Fachdisziplinen wäre keine Problembewältigung. Wieso gibt es keine an jeder Universität institutionalisierte Mentalitäten-Forschung, die diese Verwirrung verringern helfen könnte? Fehlt es an Mentalitäten, die zu umfassender Selbstaufklärung bereit wären?

§ 4: Was ist "Alternative" zu nennen? - Die Gedankencollage macht deutlich, daß in einem für menschliche Kultur grundlegenden Bereich kein hinreichendes Wissen besteht, um »Alternativen« angeben zu können. Aber auch die noch grundlegendere Frage, was unter "Alternative" zu verstehen sei, ist wenig geklärt. Entscheidungstheoretiker wollen den Terminus für menschliches Entscheiden vorbehalten (z.B. W. Dinkelbach 1982: 1 oder H. Laux 1982: 22/23). Der intuitive Sprachgebrauch geht weiter. Sind nicht z.b. die verschiedenen Aggregatzustände der Materie oder die verschiedenen biologischen Arten "Alternativen" zu nennen?

Hühner, Spechte, Pinguine, Enten usw. könnte man als »Alternativen« auffassen. Würde man die Aufzählung durch den Ausdruck "Frösche" ergänzen, empfände man dies als Bruch. Frösche würde man nicht in dem gleichen Sinne wie Hühner, Spechte usw. als »Alternativen« begreifen. Denn Hühner, Spechte, Pinguine usw. werden nach der gegenwärtig üblichen biologischen Taxonomie durch den Begriff 'Vogel' zusammengefaßt. Frösche sind keine Vögel. Weiterhin sind Hühner auch nicht »Alternativen« zu Vögeln, denn Hühner sind Vögel und nicht etwas anderes. Folgt man dieser mehr intuitiven Erörterung, dann sind Pinguine, Enten usw. deswegen »Alternativen«, weil sie mit Hilfe der Begriffe 'Pinguin', 'Ente' usw. mengenmäßig zusammengefaßt werden können, weiterhin diese Mengen keine gemeinsamen Elemente bzw. Gegenstände besitzen, also disjunkt sind, und diese disjunkten Mengen Teilmengen derjenigen Obermenge sind, die durch den Begriff 'Vogel' ihre Einheit erhält.

Man könnte somit folgende *extensional* orientierte Bestimmung als Arbeitsdefinition nutzen: Gegenstände bzw. Elemente, die zu Mengen zusammengefaßt werden können, heißen "*alternativ*" zu anderen Gegenständen bzw. Elementen, die von anderen Mengen zusammengefaßt werden können, wenn diese Mengen disjunkt zueinander und Teilmengen einer Obermenge sind. Alternative Gegenstände bzw. Elemente kann man auch selbst verkürzend "*Alternativen*" nennen. Die disjunkten Teilmengen mögen "*Alternativmengen*" heißen. Solche Alternativmengen können bloße Einermengen sein. Auch geistige Gegenstände wie Begriffe, Konzepte, Theorien usw. sind selbst als Alternativen zu erfassen. Insofern können dann Alternativen in Entscheidungen eingehen.

Alternativen der gleichen Klassifikationsstufe könnte man *"homogene Alternativen"* nennen, z.B. Pinguine, Spechte usw. als Vögel; oder aber man verbindet Taxa verschiedener Stufen, z.B. Rebhühner und Spechte, dann erhält man Alternativen, die *"inhomogen"* heißen mögen (B. Blanck 1987: 5 f.). Diese Unterscheidung ist *intensional*, da sie an Begriffen orientiert ist, die nach Abstraktionsstufen sortiert sind.

§ 5: Die Konstruktion homogener Alternativen vom Vorgefundenen her. - Was immer die Ausdrücke "Wissenschaft", "Philosophie" oder "Religion" bedeuten mögen, ihre möglichen Gegenstände lassen sich nicht in der Weise räumlich abgrenzen und aufweisen wie Hühner, Enten oder Pinguine. Man kann Hühner identifizieren, ohne von Pinguinen etwas zu wissen. Die Gedankencollage macht deutlich, daß Verwechslungen und Vermischungen von Mentalitäten schwer zu vermeiden sind. Demnach wäre es schon hilfreich, könnte man zu jeweiligen Mentalitäten ihre homogenen Alternativen bestimmen, um sie durch Abgrenzungen besser identifizieren zu können. Aber, wie kommt man zur Erfassung homogener Alternativen, wenn sie sich nicht so aufweisen lassen wie Hühner, Enten oder Pinguine?

Die bisherigen biologischen Taxonomien sind auf "die wirklich vorhandenen Gegenstände" (H. Weyl 1966: 190) bezogen. Neue Entdeckungen können jeweilige Taxonomien verändern. Sie sind also nicht dafür entwickelt worden, jeweils alle überhaupt denkbaren homogenen Alternativen angeben zu lassen, die vorkommen könnten. Taxonomien, die alle denkbaren homogenen Alternativen bestimmen lassen, könnten nicht mehr allein von dem jeweils Vorhandenen her konstruiert werden. Z.B. wird der Begriff 'Pinguin' dadurch gebildet, daß man von den vorgefundenen Fällen aus Merkmale entwickelt (z.B. 'Flugunfähigkeit', 'Schwimmfähigkeit' und 'Flügel als Flossen'), mit deren Hilfe der Begriff 'Vogel' zu dem Begriff 'Pinguin' hin konkretisierbar ist. Es hängt von den evolutionären und geschichtlichen Zufälligkeiten der Erfahrungshorizonte der Taxonomen ab, wie die jeweiligen Klassifikationssysteme ausfallen. Es ist also insofern nicht verwunderlich, daß "es für Kategorien oberhalb der Art keine Definitionen" gibt, "die nicht willkürlich wären" (E. Mayr 1975: 88).

§ 6: Das Spekulative quantitativer Begriffsbildung. - Wie sind Alternativen zu bestimmen, die bisher nicht vorgekommen sind? Verfällt man nicht in beliebiges Spekulieren, wenn man die Fakten verläßt und sich auf unsichere Möglichkeiten einläßt? E. Durkheim (1981) hat, um solches Spekulieren zu verhindern, von einer Religionsdefinition gefordert, daß sie "nur auf erkannte und wirkliche Tatsachen angewendet werden" sollte, "und nicht auf unsichere Möglichkeiten. Man kann die Religionen definieren, so wie sie sind oder so, wie sie waren, und nicht so, wie sie mehr oder weniger vage sein werden" (75). Die Gedankencollage macht aber deutlich, daß auch der Erfahrungsbezug die Vagheit und Unsicherheit nicht beseitigt.

Es ist ein viel zu wenig beachteter Tatbestand, daß das Vorbild neuzeitlicher Wissensentwicklung, die "wissenschaftlich" genannt wird, daß also die Physik gerade auch darauf beruht, daß sie sich auf radikales Spekulieren einließ, das ihrer quantitativen Exaktheit zugrunde liegt. Denn die mathematisch-physikalische Begriffsbildung wird auf alle überhaupt denkbaren Gegenstände bezogen (H. Weyl 1966: 190/191). Z.B. der Geschwindigkeitsbegriff betrifft nicht nur alle bisher vorhandenen Geschwindigkeiten, sondern darüber hinaus alle real möglichen und unmöglichen Geschwindigkeiten, wie etwa Geschwindigkeiten, die höher als Lichtgeschwindigkeit sind. Der Begriff 'Geschwindigkeit' mit seinen Variablen für Zahlenwerte läßt durch die Variablen offen, wie jeweils zu konkretisieren sei. Die Ordnung der Zahlen ermöglicht ein Verfahren, beliebige Konkretisierungen zu erzeugen, die homogene Alternativen quantitativ bestimmen lassen. Solche physikalische Begriffsbildung geht also über das empirisch Vorfindbare beliebig hinaus. Naturgesetze schränken dann das Denkbare auf das real Mögliche ein (E. Mach 1968: 450). Alle Begriffsbildung, die das Mögliche zugunsten des Vorhandenen nicht berücksichtigt, vermag somit noch nicht einmal die Voraussetzung von Gesetzeswissen zu verschaffen.

§ 7: Intensionale Kombinatorik. - Tiere oder Mentalitäten sind nicht bloß quantitativ verschieden. Es wären demnach Verfahren zu entwickeln, die qualitativ jeweils alle homogenen Alternativen bestimmen lassen. Wie ist das möglich? Der quantitativen Begriffsbildung sind Anregungen zu entnehmen. Zunächst ist von einem Begriff auszugehen. Zu diesem ist ein Verfahren zu entwickeln, das alle denkbaren Konkretionen herstellen läßt. Den Ausgangsbegriff für die Konkretionen mag man "*Dimensionsbegriff*" nennen. Die zu einem Dimensionsbegriff gewonnenen konkreteren Begriffe können ihrerseits Dimensionsbegriffe werden, so daß sich Stufen von Dimensionsbegriffen ergeben, die sich nach Abstraktionsstufen sortieren lassen. Da Abstraktes in Konkreteres eingeht, können sich Fehler im abstrakten Bereich fortpflanzen. Je abstrakter der Fehlerort, um so größer ist seine Ausbreitung.

Verfahren, die zu jeweiligen Problemen bzw. Aufgaben alle überhaupt denkbaren (Lösungs-)Möglichkeiten angeben lassen, sind vermutlich am sinnvollsten "*kombinatorische Verfahren*" zu nennen, mögen sie nun *regelgeleitet* oder ohne Regeln (bloß) *explorativ* (ausprobierend) sein. Kombinatorische Verfahren sind *extensional orientiert*, wenn sie die Anzahl der jeweils überhaupt denkbaren Möglichkeiten bestimmen sollen. Die neuzeitliche Entwicklung der mathematischen Kombinatorik war vorwiegend extensional orientiert. Sollen jeweilige Möglichkeiten durch kombinatorische Verfahren begrifflich bestimmt werden, so mögen diese "*intensional orientiert*" heißen. L. Wittgensteins (1964) kombinatorische Zusammenstellung von Wahrheitswerten dyadischer Aussagen soll alle denkbaren Wahrheitsfunktionen (intensional) erfassen lassen (Satz 5.101). Intensionale kombinatorische Verfahrensregeln lassen darlegen, was derselben bzw. der gleichen Abstraktionsstufe angehört. Intensionale Kombinatorik bietet somit die Möglichkeit, homogene Alternativen zu intendieren. Erst die Regeln gestatten festzustellen, ob alle denkbaren Möglichkeiten (kombinatorische Alternativen) bestimmbar sind, d.h. ob *kombinatorische Vollständigkeit* gegeben ist. Es besteht somit ein enger Zusammenhang zwischen Regeln, Homogenität und Vollständigkeit.

Intensionale Kombinatorik ist wenig erforscht. Die zu bewältigenden Grundlagenfragen sind umfangreich (vgl. W. Loh 1980: Kap. I u. II). Es gibt keine Disziplin, die nach intensional-kombinatorischen Gesichtspunkten durchgängig aufgebaut worden ist. Pseudokombinatorische Vorgehensweisen sind bei diesem Kenntnisstand kaum zu vermeiden (vgl. meine Kritik an T. Parsons in W. Loh 1980 b). Obgleich K. Marx die Methode des kombinierenden Aufsteigens vom Abstrakten zum Konkreten gefordert hat (vgl. W. Loh 1975: 264/265), hat er sie kaum explizit angewandt (vgl. R. Greshoff 1985: 23 ff.). Die verschiedenen marxistischen Strömungen haben die Methode nicht ausgebaut. Auch die Andeutungen von Leibniz hinsichtlich einer intensionalen Kombinatorik blieben bis heute unausgeführt. Da intensionale Kombinatorik auch falsche Möglichkeiten hervorbringt, kann diese nicht gelingen, wenn sie der Forderung von Leibniz (1966) folgen würde, daß man sich hüten solle, "unnütze Verbindungen zu schaffen" (42). Leibniz war syntaktisch orientiert (H. Burkhardt 1980: 285 ff.).

§ 8: Forschungsmangel als Mentalitätenkonsequenz. - Die Frage nach der Bestimmbarkeit alternativer Mentalitäten hat die Frage nach sich gezogen, was unter "Alternative" zu verstehen sei und wie Alternativen anzugeben seien. Die Überlegungen mündeten schließlich in die Konzeption einer intensionalen Kombinatorik. Ist es schon erstaunlich, daß umfassende Mentalitätenforschung kaum institutionell verankert ist, so ist es noch verwunderlicher, daß es keine Erforschung der Möglichkeiten gibt, wie jeweils alle Alternativen begrifflich erfaßt werden können. Hierzu müßte intensionale Kombinatorik als Forschungsaufgabe ebenfalls institutionalisiert werden. Der Mangel an solchen institutionalisierten Forschungen mag als Konsequenz eines fehlenden Bedürfnisses an diesen Forschungen eingeschätzt werden. Bestünde ein hinreichendes Bedürfnis danach, wie man Alternativen qualitativ und kombinatorisch vollständig bestimmen könnte, hätte es zu institutionalisierten Forschungen kommen müssen. Da diese Problemlage grundlegend und umfassend ist, kann man vielleicht den Umfang solcher Forschungen zugleich als Indikator für das Ausmaß des Bedürfnisses nehmen, Aufklärung über das Alternativenproblem zu erlangen. Die Frage nach alternativen Mentalitäten ist wegen der fehlenden Forschungsvoraussetzungen also gar nicht ohne umfangreiche zukünftige Forschung zu beantworten.

Da es kombinatorische Mentalitätenkonzepte nicht gibt, soll die Problemlage eingeschränkt und zugespitzt werden: Hat nicht diejenige Mentalität, die "wissenschaftlich" genannt wird, in den Disziplinen wie Physik, Chemie und Biologie genügend erwiesen, daß sie die geeignetste Mentalität sei, Probleme zu bewältigen, so daß die Frage nach alternativen Mentalitäten nicht nur überflüssig, sondern vielleicht sogar als Flucht vor der »Rationalität« der Mentalität dieser Disziplinen zu deuten ist. Erscheinen die fundamentalen geschichtlichen Herausforderungen dieses Jahrhunderts für viele nur deswegen so bedrohlich, daß sie »irrational« und »illusionär« nach Alternativen suchen, weil sie sich für die Bewältigung geschichtlich-sozialer Probleme nicht mit dieser Mentalität identifizieren können? Die Dominanz dieser effektiven Mentalität macht es schwer, sich Alternativen zu denken (G. Böhme 1980: 13). Aber warum macht sie es so schwer? Die Ausgangsfrage nach alternativen Mentalitäten ist somit auf die Frage einschränkbar: Wie ist das, was "Wissenschaft" genannt wird, vor dem abstrakteren Hintergrund des alternativen Umgangs mit Alternativen einzuschätzen (vgl. W. Loh 1988: 1. Abschnitt).

2. Entscheidungskonstellationen und Wahrhaftigkeitsniveaus

§ 9: Entscheiden. - Der Ausdruck "alternativer Umgang mit Alternativen" hält als intuitive Formulierung den alternativen Umgang mit Alternativen selbst noch offen. Doch im folgenden soll die Problemlage auf menschliches Entscheiden eingeschränkt werden. Dieses hat wohl am meisten mit Alternativenproblemen zu tun.

Angenommen, jemand wolle von A nach B und habe unter den möglichen Wegen
$(a_1, a_2, ..., a_n)$ auszuwählen. Bedenkt man diese Konstellation, dann lassen sich
folgende Bestandteile abstrakt unterscheiden: 1. Es besteht eine *Aufgabe*, etwa
als Frage oder Problem. 2. Es sind mögliche Lösungen der Aufgabe zu *erwägen*
(*Erwägungsalternativen*). 3. Die Erwägungsalternativen sind mit Hilfe von
Kriterien zu *beurteilen*, welche Erwägungsalternativen geeignet erscheinen,
die Aufgabe zu lösen (*abwägendes Beurteilen*). 4. Unter den erwogenen
Alternativen wird eine *ausgewählt* und als *Lösung gesetzt*. 5. Schließlich wird
die Lösung mit mehr oder weniger Erfolg realisiert. Lösungsbestandteil kann
z.b. auch eine Theorie sein, mit deren Hilfe man etwas erklärt.

Die Konstellation aus Erwägen von Alternativen, Beurteilen und auswählen-
dem Setzen einer Lösung soll »*Entscheiden*« bzw. »*Entscheidung*« heißen.[*]
Aufgabe und Realisation soll nicht dem Ausdruck "Entscheidung" (bzw.
"Entscheiden") zugerechnet werden. Findet ein abwägendes Beurteilen nicht
statt, das die geeignetste Erwägungsalternative bestimmt, und wird eine Erwägungsalternative gesetzt, dann soll eine solche Entscheidung "*Dezision*" heißen.
Dezisionen können etwa aus Zeitmangel oder Inkompetenz notwendig sein.

Der Aufbau von Entscheidungen kann an verschiedenen Stellen beginnen; z.B.
werden erst die Kriterien bereitgestellt und dann wird erwogen. Die einzelnen
Bestandteile können unterschiedlich elaboriert sein; auch mögen manche
Bestandteile nicht gelingen. Der Aufbau kann unvollendet bleiben. Usw.

Geht man von einer Aufgabe aus, erwägt und beurteilt erst dann, so soll dies
"*progressives Entscheiden*" heißen. Wird dagegen umgekehrt mit einem
Konzept begonnen, dessen Lösungsqualität nun durch einen Entscheidungs-
aufbau nachgewiesen werden soll, indem die entsprechende Aufgabe erst
gesucht wird und Beurteilung und Erwägung daraufhin eingerichtet werden,
dann soll dies "*regressives Entscheiden*" heißen. Die Lösung einer progressi-
ven Entscheidung kann nachträglich durch regressive Entscheidung besser
erscheinen (vgl. L. Festinger 1978). Rechtfertigung kann vielfach als regressives Entscheiden begriffen werden. Regressives Entscheiden mag auch zu
einer Setzungskorrektur führen, die eine andere Lösung hervorbringt.

Reflektiert man Entscheidungen, dann wird deutlich, daß über eine (mögliche)
Entscheidung insgesamt oder über ihre Bestandteile entschieden werden kann.
Wie lange, wieviele und welche Alternativen man erwägt, wird selbst oft
entschieden. Analoges gilt für Beurteilen und die auswählende Setzung einer
Lösung. Entscheidungen, die Bestandteile von Entscheidungen oder Entschei-

dungen insgesamt als Aufgabe haben, sollen *"Reflexionsentscheidungen"* heißen (entsprechend "Reflexionserwägung" usw.). Die Aufgabe ist ebenfalls *"Reflexionsaufgabe"* zu nennen. Entscheidungen, zu jeweiligen Aufgaben nicht zu entscheiden, sind besondere Reflexionsentscheidungen.

§ 10: Erwägung von Alternativen als Mittel oder als Zweck. - Das, was "Wissenschaft" genannt wird, kommt bisher weitgehend in Schriften zur Sprache. Dort findet man Lösungen von Problemen. Hand- und Lehrbücher der Physik, Chemie oder Biologie sind voll von gehortetem Wissen, systematisiert, zuweilen sogar axiomatisiert. Seltener werden Methoden angegeben, wie die Lösungen zu überprüfen seien. Dafür gibt es wieder eigene Lehrbücher über experimentelle Methoden, statistische Verfahren usw. Kaum werden alternative Lösungsmöglichkeiten systematisch erwogen. Diskussionen strittiger Lösungen finden eher in den einschlägigen Zeitschriften (vgl. L. Fleck 1980: 156 ff.) oder auf Kongressen statt. Ältere Lösungen verschwinden in den Darstellungen der Geschichten jeweiliger Disziplinen. Dementsprechend tendieren Begriffsbestimmungen von "Wissenschaft" dazu, den Lösungsaspekt hervorzuheben (vgl. R. Wohlgenannt 1969: 32).

Mag der Begründungsbezug moderner Wissenschaftsauffassungen gegenüber den *"klassisch"* zu nennenden in den Vordergrund getreten sein (vgl. A. Diemer 1964: 22 ff. u. 31 ff.), beiden großen Gruppen von Auffassungen, was letztlich Zweck optimalen Wissens sei, ist die Setzung akzeptablen Wissens gemeinsam, das möglichst frei von als falsch eingeschätzten Alternativen präsentiert werden sollte. Selbst wenn man mit K. R. Popper (1984) forderte, alternative Theorien seien zu berücksichtigen, so sind diese alternativen Theorien doch nur Mittel, um den *Zweck* zu erfüllen, die bewährteste Theorie herauszufinden und zu setzen; denn "Wissenschaftler versuchen, ihre falschen Theorien zu eliminieren" (126). Erst wenn man die Forderung von P. K. Feyerabend (1970) zu verwirklichen trachten würde, "Pluralität von Theorien" als "wesentlicher und permanenter Bestandteil allen Wissens" (305) zu behandeln, wäre ein Stadium erreicht, wo das Erwägen von Alternativen nicht mehr bloßes Mittel sein könnte. Aber Feyerabends Äußerungen ist nicht zu entnehmen, in welchem Ausmaß diese Alternativen als Erwägungsalternativen bedacht werden oder nur als Lösungsalternativen auf dem Wissensmarkt (vgl. G. Scherhorn 1969) präsent sein sollten. Denn, erst wenn die Alternativen *Erwägungs*alternativen sein sollten, würde sich das Zweck-Mittel-Verhältnis wandeln. Denkbar wäre, daß der Gesamtzusammenhang zwischen Erwägungsalternativen, deren Beurteilung und der Setzung einer Lösung zum Zweck dessen würde, was dann "Wissenschaft" heißen könnte, oder das

Verhältnis könnte sich umkehren und das Erwägen von Alternativen und deren Beurteilung wäre dann Zweck, die Setzung einer Lösung dagegen bloßes Mittel, um die Erfüllung von Kriterien der Beurteilung testen zu können.

§ 11: Alternativenerwägung als Forschungsmotiv für intensionale Kombinatorik. - Keine Disziplin hat bisher Aufwand, Kreativität und Motivation für Methoden entfaltet, die qualitative Erwägungsalternativen erzeugen und vergleichend beurteilen ließen. Wenn Feyerabend (1984: 154) die Ideengeschichte als Ressource für Alternativen nutzen wollte, dann drückt das nur diesen Methodenmangel aus. Denn es bleibt ja unklar, was überhaupt als Alternative zu gelten hat, was homogen oder inhomogen ist, was dazu gehört oder nicht. Insofern verwundert es nicht, daß Feyerabend (1984) das Ausmaß seines eklektischen Pluralismus von Kosten abhängig machen wollte (156).

Gleichgültig, ob man Erwägungsalternativen bloß als Mittel oder eklektisch-pluralistisch zum Zweck erhebt, beidemale hat dies gleiche Konsequenzen für die Art des Wissens, das überhaupt als anstrebbar erscheint. Die Frage, ob irgendein sich bewegender Körper die Geschwindigkeit v_1 oder v_2 habe, setzt voraus, daß man überhaupt solche homogenen Alternativen bestimmen kann. Diese Voraussetzung ist heute so selbstverständlich, daß ein Vergleich mit qualitativen Problemlagen gar nicht in den Sinn kommt. Ob eine gewisse Mentalität einer Person "wissenschaftlich", "wahnhaft" oder "religiös" zu nennen sei, ist kaum zu klären, wenn man keine Methoden besitzt, die homogene Alternativen qualitativ bestimmen lassen. In qualitativen Problemlagen erlaubt man sich bisher Einfalt oder Eklektik, die bei quantitativen Problemlagen in von Mathematik geprägten Gesellschaften absurd erscheinen würde (als Kontrast vgl. C. R. Hallpike 1984: 283 ff.). Es wäre so, als ob man keinen allgemeinen quantifizierbaren Geschwindigkeitsbegriff hätte und jeweilige Geschwindigkeiten zusammenstückelte (»so schnell wie der gehende Mensch«, »so schnell wie das trabende Pferd« usw.). Geschwindigkeitskonzepte, die den eigenen Erfahrungshorizont übersteigen, sind dann schwer bildbar und würden auch bei denjenigen auf Widerstand stoßen, die den Boden ihrer Erfahrung nicht verlassen wollen.

Solange eine lösungsorientierte Wissensverfassung Erfolg hat und sie das Erwägen von qualitativen Alternativen der *Genesis* überlassen kann, wird sie kaum Motivationen pflegen, die erforschen lassen, wie überhaupt denkbare qualitative Alternativen zu bestimmen seien. *Das Erwägen von qualitativen Alternativen ist Motivationsressource für die Erforschung intensionaler Kombinatoriken.*

§ 12: Lösungsorientierung und Gewißheit. - Wenn "wissenschaftlich" genanntes Problemlösen der Norm gerecht werden soll, das bisher beste Wissen
als Lösung vorzuschlagen, dann führt diese *Lösungsorientierung* dazu,
»Wissenschaft« an Gewißheit der Beurteilung zu binden. Der Gewißheitsanspruch braucht nicht auf Apodiktizität aus zu sein, sondern kann sich damit
begnügen, bisher keine angemessenen Falsifikatoren oder bessere Konzeptionen zu besitzen. Wie immer der Gewißheitsanspruch beschaffen sein mag, er
ist Voraussetzung für die Setzung einer - wie auch immer vorläufigen -
Lösung, die aus Abwägungen hervorgegangen ist, denn sonst könnte man
dezisionistisch Alternativen setzen.

Nun kann eine bisher nicht erwogene Alternative apodiktische und kontingente
Gewißheiten auflösen. Es ist ein nicht ungewöhnlicher Beweisfehler, von
unvollständigen Disjunktionen auszugehen (F. Ueberweg 1882: 466 ff.). C.
G. Hempel meinte z.b., den empirisch orientierten Ansatz in der Mathematik
widerlegt zu haben, obgleich er nur eine unter mehreren Möglichkeiten
erwogen hat (vgl. Loh 1980: 44 f.). Hempels Fehler ist noch einfach festzustellen. Doch wenn Problemlagen komplex werden, fehlen zunehmend Kriterien,
um überhaupt noch reflexiv entscheiden zu können, was als Erwägungsalternative sinnvoll ist oder nicht. Sollte man z.b. ernsthaft die Möglichkeit
erwägen und gar noch dafür ein Forschungsprojekt finanzieren, ob Kants
kritische Philosophie Konsequenz einer Wahnbildung war (vgl. W. Loh 1986
b: 17)? Aber hierfür wäre zu klären, was "Wahn" bedeuten soll und welche
Alternativen für Abgrenzungen man angeben müßte. Doch ein solches Wissen
gibt es nicht nur nicht, sondern es fehlen auch die Forschungsvoraussetzungen
in diesem Bereich, homogene und inhomogene Alternativen bestimmen zu
können. Selbst, wenn also der Sinn bestünde, wenigstens als Mittel qualitative
Alternativen zu erwägen, um beurteilen zu können, ob die zu setzende Lösung
die (vorläufig) beste sei, *fehlen die Maßstäbe, das Möglichkeitsfeld der
Alternativen begrenzen zu können.*

Je mehr das Erwägen und abwägende Beurteilen bloßes Mittel ist, um in
problematischen Fällen die Gewißheit von Lösungen besser einschätzen zu
können, desto eher kann dieses Mittel auch abgebaut oder gänzlich fallen
gelassen werden, wenn man sich gewiß dünkt. Der Zusammenhang zwischen
Erwägen von Alternativen und Gewißheit mag zuweilen eine Rückkopplung
in Gang halten, in der dem *Zuwachs an Gewißheit der Abbau an Erwägung
folgt, der seinerseits die Gewißheit erhöht, usw.* Solche Kreisläufe sind bei
komplexen Problemlagen um so schwerer aufzulösen, je weniger man zur
Bestimmung von Alternativen fähig ist. Werden dann noch Problemlagen

behandelt, die auch das eigene Selbstverständnis betreffen, dann ist es kaum überraschend, wenn trotz aller Beteuerung, man sei für das Erwägen von Alternativen, diese Beteuerung nicht verwirklicht wird.

Wenn es nun aber Zweck sein soll, Lösungen zu liefern, wenn das Erwägen kein Zweck ist und wenn für die Begrenzung des Möglichkeitsfeldes der Alternativen kaum Kriterien angegeben werden können, dann liegt es schließlich nahe, die Distanz zu den Erwägungsalternativen aufzugeben und die *vorhandenen Alternativen von der jeweils als plausibel angenommenen Lösung aus zu beurteilen*, wie dies z.B. für den Theorienvergleich in den Sozialwissenschaften C. Seyfarth (1978: 286) beklagt hat. Die hierdurch möglichen Gewißheiten sind illusionär, weil die eine Alternative, die auch als Kriteriumsressource benutzt wird, nicht ohne Widersprüchlichkeit abgelehnt werden kann.

§ 13: Das aufeinander Angewiesensein von Alternativen. - Wie fragwürdig die Lösungsorientiertheit in den Wissensbereichen ist, die "wissenschaftlich" genannt werden, wird besonders bei solchen Erwägungsalternativen deutlich, die dadurch aufeinander angewiesen sind, daß die eine Erwägungsalternative durch das angenommene Unvermögen der anderen, der Problemlage gerecht zu werden, begründet wird. H. Driesch (1931: 416) hat seinen Vitalismus durch einen »Beweis per exclusionem« verständlich machen wollen. K. Jaspers (1973) hat behauptet, "echte Wahnideen" seien "psychologisch nicht weiter zurückzuverfolgen, [...] phänomenologisch etwas Letztes" (80); "Wahn" sei "ein Urphänomen" (78); etwas "Neues" müsse "hinzukommen, damit ein Wahn sich verwirklicht" (340). Auch hier wird eine Alternative durch das unterstellte Unvermögen einer anderen begründet: "So wurde die Tatsache des Nichtbegreifen-Könnens akzeptiert und zum diagnostischen Kriterium gemacht" (P. C. Kuiper 1967: 666). Auch Dezisionisten, Skeptiker und Relativisten, die hinsichtlich gewisser Problemlagen behaupten, eine abwägende Beurteilung der Alternativen sei nicht möglich, sind auf die negierten Alternativen verwiesen, nur daß hier ein reflexives Entscheidungsproblem intendiert wird.

In allen solchen Fällen, wo Alternativen durch das (nicht definitive) Versagen von anderen Alternativen begründet werden, müßten die bisher versagenden Alternativen gefördert werden, damit die Berechtigung der Unmöglichkeitsbehauptung weiterhin zu begründen ist. Auch von dieser Problemlage her ist dafür zu argumentieren, daß nicht einzelne Theorienalternativen bedacht werden, sondern Theoriensequenzen, was allerdings die Bestimmbarkeit ihrer programmatischen Einheit erfordern würde (vgl. I. Lakatos 1974: 116 u. 129). Wenn aber keine der Alternativen hinsichtlich jeweiliger Problemlagen ohne Begründungsmangel vorzuziehen ist, dann ist diese Erwägungs- und Beurteilungskonstellation *insgesamt* zum Thema zu machen. Das Erwägen von Alternativen dürfte nicht bloßes Mittel sein, das auch überflüssig erscheinen kann. Wenn aber das Erwägen von Alternativen und deren abwägende Beurteilung Zweck sein soll, dann sind *Gewißheits- und Ungewißheitszustände zugleich legitime Wissenskonstellationen.* Für solche reflexiven Problemlagen wäre eine *Komparationstheorie der Wahrheit* zu entwickeln, die somit Konsequenz des erwägenden Umgangs mit (möglichst homogenen) Alternativen wäre.

§ 14: Wahrhaftigkeitsniveaus und Borniertheit. - Je mehr Normen (bzw. Regeln) man als Kriterien für die abwägende Beurteilung von Alternativen oder auch für die reflexiven Entscheidungen über das Erwägen und Beurteilen besitzt, um so schwieriger wird es, ein Bewußtsein dafür zu erhalten, diese Normen erfüllt zu haben. Das Bewußtsein des Ausmaßes der Erfüllung der Normen betrifft nicht bloß die Erfüllung jeweiliger einzelner Normen (wie Widerspruchsfreiheit, Beachtung des Kontextes, adäquate Abstraktheit usw.), sondern faßt den Erfüllungsstand aller dieser einzelnen Normen zusammen. Es ist Folge einer zusammenfassenden Metanorm, welche Normen insgesamt als Kriterien erfüllt sein sollten, damit eine gelungene Entscheidung vorliegt. Ist es Aufgabe der Entscheidungen, wahres Wissen durch abwägendes Beurteilen zu erlangen, wobei hier offen bleiben soll, welche Wahrheitskonzeptionen mit einem solchen Entscheidungsansatz kompatibel sein mögen, dann soll diese Metanorm *"Wahrhaftigkeitsnorm"* heißen.

Das *Anspruchsniveau* einer solchen Wahrhaftigkeitsnorm mag nun hoch oder niedrig sein. *Je niedriger es ist, umso eher kann man ein erfülltes Wahrhaftigkeitsbewußtsein erhalten,* etwa indem man gewisse Alternativen nicht erwägt. Ein Anspruchsniveau, das niedrig ist, ist nicht deswegen zugleich bedenklich, denn es hängt von den Aufgaben und den Entscheidungsschwierigkeiten ab, wann ein Anspruchsniveau adäquat sein mag.

Wenn Alternativen, die noch zu entfalten sind, durch Negation aufeinander verwiesen sind, müßte die Norm bestehen, die negierte Alternative zu fördern, es sei denn, gewichtigere Normen verhinderten dies. Aber selbst dann müßte diese Norm vielleicht doch weiter bestehen, damit ein unerfülltes Wahrheitsbewußtsein verhindert, daß falsche Gewißheiten entstehen. *"Borniertheit"* soll diejenige geistige Verfassung heißen, die verhindert, ein problemadäquates

Wahrhaftigkeitsniveau zu erreichen, um Gewißheit erhalten oder erlangen zu können, die bei einer Erhöhung des Wahrhaftigkeitsniveaus verloren gehen könnte. *Je weniger Normen* vorhanden sind, auf die sich eine Wahrhaftigkeitsnorm beziehen könnte, und *je komplexer die Problemlage ist, um so schwieriger wird es, unbeschränkte Wahrhaftigkeit von Borniertheit zu unterscheiden.* Das wahrheitsfördernde Neue kann dann eher mit der Sonderbarkeit einer Borniertheit verwechselt werden, so daß Abweichung weniger ausprobiert und der Schutz von Schulen gesucht wird, was nun wiederum nicht zum wahrheitsfördernden Neuen stimuliert.

§ 15: Effektives submaximales Wahrhaftigkeitsniveau der Naturdisziplinen. - Neuzeitliche Disziplinen wie Physik, Chemie oder Biologie sind in ihren Lösungssetzungen derart erfolgreich gewesen, daß insbesondere Physik als Vorbild für das angesehen wird, was "Wissenschaft" zu nennen sei. M. Bunge (1985: 155) ging so weit, alle Disziplinen, die letztlich nicht mit der Physik zusammenstimmen, als "unwissenschaftlich" zu bezeichnen. Alle diese Disziplinen haben zahlreiche Normen entwickelt, wie potentielle Lösungen identifiziert werden können (Mathematisierung einschließlich quantitativer Dimensionierung, Nutzung von Meßinstrumenten, experimentelle Reproduzierbarkeit usw.). Keine dieser Disziplinen hat auch nur ansatzweise ähnlichen Aufwand für die Entwicklung von Methoden des abwägenden Vergleichs von Theorien betrieben. Kein Forscher, der neue Konzepte entwickelt hat, wird ohne minimalen Theorienvergleich ausgekommen sein. Nur ist der abwägenddistanzierte Theorienvergleich nicht als Geltungsbedingung zur Norm erhoben worden. Erst dann wären institutionelle Bedingungen gegeben, für Theorienvergleich Forschungsressourcen zu erhalten. *Die neuzeitliche Entwicklung der naturwissenschaftlichen Disziplinen kam bisher ohne methodischen Theorienvergleich als Geltungsbedingung aus.* Allerdings haben Metatheoretiker dieser Disziplinen sich in den letzten Jahrzehnten der Problemlage angenommen (vgl. z.B. E. Ströker 1987).

Fragt man nun, ob die neuzeitlichen Disziplinen, die Vorbild für das wurden, was "wissenschaftlich" genannt wird, eine Mentalität repräsentieren, zu der es keine Alternative in der Fähigkeit gibt, Probleme besser zu bewältigen, dann ist diese Frage zu verneinen. Diese Disziplinen haben es nicht als ihre Aufgabe angesehen, die Fähigkeit im Umgang mit qualitativen Alternativen, wie Theorienvergleich, zu entwickeln. Es ist daher zu fragen, ob die Annahme, Naturdisziplinen wie Physik seien als Vorbild für Wahrheitssuchende zu nehmen, die "wissenschaftlich" genannt sein wollen, nicht Konsequenz einer Bornierung sein könnte, wenn man unterstellt, es ginge ihnen nicht bloß um die

Realisierung der Formel "Wissen ist Macht". Die neuzeitlichen Disziplinen wie Physik, Chemie oder Biologie waren ohne Maximierung des Wahrhaftigkeitsniveaus (*submaximales Wahrhaftigkeitsniveau*) effektiv. Diese Effektivität verführte die Disziplinen geschichtlicher Sachverhalte dazu, entweder die eigene Ineffektivität als Besonderheit zu stilisieren (Verstehen versus Erklären, Einmaligkeit versus Wiederholung, Beschreibung versus Theoretisieren usw.) oder aber sich den Methoden und Theorien der Naturdisziplinen anzugleichen, einmal abgesehen von den möglichen Mischstrategien und weiteren anderen Gründen.

§ 16: Konkurrenz. - Wenn es für die neuzeitliche Wissensentwicklung, die "wissenschaftlich" genannt wird, nicht zur *Geltungs*bedingung gehört, Alternativen abwägend zu beurteilen und damit auch diese Beurteilung methodisch zu verbessern und institutionell zu verankern, dann ist zu fragen, wieso diese Entwicklung dennoch derart viele Alternativen hervorgebracht hat, die jene Effektivität allererst ermöglichte, wovon historische Arbeiten zu diesen Disziplinen zeugen. Ist es also eine Verkürzung, das *Alternativen*problem *als* bloßes *Erwägungs*problem zu thematisieren, wodurch jene Effektivität als nur submaximale Wahrhaftigkeit erscheint? Ist nicht vielmehr die soziale Verteilung der Alternativen als grundlegend anzusehen, die "Institutionalisierung von Konkurrenz und Kritik" (H. Albert 1987: 157)?

Wenn Wissensproduzenten mit ihren Lösungen um irgendwelche Chancen (Reputation, Karriere usw.) konkurrieren, dann setzt diese Konkurrenz einige Grundbedingungen voraus, ohne die eine solche Konkurrenz nicht möglich ist. Teilnehmer der Konkurrenz sind auch jene, die keine Lösungen vorschlagen, sondern bloß begutachten. Zwei Grundbedingungen sollen hier hervorgehoben werden: 1. Konkurrenz braucht Bewertungskriterien, die beste Lösungen auszeichnen lassen. 2. Konkurrenzteilnehmer müssen einander hinsichtlich der Problemlösungskonstellationen sprachlich verstehen.

§ 17: Entzug der Interobjektivität durch Introspektion. - Konkurrenzen würden sinnlos werden, wenn jeweils beste Lösungen nicht zu beurteilen/bewerten wären. Hieraus folgt, daß Konkurrenzen sich um so besser verwirklichen können, je mehr Kriterien jeweils beste Lösungen identifizieren lassen. Umgekehrt werden solche Problemlagen für Konkurrenzen bedrohlich, die keine hinreichenden Kriterien mehr bieten, unter Lösungsalternativen die beste zu bestimmen. Soll also das Konkurrenzsystem erhalten bleiben, dann muß es entweder solche Problemlagen meiden oder aber derart verändern, daß wieder Konkurrenzen erhoffbar sind.

Das vielleicht grundlegendste Beispiel für eine solche Konkurrenzen gefährdende Problemlage ist dann gegeben, wenn das Objekt, auf das die Wissenslösung zutreffen soll, nicht allen Teilnehmern der Konkurrenz zugänglich ist. Dies ist dann gegeben, wenn der Konkurrent sich auf *seine* introspektiv erfahrenen Erlebnisse bezieht, z.B. die unanschauliche Erfahrung, bei einer Gedankenentwicklung den Faden zu verlieren und ihn dann (wiedererkennend!?) wiederzufinden. Die Problemlage ist nicht mit der der Mikrophysik zu vergleichen, wie J. J. Katz (1969: 165) meinte, weil dort die (von Realisten) unterstellten Mikroentitäten für alle in gleicher Weise (un-)zugänglich sind, wie etwa auch der Sonnenkern. Gegenstände, die allen Konkurrenzteilnehmern in gleicher Weise zugänglich bzw. unzugänglich sind, sollen "*interobjektiv*" heißen.

Introspektion besitzt (bisher) keine interobjektiven Gegenstände. Schon aus diesem Grunde können gewisse Lösungsalternativen zurückgewiesen werden: "Und zweitens läßt sich durch einen solchen Verweis auf Vorstellungen im Bewußtsein jedenfalls nicht die Bedeutung von Eigennamen erklären, da solche inneren Entitäten nicht intersubjektiv zugänglich sind" (U. Wolf 1985: 11). Oder aber es wird behauptet, "die moderne objektive Psychologie" nehme an, "daß Introspektion nicht existiert - daß der Geist sich nicht selbst direkt beobachten kann" (D. O. Hebb 1973: 306). Erst wenn Introspektionen und deren zur Sprache gebrachten Ergebnisse selbst interobjektiv werden, erscheint Introspektion noch zulässig: "Die alte Introspektionsmethode wird heute zwar abgelehnt, sie hat jedoch in einer anderen Form überlebt: der Einstufung eigener Gefühle anhand von Ratingskalen und Fragebögen" (L. Schmidt-Atzert 1981: 18).

Konkurrenz bedarf des Meinungsstreits. Ist er aber unauflösbar, wird die Konkurrenz hinfällig. Unauflösbar erscheinender Meinungsstreit wird zur Bedrohung der Konkurrenz. J. B. Watson (1968) war "der festen Überzeugung, daß die Psychologie, falls die introspektive Methode nicht aufgegeben wird, sich in zweihundert Jahren immer noch um die Frage streitet, ob die Intensität ein Attribut ist, das sich auf Farben anwenden läßt, ob es einen Unterschied in der »Textur« bei Vorstellungen und Empfindungen gibt und über viele hundert andere Dinge dieser Art" (18). Watson wollte der Psychologie eine "Stellung als unbestrittene Naturwissenschaft" (17) verschaffen und lehnte Introspektion ab, denn diese habe zur Folge, "daß es ebenso viele Analysen wie Psychologen" (38) gebe. Nur für eine bestimmte Mentalität kann es ein Einwand sein, Problemlagen zu besitzen, deren Alternativen unentscheidbar erscheinen. Ob diese "wissenschaftlich" zu nennen ist, hängt auch von dem Wahrhaftigkeitsniveau ab.

§ 18: Bedrohung der Intersubjektivität durch den logisch-mathematischen Grundlagenstreit. - Introspektion kann man außer acht lassen wollen oder gänzlich leugnen, aber selbst wenn man sie zuließe und die befürchtete Uneinigkeit erhielte, wäre hierdurch die Konkurrenz in anderen Problemgebieten nicht grundsätzlich behindert. Erst wenn die Mittel der Verständigung und des Aufbaus von Gedanken für die potentiellen Konkurrenzteilnehmer unvermittelbar verschieden wären, wäre die Konkurrenzmöglichkeit in *jedem* Gebiet betroffen. Insofern liegt auf diesen Problemgebieten der *höchste Konsensdruck.* Von hier aus wird nicht nur verständlich, daß für das Logisch-Mathematische immer wieder eine Begründung gesucht worden ist, die jeglichem Streit enthoben sein sollte (vgl. W. Loh 1980: 20 ff.), was allerdings den Streit bisher nur noch verstärkte, sondern daß auch eine introspektiv-psychologische Begründung als doppelte Gefahr erscheinen muß(te) und in diesem Jahrhundert unter dem Titel "Psychologismus", wie H. Stachowiak (1973) feststellte, "geradezu als antiphilosophisches Teufelswerk" (12) fungierte: "Ach, ich kenne sehr wohl den fast religiösen Schauder, der manche unter den heute Philosophierenden erfaßt, wenn sie dieses unheimliche Wort auch nur in der Ferne flüstern hören!" (K. Roretz 1937: 8).

Der Grundlagenstreit in Logik und Mathematik ist bis heute nicht aufgelöst. Vielmehr werden die philosophischen Grundlagenfragen kaum mehr erörtert. Man widmet "sich ohne große philosophische Reflexionen der Beackerung des ausgedehnten und fruchtbaren Bodens, der durch die moderne Logik erschlossen wurde" (A. Oberschelp 1986: 67). Moderne Logik ist kalkülistisch (G. Gutzmann 1980: 1. Kapitel). In den Kalkülen fand man den interobjektiven Bezug wieder, den die Grundlagenpositionen entschwinden ließen, wenn sie von apriorischen Bedingungen, von einem gegenüber Menschen und Natur unabhängigen Reich des Wahren oder von psychischen Anlagen ausgingen. R. Carnap (1968) hat vielleicht am deutlichsten die Tendenz formuliert, die als "sprachphilosophische Wende" oder "linguistic turn" bezeichnet wird: "Der Schritt aus dem Chaos der subjektivistischen philosophischen Probleme auf den festen Boden der exakten syntaktischen Probleme muß getan werden. Dann erst haben wir es mit scharfen Begriffen und deutlich faßbaren Thesen zu tun. Dann erst besteht die Möglichkeit einer fruchtbaren Zusammenarbeit verschiedener Forscher an denselben Problemen" (261). Insofern ist der sogenannte Fortschritt vom mentalistischen zum sprachphilosophischen Paradigma (H. Schnädelbach 1985: 68 ff.) vielleicht weniger ein Fortschritt als vielmehr ein Ausweichen vor der philosophischen Klärung logisch-mathematischer Grundlagenfragen, um die Kommunikationsfähigkeit wenigstens in den Symbolsystemen noch vorgestellt zu bekommen. Der logisch-mathematische Grundlagenstreit ist ein hervorragendes Beispiel dafür, wie zugunsten der Konkurrenzfähigkeit Interobjektivität (Kalkülisierungen) angestrebt, aber dafür die Fähigkeit im Umgang mit Alternativen nicht entwickelt worden ist, die Introspektion und insbesondere Reflexion bei Mentalitätsproblemen erfordert, so daß der Klärungsersatz, die Kalkülisierung, nur noch unentbehrlicher erscheint.

§ 19: Pseudokonkurrenz. - Die Konkurrenz von Wissenslösungen war bisher am effektivsten in den Naturdisziplinen, weil dort der Objektbezug als Bewertungskriterium mittels Messung, Experiment und quantifizierender Begriffsbildung am leichtesten herstellbar ist. Je schwieriger die Herstellung eines Objektbezugs ist, um so weniger kann die Konkurrenz gelingen. Das mag dazu verführen, solche Objektbezüge zu verleugnen oder abzulehnen. Wenn man aber sich hierauf nicht einlassen will, dann läuft ein an Konkurrenz orientiertes Wissenssystem Gefahr, Pseudokonkurrenzen zu entwickeln, die sich an Ersatzkriterien orientieren, von der Technik der Mogelpackung mittels gelehrter Assoziationen, die sich an reputierlichen Autoren geistreich entlanghangeln, bis zur kalkültechnischen Spielerei mit falschen Deutungsansprüchen. Die Konkurrenz verlagert sich von der sachlichen, wie auch immer fragwürdigen Auseinandersetzung auf die Jagd nach Posten, Drittmittelgeldern, Schulenmitgliedern oder umgekehrt auf die Vernichtung von Karrieren, auf unbelegbare Gerüchtebildung, die Verstopfung von Kritikmöglichkeiten. Die Verstopfung mag schließlich sich als Takt ausgeben, nicht mehr die Mentalitäten bestimmen zu wollen, die am Konkurrenzsystem teilnehmen.

Werden gar vorherrschende Trends oder Moden in Analogie zu funktionierenden Konkurrenzsystemen als fortgeschrittenster Forschungsstand mißverstanden, kann sich ein selbstverstärkender Zirkel der Borniertheit bilden: Weil es einen angeblich fortgeschrittensten Forschungsstand gebe, brauche man die Geschichte der Forschungsbemühungen nicht zu berücksichtigen, was die Ausbildung von Maßstäben verhindert, welche erkennen ließen, daß der Wechsel der Forschungstrends keinen Forschungsfortschritt bedeuten muß. Das erlaubt wiederum die Anpassung an die neuste Mode im illusionäre gewordenen Konkurrenzsystem, das eigentlich den besten Forschungsstand zur Geltung bringen sollte. Die Differenzierung zwischen Genesis und Geltung verkehrt sich dann zum Stabilisationsfaktor des illusionär gewordenen Konkurrenzsystems. Das Interesse an Geschichte verkümmert zur verwertenden Rekonstruktion.

Vielleicht ist folgende Gegenthese in manchen Forschungsgebieten sinnvoller: *Der neuste Forschungstrend ist schlechter als der vorhergehende.* H.

Vaihinger (1970) gab für eine Problemlage der Kantforschung vor über hundert Jahren an: "Zuerst eigene schwankende Unklarheit von Kant selbst, dann die einseitigen und inconsequenten Darstellungen bei den Auslegern und zuletzt sogar wieder gegenseitige missverständliche Auffassungen unter den Letzteren!" (388 Anm. 1). Ist die Kant-Forschung wirklich inzwischen relevant weiter gekommen? D. Henrich (1976) meinte: "Die Grundtexte Kants sind dennoch bisher nur um Weniges verständlicher geworden. Erläuternde Kommentare auch vom Umfang mehrerer Bände konnten in das Gedankengefüge nicht eindringen, in dem sich zahlreiche Argumentfolgen indistinkt überlagern" (13). Man sollte einmal untersuchen, ob die Schwierigkeiten weniger von Kants Texten herrühren als vielmehr von der Art und Weise, wie Kant-Forschung bisher betrieben worden ist.

In dem Maße wie Konkurrenz sinnlos wird und nur noch illusionär Chancen hat, ist es konsequent, die Orientierung an Konkurrenz aufzugeben (so z.b. N. Klinkmann (1981) für die Soziologie), um eine Pluralität von Ansätzen sich entwickeln zu lassen, wenn nicht die Pluralität schon an der Konkurrenz um Unterstützung (Finanzierung) scheitern würde, einmal davon abgesehen, daß ein solcher Standpunkt die Lage hinnimmt und nur möglichst illusionslos die Konsequenzen zu ziehen versucht, aber nicht nach den Voraussetzungen dieser Lage fragt und wie diese zu verändern seien.

In dem Maße also, wie die Problemlagen undurchsichtig oder auch komplex werden und daher schwer zu bewerten sind, versagt Konkurrenz und kann zur Pseudokonkurrenz degenerieren, die die Komplexität auch noch künstlich zu erhöhen vermag (vgl. W. Loh 1972: 131 Anm. 71).

§ 20: Konkurrenz zweiter Stufe. - Die Konkurrenz von Lösungsalternativen läßt unbestimmt, welche Mentalität das jeweilige Lösungsangebot hervorbrachte. Hierdurch werden die Wissensproduzenten vom Erwägen von Alternativen insofern entlastet, als sie höchstens Alternativen solcher Konkurrenten und anderer Teilnehmer beachten müssen, die die Durchsetzungschancen ihrer Lösungsangebote mindern könnten. Da es einen systematischen Alternativen- und besonders Theorienvergleich nicht gibt, ist der Versuch in einem an Lösungskonkurrenz orientierten Wissenssystem schwer behindert, das Erwägen von Alternativen zur Geltungsbedingung möglicher Lösungsvorschläge zu machen. Denn allein schon der Zeitaufwand würde alle normalen Karriere- und Produktionsbedingungen sprengen, es sei denn, es entwickelte sich eine reflexive Lösungskonkurrenz, eine *Konkurrenz zweiter Stufe*, die Alternativen von Erwägungsalternativen beträfe. Doch hierfür müßte erst einmal die

Fixierung an die Lösungskonkurrenz der untersten Stufe aufgehoben werden. Es wären insbesondere die vorhandenen Theorienkonglomerate daraufhin zu untersuchen, was ihnen für einen systematischen Theorienvergleich mangelt, um ein Wissen dafür entwickeln zu können, wie Theorien auf Vergleichbarkeit hin entworfen sein müßten. Wie aufgrund der so gewonnenen Erfahrungen eine Konkurrenz zweiter Stufe beschaffen sein könnte, wäre zu erforschen.

§ 21: Religiosität, Prophet, Genie, Weise und Philosophie. - Würde das Erwägen von Alternativen Gegenstand von Geltungsbedingungen werden, die der Suche nach geeigneten Normen eine Basis geben könnten, dann würde deutlich werden, daß das Erwägen von Alternativen eine spezifische Mentalität zu prägen vermag, die mit anderen hinsichtlich der gleichen Aufgabe nicht vereinbar ist. Da die Lösungskonkurrenz unbestimmt läßt, wie man zu der Lösung kam, es kann gleichsam Betriebsgeheimnis bleiben, wird nicht deutlich, daß dieser Umgang mit Alternativen ein brisantes Konfliktpotential privatisiert, das erst in einer Konkurrenz zweiter Stufe offenbar werden müßte.

Wenn man unter "Gott" bzw. "Gottheit" ein den Menschen überlegenes (kompetenteres) Wesen versteht, dann kann man "religiös" diejenige Entscheidung (oder Einstellung) hinsichtlich bestimmter Aufgaben nennen, Konzepte nicht selbst abwägend zu entscheiden, sondern von mindestens einer angenommenen Gottheit zu übernehmen (vgl. K. T. Oesterreich 1917: 17). Religiosität, in der hier gebrauchten Bedeutung des Wortes, ist als Alternative zu jener Mentalität einzuschätzen, die sich an Entscheidungen orientiert, bestimmte Aufgaben selbst zu entscheiden (*Autonomie*). Religiosität kommt definitionsgemäß ohne Gottesbezug nicht aus; dennoch könnte man mit Hilfe von Konkretionen des Begriffs geschichtliche Stadien zu erfassen versuchen, die verfallende Religiosität umfassen ließe, die sich vom Gottesbezug löst. Andererseits ist das Gottesproblem ohne jegliche Religiosität behandelbar (natürliche Theologie). Alle diese Überlegungen wie auch die vorhergehenden und die nachfolgenden müßten in kombinatorischen Überlegungen aufhebbar sein.

Da in der Religiosität entschieden wird, zu bestimmten Aufgaben Lösungen zu übernehmen, ist sie *lösungsorientiert*. Insofern kann sich religiöse Mentalität am Markt der Lösungen beteiligen und deswegen die Lösungsorientierung erhalten wollen. Je kompetenter allerdings die Gottheit angenommen wird, was für manche nach Auschwitz schwierig geworden zu sein scheint (H. Jonas 1984), um so eher muß der religiöse Teilnehmer hoffen, daß die Konkurrenz und damit dieser Markt aufgelöst wird. Religiosität und Konkurrenz sind insofern letztlich inkompatibel.

Der Prototyp des religiösen Neuerers, der Alternativen vermittelt, ist der *Prophet*, der des Marktes und der Konkurrenz, das *Genie*. Die Mentalität, die das Erwägen von Alternativen sozial vermitteln will, darf nicht die Sicherheit bieten wollende Ausstrahlung eines Propheten oder Genies haben. Sie muß sich auf Unsicherheit einlassen, um darin Sicherheit finden zu können. Ihr Prototyp ist die/der *Weise*, ob nun distanziert-gelassen oder begeistert-neugierig. Ein Kind kann weise sein, was nicht mit lösungsorientierter Altklugheit zu verwechseln ist. Versteht man unter *"Philosophie"* eine an Autonomie orientierte Mentalität, dann kann diese zum Genialitätstyp oder zum Weisheitstyp neigen.

Solche Überlegungen verdeutlichen, daß zu klären wäre, welche Mentalitäten Interessen haben, daß Lösungsorientierung beibehalten wird, selbst wenn das Wahrhaftigkeitsniveau dadurch nicht erhöht werden könnte.

Wenn in der Tradition der Aufklärung Religiosität vom Falschen her verstanden worden ist (vgl. W. Loh 1982: 154), dann wird nur die Lösungsseite der Entscheidungskonstellationen thematisiert. Dies ist vordergründig. Es könnte sein, daß eine Auseinandersetzung mit der religiösen Mentalität noch aussteht, die auch das Verständnis von dem, was bisher "Wissenschaft" genannt worden ist, umfassen müßte, insbesondere im Bereich des Logisch-Mathematischen.

§ 22: Erwägende Vernunft. - Selbst wenn es mindestens eine Gottheit geben sollte, hat sie sich m. W. nicht hinsichtlich der fundamentalen Herausforderungen dieses Jahrhunderts so offenbart, daß dies nicht mit Illusionen verwechselt werden könnte. Vielleicht ist ihr Religiosität nicht angemessen. Doch dann wäre der Mensch auf seine Kompetenz und Inkompetenz verwiesen. Er könnte sich nicht - wie in der Zeit der Aufklärung - darauf verlassen: wie immer der Mensch "die Natur und seinesgleichen behandelt, Gott selbst, der sich Destruktion und Kreation reserviert, bewahrt ihn vor der finalen Katastrophe«" (W. Lepenies 1983: 273). Die in der Religiosität angelegte Tendenz zur Kompetenzerhöhung von Gottheiten bis hin zur Allfähigkeit eines weltschaffenden transzendenten Gottes impliziert zugleich die Inkompetenz des Menschen und seine Transzendierungsfähigkeit, über alle Grenzen hinaus zu denken.

Wenn aber die menschliche Transzendierungsfähigkeit nicht durch Lösungen aus göttlicher Offenbarung aufgehoben wird, dann läßt ihn seine Transzendierungsfähigkeit die Grenzen seiner Kompetenz ahnen. Aber die Kompetenz, auch die Inkompetenz bestimmen zu können, ist trotz aller Kritik kaum entwickelt worden. Versteht man unter "*Vernunft*" diejenigen Konstellationen einer Mentalität, die deren Entscheidungsverhältnisse ausmachen, etwa im Unterschied zu verstandesmäßigen Differenzierungen wie der zwischen Theorie, Daten und Darstellung oder wie der zwischen Abstraktionsstufen, dann ist festzustellen, daß die erwägende Vernunft kaum institutionell verankert ist. Sie wird allerdings durch Lösungskonkurrenzen, etwa im demokratischen Wettstreit, stimuliert. Erwägende Vernunft fördert das Alternativenproblem, was schließlich zur Idee einer intensionalen Kombinatorik führt. *Kombinatorik erhöht die Kompetenz im Umgang mit Alternativen und läßt zugleich die Inkompetenz schärfer hervortreten*, ob nun hinsichtlich der Verarbeitungskapazität des Erwägens oder bezüglich des abwägenden Beurteilens. Erst wenn man die Kompetenz des Erwägens erweitert, wird abschätzbar, wie risikoreich möglicherweise das zuvor so gewiß erschienene Wissen gewesen ist. Für technische Großanlagen fördert man Risikoabschätzungen. Die Wissenskultur, die sich "wissenschaftlich" nennt, hat für sich selbst keine Risikoabschätzungsmethode entwickelt, deren Basis systematischer Theorienvergleich sein müßte.

Intensionale Kombinatorik bedarf der begrifflichen Ordnung nach Abstraktionsstufen. Doch Abstraktionstheorien sind von der modernen Logik vernachlässigt worden. Wegen des Psychologismusverdachts werden sie auch abgelehnt (vgl. P. Geach 1971: 21 f.). Da die Abstraktionsstufen kombinatorisch vermittelt sein müssen, erhalten besonders abstrakteste Begriffe höchste Relevanz. Aber auch hier blockiert moderne Logik intensionales kombinatorisches Denken, indem sie die Kombinatorik der Wahrheitswerte zu Aussagen eingeschränkt gebraucht und auch noch falsch deutet (vgl. W. Loh 1985 u. 1986).[**]

Je abstrakter die Begriffe, um so merkmalsärmer sind sie und um so eher kann kombinatorisches Denken mit ihnen vorwärts kommen. Auch von dieser Problemlage her erhalten die abstrakteren Begriffswelten höhere Relevanz. Diese sollten invariant gegenüber den einzelnen Disziplinen sein. Es ist vielleicht ein Grundmangel der Disziplinenentwicklung in den geschichtsbezogenen Bereichen (Ökonomie, Politologie, Ethnologie usw.), daß sie auf zu konkretem Niveau institutionalisiert worden sind. Wieso gibt es z. B. keine Disziplin, die auf dem Abstraktionsniveau angesiedelt wäre, wo Entscheiden umfassend zum Problem werden könnte? Traditionell hat sich Philosophie um abstrakt-invariante Konzepte gekümmert. Hierin liegt ihre universalwissenschaftliche Tendenz. Doch für manche verfallen die universalwissenschaftlichen Aufgaben der Philosophie "dem vernichtenden Urteil der Kritik" (J.

Habermas 1977: 86). Wenn aber Philosophie mit Autonomie und diese mit Entscheidungsfähigkeit zusammenhängt, dann kann diese sich am ehesten in den abstrakt-invarianten Bereichen diskutabel ausprägen. Es kommt einer Selbstentmündigung der Philosophie nahe, wenn Philosophen sich dieser Aufgabe begeben, die dann auch durch keinen Diskurs mehr einholbar ist. Insofern könnte die erwägende Vernunft einer schwach gewordenen Philosophie, die ihr Heil schließlich nur noch als Reflexionsmagd derjenigen Mentalität sucht, die»wissenschaftlich« genannt wird, neue Kräfte geben, nicht um sich außerordentliche Kompetenz anzumaßen, sondern um auch kompetent zu werden, (auch die eigenen) Inkompetenzen aufzeigen zu können, nicht zuletzt in jenen Bereichen, die "wissenschaftlich" genannt werden. Hierdurch mag dann klarer werden, welche Mentalitäten geeignet sein könnten, die fundamentalen Herausforderungen dieses Jahrhunderts zu erörtern.

Anmerkungen

[*] Anm. 1993: Es ist wohl sinnvoller, die Setzung von Lösungen nicht mehr dem Ausdruck "Entscheidung" (bzw." Entscheiden") zuzurechnen. Doch dies ist nur eine sprachliche Festlegungsfrage.

[**] Anm. 1993: Inzwischen bin ich der Meinung, daß die klassische Aussagenlogik nicht nur falsch gedeutet wird, sondern auch in ihrer wahrheitsfunktionalen Fassung widerlegbar ist; vgl. meine Arbeit "Widerlegung der klassischen Aussagenlogik ..." (in diesem Buch).

Literatur

Albert, H.: Kritik der reinen Erkenntnislehre. Tübingen 1987.

Allport, G. W.: Die Natur des Vorurteils. Köln 1971.

Blanck, B.: Überlegungen zur Bestimmung des psychophysischen Problems. Ms. 1987.

Böhme, G.: Alternativen der Wissenschaft. Frankfurt am Main 1980.

Bunge, M.: On Research Strategies in Psychology. In: Annals of Theoretical Psychology, Vol. 3, ed. by K. B. Madsen/L. P. Mos. New York/London 1985.

Burkhardt, H.: Logik und Semiotik in der Philosophie von Leibniz. München 1980.

Carnap, R.: Logische Syntax der Sprache. Wien/New York 1968.

Diemer, A.: Was heißt Wissenschaft? Meisenheim am Glan 1964.

Dinkelbach, W.: Entscheidungsmodelle. Berlin/New York 1982.

Driesch, H.: Das Wesen des Organismus. In: Das Lebensproblem im Lichte der modernen Forschung, hg. von H. Driesch. Leipzig 1931.

Durkheim, E.: Die elementaren Formen des religiösen Lebens. Frankfurt am Main 1981.

Feyerabend, P. K.: Wie wird man ein braver Empirist? In: Erkenntnisprobleme der Naturwissenschaften, hg. von L. Krüger. Köln/Berlin 1970.

Feyerabend, P.: Wissenschaft als Kunst. Frankfurt am Main 1984.

Festinger, L.: Theorie der kognitiven Dissonanz. Bern/Stuttgart/Wien 1978.

Fleck, L.: Entstehung und Entwicklung einer wissenschaftlichen Tatsache. Frankfurt am Main 1980.

Geach, P.: Mental Acts. London/New York 1971.

Greshoff, R.: Probleme sozialwissenschaftlicher Theoriebildung am Beispiel des Marxschen Klassenbegriffs. Frankfurt am Main 1985.

Gutzmann, G.: Logik als Erfahrungswissenschaft. Berlin 1980.

Habermas, J.: Erkenntnis und Interesse. Frankfurt/Main 1977.

Hallpike, C. R.: Die Grundlagen primitiven Denkens. Stuttgart 1984.

Hebb, D. O.: Einführung in die moderne Psychologie. Weinheim/Basel 1973.

Heiler, F.: Das Gebet. München 1969.

Henrich, D.: Identität und Objektivität. Heidelberg 1976.

Huber, G./Gross, G.: Wahn. Stuttgart 1977.

Jaspers, K.: Allgemeine Psychopathologie. Berlin/Heidelberg/New York 1973.

Jonas, H.: Der Gottesbegriff nach Auschwitz. In: Reflexionen finsterer Zeit, hg. von O. Hofius. Tübingen 1984.

Kant, I.: Die Religion innerhalb der Grenzen der bloßen Vernunft. In: Kants Werke, Akademie-Textausgabe, Bd. VI. Berlin 1968.

Katz, J. J.: Philosophie der Sprache. Frankfurt am Main 1969.

Klinkmann, N.: Das systematische Vergleichen von Theorien. Soziale Welt 32(1981)249-260.

Kuhn, T. S.: The Function of Dogma in Scientific Research. In: Scientific Change, ed. by A. C. Crombie. London 1963.

Kuiper, P. C.: Tiefenpsychologische Betrachtungen über Wahnformung. Studium Generale 20 (1967) 660- 668.

Lakatos, I.: Falsifikation und die Methodologie wissenschaftlicher Forschungsprogramme. In: Kritik und Erkenntnisfortschritt, hg. von Lakatos, I./Musgrave, A. Braunschweig 1974.

Laux, H.: Entscheidungstheorie, Grundlagen. Berlin/Heidelberg/New York 1982.

Leibniz, G. W.: Hauptschriften zur Grundlegung der Philosophie, Bd. I. Hamburg 1966.

Lepenies, W.: Historisierung der Natur und Entmoralisierung der Wissenschaften seit dem achtzehnten Jahrhundert. In: Natur und Geschichte, hg. von H. Markl. München/Wien 1983.

Loh, W.: Kritik der Theorieproduktion von N. Luhmann und Ansätze für eine kybernetische Alternative. Frankfurt am Main 1972.

Loh, W.: Formenanalyse bei Marx und ihr Verhältnis zur Systemwissenschaft. Zeitschrift für Soziologie 4(1975)254-272.

Loh, W.: Kombinatorische Systemtheorie: Evolution, Geschichte und logisch-mathematischer Grundlagenstreit. Frankfurt am Main/New York 1980.

Loh, W.: AGIL-Dimensionen im Spätwerk von T. Parsons und Kombinatorik. Kölner Zeitschrift für Soziologie und Sozialpsychologie 32(1980)130-143 (b).

Loh, W.: Versuch einer theoretischen Bestimmung des evolutionären und geschichtlichen Ortes von Werten. In: Bedürfnisse, Werte und Normen im Wandel, Bd. 1: Grundlagen,

Modelle und Prospektiven, hg. von Stachowiak, H./Ellwein, T. München/Paderborn/Wien/ Zürich 1982.

Loh, W.: Vorurteile und Wahn im logisch-mathematischen Grundlagenstreit und Probleme empirischer Begründung. Zeitschrift für allgemeine Wissenschaftstheorie 15(1984)211- 231.

Loh, W.: Zur Kritik der klassischen Aussagenlogik. conceptus 19(1985) Nr. 48: 23-36.

Loh, W.: Fehldeutungen der klassischen Aussagenlogik. dialectica 40(1986)157-162.

Loh, W.: Untersuchungen zu den Grundlagen der Kritischen Philosophie Kants. Ms. 1986 (b).

Loh, W.: Zur Überwindung neuzeitlicher Wissenschaftsauffassungen. Zeitschrift für allgemeine Wissenschaftstheorie 19 (1988) 266-289.

Luhmann, N.: Funktion der Religion. Frankfurt am Main 1977.

Mach, E.: Erkenntnis und Irrtum. Darmstadt 1968.

Mayr, E.: Grundlagen der zoologischen Systematik. Hamburg/Berlin 1975.

Mitscherlich, A. u. M.: Die Unfähigkeit zu trauern. München 1980.

Oberschelp, A.: Zur logizistischen These: Beweis des Unendlichkeitsaxioms in Quines Logik. In: Logik und Grundlagenforschung, Festkolloquium zum 100. Geburtstag von Heinrich Scholz. Schriftenreihe der Westfälischen Wilhelms-Universität Münster, Neue Folge: Heft 8. Münster 1986.

Oesterreich, T. K.: Einführung in die Religionspsychologie. Berlin 1917.

Pawlowski, T.: Begriffsbildung und Definition. Berlin/New York 1980.

Popper, K. R.: Objektive Erkenntnis. Hamburg 1984.

Roretz, K.: An den Quellen unseres Denkens. Wien/Leipzig 1937.

Scherhorn, G.: Der Wettbewerb in der Erfahrungswissenschaft. Hamburger Jahrbuch für Wirtschafts- und Gesellschaftspolitik 14 (1969) 66-86.

Schmidt-Atzert, L.: Emotionspsychologie. Stuttgart/Berlin/Köln/Mainz 1981.

Schnädelbach, H.: Philosophie. In: Philosophie, hg. von Martens, E./Schnädelbach, H. Reinbek bei Hamburg 1985.

Schneider, U.: Einführung in den Buddhismus. Darmstadt 1980.

Seyfahrth, C.: Zur Grundlegung eines nicht-restriktiven Vergleichs soziologischer Ansätze. In: Theorienvergleich in den Sozialwissenschaften, hg. von Hondrich, K. O./Matthes, J. Darmstadt/Neuwied 1978.

Siemers, H.: Die Religion der Soziologie. In: Person und Institution, hg. von R. Pohlmann. Würzburg 1980.

Stachowiak, H.: Allgemeine Modelltheorie. Wien/New York 1973.

Ströker, E.: Über Poppers Kriterien des Wissenschaftsfortschritts. Erkenntnis 27(1987)91- 112.

Ueberweg, F.: System der Logik und Geschichte der logischen Lehren. Bonn 1882.

Vaihinger, H.: Kommentar zu Kants Kritik der reinen Vernunft, Band 1. Aalen 1970.

Watson, J. B.: Behaviorismus. Köln/Berlin 1968.

Weyl, H.: Philosophie der Mathematik und Naturwissenschaften. München/Wien 1966.

Wittgenstein, L.: Tractatus logico-philosophicus. Frankfurt am Main 1964.

Wohlgenannt, R.: Was ist Wissenschaft? Braunschweig 1969.

Wolf, U.: Einleitung. In: Eigennamen, hg. von U. Wolf. Frankfurt am Main 1985.

Kant-Forschungen
als Beispiel für selbstverschuldeten Methodenmangel

Werner Loh

1. Geschichte der Kant-Forschungen als Vorwurfsgeschichte

Menschen können sich im Weltraum bewegen, Gene können gezielt verändert werden und Computer können menschliche Konzepte wandeln. Folgt man dem vorherrschenden Wissen um die Menschheitsgeschichte, dann beginnen somit Menschen, den örtlichen, organischen und geistigen Rahmen ihrer bisherigen Geschichte zu verlassen. Sind aber die in der bisherigen Menschheitsgeschichte ausgebildeten geistigen Einstellungen mit ihren Orientierungen geeignet, zu diesen fundamentalen Herausforderungen Stellung zu nehmen, oder sind grundlegend neue Mentalitäten zu entwickeln? Kann man eine solche Frage überhaupt beantworten, wenn schon die Charakterisierungen von geschichtlichen Mentalitäten, wie sie z.b. in philosophischen Entwürfen zum Ausdruck kommen, außerordentlich kontrovers sind? Kants Kritische Philosophie ist hierfür ein hervorragendes Beispiel. Kant-Forscher haben sich bis in die Gegenwart hinein bezichtigt, den eigentümlichen Charakter dieser Philosophie verfehlt zu haben. H. Cohen stellte 1871 fest: "Berühmte Forscher zeihen einander der Unwissenheit in Bezug auf die wichtigsten und die gemeinsten Sätze des Kantischen Systems"[1]. Fast hundert Jahre später urteilte G. Lehmann über Cohen und andere Kant-Forscher: "Führende Vertreter des Neukantianismus und seiner ontologischen bzw. existenzphilosophischen Weiterbildung wählen Texte aus, verwerfen andere, interpretieren einseitig und gewaltsam; ihre Umakzentuierungen grenzen an Textverfälschungen. Von F. A. Lange, Cohen bis zu Heidegger, Krüger gibt es dafür viele Beispiele."[2] Vor wenigen Jahren behauptete G. Prauss erneut und pauschal über die bisherigen Kant-Forschungen und ihre Literatur: daß die "entscheidenden Grundlagenfragen der Kantischen Philosophie doch nach wie vor offen sind. Denn immer wieder muß man sich dabei auch davon überzeugen, wie gründlich diese Literatur von vornherein den eigentümlichen Charakter dieser Philosophie verfehlt".[3] Wer die Geschichte der Kant-Forschungen nur ein wenig verfolgt hat, den wird es nicht überraschen, in einer Rezension des Buches von G. Prauss, aus dem das angeführte Zitat stammt, zu lesen: Das Vorgehen von Prauss bestehe darin, "die Kantische Philosophie an den beiden Flanken der Ethik und der Erkenntnistheorie in Nonsens zu verzerren, und zwar so, daß die zweite Karikatur zur Rektifizierung der ersten dient".[4]

Diese Zitate sollen exemplarisch deutlich machen, daß die Geschichte der Kant-Interpretationen in dem Sinne auch als *Vorwurfsgeschichte* lesbar ist, als mit jeweils neuen Interpretationsansprüchen auch Vorwürfe verbunden sind, andere Interpretationen seien falsch. Würde man nämlich die Vielfalt der Interpretations*lösungen* zu *Erwägungs*alternativen transformieren, dann würde eine neue Interpretation eine Verbesserung und kein Anlaß für Vorwürfe sein, weil sie noch mehr verantworten ließe, ab und in welchem Ausmaß Lösungen auszuzeichnen wären. Erwägungsalternativen würden methodisch Interpretationsapproximationen - gemessen etwa an Hand von Abstraktions- bzw. Konkretionsstufen - ermöglichen, welche von den Lösungserwartungen, die tief in die Institutionalisierungsformen neuzeitlicher Wissensgestalten reichen, die "wissenschaftlich" genannt werden, entlasten und dennoch Annäherungen zulassen würden. Die Problemlage ist nicht nur auf Interpretationsgeschichten anderer Philosophen übertragbar, sondern betrifft alle Disziplinen, die von Interpretationen leben. Es gibt z.B. keine Geschichtswissenschaft, die sich aus dem Geist methodischer Approximationen speiste, denn hierzu müßten systematisch Erwägungsalternativen in verschiedene Ordnungen gebracht werden. Es ist hier nicht der Ort, dies zu vertiefen.

Kant schlug vor, die Beschäftigung mit Metaphysik auszusetzen, bis Kritik erwiesen habe, ob Metaphysik möglich sei (4: 535, 278; 8: 244)[5]. Kritische Philosophie sollte den endlosen Streit der vielfältigen, sich bekämpfenden metaphysischen Positionen endgültig beenden lassen (A VIII ff.). Kants Hoffnungen erfüllten sich nicht. Vielmehr löste die Kritische Philosophie nicht nur neue, konkurrierende metaphysische Entwürfe aus, sondern sie war und ist auch noch Basis einer anhaltenden Vorwurfsgeschichte, die zu *keinem anerkannten (Lösungs-)Forschungsstand* hinsichtlich des eigentümlichen Charakters der Kritischen Philosophie geführt hat, auf dem weitere Forschungen aufbauen könnten. Angeregt von Kant ist zu fragen, ob nicht das Interpretieren vorläufig auszusetzen sei, bis Untersuchungen festgestellt haben, wie ein (Lösungs)-Forschungsstand hinsichtlich der Interpretation der Kritischen Philosophie zu erreichen sei. Würde aber eine solche Fragestellung genügen? Wie grundlegend ist zu fragen? Verdankt sich die Vorwurfsgeschichte weniger der Kritischen Philosophie als vielmehr allgemein hermeneutischen Schwierigkeiten? Oder ist noch grundlegender zu fragen? Sind die Interpretations-schwierigkeiten vielleicht erst dann zu beheben, wenn auch noch das neuzeitliche Wissenschaftsverständnis hinterfragt wird? Welche Mentalitäten lassen erhoffen, einen Forschungsstand über Mentalitäten verschaffen zu können? Behindern vielleicht die bisherigen Mentalitäten Forschungen über Mentalitäten?

Von einem Aufschub interpretierender Kant-Forschungen ist bisher nichts zu bemerken. Kant-Forschungen ergießen sich institutionell getragen und ununterbrochen in viel zu selten beklagten unbewältigbaren Literaturfluten[6]. Von welchen Interessen wurden bisherige Kant-Forschungen geleitet, wenn es trotz der Literaturfluten schon an grundlegenden Monographien mangelt? Meines Wissens gibt es z.B. weder eine Monographie über den Gebrauch des Ausdrucks "a priori" bei Kant, die die gesamte Kritische Philosophie umfaßte,[7] noch eine über Kants Angaben zu den Forschungsweisen Kritischen Philosophierens[8] (etwa der Methode des Zergliederns und Isolierens sowie der des Zurückführens von Vermögenselementen auf ihre Ursprünge). Kann man ohne solche monographischen Untersuchungen überhaupt einen Forschungsstand erreichen? Müßten vielleicht die Erforschungen der Bedingungen für einen Forschungsstand eine Weile umfangreicher als die Kant-Forschungen selbst sein?[9] Welche geistigen Einstellungen ermöglichten ohne solche Erforschungsabsichten immer wieder, einen (Lösungs-)Forschungsstand zu beanspruchen, der angesichts solcher Fragen und der Vorwurfsgeschichte nicht zu begründen ist? Fehlen genügend und geeignete Institutionen, die solches Fragen forschungsförderlich ermutigen und hinreichend unterstützen können?

Die Vorwurfsgeschichte der Kant-Forschungen hat eine Vielfalt einander widersprechender Interpretationen hervorgebracht. *Eine jeweilige Interpretation ist vor diesem Hintergrund aber nur in dem Maße als Lösung zu begründen, wie alternative Interpretationen erwogen und vergleichend beurteilt worden sind.* Denn wie sonst wollte man beanspruchen können, die bisher beste Interpretation zu besitzen? Ohne einen solchen Anspruch ließe sich nach dem vorherrschenden Forschungsverständnis eine Veröffentlichung nicht rechtfertigen. Doch die Kant-Forschungen haben es bisher nicht zur Institutionalisierung des Erwägens von Alternativen gebracht, obgleich H. Vaihingers Kommentar[10] hierzu hinreichende Anregungen hätte bieten können. Denn Vaihinger wollte gerade die Vielfalt der sich widersprechenden Interpretationen berücksichtigen. Vaihingers Kommentar blieb nicht nur unvollendet, sondern seine diesbezügliche Aufgabenstellung ist auch für undurchführbar erachtet worden.[11] Wenn aber die Begründung einer Interpretationsalternative als Lösung das Erwägen von Alternativen erfordert, dann ist

zu fragen, welche Forschungskonstellationen zu einer solchen Alternativenerwägung befähigen könnten. Kant-Forschungen kamen bisher ohne Diskussion
dieser Problemlage aus. Wie muß ein Wahrhaftigkeitsbewußtsein beschaffen
sein, das ohne Förderung solcher verunsichernder Fragen sich erhält? Doch
derartige Überlegungen bleiben vordergründig, wenn nicht noch gefragt wird,
was "alternativ" zu nennen sei. Wenn man nach Regeln Alternativen bestimmen könnte, käme es vor aller Auszeichnung einer Alternative als Lösung
darauf an, die Erwägungsalternativen für vergleichendes Beurteilen hinreichend zu entwickeln.[12] Die neuzeitlichen Wissensentwicklungen, die "wissenschaftlich" genannt werden und die besonders in der Physik ihr Vorbild
anerkennen, kamen bisher ohne solche, nach Regeln systematisch entwickelten
qualitativen Erwägungsalternativen aus.[13] Ihre durch Experimente, Meßin-
strumente und Mathematisierung ermöglichte Effektivität kompensierte das
geringere Anspruchsniveau an Begründung. Für Interpretationsprobleme, wie
sie in den Kant-Forschungen bestehen, fehlen diese Effektivitätsvoraussetzun-
gen, so daß ein Forschungsstand von Interpretationslösungen hinsichtlich des
eigentümlichen Charakters der Kritischen Philosophie bisher nicht erreicht
worden ist. Es mag nun sein, daß das Anspruchsniveau an Begründungen zu
erhöhen ist, wenn man einen Forschungsstand aus Interpretationslösungen
dereinst zustande bringen will. Dies würde einen *neuen Typ von Forschungsstand* voraussetzen, der sich aus geordneten *Erwägungsalternativen* aufbau-
en müßte. Da ohne Verdrängung der Vorwurfsgeschichte kein *Lösungs*forschungsstand auszuzeichnen ist, könnte man den Ausdruck "Forschungsstand" höchstens auf den bisher kaum abgrenzbaren Bereich der Gesamtheit
der über zweihundertjährigen Kant-Forschungen anwenden. Eine solche sprachliche Ausweitung würde allerdings zu einem Begriff 'Forschungsstand'
passen, der auch den geordneten Aufbau von Erwägungsalternativen um-
schlösse, welche in der Tat auf die gesamten bisherigen Kant-Forschungen zu
beziehen wären. Forschung hätte die erwägende und nicht bloß die problem-
lösende Vernunft als Grund für Geltungsbedingungen zu entfalten, indem sie
einen *Erwägungs*forschungsstand als Vorbedingung eines *Lösungs*forschungs-
standes schaffte, was hinsichtlich qualitativer Problemanlagen den Rahmen
des neuzeitlichen Wissensverständnisses, das "wissenschaftlich" genannt
wird, verlassen würde.

2. Die Methode des geordneten Abstrahierens und Konkretisierens

Warum gibt es trotz der anhaltenden Vorwurfsgeschichte keine institutionalisierte Dauerreflexion über mögliche Forschungsorientierungen für Kant-

Forschungen?[14] Wieso wird die Vorwurfsgeschichte nicht systematisch diskutiert, um zu Verbesserungen der Forschungen gelangen zu können? Liegen die Schwierigkeiten, zu einem anerkannten Forschungsstand zu kommen, vielleicht weniger an den Forschungsweisen selbst als vielmehr an den Einstellungen und Interessen, die diese Forschungen tragen? Warum werden nicht Forschungsziele erörtert, um Dringlichkeitslisten vorschlagen zu können, die etwa das Fehlen von bestimmten Monographien zum allgemeinen Mangelbewußtsein erheben könnten? Solche *Meta-Kant-Forschungen* müßten ein Mangelbewußtsein aufbauen, das zur Suche nach neuen Forschungsmöglichkeiten motivieren könnte, und sie müßten verunsichern, um einer systematischen Dauerreflexion zur Institutionalisierung zu verhelfen. Z.B. wäre eine systematische Suche nach Interpretationsmethoden und eine Diskussion dieser Suche notwendig. Vor über hundert Jahren beklagte schon H. Vaihinger: "Die bisherigen Aus- und Anführungen genügen, um das Urtheil zu rechtfertigen, daß die exacte methodologische Analyse der Kritik d. r. V. noch sehr im Argen liegt. Hier am allerwenigsten finden wir Schärfe, Klarheit und Einstimmung in der Literatur".[15] D. Henrich meinte allgemein: "Wir wissen noch nicht, wie philosophische Texte zu interpretieren sind".[16] Auch die Kant-Forschungen hätten trotz mancher Resultate nicht sehr weit geführt: "Die Grundtexte Kants sind (...) bisher nur um Weniges verständlicher geworden. Erläuternde Kommentare auch vom Umfang mehrerer Bände konnten in das Gedankengefüge nicht eindringen, in dem sich zahlreiche Argumentfolgen indistinkt überlagern".[17] In diesem Abschnitt soll nun eine alte Methode der Philosophie für die Interpretation von Kant-Texten vorgeschlagen werden. Dieser Vorschlag soll deutlich werden lassen, daß es schon längst *mindestens eine Methode* zur Analyse von Gedanken *gibt*, die m.W. nur noch nicht explizit verwendet worden ist. Weiterhin soll die Verwunderung und das Erstaunen darüber, daß diese Methode bisher noch nicht als Interpretationsmethode ausgebaut und erforscht worden ist, *zur Frage motivieren, warum dies bisher nicht geschah.*

Wie immer man Gedanken und besonders Begriffe auffassen mag, ob als statische oder mehr als veränderliche Einheiten, ob eher als Regeln und weniger als Ergebnisse von Regeln, ob als psychische Entitäten oder nicht, solchen Konzeptualisierungsversuchen liegt (auch) die Erfahrung zugrunde, daß man Begriffen Merkmale hinzufügen kann, wodurch diese Begriffe konkretisiert werden, und daß man umgekehrt zu abstrakteren Begriffen gelangen oder sie bilden kann, indem man von Merkmalen abstrahiert. In diesen angedeuteten Fähigkeiten des Konkretisierens und Abstrahierens haben die folgenden methodischen Überlegungen ihre Basis und nicht in einer der verschiedenen Theorien über diese Fähigkeiten.[18] In Abstraktions- bzw. Konkretionszusammenhängen lassen sich Begriffe einordnen und dadurch nach Abstraktionsstufen- bzw. nach Konkretionsstufen sortieren. Auch für Kant war die Sortierung nach Abstraktionsstufen als "logisches Prinzip" grundlegend, "ohne welches kein Gebrauch der Vernunft stattfände" (A 652/B 680).[19] Kant hat z.b. seinen Gebrauch des Ausdrucks "Begriff" durch eine Abstraktionssortierung geklärt, deren abstraktesten Ansatz er den Terminus "Vorstellung" zurechnete (A 320/B 376/377). Doch Kant hat in seinen Schriften die Kritische Philosophie nicht nach einem derartigen Prinzip dargelegt.[20] Trotz ihrer alten philosophischen Tradition und ihrer Verwendung als Grundlage für Taxonomien in verschiedenen Disziplinen ist die *Methode der Abstraktionssortierung* hinsichtlich ihrer Möglichkeiten *wenig erkundet und ausgeschöpft* worden. Das wird deutlich, wenn man etwa fragt, wie und nach welchen Regeln Begriffe verschiedener Abstraktionsstufen zu vermitteln seien oder auf welche Weise mit dieser Methode zu interpretieren sei. Hinsichtlich der Texte Kants kann man fragen, welche Interpretationsprobleme aus der Vorwurfsgeschichte mit Hilfe der Sortierungsmethode vielleicht besser zu erörtern seien als bisher. Andererseits wäre im Zusammenspiel mit der Orientierung an Problemen der Vorwurfsgeschichte die Methode auch eigenständig zu erforschen, um zu neuen Interpretationsaufgaben gelangen zu können.

Die Sortierungsmethode ist auf (reproduzierte) Gedanken von Texten verschiedener Autoren anwendbar. Auch lassen sich mit ihr verschiedene Interpretationen desselben Textes bearbeiten. Insofern präjudiziert die Methode keine bestimmte Interpretation. *Wo die Grenzen dieser Invarianz liegen, wäre zu erforschen.* Aber irgendeine Interpretation setzt die Methode als Bearbeitungsmaterial voraus, die allerdings aufgrund der Bearbeitung selbst wieder verändert werden kann. Ob und inwieweit die Methode dann über die Sortierungsmöglichkeiten hinaus noch andere, vielleicht "alternativ" zu nennende Interpretationen vermitteln läßt, wäre ebenfalls zu erforschen. Was also läßt sich mit der Sortierungsmethode anfangen? Als Bearbeitungsbezug für die folgenden Überlegungen soll Kants Lehre über die menschlichen Vorstellungsvermögen genommen werden, wobei der Auslegungsstreit unberücksichtigt bleibt, ob diese Lehre ein Stück zeitgebundener Psychologie und der Kritischen Philosophie nicht eigentümlich sei oder nicht.

Kants Gebrauch des Wortes "Vermögen" mit seinen Abwandlungen ist umfangreich (z.B.: Verabscheuungsvermögen (*KpV* A 101), Vermögen der Zwecke (*KpV* A 103), Macht als Vermögen (*KU* B 102)). Hier sollen die in den Kritiken immer wieder angegebenen Vermögen Sinnlichkeit, Verstand und Vernunft als *Bezug* genommen werden, deren mögliche Begriffe ‚Sinnlichkeit', ,Verstand' und ,Vernunft' als Sortierungsausgang dienen sollen. Zunächst fällt auf, daß Kant zwar die gemeinten Vermögen vielfältig umschrieben, aber keine begrifflich-systematische Klärung dargelegt hat. Auch der Sprachgebrauch ist zuweilen unbekümmert (z.B.: "der reine Verstand (der in solchem Falle Vernunft heißt)" (*KpV* A 96)). Trotz derartiger Unklarheiten kann man versuchen, eine Stufung nach Abstraktionsgraden zu entwickeln. Es liegt nun nahe, nicht beliebig zu abstrahieren, sondern nach jenen Merkmalen zu einem möglichen Begriff zu fragen, die das Gemeinsame der (möglichen) Begriffe zu "Sinnlichkeit", "Verstand" und "Vernunft" hervorheben. Man würde auf diese Weise einen, diese Vermögen umfassenden und insofern allgemeinen Vermögensbegriff erhalten. Doch in den Texten der Kritischen Philosophie ist ein solcher abstrakter Vermögensbegriff nicht exponiert worden. Warum hat Kant nicht einen solchen Begriff angegeben und ihn mit den konkreteren Vermögensbegriffen vermittelt?[21] Wofür könnte dieses Fehlen Indikator sein? Hat er einen solchen Begriff zwar für sich in seinem Denken thematisiert, aber ihn nicht in den Texten zur Sprache gebracht? Doch welche Relevanz hätte die sprachlich explizite Thematisierung dieses Begriffs für einen Leser, der Kants Texte verstehen möchte?

Berücksichtigt man also die Möglichkeit der Bildung eines Begriffs zu dem Ausdruck "Vermögen", der verschiedene konkretere Begriffe umfaßt, dann ließe sich für jedes verschieden machende und hinzukommende Merkmal fragen, warum dieses Merkmal so und nicht anders hinzugesetzt worden sei. Kombiniert man schließlich die Merkmale, dann lassen sich Erwägungsmöglichkeiten zusammenstellen, die Begründungserfordernisse deutlich werden lassen. Kant unterschied z.B. Vermögen danach, inwiefern sie rezeptiv oder spontan seien (A 50/51/B 74/75). Kombiniert man diese Angaben unter der Frage, ob sie hinsichtlich eines Vermögens zutreffen ("+") oder nicht ("-"), dann erhält man folgendes Möglichkeitsfeld für ein Erwägen:

Rezeptivität	*Spontaneität*
+	+
+	-
-	+
-	-

Jede dieser vier Möglichkeiten wäre zu erwägen und für jeweilige Vermögen wäre zu begründen, wieso eine dieser Möglichkeiten anzunehmen sei und warum die anderen auszuschließen seien. Weiterhin wäre zu begründen, warum vielleicht einige Möglichkeiten gar nicht vorkommen können. Eine solche *Merkmalskombinatorik* kann somit auf mögliche *Begründungsdefizite* aufmerksam machen. Kant hat z.b. die Merkmale 'Spontaneität' und 'Rezeptivität' exklusiv bei seinen Vermögensbestimmungen verwendet. Nur die Sinnlichkeit soll rezeptiv sein, Vernunft und Verstand dagegen spontan. Kant hat somit allein die zweite und dritte Zeile der Kombinatorik verwendet. Doch angesichts der Kombinatorik ist u.a. zu fragen, wieso es nicht Vermögen geben soll, die Rezeptivität *und* Spontaneität besitzen. Wenn z.b. schon aus dem Vorhandensein von Spontaneität gefolgert werden darf, daß nicht Sinnlichkeit vorliege (B 132), und wenn weiterhin die durch Affektion (die Rezeptivität bedingt) hervorgerufene Vorstellung (qualitative) Empfindung und damit empirisch sei (A 19/20/B 34), dann ergibt sich das Problem, ob den apriorischen Formen der Sinnlichkeit, also den reinen Anschauungen Raum und Zeit, weder Spontaneität noch Rezeptivität zukommt. Kant hat sich zu diesem wichtigen Problem nicht geäußert,[22] es liegt ein Begründungsdefizit vor.

Aus diesen Überlegungen läßt sich die Konsequenz ziehen, daß erst die *thematische Differenzierung in Abstraktionsstufen das Vermittlungsproblem zwischen diesen Stufen entstehen läßt und somit Begründungsmöglichkeiten allererst eröffnet.* Diese Voraussetzung schafft ihrerseits die Möglichkeit, mit Hilfe von Merkmalskombinatoriken systematisch Begründungsmöglichkeiten und damit auch Begründungsdefizite (gedanklich immanent) aufzuzeigen. *Je mehr man also die Differenzierung nach Abstraktionsstufen vermeidet, um so höher wird das latente Begründungsdefizit.* Hat man sich diese Zusammenhänge klar gemacht, dann wird schon an Hand dieses elementaren Beispiels ahnbar, daß die so einfach scheinende Sortierungsmethode Grundlage - gleichsam das Einmaleins - einer komplexen Analysemethode sein könnte. Es wären etwa jeweilige Texte daraufhin zu untersuchen, welche Abstraktionsstufen sie umfassen, wie die jeweiligen Stufen parataktisch ausgearbeitet und in welchem Ausmaß miteinander vermittelt sind. Man könnte somit *mehrdimensionale Elaborationsgrade* unterscheiden. Auch wäre zu erforschen, ob gewisse *Abstraktionsstufen* derart *dominieren*, daß von ihnen aus die anderen Stufen auf Kosten von Begründungsmöglichkeiten organisiert worden sind. Alle diese Möglichkeiten sind trotz des Alters der Sortierungsmethode bisher kaum erkundet und diskutiert worden. Die Kant-Forschungen kamen bisher ohne sie aus.

Wie immer auch die Sortierungsmethode ausgebaut werden mag, ihre Fruchtbarkeit sollte sich auch in der Bewältigung von Problemen der Vorwurfsgeschichte der Kant-Forschungen erweisen. Ein Grundproblem dieser Vorwurfsgeschichte war bisher die Frage, was der Ausdruck "Ding an sich (selbst)" mit seinen Abwandlungen in der Kritischen Philosophie bedeute. Diese Frage wurde vielfach noch mit der Idealismus/Realismus-Problemlage verknüpft, wie sie sich insbesondere in der Auseinandersetzung um G. Berkeleys Widerspruchsnachweis ausprägte.[23] Will man diese komplexe Problemkonstellation mit Hilfe der Sortierungsmethode bearbeiten, dann gilt auch hier die oben schon vermerkte Bedingung, daß zunächst irgendwelche interpretierten Gedanken zum Analysieren vorausgesetzt werden müssen. Dadurch wird aber, von der Sortierungsmethode her bedacht, die jeweils untersuchte Interpretation nicht bevorzugt. Vielmehr lassen sich ja mit Hilfe der Methode auch die noch nicht behandelten Interpretationen methodisch erforschen. Erst wenn man also mehrere Interpretationen auf diese Weise untersucht hätte, könnte man sie versuchen zu vergleichen und zu bewerten. Da nun die Sortierungsmethode auch das Alternativenproblem zu klären verspricht, ist zu hoffen, daß sie auch für solche Vergleiche nutzbar sein werde.[24] Doch hierfür wären umfangreiche Forschungen erforderlich, für die bisher nicht einmal ein Bedürfnis besteht. Es kann daher hier nur ein kleiner Schritt in diese Richtung gegangen werden, indem allein *eine* Interpretation analysiert wird. Diese Bemerkungen sollen andeuten, daß die folgenden Überlegungen wie auch die vorhergehenden hinsichtlich der möglichen umfassenderen Aufgabenstellung im Zustand eines Forschungsmangels entfaltet werden. Wer allerdings die umfassendere Aufgabe für unumgänglich hält, sollte eher von einem "*Forschungsnotstand*" reden. Wie schon der Vorwurfsgeschichte zu entnehmen ist, werden vor aller methodisch vergleichenden Beurteilung von Interpretationsalternativen wohl die meisten Interpreten gewisse Interpretationen für plausibler halten als andere. Doch solche Plausibilitätsannahmen sind vor dem Maßstab einer vergleichenden Beurteilung nur mit Vorbehalt aufzunehmen. Auch die folgende Interpretation, die der Autor bisher am plausibelsten erachtet, steht unter diesem Vorbehalt. Hierbei soll es sich nur um jene Bedeutung des Ausdrucks "Ding an sich" mit seinen Abwandlungen handeln, von der strittig ist, ob Kant sie auf Dinge bezog, die nicht den menschlichen Vermögen angehören.

Folgende Thesen sollen ohne direkten Beleg hier den Interpretationsrahmen abstecken, innerhalb dessen einige Gedanken exemplarisch untersucht werden:

(1) Gott erkennt die Dinge an sich, die nicht Teil von ihm sind, indem er sich seiner als Ursache bewußt ist.

(2) Gott ist theoretisch nicht zu beweisen, wohl aber moralisch.

(3) Der Mensch vermag die ihm nicht angehörenden Dinge an sich nicht zu erkennen.

(4) Der transzendentale Realismus rechnet im Unterschied zum transzendentalen Idealismus den Dingen an sich Raum und Zeit zu.
(5) Für den empirischen Realismus ist das Dasein der Gegenstände im Raume
außer mir beweisbar, für den empirischen Idealismus dagegen als problematischen zweifelhaft und als dogmatischen bloße Einbildung.
(6) Das Idealismus/Realismus-Problem in der Tradition der Auseinandersetzung mit Berkeleys Widerspruchsnachweis betrifft die Frage, ob es Dinge
(Objekte, Gegenstände usw.) gebe, die nicht Teil der sie erkennenden Wesen
seien.

Mit Hilfe der Sortierungsmethode ist zunächst zu fragen, ob unter diesen
Thesen eine Abstraktions- bzw. Konkretionsordnung herzustellen ist. Oben
wurde von den Vorstellungsvermögen menschlicher Wesen ausgegangen, um
nach einem allgemeinen Vermögensbegriff fragen zu können. Nun kommt als
weiterer Bezug Gott hinzu. Da Gott selbst ein vorstellendes Wesen sein soll,
müßte der allgemeine Vermögensbegriff auch abstrakter als der Gottesbegriff
sein. Konkretisiert man nun einen solchen möglichen allgemeineren Vermögensbegriff mit Hilfe der Merkmale 'Spontaneität' und 'Rezeptivität', nur daß
jetzt nicht *mehrere* Vermögen bloß *eines* Wesens hierdurch konkreter bestimmbar, sondern vorstellende Wesen *insgesamt* jeweiligen Kombinationsmöglichkeiten zurechenbar sein sollen, dann sind nach Kant Tiere Wesen, die
bloß rezeptiv in ihren Vorstellungen sind; der Mensch ist mit seinen verschiedenen Vermögen insgesamt rezeptiv und spontan zugleich; Gott ist schließlich
als dasjenige Wesen analogisch aufzufassen, das nicht rezeptiv, wohl aber
spontan ist. Man könnte nun überlegen, ob vielleicht eine andere Merkmalskombination aus der interpretierend zu reproduzierenden Gedankenwelt Kants
ebenfalls Tiere, Menschen und Gott hinsichtlich der Vorstellungsvermögen
trennscharf voneinander unterscheiden läßt. Das scheint nicht möglich zu sein.

Nennt man die Abstraktionsstufe, auf der der Tiere, Menschen und Gott
umfassende Vermögensbegriff gebildet wird, "A_0" und diejenige Abstraktionsstufe, auf der die konkreteren Vermögensbegriffe für tierische, menschliche und göttliche Wesen konstituiert werden, "A_n" dann ist schon auf A_0 zu
fragen, ob es Dinge gebe, die nicht Wesen mit Vorstellungsvermögen angehören. Aber erst auf A_n wäre es sinnvoll zu fragen, welche Wesen Dinge
erkennen könnten, die nicht Teil von ihnen seien. Die *Frage* nach in diesem
Sinne vermögensunabhängigen Dingen ist also auf A_0 *zu stellen* und erst auf
Stufen zu *konkreteren* Gedanken zu *beantworten*. Liegt nun schon in den
Merkmalen 'Spontaneität' und 'Rezeptivität' eine Antwortmöglichkeit? Durch
den anschauenden Verstand Gottes sollen durch seine Vorstellungen die

Gegenstände zugleich hervorgebracht werden (B 145). Diese ursprüngliche Fähigkeit des Urwesens wurde von Kant der menschlichen Rezeptivität bzw. der Affizierbarkeit gegenübergestellt (B 71/72) und das "Ding an sich selbst" sei "als Substrat zu denken", dem eine "korrespondierende intellektuelle Anschauung" zu unterlegen sei (*KU* B 352), die spontan sei (*KU* B 347): "Wenn Gott die gegenwärtigen Dinge so wie wir erkennen sollte, so müsste er von den Dingen afficiert werden. Aber Gott erkennt dieselben, indem er sich seiner eignen Spontaneität als Causalität des Daseins der Dinge bewusst ist" (28.2.1: 804). Rezeptivität der Menschen (und der Tiere) verhindert, daß sie die Dinge an sich selbst zu erkennen vermögen (A 190/B 235). Demnach hat Kant in den Merkmalen 'Spontaneität' und 'Rezeptivität' eine Lösungsmöglichkeit auf die Frage gesehen, ob Dinge, die nicht einem vorstellenden Wesen angehören, zu erkennen seien. Der Gedanke von einem Ding, das so, wie es an sich selbst sei, zu erkennen sei, korrespondiert also bei Kant mit dem Gedanken eines anschauenden Verstandes eines göttlichen Wesens.[25] Der Gedanke von einem Ding an sich selbst ist somit in einer ersten Annäherung, die hier nicht weiter ausgebaut werden soll, dem Bereich zu A_n zuzurechnen. Hieraus folgt, daß der *Begriff 'Ding an sich (selbst)'* ein spezifisch *erkenntnistheologischer* Begriff ist. Diese Erkenntnistheologie ist "*naiv realistisch*" zu nennen, da Gott in Selbst*anschauung* die Dinge soll erkennen können, wie sie an sich seien.[26]

Was folgt nun aus der skizzierten Analyse? Die abstrakt-allgemeinste Version der Idealismus/Realismus-Problemstellung gehört A_o an: Gibt es Dinge, die nicht Teil des jeweiligen vorstellenden Wesens sind? Kant wußte um denjenigen Sprachgebrauch, der die Ausdrücke "Idealismus" und "Realismus" schon der Problemlage auf dieser Abstraktionsstufe zurechnete; sein Sprachgebrauch wurde von ihm für konkretere Stufen vorbehalten: "Denn dieser von mir sogenannte Idealism betraf nicht die Existenz der Sachen (die Bezweiflung derselben aber macht eigentlich den Idealism in recipirter Bedeutung aus), denn die zu bezweifeln, ist mir niemals in den Sinn gekommen" (4: 293). Sprachlich ergibt sich hieraus die paradoxe Konstellation, daß Kant den *Idealismus* in jener rezipierten Bedeutung *zurückweisen* konnte (4: 288/289), andererseits selbst mit seiner Unterscheidung eines transzendentalen Idealismus von einem transzendentalen Realismus beidemale eine nicht-idealistische Position in der rezipierten Bedeutung vertreten und *Partei* für den *transzendentalen Idealismus* genommen hat. Diese Unterscheidung ist aber nicht auf den bisher behandelten Abstraktionsstufen o und n zu bilden, sondern betrifft einen noch konkreteren Bereich. Denn nach dem transzendentalen Realismus kommen die Anschauungsformen Raum und Zeit den Dingen an sich zu (A 389) und nach dem transzendentalen Idealismus sind Raum (A 28/B 44) und

Zeit (A 35/36/B 52) bloß Vorstellungen der anschauenden Sinnlichkeit, die nicht den Dingen an sich zuzurechnen sind (A 490 ff./B 518 ff.). Wenn man aber Sinnlichkeit zunächst nur als Vermögen der Rezeptivität bestimmt,[27] dann gehört ein weiterer Konkretionsschritt dazu, um 'Sinnlichkeit' auch mit dem Merkmal 'reine Anschauung' zu versehen. Diese Abstraktionsstufe bzw. Konkretionsstufe soll "A_m" genannt werden. Da nun der Begriff einer anschauenden Sinnlichkeit (A_m) aus dem der Sinnlichkeit (A_n) und der Begriff der Sinnlichkeit aus dem des Vorstellungsvermögens eines Wesens (A_o) konkretisiert worden ist, folgt hieraus, daß die von Kant rezipierte abstraktere Problemlage grundlegender als seine Problemlage ist, die er mit teilweise gleichen Worten zur Sprache gebracht hat. Kant hat sich auf die abstraktere Problemlage (A_o) nirgends in seinen Schriften systematisch eingelassen und mögliche Problemlösungen diskutiert. Dies wird erklärlich, da er die 'Existenz der Sachen', die hier die Dinge an sich sind, was vom Kontext her zu erschließen ist, seinen Worten nach ausdrücklich nie bezweifelt hat. Insofern ist der Erwägung von G. Lehmann zuzustimmen, daß "der Sinn der kritischen Begriffsbildung (...) in der landläufigen Idealismus-Realismuskontroverse" nicht aufgehe.[28] Die Sortierungsmethode ermöglicht zu begründen, daß die *landläufige Kontroverse die grundlegendere* ist und daß beide Problemlagen nicht miteinander konfundiert werden sollten. Darf aber etwas unbezweifelbar sein, wenn es nicht nur wie auch zu Kants Zeiten bezweifelt worden ist, sondern man auch die Problemlage nicht auf mögliche Erwägungsalternativen hin durchdacht hat? Kant hätte die Konkretionsmöglichkeiten des abstrakten Vermögensbegriffs (A_o) erwägen müssen, um die möglichen Lösungen der Idealismus/Realismus-Problemlage vergleichend beurteilen zu können, denn es wäre für ihn nicht nur zu prüfen gewesen, ob die Alternative zwischen 'Spontaneität' und 'Rezeptivität' für die Problemlage ausreicht, sondern ob sie überhaupt hinsichtlich der Abstraktionsstufe problemlösungsadäquat ist.

Bleibt man allein im Konkretionsstrang der Begriffe menschlicher Vermögen, dann führt keine denkbare Konkretion des Begriffs 'Sinnlichkeit' zu den Begriffen 'transzendentaler Idealismus' und 'transzendentaler Realismus', denn diese Begriffe erfordern als Bestandteile den Begriff 'Ding an sich'.[29] Der Begriff 'Ding an sich' wird auf dem Wege der Konkretion eines (möglichen) allgemeinen Vermögensbegriffs (A_o) gebildet, der nicht im Strang der Konkretionswege der Begriffe menschlicher Vermögen vorkommt, sondern demjenigen Strang angehört, der Begriffe eines nicht-menschlichen, rein spontanen Vermögens (Gottes) konkretisiert. Demnach werden in den Begriffen 'transzendentaler Idealismus' und 'transzendentaler Realismus' *Gedanken verschiedener Konkretionsstränge zusammengeführt*. Dieses Sortierungsergebnis läßt sich der Formulierung Kants in der *KU* zuordnen, daß man "in der Kritik der r. V. eine andere mögliche Anschauung in Gedanken haben" muß, wenn "die unsrige als eine besondere Art (...) gehalten werden" soll (*KU* B 346/ 347). Hieraus folgt, daß zwar Kritische Philosophie die Elemente menschlicher Vermögen zergliedernd auf ihre apriorischen Ursprünge (Quellen) zurückführt (A 65/66/B 90/91, 4: 329/330, *KU* B III ff.), während Psychologie den Anteil aus inneren empirischen Ursprüngen untersucht (A 86/87/B 118/ 119, 4: 265/266, 11: 81/82)[30], aber dennoch schon *Gedanken nutzt, die nicht diesen Kritischen Untersuchungen entstammen.* Kritische Philosophie setzt auch in ihrer Erkenntniskonzeption Erkenntnistheologie voraus. Diese Theologie ist nun keineswegs ein zu vernachlässigender Zusatz von Kant, sondern systematisch deswegen fundamental, weil Kant das Unvermögen menschlicher Vorstellungsvermögen mit Hilfe des Maßstabs einer göttlichen Erkenntnis eingeschätzt hat: Der Mensch vermag den naiven Realismus einer göttlichen Erkenntnis nicht zu erreichen, weil Menschen die Dinge nicht an sich und damit auch nicht Gott (theoretisch) zu erkennen vermögen. Die Verlagerung des Bezugs eines naiven Realismus auf ein gedachtes göttliches Wesen steigert somit die Orientierung an einem naiven Realismus, indem sie zugleich menschliche Vermögen depraviert. Kant konnte hierdurch *Bedenken gegenüber dem naiven Realismus hinsichtlich menschlicher Vermögen aufnehmen (4:289) und dennoch den naiven Realismus sogar steigernd beibehalten.* Der transzendentale Realist maßt sich ein naiv-realistisches Erkenntnisvermögen an. Der transzendentale Idealist weiß um seine Unfähigkeit, indem er nur Gott eine durch Raum und Zeit nicht begrenzte Erkenntnis der Dinge an sich selbst zubilligt.[31] Von diesem Interpretationsergebnis her wird also Kants Erkenntniskonzeption solange nicht hinreichend verstanden, wie sein fundamentaler naiver Realismus nicht thematisiert worden ist. Die Sortierung nach Abstraktionsstufen erlaubt eine methodische Diskussion dieser Interpretationshypothese.

3. Gründe für die mangelnde Suche nach Interpretationsmethoden

Die Methode der Sortierung von Gedanken und besonders von Begriffen nach Abstraktions- bzw. Konkretionsstufen ist als Interpretationsmethode (nicht nur) in den Kant-Forschungen bisher nicht erkundet, nicht thematisch angewandt und nicht kritisiert worden. Selbst dann, wenn die mit den im vorigen Abschnitt skizzierten elementaren Analysen verbundene Hoffnung, mit der Sortierungsmethode wenigstens erst einmal *eine* fundamentale Interpretationsmethode zu besitzen, bei weiteren Forschungen sich als trügerisch herausstellen sollte, wären diese Forschungen ja allererst zu leisten, um einer solchen negativen Beurteilung eine Basis geben zu können. *Die Sortierungsmethode ist somit zunächst auf jeden Fall ein wichtiger Bezug für die Frage, warum es bisher an tragbaren methodischen Interpretationen mangelt.* Denn da die Sortierungsmethode nicht nur alt, nicht nur bekanntes philosophisches Gedankengut, nicht nur von Kant selbst als logisches Prinzip ausgezeichnet worden ist, da auch noch diese Methode in ihrem Ansatz einfach ist, ergibt sich die Vermutung, daß der Mangel an Methoden und deren Diskussion keineswegs an fehlender Kreativität, an fehlenden auslösenden Anlässen und an zu großer Kompliziertheit liegen kann. *Andere Gründe für diesen Mangel sind daher anzunehmen.* Welche Gründe es auch immer sein mögen, ohne deren Thematisierung, Veränderung oder Kompensation sind daher kaum methodische Innovationen zu erwarten. Von dieser Überlegung aus ist die eingangs entfaltete Fragesequenz zu begründen, daß vielleicht nicht bloß die Kant-Forschungen selbst erforscht werden müßten, sondern daß noch tiefer zu fragen ist und das neuzeitliche Wissenschaftsverständnis bis zu derjenigen Abstraktionsstufe hinterfragt werden müßte, von der aus diskutierbar würde, welche Mentalitäten Mentalitäten wahrhaftigkeitsförderlich zu untersuchen vermögen. Doch diese Frage kann hier nur Horizont bleiben, innerhalb dessen die folgenden Überlegungen entwickelt werden.

H. Vaihinger hat den Mangel an exakten Interpretationsmethoden beklagt (s. o.). Wieso hat Vaihinger z. B. die Sortierungsmethode nicht versucht anzuwenden? Wieso hat er nicht systematisch nach Interpretationsmethoden geforscht, die ihm vielleicht hätten helfen können, unter der Vielfalt der von ihm präsentierten Interpretationen nicht nur eine Ordnung zu schaffen, etwa durch Aufschlüsseln der möglichen Alternativen nach Abstraktionsstufen, sondern auch noch das Ausmaß der jeweiligen vergleichenden Beurteilbarkeit festzustellen? Untersucht man Vaihingers Schriften unter dieser Fragestellung, dann wird in der hier - vor jeglicher Entwicklung eines Erwägungsforschungsstandes - favorisierten Interpretationsvariante deutlich, *daß von Vaihingers Einstellung aus die Beseitigung des Methodenmangels zugleich die Aufhebung seiner philosophischen Auffassung bedeutet hätte.* Für Vaihinger war die *KrV* "zugleich das genialste und das widerspruchsvollste Werk der gesammten philosophischen Literatur" [32]. Aber wieso kann ein (angeblich) äußerst widerspruchsvolles Werk so hoch ("genialste") eingeschätzt werden? Vaihinger meinte, "daß die Widersprüche (...) nur das notwendige Gegenstück zu dem antinomischen Charakter der Wirklichkeit sind. Ein Philosoph, der eben nur Eine Seite an der Wirklichkeit ins Auge faßt, kann bei der theoretischen Bearbeitung eben dieser einen Seite leicht ohne Widersprüche auskommen".[33] Widersprüche sind also hier nach Vaihinger keine "Zeichen der Unvollkommenheit", sondern sie sind "als ein Zeugnis der vielseitigen Gründlichkeit, mit welcher Kant die Wirklichkeit betrachtet" [34] habe, zu nehmen. Wenn aber die angenommene Widersprüchlichkeit Ausdruck eines adäquaten Wirklichkeitsverständnisses ist, dann sind auch die daraus resultierenden widersprüchlichen Interpretationen nur auf Kosten dieses Wirklichkeitsverständnisses aufhebbar. Wenn aber Interpretationsmethoden dazu führen, angenommene Widersprüchlichkeiten aufzulösen, dann kann von der Identifikation mit diesem Wirklichkeitsverständnis her letztlich kein Interesse und keine Motivationsressource bestehen, nach solchen, dieses Verständnis gefährdenden Methoden zu forschen; nicht zuletzt könnten diese Methoden die Einschätzung problematisch werden lassen, daß Kant wegen seiner (angeblichen) umfassenden Widersprüchlichkeit genial gewesen sei.

Äußerungen eines anderen Philosophen sollen die Problemlage zusätzlich erhellen. Nach K. Jaspers verbessert sich Wissenschaft, Philosophie aber nicht: "Wissenschaft geht auf einem Wege, auf dem jeder Schritt durch einen späteren übertroffen wird. Philosophie muß ihrem Sinne nach je in einem einzelnen Menschen ganz werden. Darum ist es sinnwidrig, Philosophen zu subalternisieren als Schritte auf einem Wege, als Vorstufen".[35] Geschichte der Philosophie ermögliche durch die Autorität der Überlieferung "die Aufgabe, durch sie in eigener Vergewisserung zu sich selbst zu kommen, in ihrem Ursprung den eigenen Ursprung wiederzufinden".[36] "Kantische Begriffe" sollten nicht wie die "wissenschaftlichen Begriffe" [37] behandelt werden. Das Interpretieren müsse zwar Richtlinien befolgen, aber diese seien Vordergrund, bloßer Rahmen für das, was beim Interpretieren dann ursprünglich aufgehe[38]: "Ein Kant-Verständnis läßt sich nicht vorschreiben. Jeder, der zugleich ursprünglich und im Strom des geschichtlich Gewordenen philosophieren möchte, muß sich von neuem unbefangen in Kant vertiefen und sehen, was ihm dabei aufgeht, und was dadurch in ihm entsteht. Dafür aber gibt es Richlinien".[39] Eine Methode, die einen Forschungsstand schaffen würde, der übertroffen werden kann, würde das Interpretationsverständnis von Jaspers zerstören; denn das, was ursprünglich aufgehen soll, würde sich eventuell vor einem "Begriffsgeklapper"[40] ausweisen müssen. Da für Jaspers Wissen durch Methode wissenschaftlich wurde und Philosophie erst an den Grenzen solchen methodischen Wissens möglich werde,[41] *würde somit die Suche nach umfassenden Methoden das Philosophieverständnis von Jaspers insgesamt in Frage stellen*, wenn man die hier verwendete Interpretationsvariante ohne Erwägungsforschungsstand zugrunde legte.

Die hier Vaihinger und Jaspers zugerechneten Auffassungen machen auf die
Möglichkeit aufmerksam, daß ein bestimmtes philosophisches Verständnis die
Suche nach Methoden nicht zu begünstigen braucht. Aber warum sollte man
die Suche nach Methoden fördern, deren noch gar nicht vorhandene Ergebnisse
den für zutreffend gehaltenen eigenen Auffassungen widersprechen könnten?
Andererseits ist zu fragen: Wieso kann man sicher sein, daß die eigene
philosophische Auffassung zutreffend sei, wenn man nicht weiß, ob die zu
erforschenden Methoden vielleicht doch zu widerlegenden Ergebnissen führen? Demnach müßte man gerade die gegenteiligen Möglichkeiten fördern, um
die Berechtigung der eigenen Position klären zu können. Solange aber eine
definitive Widerlegung der gegenteiligen Möglichkeiten nicht gelungen ist,
dürfte man die eigene Auffassung nur mit Vorbehalt vertreten. Weder Vaihinger
noch Jaspers haben ihre Positionen mit einem solchen Vorbehalt versehen. Da
sie ihre Auffassungen nicht ironisch oder schalkhaft vorgetragen haben und
ihnen auch nicht Verlogenheit unterstellt werden kann, ist davon auszugehen,
daß sie ihre Auffassungen wahrhaftig vertreten haben. Wenn Jaspers und
Vaihinger wahrhaftig waren, dann haben sie die *Regel nicht befolgt, aufeinander verwiesene Alternativen zu erwägen, um die Voraussetzung für eine
vergleichende Beurteilung jeweils vertretener Alternativen zu schaffen.* Sie
konnten ihre Auffassungen vorbehaltlos wahrhaftig nur ohne eine solche
Regel behaupten. Das wird schon allein daraus ersichtlich, daß es bisher an
Methoden fehlt, wie Alternativen zu bestimmen, wie ihre Vollständigkeit zu
gewährleisten, wie sie zu vergleichen und nach Kriterien zu beurteilen sind.
Die so erfolgreichen neuzeitlichen Disziplinen wie Physik, Chemie und
Biologie kamen bisher ohne systematischen Theorienvergleich als Geltungsbedingung aus. Es ist aber zu fragen, ob in komplizierteren und weitaus
strittigeren Problemgebieten und besonders in Philosophie eine solche gerin-
gere Forderung an die Regeln, welche Wahrhaftigkeit ermöglichen, wahrheits-
förderlich ist. *Diesen Überlegungen ist zu entnehmen, daß das jeweils erfüllte
Wahrhaftigkeitsbewußtsein von dem Ausmaß der Regeln abhängt, die man
für notwendig erachtet, um das anstreben zu können, was man jeweils unter
"Wahrheit" versteht.* Je mehr Regeln man bei komplizierten und strittigen
Problemlagen verwirklichen will, um so schwieriger wird es, ein erfülltes
Wahrhaftigkeitsbewußtsein zu erlangen. Die Regel oder Norm, die solche
Wahrhaftigkeit ermöglichenden Regeln zusammenfassend bestimmt, ist eine
Metaregel oder Metanorm. Diese Metaregel bildet das *Anspruchsniveau der
Wahrhaftigkeit* (kurz: *"Wahrhaftigkeitsniveau"*). Die neuzeitlichen Natur-
disziplinen waren bisher mit einem submaximalen Anspruchsniveau effektiv.
Es mag sein, daß nicht nur für philosophische Problemlagen ein höheres
Wahrhaftigkeitsniveau notwendig ist, wenn man wahrheitsförderlich sein will.

Sollten die vorgetragenen Überlegungen über Verbesserungen hinweg Einwänden gegenüber standhalten, dann müßten Erörterungen der Vorwurfsgeschichte der Kant-Forschungen auch in eine Diskussion der verschiedenen Anspruchsniveaus an Wahrhaftigkeit mit ihren jeweiligen Konsequenzen münden.

Angesichts der anhaltenden Vorwurfsgeschichte wäre die Vielfalt der Interpretationen nicht mit Hilfe von Konkurrenz zu verringern, so wie dies erneut H. Albert für Erkenntnisprozesse allgemein hervorgehoben hat,[42] denn es fehlen die Methoden, um die Vielfalt in Alternativen auffächern und ihre Vollständigkeit feststellen zu können. Ohne die Möglichkeit mit Hilfe diskutierbarer Regeln angeben zu können, was als Alternative für eine vergleichende Beurteilung zuzulassen sei, bleibt man auf das mehr oder weniger entwickelte Gespür und ausgebildete Talent verwiesen, mit verschiedenen Interpretationen umzugehen, wobei man sich auch noch im Konkurrenzkampf um Stellen, Gelder und Veröffentlichungschancen durchsetzen muß. *Hätte man Regeln, um Alternativen bestimmen zu können, wäre man unabhängig davon, ob man diese für sinnvoll erachtet oder nicht.* Es ist noch nicht die Konstellation überwunden, daß eine Interpretationsthese eines ausgewiesenen Kant-Forschers von einem anderen ausgewiesenen Kant-Forscher als von "vornherein falsch" zurückgewiesen wird, "welche Gründe auch immer für sie geltend gemacht werden mögen": F. Paulsen vertrat die Auffassung: "In der Kritik der reinen Vernunft steht die negative Seite, die Bekämpfung einer falschen Begründung im Vordergrund, hier erreicht das Kantische Denken die größte Entfernung von seinem Zentrum".[43] G. Martin meinte hierzu: "Daß in der Kritik der reinen Vernunft das kantische Denken seinen größten Abstand von seinem Zentrum erreicht haben soll, ist allerdings eine befremdliche These. Wir wollen es ohne Rückhalt aussprechen. Eine Interpretation, die zu einer solchen Feststellung führt, muß von vornherein falsch sein, welche Gründe auch immer für sie geltend gemacht werden mögen. Die Kritik der reinen Vernunft ist der Mittelpunkt der kantischen Philosophie, daran kann aus äußeren, inneren, biographischen und systematischen Gesichtspunkten kein Zweifel sein".[44] Wer sich länger mit Kants Texten beschäftigt hat, wird ein Verständnis dafür entwickelt haben, was eine plausible Interpretation sein könnte und was nicht. Doch darf man sich angesichts der Vorwurfsgeschichte hierauf verlassen? Müßte nicht jeder Forschende sich durch die Vorwurfsgeschichte derart verunsichern lassen, daß er versucht, Methoden zu finden, die seine Plausibilitäten in eine systematische, alternative Interpretationen abschätzende Beurteilung einbringen ließen? Schon die einfachsten Voraussetzungen für vergleichendes Beurteilen sind nicht entwickelt worden. Denn verschiedene Interpretationen sind nur dann als sich *ausschließende Alternativen* einzuschätzen, wenn sie das gleiche bzw. dasselbe Interpretationsproblem zu dem gleichen bzw. demselben *Text*bestand lösen sollen. Es hat z.b. wenig Sinn von "alternativen Interpretationen" zu sprechen, wenn die Frage, was der Ausdruck "Ding an sich (selbst)" in den Texten der Kritischen Philosophie bedeute, mit Hilfe je verschiedener Textzusammenstellungen beantwortet wird. Man müßte also zunächst diskutieren, welcher Textbestand für eine Interpretation unabdingbar sein soll. Wer diesen später nicht akzeptiert, müßte dies begründen. Kommen dann solche Abweichungen mehrmals vor, wäre erneut in eine umfassende Diskussion einzutreten. Es ist z.b. für den Autor dieser Arbeit äußerst problematisch, daß G. Prauss in seiner Monographie[45] zu diesem Interpretationsproblem die theologischen Textpassagen hierzu fast gänzlich ausgeblendet hat. Wären in einer Metadiskussion solche Textpassagen als unabdingbarer Interpretationsbezug normiert worden, hätte Prauss begründen müssen, wieso er meinte, sie vernachlässigen zu dürfen, sofern er die Absicht hatte, die Texte als *Kant*-Texte zu verstehen und nicht, wie ein Rezensent bemerkte, sie zu mißbrauchen.[46] Warum hat es eine solche Metadiskussion mit Normierungsvorschlägen für Textbestände bisher nicht gegeben, die wenigstens *eine* fundamentale Voraussetzung geschaffen hätte, mögliche Interpretationsalternativen systematisch erwägen zu lassen? Eine solche Diskussion würde der Frage eine Basis geben, wie überhaupt Alternativen zu bestimmen seien. Vielleicht wäre dann schon längst die Sortierungsmethode zu einem Theoriekonstruktionsmittel ausgebaut worden, das kombinatorisch Alternativen bestimmen ließe, wie dies rudimentär oben mit Hilfe der Merkmale 'Spontaneität' und 'Rezeptivität' skizziert worden ist, um so die Interpretationsvielfalt systematisch in Erwägungsalternativen transformieren zu können. Ohne solches Erwägen bliebe man einem submaximalen Wahrhaftigkeitsniveau verhaftet.

In dem Maße nun, wie man *in Kant eine Autorität sucht*, dessen Texten gegenüber man sich möglichst gehorsam verhalten sollte, wird jede Methode hinderlich, die Distanz schafft[47] oder zu unentscheidbaren Erwägungsalternativen führt. Vermutlich hat jegliche Methode in sich den Keim zur Distanz, die nicht mehr gewährleistet, daß man den Text "gehorsam nachvollziehen"[48] kann. Sucht man in den Texten "eine Zuflucht", um "bei Kant einen Fürsprecher" für die eigenen Fragen zu finden,[49] dann werden ebenfalls Methoden hinderlich, die solches Vorhaben vereiteln könnten. *Würde man systematisch Erwägungsalternativen erzeugen, hinge es nicht mehr von dem eigenen oder vorherrschenden Vorverständnis ab, was an Interpretationen zu berücksichtigen sei,* insbesondere dann, wenn man die Alternativen kombinatorisch erzeugte, wodurch nicht nur diesbezüglich jeweilige Vollständigkeit erreicht würde, sondern auch Alternativen vor aller Beurteilung zugelassen werden müßten, die manche von "frevelhaften Verdächtigungen"[50] reden lassen könnten, wenn nicht bloße Erwägungen vorliegen würden. Wollte man also das Wahrhaftigkeitsniveau (nicht nur) der Kant-Forschungen erhöhen, müßte man systematisch mit Hilfe von Methoden Alternativen erwägen. Problemstellungen dürften nicht verdrängt werden. Auch hier sind Alternativen möglich. Erst dann würde sich herausstellen, ob nicht die Vorwurfsgeschichte insofern auch illusionäre Anteile hat, als man keine gemeinsamen Problem- und Textbezüge besaß oder Interpretationen als Lösungen ausgab, die zwar als Erwägungsalternativen sinnvoll sein mögen, aber nicht im Bewußtsein der anderen Möglichkeiten als Lösungen ausgezeichnet werden könnten. Die Bereitschaft zur Erhöhung des Wahrhaftigkeitsniveaus würde sich besonders bei heiklen Problemlagen erweisen, etwa einer solchen Frage, ob die Kritische Philosophie Ausdruck eines Wahndenkens oder einer Vorurteilsbildung sei; man müßte dann angeben können, ob Wahn und Vorurteil überhaupt Alternativen sind und was noch als Alternative anzugeben ist.[51] Man würde hierdurch allererst auch das konzeptuelle Niveau von Kant selbst erreichen, der das Vorurteils- und Wahnproblem in sein Philosophieren integriert hat.[52]

Die bisherigen Überlegungen lassen die Hypothese zu, daß zwar Interpretationsmethoden gegenüber den jeweils untersuchten Gedanken neutral sein mögen, aber gewisse Interessen und Einstellungen einem methodisch orientierten Interpretieren nicht förderlich sind. Auch wenn man der Maxime folgen würde, die O. Liebmann 1865 äußerte, daß ein Gedankensystem nur solange "Anspruch auf unsere Aufmerksamkeit" habe, "als es aus richtigen Prinzipien auf richtige Weise Consequenzen gezogen hat",[53] würde man der methodischen Orientierung keine dauerhafte und originäre Motivbasis bieten. Denn in dem Maße, wie die Gedanken als irrig eingeschätzt werden, erlahmt die Aufmerksamkeit und damit eine Basis möglicher methodischer Erforschung, was schließlich zur umgekehrten Devise führen kann: "Wir müssen Kant vergessen".[54] Das Interesse an den Texten Kants müßte demnach unabhängig von der jeweils eingeschätzten Triftigkeit seiner interpretierten Gedanken sein. Diejenige Interpretationstendenz, die vielfach "Rekonstruktion" genannt wird und nach der "die Argumente und Schlußfolgerungen (...) modifiziert oder rekonstruiert" werden, wobei dies mit der "Zurückweisung einiger Teile" der jeweiligen Texte einhergeht,[55] kann zwar den als weniger zutreffend eingeschätzten Gedanken noch die Aufmerksamkeit schenken, sofern sie verbesserbar erscheinen; aber auch hier gilt nicht das uneingeschränkte Interesse dem ganzen Text. Nur ein solches Gesamtinteresse kann einer Methodensuche die

Basis bieten, die dazu verhelfen soll, Gedankenzusammenhänge systematisch aufzudecken. Ohne dieses Gesamtinteresse kann sich eine Eklektik[56] entfalten, die die Befähigung zur Textinterpretation mindert, so daß ganze Textpassagen schließlich als irrational oder unverständlich und daher als unrekonstruierbar zurückgewiesen werden.[57] Hierdurch wird aber für den rekonstruierenden Interpreten *kaum kontrollierbar, ob er überhaupt noch an der intendierten Gedankenwelt Kants anknüpft.* Auf diese Weise können sich dann unter dem Titel "Kant-Forschungen" die Meinungsverschiedenheiten über die Texte Kants beliebig vermehren, denn auch Rekonstruktionen sind noch rekonstruierbar. Eine Forschung, die eine Verbesserung des Verständnisses der Texte Kants erreichen möchte, wird hierdurch zumindest behindert, es sei denn, man faßte die Diskussionen unter den Rekonstrukteuren als eine Art anregendes Brainstorming auf. Da nun keine Maßstäbe aus dem interpretatorisch gewonnenen Zusammenhang des eigentümlichen Gedankengebäudes der Kritischen Philosophie für die rekonstruierenden Verbesserungen gewonnen werden können, müssen diese von anderen Konzepten herrühren und an die Gedankenwelt Kants herangetragen werden. Hierdurch werden aber die Rekonstruktionen von den jeweiligen Schulen und Personen konzeptuell abhängig, die diese Konzepte vertreten. Die sich aus solchen Abhängigkeiten heraus bildenden Diskussionsstadien sind nicht mit einem möglichen Forschungsstand zu verwechseln, der sich aus dem Interesse an einer Interpretation des jeweiligen gesamten Textbestandes begründet.[58] Insofern bietet auch die rekonstruierende Interpretationstendenz keine Basis für die Suche nach Interpretationsmethoden, die möglichst neutral gegenüber den interpretatorisch erarbeiteten Gedanken sind. Da die Rekonstruktionsdiskussionen von je verschiedenen, an die Texte herangetragenen Maßstäben leben, können sie jenen Skeptikern weitere Nahrung bieten, die das Interpretieren sowieso letztlich als methodisch nicht verbesserbar beurteilen. Doch die Überlegungen dieser Arbeit sollten deutlich werden lassen, daß ein solcher hermeneutischer Relativismus sich zu wenig auf Widerlegungsmöglichkeiten eingelassen hat, die sein Wahrhaftigkeitsniveau erhöhen würden.

Welche Orientierung bzw. Einstellung und Interessenlage vermag eine Kant-Forschung zu tragen, die *auch nach Interpretationsmethoden forscht,* die den projizierenden Anteil verringern helfen sollen und möglichst neutral und nicht präjudizierend gegenüber den zu interpretierenden Gedanken sind? Eine solche Forschungsbasis müßte im äußersten Falle auch dann noch motivieren, wenn der Interpret der Auffassung ist, alle eigentümlichen Gedanken des Textes seien für ihn unzutreffend. Würde aber die Kant-Forschung hierdurch nicht bloß historisch werden und gänzlich ohne philosophisches Interesse auskommen müssen?[59] Wenn die in dieser Arbeit vorgetragenen Bedenken sinnvoll sind, dann ist das Forschungsniveau von dem Wahrhaftigkeitsniveau abhängig. *Sofern es Philosophie um Wahrheit und Wahrhaftigkeit geht, wäre eine ihrer wichtigsten Forschungsaufgaben, unterschiedlichste Wahrhaftigkeitsniveaus mit ihren Konsequenzen zu untersuchen, um hieraus für die eigene Erhöhung des Wahrhaftigkeitsniveaus lernen zu können.* Gerade philosophische Gedankensysteme, die man für unzutreffend erachtet und für deren Schöpfer man hohe Orientierung an Wahrhaftigkeit annehmen kann, sind relevant. Denn von ihnen ließe sich lernen, wie man vielleicht selbst dieser Möglichkeit begegnen könnte, sich mit einem zwar hohen Wahrhaftigkeitsanspruch, aber zu geringem Niveau zu begnügen. Hierzu bedarf es aber eines Interesses an den Texten, das möglichst historisch getreue Interpretationen hervorbringen läßt, um nicht dem eigenen Interesse an einer unbeschränkten Erhöhung des Wahrhaftigkeitsniveaus zu schaden. *Dieses philosophische Interesse verwirklicht sich somit im Medium des historischen Interesses, um hierdurch sich über die Möglichkeiten der Wahrhaftigkeit aufklären zu können.* Jede Verzerrung, ob nun in verbessernder oder herabmindernder Absicht, würde dieses philosophische Interesse vereiteln und eine Solidarität aus dem Interesse an unbeschränkter Erhöhung des Wahrhaftigkeitsniveaus behindern,[60] das sich auch im konkludenten Handeln derjenigen bewähren müßte, die institutionell unter dem Titel "Wissenschaft" für diese Aufgabe privilegiert worden sind. Eine Solidarität aus dem Bedürfnis an unbeschränkter Erhöhung des Wahrhaftigkeitsniveaus vermag vielleicht allein auf Dauer die Hoffnung zu tragen, gegenüber den fundamentalen Herausforderungen dieses Jahrhunderts nicht hilflos zu sein.

Anmerkungen

1 H. Cohen: *Kants Theorie der Erfahrung*, Berlin 1918 (3. Aufl.): X (Vorrede zur ersten Auflage).

2 G. Lehmann: *Beiträge zur Geschichte und Interpretation der Philosophie Kants*, Berlin 1969: 27.

3 G. Prauss: *Kant über Freiheit als Autonomie*, Frankfurt am Main 1983: 9.

4 P. Baumanns: *Rezension* von Gerold Prauss, Kant über Freiheit als Autonomie, in: Allgemeine Zeitschrift für Philosophie 9(1984)74.

5 Die arabischen Ziffern vor den Doppelpunkten verweisen auf die Bände der Akademie-Ausgabe. [I. Kant: *Kant's gesammelte Schriften*; Bde. 1-22 hg. von der Preußischen Akademie der Wissenschaften, Berlin 1910 ff.; Bd. 23 hg. von der Deutschen Akademie der Wissenschaften, Berlin 1956; Bde. 24-28 hg. von der Akademie der Wissenschaften in Göttingen, Berlin 1966 ff. Auf die *Kritik der reinen Vernunft* wird mittels "*KrV*", auf die *Kritik der praktischen Vernunft* mittels "*KpV*" und die *Kritik der Urteilskraft* mittels "*KU*" verwiesen; die Texte werden wie üblich mit Hilfe von "A" oder "B" der ersten bzw. der zweiten Auflage zugeordnet. Die *KrV* wird nur mittels der Angaben "A" und "B" zitiert.]

6 O. Marquard schrieb (in: *Skeptische Methode im Blick auf Kant*, Freiburg/München 1982 (3. Aufl.)) lapidar: "Die Kant-Literatur ist bekanntlich uferlos" (31). M. Mossenfelder meinte (in: *Kants Konstitutionstheorie und die transzendentale Deduktion*, Berlin/New York 1978): "Jeder Kantforscher steht heute vor der Notwendigkeit, die Literatur zu Kant mit einer gewissen Willkür zu behandeln. Ihr Umfang ist so angewachsen, daß eine angemessene Berücksichtigung ausgeschlossen ist" (13). Vgl. auch W. Lütterfelds: *Kants Dialektik der Erfahrung*, Meisenheim am Glan 1977: 11 Anm. 11. Warum hat diese Lage bisher nicht zu einer grundlegenden Kritik der Forschung und zu Verbesserungsvorschlägen geführt? In der Literatur ist kaum das selbstkritische geistige Klima zu finden, das in der These ihren Ausdruck finden könnte, daß jeder sich der "Lächerlichkeit preisgibt, der es wagt, sich Kantexperte zu nennen" (V. Gerhardt/F. Kaulbach: Kant, Darmstadt 1979: 1).

7 Es verführt zu Fehldeutungen, wenn man den Ausdruck "a priori" bloß von Kants Kritischer Philosophie Theoretischer Erkenntnis her sich verständlich macht; ein typisches Beispiel hierfür ist W. Stegmüllers Behauptung (in: *Evolutionäre Erkenntnistheorie, Realismus und Wissenschaftstheorie*, in: R. Spaemann/P. Koslowski/R. Löw (Hg.): Evolutionstheorie und menschliches Selbstverständnis, Weinheim 1984), daß "der Begriff "a priori" bei Kant ein epistemologischer Begriff ist" (30). Es wird hierbei die *KpV* und besonders die Erweiterung durch die KU außer acht gelassen. Aber auch die Reduktion auf die Bedingungen der Möglichkeit menschlich-theoretischer Erkenntnis ist problematisch, denn Gottes Erkenntnis soll als rein apriorische zeitlos-spontan und daher ohne Sinnlichkeit sein (28.2.2: 1052); die Bedeutung des Ausdrucks "a priori" ist also hinsichtlich des Erkennens keineswegs auf seine transzendentalphilosophische Konkretion hin zu beschränken.

8 Vgl. R. Aschenberg: *Sprachanalyse und Transzendentalphilosophie*, Stuttgart 1982: 73 Anm. 63.

9 Man muß also irgendeine Auswahl, die man für zutreffend erachtet, setzen, wenn man sich nicht auf die hier gestellten Fragen einlassen will, z.B. auf folgende traditionalistische Weise: "Nach der souveränen Deutung bei L. W. Beck (...), der gediegenen Materialfülle bei H. Heimsoeth (...) und den scharfsinnigen Rekonstruktionsversuchen von P. F. Strawson (...) und J. Bennett (...) darf die Exegese minimalisiert werden" (H. Ebeling: *Selbsterhaltung und Selbstbewußtsein*, Freiburg/München 1979: 38). Oder aber man verwirft wie Prauss radikalrevolutionär die bisherige Forschungsgeschichte und setzt die eigenen Ergebnisse als Forschungsstand. Etwas moderater, aber dennoch ähnlich, kann man bei H. Röttges lesen (in: *Dialektik als Grund der Kritik*, Königstein 1981): "Der Leser, der ein ausführliches Eingehen auf die mittlerweile unübersehbare Literatur vermißt, sollte bedenken, daß der hier versuchte Interpretationsansatz einen neuen Weg gehen will. Zu seinem Gelingen gehörte dann auch das Überflüssigwerden der "Diskussion" rein esoterischer Interpretationskontroversen herkömmlicher Art innerhalb dieser Untersuchung" (11). Schließlich mag man für die eigenen Auslegungen ein Plausibilitätsbewußtsein sich dadurch verschaffen, daß man wie G. Böhme (in: *Philosophieren mit Kant*, Frankfurt am Main 1986), ohne Alternativen zu suchen, behauptet, es gebe keinen "Forschungsstand in der Philosophie" (9).

10 H. Vaihinger: *Kommentar zu Kants Kritik der reinen Vernunft*, 2 Bde., Aalen 1970 (Neudruck der 2. Aufl. Stuttgart 1922).

11 Z.B. von H. J. Paton: *Kant's Metaphysic of Experience*, Bd. l, London/New York 1976 (Nachdruck der 5. Aufl.): 15. Das Kapazitätsproblem wäre grundsätzlicher zu diskutieren. Es mag sein, daß Forschungen, wie die über Kant, bisher zu individualistisch verlaufen sind. Vielleicht können nur Großforschungsinstitute hier ein neues, wahrhaftigkeitsförderliches Niveau erreichen, wodurch Philosophie für ihr individuell zu leistendes Geschäft entlastet würde. Hinsichtlich des Finanzierungsproblems wäre zu fragen: Wie teuer kommt einer Gesellschaft hier das zu geringe Institutionalisierungsniveau zu stehen? Die Kant-Forschungen sind ja trotz Kant und im Sinne von Kant im Kriegszustand (A 751/B 779). Die Kant-Forschungen sind repräsentativ für die bisherige Fähigkeit der Menschen, mit Grundfragen menschlichen Verstehens umzugehen. Es wäre einer außerordentlichen Anstrengung wert, am Beispiel der Kant-Forschungen einmal zu erkunden, ob nicht ein qualitativ höheres Niveau zu erreichen ist.

12 "Diejenige, welche, um eine neue Möglichkeit auf die Bahn zu bringen, schon genug getan zu haben glauben, wenn sie darauf trotzen, daß man ihnen keinen Widerspruch in ihren Voraussetzungen zeigen könne (...), können durch andere Möglichkeiten, die nicht im mindesten kühner sind, in große Verlegenheit gebracht werden" (B 415/416 Anm., zitiert nach der Weischedel-Ausgabe). Kant hat an verschiedenen Stellen den Umgang mit dem, was man "Erwägungsalternativen" nennen könnte, gefordert; ausführlich hierzu W. Loh: *Alternativen und Irrtum in der Kritischen Philosophie Kants*, Kant-Studien 82(1991)81-95.

13 Vgl. W. Loh: *Zur Überwindung neuzeitlicher Wissenschaftsauffassungen*, Zeitschrift für allgemeine Wissenschaftstheorie 19(1988)266-289.

14 Die Dauerreflexion setzt u.a. voraus, daß man mit "Halbheiten" und "Bedenken" nicht nur arbeiten kann, sondern sie auch als Ausdruck einer erwägenden Vernunft für unabdingbar einschätzt. Man lese dagegen die vehementen Äußerungen von J. Ebbinghaus (in: *Gesammelte Aufsätze, Vorträge und Reden*, Hildesheim 1968), von denen hier nur folgende drei Sätze zitiert werden sollen: "Wer diese Fragen nicht auf Sein oder Nichtsein stellen will, der bleibe von ihnen weg. Halbheiten, die zwischen dem "Bedenken" auf der einen Seite und dem "Immerhin" auf der andern hin und her gezogen werden, haben wir genug. Damit macht man keine Geschichte - und damit vor allem treibt man den Teil der gebildeten Nation, auf den man etwa Einfluß hat, nur immer tiefer in den Zustand innerer Haltlosigkeit hinein, an dem die Nation ohnehin so krank liegt, daß man ihr durch bloße wohlmeinende Genesungswünsche gewiß nicht auf die Beine helfen wird" (22; das Zitat stammt aus dem Aufsatz "Kantinterpretation und Kantkritik", der 1924 erstmals veröffentlicht worden ist).

15 H. Vaihinger 1970 (Bd. l): 433.

16 D. Henrich: *Identität und Objektivität*, Heidelberg 1976: 9.

17 D. Henrich 1976: 13. Henrich erhoffte sich so von der Analytischen Philosophie neue Impulse; vgl. die problematisierende Würdigung der Kantinterpretation im Rahmen der Analytischen Philosophie von V. Gerhardt und F. Kaulbach 1979: 23-46 (s. Anm. 6).

18 Vgl. z.B. E. Husserl: *Logische Untersuchungen*, Bd.II/1(5. Aufl.), Tübingen 1968: 106-224, oder E. Oeser: *Begriff und Systematik der Abstraktion*, Wien/München 1969. Logiker haben sich in diesem Jahrhundert kaum um das Abstraktionsproblem gekümmert; eine seltene Ausnahme ist L. Geldsetzer: *Logik*, Aalen 1987.

19 Es fehlt also noch nicht einmal das, was E. Henke beklagte (in: *Zeit und Erfahrung*, Meisenheim am Glan 1978): "es fehlt an einer fundierten durch die Werke Kants belegten Methode, aufgrund welcher eine angemessene Auseinandersetzung mit diesem Werk stattfinden kann" (VII).

20 In welchem Ausmaß er nach diesem Prinzip dennoch seine Gedanken strukturierte, ist m. W. bisher nicht umfassend untersucht worden; vgl. hierzu H. Leisegang: *Denkformen*, Berlin 1951(2. Aufl.): 277 ff.

21 Es kommt nicht auf die Terminologie an. Z.B. wird in der *Anthropologie* der Terminus "Vermögen" eng an Handeln bzw. Spontaneität gebunden und der Rezeptivität abgehoben (7: 140), was der Unterscheidung bei Baumgarten (*Metaphysica* § 216) entspricht (17: 72). Der dort gebrauchte Terminus für den Oberbegriff lautet "Gemüth". Da andererseits von Kant Sinnlichkeit auch als "Vermögen" bezeichnet worden ist (z.B. 8: 218) und dieser Terminus sich in der Kant-Literatur eingebürgert hat, soll er auch hier verwendet werden. Der abstraktere Begriff 'Vermögen' ist auf die konkreteren zu beziehen. Da Vernunft und Verstand handeln und Sinnlichkeit rezipiert, wenn man von den Texten Kants ausgeht, umfaßt der allgemeinere Begriff nicht bloß Dispositionsangaben (obgleich das Wort "Vermögen" bei Kant auch als bloßer Terminus für Dispositionen vorkommt, z.B. 6: 246).

22 Vgl. F. Delekat: *Immanuel Kant*, Heidelberg 1966 (2. Aufl., diesbezüglich gleich der 3. Aufl.): 69.

23 Vgl. W. Loh: *Die Idealismusfalle und andere Reflexionsfehler*, in: philosophia naturalis 22(1985)157ff.

24 Vielleicht ist es sinnvoll, die oben gestellte Frage, was "alternativ" zu nennen sei, dadurch zu beantworten, daß man Objekte (Konstellationen usw.) zueinander "alternativ" heißt, wenn sie unter ungleiche konkretere Begriffe fallen, die zu einem abstrakteren Begriff gehören. Vgl. W. Loh: *Erwägende Vernunft* in: prima philosophia, 2(1989) § 4. [Dieser Text ist in diesem Band abgedruckt.]

25 In der zweiten Hälfte der 1770er Jahre soll Kant noch eine von dem Körper getrennte Seele erwogen haben, die ohne Erscheinung die Welt soll anschauen können wie sie ist (28.1:297). Erst in den 1780er Jahren hat Kant vermutlich den intuitiven Verstand auf Gott eingeschränkt (18: 433 (R 6048)).

26 Der Ausdruck "naiv" hat eine negative Konnotation, von der man meinen könnte, daß sie nicht zu der hoch reflektierten Kritischen Philosophie passe und nur einen polemischen Beigeschmack transportieren solle. Doch gerade entgegen diesem Vorverständnis ist im Sinne Kants an dem Ausdruck festzuhalten: "Die Attention, die Abstraktion, die Reflexion, die Comparation sind alles nur Hülfsmittel eines diskursiven Verstandes; sie können also von Gott nicht gedacht werden; denn Gott hat keine conceptus, sondern lauter intuitus, wodurch sein Verstand alle Gegenstände, wie sie an sich selbst sind, unmittelbar erkennet" (28.2.2: 1052/1053).

27 Auch das "Gefühl der Lust und Unlust" sei "eine dem inneren Sinne angehörige Receptivität" *(KpV* A 102); doch diese Rezeptivität ist hier nicht Thema, da es sich um affizierende Dinge an sich handeln soll, die nicht menschlichen Wesen angehören.

28 G. Lehmann 1969: 187 (s. Anm. 2).

29 Die Unterscheidung des empirischen Idealismus von einem empirischen Realismus bedarf dagegen nicht unmittelbar des Begriffs eines Dinges an sich, wohl aber des Begriffs einer anschauenden Sinnlichkeit (B 274 f.; A 367 f.; A 491 ff./B 519 ff.); hierzu und insgesamt zur Idealismus/Realismus-Problemlage bei Kant vgl. W. Loh: *War Kant naiver Realist?,* prima philosophia 3(1990)365-375.

30 Das Verständnis dieser Bemerkung erschließt sich dann weiter, wenn man sich auf Kants Angaben zu seiner Forschungsmethode einläßt (vgl. Anm. 8). Kant wollte hinsichtlich der Theoretischen Erkenntnis nicht Begriffe analysieren (A 65/B 90), auch nicht bloß die empirischen und daher subjektiven Ursprünge und Anlässe untersuchen (A 66 f./B 91 f.), sondern diejenigen Elemente, die einen apriorischen Ursprung besitzen und allein dadurch objektive Geltung verschaffen können (A 86 f./B 118 f.). Die Untersuchung der Genesis (Deduktion) reiner Vorstellungen gehört der Kritischen Philosophie an und ist keine Frage der Psychologie, wie vielfach behauptet worden ist, so auch von V. Satura (in: *Kants Erkenntnispsychologie,* Bonn 1971: 165). Der alte Streit, den diese Bemerkung andeutet, mußte in eine umfassende Alternativenerwägung eingebracht werden; erst dann würde sich vielleicht erweisen, ob die vom Autor vertretene Vermutung standhält. Man könnte der Kritischen Philosophie eine Kritische Psychologie zur Seite stellen, für welche Locke das Paradigma abgeben könnte, hätte er schon die Kritische Philosophie gekannt (vgl. 9: 32; 24.1: 37, 335, 338; 24.2: 701, 804) und nicht die Verstandesbegriffe "insgesamt sensificirt" (A 271/B 327).

31 E. Allison hat vorgeschlagen (in: *Kant's Transcendental Idealism,* New Haven/London 1983: 14 ff.), den transzendentalen Idealismus als ein anthropozentrisches und den transzendentalen Realismus als ein theozentrisches Modell aufzufassen. Der hier entwickelten Interpretationshypothese nach ist dieser Vorschlag irreführend, denn beiden Modellen ist die theologische Perspektive gemeinsam.

32 H. Vaihinger: *Zu Kants Widerlegung des Idealismus,* in: Strassburger Abhandlungen zur Philosophie, Eduard Zeller zu seinem siebenzigsten Geburtstage, Freiburg/Tübingen 1884: 136.

33 H. Vaihinger: *Kants antithetische Geistesart,* in: M. Oehler (Hg.): Den Manen Friedrich Nietzsches, München 1921: 163/164.

34 H. Vaihinger 1921: 157.

35 K. Jaspers: *Einführung in die Philosophie*, München/Zürich 1986 (13. Aufl. d. Neuausgabe v. 1971): 108.

36 K. Jaspers 1986: 109.

37 K. Jaspers: *Drei Gründer des Philosophierens - Plato, Augustin, Kant*, München 1966: S. 303.

38 K. Jaspers 1986: 109.

39 K. Jaspers 1966: 392.

40 K. Jaspers 1966: 303.

41 K. Jaspers 1986: 58 u. 96 f.

42 H. Albert: *Kritik der reinen Erkenntnislehre*, Tübingen 1987: 157.

43 F. Paulsen: *Immanuel Kant*, Stuttgart 1924 (7. Aufl.): IX.

44 G. Martin: *Immanuel Kant*, Berlin 1969 (4. Aufl.): 153.

45 G. Prauss: *Kant und das Problem der Dinge an sich*, Bonn 1977 (2. Aufl.).

46 L. Gäbe: *Rezension* von Gerold Prauss: Kant und das Problem der Dinge an sich, 1974, in: Archiv für die Geschichte der Philosophie 60(1978), S. 347.

47 G. Lehmann 1969 (s. Anm. 2) ging so weit zu fordern: "wer die kritische Philosophie und ihre Grundabsichten nicht anerkennt, sollte sich nicht mit ihrer Interpretation befassen, - gleichgültig, ob er oder Kant sachlich im Recht ist" (279/280). Aber welches die Grundabsichten Kants waren, darüber besteht doch ein andauernder Streit, und sie wären allererst mittels (möglichst methodischer) Interpretation herauszufinden, sonst läuft die ganze Forderung darauf hinaus, das eigene Verständnis zum Maßstab zu erheben. Vgl. auch G. Lehmann: *Kants Tugenden*, Berlin/New York 1980, wo es ihm um "eigentliches Nachvollziehen" (98) ging.

48 G. Picht: *Kants Religionsphilosophie*, Stuttgart 1985: 9; "Da Schelling und Hegel aber zu Kant nicht im Verhältnis des gehorsamen Interpreten standen, sondern ihn produktiv überwinden wollten, darf man auch ihre Interpretation nicht als getreue Auslegung des originalen Textes verstehen" (11). Methodische Interpretation darf weder versuchen, gehorsam zu sein, weil sonst die Erwägung von Alternativen beeinträchtigt wird, noch liegt es im Interpretationsinteresse, überwinden zu wollen, da man ja vor aller Interpretation noch gar nicht wissen kann, was zu überwinden wäre.

49 M. Heidegger: *Kant und das Problem der Metaphysik*, Frankfurt am Main 1973 (4. Aufl.): XIV. W. Kaufmann formulierte auch in Richtung auf Heidegger (in: *Jenseits von Schuld und Gerechtigkeit*, Hamburg 1974): "Um dem extremen Subjektivismus zu entgehen, der zur geistigen und moralischen Anarchie tendiert, sucht der Philosoph Rettung bei einer Autorität. Doch die führenden Existentialisten waren zu starke Individualisten, um längere Zeit die Autorität irgendeiner Partei oder Kirche anzuerkennen. Was bleibt als Möglichkeit? Das exegetische Denken erlaubt es dem Exegeten, seine eigenen Gedanken in einen Text hineinzulesen und sie, mit Autorität versehen, wieder herauszuholen" Der exegetische Denker möchte nicht auf eigenen Füßen stehen und sagen, was er denkt" (22).

50 H. Cohen 1918: XIV (s. Anm. l).

51 Erwägung reflektiert sich nicht aus den jeweiligen Überlieferungen in dem Sinne hinaus, als sie außergeschichtlich werden könnte; sie verhilft vielmehr durch Abstraktion und kombinierende Konkretion, die jeweiligen Fähigkeiten, diese Überlieferungen zu bestimmen und zu begründen, besser einzuschätzen. H.-G. Gadamer schrieb (in: *Wahrheit und Methode*, Tübingen 1975 (4. Aufl.)): "Genau so zerstört, wer sich aus dem Lebensverhältnis zur Überlieferung herausreflektiert, den wahren Sinn dieser Überlieferung" (343). Aber wie kann man ohne Erwägung von Alternativen begründen, den ,wahren Sinn' getroffen zu

haben? Eine Autorität im Sinne Gadamers (s. 263 f.) hätte sich auf das systematische Erwägen von Alternativen einzulassen und würde damit sich diesbezüglich überflüssig machen. Wir leben bisher auch in den Bereichen, die "wissenschaftlich" genannt werden, dominant aus einer Tradition der angenommenen Lösungen heraus. Eine Erwägungskultur würde diese Tradition nicht sprengen, sondern nur transformierend erweitern, was das Wahrhaftigkeitsniveau erhöhen könnte.

52 Vgl. W. Schneiders: *Aufklärung und Vorurteilskritik*, Stuttgart 1983: 278 ff. und K. P. Kisker: *Kants psychiatrische Systematik*, Psychiatria et Neurologia 133(1957)17-32.

53 O. Liebmann: *Kant und die Epigonen*, Berlin 1912 (Neudruck): 11.

54 A. Bolliger: *Anti-Kant*, 1. Bd., Basel 1882: S. 1.

55 P. F. Strawson: *Die Grenzen des Sinns*, Königstein 1981: 9.

56 H. M. Baumgartner meinte (in: *Zur methodischen Struktur der Transzendentalphilosophie*, in: E. Schaper/W. Vossenkuhl (Hg.): Bedingungen der Möglichkeit, Stuttgart 1984): "daß in der neueren Diskussion analytischer Provenienz Kants Transzendentalphilosophie methodisch nie vollständig rekonstruiert worden ist. Es handelt sich vielmehr in den meisten Fällen um einen Eklektizismus von Facetten, die aus dem einen oder anderen Grund dem jeweiligen Rekonstrukteur gemäß seinen anderen philosophischen Präferenzen plausibel erscheinen. So kann man natürlich vorgehen, nur sollte man sich dabei korrekterweise nicht auf Kant beziehen da sonst nur Mißverständnisse entstehen" (85). Die Problemlage eklektischer Interpretation läßt sich weiter zurück verfolgen; s. G. Lehmann, 1969: 106. Zu einer Begründung der Rekonstruktion (als Eklektik), für die die angeblich irrationalen Textteile unberücksichtigt bleiben, s. W. Stegmüller: *Aufsätze zu Kant und Wittgenstein*, Darmstadt 1974(3. Nachdruck): 1 ff. Zur Kritik vgl. auch R. Brandt: *Die Interpretation philosophischer Werke*, Stuttgart Bad Cannstatt 1984: 22 f.

57 Wenn z.B. P. F. Strawson 1981 hinsichtlich der Textpassage A 546/547/B 574/575 meinte: "Die Grenzen der Verständlichkeit sind hier überschritten, welchen Maßstab man auch wählt" (216), dann ist zu fragen, ob nicht angenommen werden kann, wer diese Textpassage außerhalb der Verständlichkeit ("intelligibility") liegen sieht, könne Kant überhaupt nicht verstanden haben. Aber wie sind solche Interpretationsthesen präzisierbar? Sie betreffen semantische Zusammenhänge, inwiefern Teile ohne andere Teile eines Ganzen nicht zu verstehen seien. Man könnte hier der Anregung Kants folgen, einen solchen semantischen Holismus auf jeweiligen Abstraktionsstufen zu untersuchen, den jeweiligen Stufen koordinierter Begriffe: "Die synthesis ist entweder nach einander, (...) d.i. des subordinirten, oder neben einander: des coordinirten, aus der letzten entspringen die Urtheile vom Ganzen und seinen Theilen" (17: 349 (R 3925)).

58 Es wäre gleichsam so, als wenn man christliche Kirchen, die auch aus römischen Tempelsteinen erbaut worden sind, als Wiederherstellungen jener Tempel ansehen würde.

59 W. Stegmüller, 1984 (s. Anm. 7), formulierte: "daß an erkenntnistheoretischen Fragen wirklich interessierte Philosophen eine rein historische Kantauslegung für eine ziemlich unfruchtbare und nutzlose Angelegenheit halten" (32).

60 Gegenüber E. Adickes ist zu betonen, daß eine bloße Trennung nicht genügt: "Demgegenüber halte ich es für eines der dringendsten Erfordernisse der Wissenschaft, daß beides fein säuberlich getrennt werde: historische Erforschung und aktuelle Verwertung durch systematische Weiterbildung. Die eine ist so nötig wie die andere. Aber jede von ihnen kann nur dann gedeihen, wenn sie nicht mit der andern vermengt wird. Geschieht es doch, so zieht die historische Forschung regelmäßig den Kürzeren" (A. Adickes: *Kant und die Als-Ob-Philosophie*, Stuttgart 1927: V/VI). Das philosophische Interesse setzt nicht nur das historische voraus, sondern das philosophische Interesse ist an der Erhöhung des Wahrhaftigkeitsniveaus orientiert, wenn es das historische fördert.

Widerlegung der klassischen Aussagenlogik als Förderung einer Logik des Erwägens

Werner Loh

1. Zur Relevanz einer Logik des Erwägens

Besonders im Wissenschaftsbereich ist die Auffassung vorherrschend, daß menschliche Geschichten aus Voraussetzungen entstanden, die sich (ebenfalls) im Laufe der organischen Evolution entwickelt haben. Diese Entwicklung soll ohne externe Lenkung, etwa göttlicher Art, und ohne bloß interne Ausrichtungen (organische oder kulturelle Orthogenese) verlaufen sein. Vielmehr wird angenommen, daß es in diesen Prozessen immer wieder zu einer Vielfalt kommt, von der dann nur ein Teil weiterträgt.

Verwendet man für eine solche Entwicklung den Ausdruck "Evolution", dann sind nicht nur für das Gemeinsame von organischer und kultureller Evolution Konzepte zu bilden, sondern diese wären auch derart zu konkretisieren, daß Unterschiede bestimmbar würden. Auch wäre hierdurch vielleicht diskutierbar, ob sich nach evolutionswissenschaftlichen Annahmen die bisherige Menschheitsgeschichte erst im Übergangsfeld von organischer zur kulturellen Evolution befindet.

Vergleicht man organische Mutationen und Selektionen mit Entscheidungen, in denen Alternativen erwogen und bewertend ausgewählt werden, dann wird einmal Vielfalt und ihre Sonderung in einer Entscheidung *repräsentiert* (r) und zum anderen liegt die Vielfalt und Sonderung in den Mutanten und den Selektionen *direkt* (d) vor. Kombiniert man diese intuitiven Kriterien, dann sind in folgender Tafel diese Unterscheidungen zuordenbar:

Vielfalt	Sonderung	
r	r	Entscheidung
r	d	
d	r	
d	d	Organische Evolution

Derartige Überlegungen lassen Entscheidung als ein Verfahren erscheinen, das vielleicht für kulturelle Geschichte als ähnlich grundlegend wie Mutation und Selektion für die organische Evolution einzuschätzen ist.[1] Diese Sicht ist seit kaum 150 Jahren möglich, setzt sie doch auf diesem Generalisierungsniveau die von Charles Darwin und Alfred Russel Wallace wesentlich begründete Lehre über die Entstehung der Arten durch Variation und Selektion voraus.

Demgegenüber steht eine mehrtausendjährige dominante Tradition, die das Sein von göttlichen Mächten gelenkt oder zumindest orthogenetisch sich entfaltet dachte und denkt. Deutet man auf diese Weise, dann wird es für Erkennen und Praxis vordringlich, die bestimmenden Richtlinien herauszufinden, um von diesen her Erkennen und Praxis zu leiten. Je einheitlicher die Quellen dieser Richtlinien angenommen werden, um so naheliegender wird es dann, sich an der Idee der »Deduktion« für die Gestaltung geistiger Konzepte zu orientieren. Trotz aller Suche nach Einheit stiftenden Bezügen, die die Prinzipien für »Deduktionen« abgeben könnten, ist hierdurch fortlaufend eine Vielfalt einander bekämpfender Positionen entstanden.

Nimmt man an, daß Organisches und Kulturelles über den Weg der Vielfalt und Sonderung sich bilden, dann wird es hinsichtlich des Kulturellen vordringlich, vor aller »deduktiven« Logik eine Vielfalt berücksichtigende Logik des Erwägens zu entwickeln.

2. Erwägungs-Oder

In Oder-Aussagen der Umgangssprache werden Erwägungen mehrerer Möglichkeiten zum Ausdruck gebracht: Man will dieses *oder* jenes, weiß aber noch nicht was, oder man vermutet dieses *oder* jenes, weiß aber noch nicht, was der Fall ist. Das "Oder" der Umgangssprache gibt allerdings auch Lösungswissen wieder (Lösungs-Oder): Man ist fähig, etwas so *oder* anders zu machen, oder etwas kann so *oder* anders sein (Dispositionsangabe). Im folgenden soll es nicht um das Lösungs-Oder, sondern um das Erwägungs-Oder gehen.[2]

Nun werden Oder-Sätze bzw. Oder-Aussagen in der mathematisch orientierten symbolischen Aussagenlogik behandelt. Es ist demnach zu prüfen, ob in dieser modernen Logik der Umgang mit Vielfalt schon gelungen ist.

Alfred Tarski (1977) führte in seiner »Einführung in die mathematische Logik« aus, daß es einen bemerkenswerten Unterschied zwischen dem Gebrauch des Wortes "oder" "in der Umgangssprache und seiner Verwendung in der Logik gebe" (34/35):

> "In der Umgangssprache werden zwei Sätze durch das Wort "*oder*" nur verbunden, wenn sie irgendwie nach Form oder Inhalt miteinander zusammenhängen. [...] Dabei ist die Natur dieses Zusammenhanges durchaus nicht immer klar, und eine ausführliche Analyse und Beschreibung desselben wäre mit beachtlichen Schwierigkeiten verbunden. Wie dem auch sei, wer mit der Sprache der modernen Logik nicht vertraut ist, wäre vermutlich wenig geneigt, eine Wendung wie
> $$2 \cdot 2 = 5 \ oder \ New \ York \ ist \ eine \ große \ Stadt$$
> als eine sinnvolle Ausdrucksweise, und noch weniger, sie als einen wahren Satz anzuerkennen." (Alfred Tarski 1977: 34)[3]

Dieser Darlegung ist zweierlei zu entnehmen: 1. Die moderne Logik wurde von Tarski auch auf umgangssprachliche Aussagen bezogen. 2. In der modernen Logik wird von gewissen Komponenten des umgangssprachlichen Verständnisses abgesehen.

In der wahrheitsfunktionalen Fassung der klassischen Aussagenlogik werden Aussagen mit Wahrheitswerten belegt, unter denen ein funktionaler Zusammenhang festgelegt ist. So soll z. B. der inklusive Oder-Satz zwei Teilsätze in folgender Weise verknüpfen (statt "Disjunktion" liest man in der Literatur auch "Adjunktion"): Die "Disjunktion zweier Sätze ist wahr, wenn beide oder mindestens eines ihrer Glieder wahr sind, sonst ist sie falsch" (Alfred Tarski 1977: 34). Nun widerspricht diese Bestimmung dem Verständnis eines solchen Oder-Satzes, nachdem ein Unwissen darüber besteht, welcher Teilsatz zutrifft. Man kennt also die Wahrheit bzw. Falschheit nicht.[4] Demnach wäre es problematisch, ein solches "Oder" durch eine Wahrheitsfunktion zu charakterisieren. Tarski hat diese Problemlage behandelt:

> "Für gewöhnlich behaupten wir eine Disjunktion zweier Sätze nur dann, wenn wir glauben, daß einer von ihnen wahr ist, aber nicht wissen welcher. Wenn wir etwa bei gewöhnlichem Tageslicht auf einen Rasen blicken, werden wir nicht auf den Gedanken kommen zu sagen, der Rasen sei grün oder blau. Denn wir sind hier in der Lage, eine einfachere und zugleich stärkere Behauptung auszusprechen, die nämlich, daß der Rasen grün ist. Manchmal nehmen wir die Äußerung einer Disjunktion sogar als implizites Eingeständnis des Sprechers, daß er nicht wisse, welches der Glieder der Disjunktion wahr ist. Und wenn wir später zu der Überzeugung gelangen, er habe doch gewußt, daß eines und sogar welches der Disjunktionsglieder falsch ist, dann sind wir geneigt, die ganze Disjunktion als einen falschen Satz anzusehen, selbst wenn kein Zweifel besteht, daß das andere Glied wahr ist. Man stelle sich etwa vor, daß einem ein Freund auf die Frage, wann er verreise, antwortet, er reise heute, morgen oder übermorgen. Sollten wir dann später erfahren, daß er zum Zeitpunkt seiner Äußerung bereits entschlossen war, am selben Tage zu reisen, so erhielten wir wahrscheinlich den Eindruck, absichtlich in die Irre geführt und belogen worden zu sein." (Alfred Tarski 1977: 35)[5]

Diese Überlegungen haben Tarski nicht dazu gebracht, den wahrheitsfunktionalen Ansatz für Oder-Sätze, wie sie in seinen Beispielen zur Sprache kommen, aufzugeben. Vielmehr betonte er:

Die Schöpfer der modernen Logik legten fest, "daß die Wahrheit einer Disjunktion [...] allein abhängt von der Wahrheit ihrer Glieder. [...] Und wenn wir annehmen, daß der nach dem Zeitpunkt seiner Abreise befragte Freund das Wort "*oder*" in seiner strikten logischen Bedeutung nahm, so sind wir gezwungen, seine Antwort als wahr anzuerkennen, ganz unabhängig von unserer Meinung über seine mit dieser Antwort verbundenen Absichten." (Alfred Tarski 1977: 36)[6]

Was aber berechtigt noch, dem aussagenlogischen Disjunktor/Adjunktor dasjenige umgangssprachliche "Oder", das erwogene Möglichkeiten zum Ausdruck bringt, als Deutungsbezug zuzuordnen? Auf diese Frage findet man bei Tarski Andeutungen:

"Als die Schöpfer der modernen Logik das Wort "oder" in ihre Überlegungen einbezogen, wollten sie, vielleicht unbewußt, seine Bedeutung vereinfachen und klarer machen. Die Bedeutung sollte frei werden von allen psychologischen Begleitumständen, insbesondere von jeglichem Wissen oder Nichtwissen." (Alfred Tarski 1977: 35)

Aber welche Komponenten eines Oder-Gebrauchs darf man für Vereinfachungen fortlassen, ohne daß der Deutungsbezug gänzlich verloren geht? Wie läßt sich kontrollieren, daß man einen Deutungsbezug überhaupt noch besitzt und ihn sich nicht bloß vorgaukelt? Es ist erstaunlich, daß eine eingehende Diskussion dieser Problemlage in der Literatur der Anhänger der klassischen Aussagenlogik nicht zu finden ist. Die Problemlage läßt sich zu der Frage zuspitzen, ob und wie die klassische Aussagenlogik zu widerlegen sei.

3. Ist die klassische zweiwertige Aussagenlogik widerlegbar?

Solange nur die Formeln des Aussagenkalküls Thema sind und man mit ihnen keine Deutungsansprüche erhebt, handelt es sich um einen Booleschen Verband. Dieser mathematische Verband kann auch als Schaltalgebra bestimmt werden, wenn man statt der zwei Wahrheitswerte gewisse technische Werte nimmt. Erst wenn dem Booleschen Verband Aussagen zuordenbar sein sollen, wird aus ihm, dem Anspruch nach, Aussagenlogik. Aus der Brauchbarkeit des Booleschen Verbandes folgt also noch nichts über die Widerlegbarkeit der klassischen Aussagenlogik.

Hinsichtlich der deutenden Spezifizierung sind zwei Wege auseinanderzuhalten: Der erste Weg betrifft allein die Booleschen Funktionen. Hier werden die dualen Werte durch Wahrheitswerte ersetzt. Dadurch entstehen die Wahrheitsfunktionen, die sich in Wahrheitstafeln veranschaulichen lassen. Dies ist eine immanente Spezifizierung.

Erst die Belegung von Variablen für Aussagen bzw. Aussagenkonstanten mit Booleschen Funktionen und die Zuordnung umgangssprachlicher Junktoren zu den Funktoren der Wahrheitsfunktionen stellt den externen Deutungsbezug her.

Nun sind seit den Anfängen der modernen Aussagenlogik immer wieder Einwände gegen gewisse (externe) Deutungsansprüche erhoben worden. Diese reichen von der Ablehnung[7], der in der Principia Mathematica eingeführten Sprachgebung, "Implikation" durch eine besondere Disjunktion zu definieren,[8] bis zur Problematisierung des Gebrauchs des Ausdrucks "Tautologie"[*] in der Aussagenlogik.[9] Selbst, wenn man alle bekannten externen Deutungsansprüche zurückweisen könnte, wäre nicht gesichert, ob es nicht noch unentdeckte gibt. Auch wäre zu erwägen, daß die Fähigkeit, Aussagen zu bilden, sich verändern mag, so daß neue Deutungsbezüge entstehen könnten.

In der Literatur zur Aussagenlogik finden sich Äußerungen, die den externen Deutungsbezug abschwächen. Zwei Beispiele mögen hier genügen. Rudolf Carnap minderte die Relevanz des umgangssprachlichen Deutungsbezugs zum pädagogischen Hilfsmittel:

"Die Wahrheitstafel für ein Verknüpfungszeichen gibt zunächst nur eine hinreichende und notwendige Bedingung für die Wahrheit eines Satzes mit diesem Zeichen, in bezug auf die Wahrheitswerte der Glieder. Wir können uns nun aber überzeugen, daß die Angabe einer solchen Bedingung die Bedeutung des Zeichens eindeutig festlegt, daß also die weitere Angabe einer Übersetzung des Zeichens durch ein deutsches Wort oder eine Phrase theoretisch überflüssig ist, wenn sie auch vom pädagogisch-psychologischen Gesichtspunkt aus hilfreich sein mag." (Rudolf Carnap 1960: 14)

Carnaps Buch ist »pädagogisch hilfreich«. Doch viele Texte zur Aussagenlogik geben nur noch einen minimalen Bezug zur Umgangssprache an.

Die Problemlage kehrt sich um, wenn die Aussagenlogik zum Maßstab für die Umgangssprache wird:

Wir können die Aussagenlogik "als Theorie der Wahrheitsfunktionen aufbauen. Mit dieser Betrachtungsweise haben wir uns von der Analyse umgangssprachlicher Satzverknüpfungen schon recht weit entfernt und haben uns auf eine abstraktere Betrachtungsebene begeben, die uns nun neue Freiheitsgrade eröffnet: Wir brauchen nicht mehr den verschlungenen und unübersichtlichen Wegen der Umgangssprache zu folgen und ihren historisch gewordenen Eigenarten nachzuspüren, sondern wir können eine Untersuchung der Wahrheitsfunktionen in abstracto vornehmen und haben damit nicht nur einen präzise abgegrenzten, sondern auch einen [...] systematisch leicht faßbaren Gegenstand. Verlieren wir aber, indem wir den Leitfaden der Umgangssprache so preisgeben, nicht die Anwendungsmöglichkeiten für unsere Logik? Sicherlich nicht: Die Erfahrung hat gezeigt, daß der Schritt von der Umgangssprache als Maßstab der Logik zur Logik als Maßstab der Umgangssprache (was ihren wissenschaftlichen Gebrauch angeht) sehr fruchtbar ist." (Franz von Kutschera 1967: 30).

Nicht der Bezug zur Umgangssprache kann somit nach v. Kutschera Basis einer Widerlegung der Aussagenlogik sein, sondern die Umgangssprache ist demnach durch die Aussagenlogik widerlegbar, wenn sie wissenschaftlich sein soll.

Wenn man von Komponenten des umgangssprachlichen Gebrauchs absehen darf und wenn die Umgangssprache nicht Maßstab zu sein braucht, was bleibt dann als Spezifisches der Aussagenlogik übrig, das als Ansatz für eine Widerlegung dienen könnte und ohne das Aussagenlogik nur noch ein abstrakter Boolescher Verband wäre?

Immanent erinnern nur noch die Wahrheitswerte daran, daß eine Logik der Aussagen vorliegt. Erst wenn man auch die Wahrheitswerte nicht mehr berücksichtigte, würde man die Aussagenlogik in ihrer wahrheitsfunktionalen Fassung verlassen und zu allgemeinen Booleschen Funktionen übergehen, was in der Literatur vorkommt:

"Daß die Werte der Wahrheitsfunktionen und ihrer Argumente gerade "wahr" und "falsch" sind, darauf kommt es uns hier nicht an, sondern vielmehr nur darauf, daß wir es mit gewissen zweiwertigen Funktionen zu tun haben, deren Argumente ebenfalls nur derselben zwei Werte - sie mögen α, β genannt werden - fähig sind." (David Hilbert/Paul Bernays 1968: 71)

Da man hiermit aber die Ebene der Aussagenlogik verlassen hat, ist die spezifische Widerlegungsfrage hinfällig. Demnach wäre eine Widerlegung der klassischen Aussagenlogik nur dann möglich, wenn man allein das Konzept der Wahrheitswerte als Ansatz nutzte. Aber dieses Konzept wäre für eine Widerlegung wenig tragfähig, wenn man sich bloß auf den externen Bezug einließe, denn dann wäre man mit der Frage konfrontiert, was alles als "wahr" bzw. "falsch" zu bezeichnen und als Deutungsbezug zulässig wäre. *Demnach bleibt für eine grundlegende Widerlegung nur der interne Gebrauch der Wahrheitswerte in der wahrheitsfunktionalen Fassung der Aussagenlogik übrig.*

4. Das Erfüllungsparadox der klassischen Aussagenlogik

Externe Deutungsschwierigkeiten mögen zwar die Ansprüche einschränken, die mit der klassischen Aussagenlogik erhoben werden, aber diese können für eine vielleicht mögliche »endgültige« Widerlegung keine Basis bieten. Dennoch mögen Deutungsschwierigkeiten auf die Spur interner Widerlegungsmöglichkeiten führen.[10] Oben wurde dargelegt, daß eine Aufklärung darüber, warum eine wahrheitsfunktionale Bestimmung desjenigen Oders, das Unwissen ausdrückt, möglich sein soll, (nicht nur) bei Tarski nicht zu finden ist.

Man könnte zunächst argumentieren, die Wahrheitsfunktion gebe bloß Bedingungen des Wahrseins an: *Wenn* einer der Teilsätze wahr sei, *dann* sei der Gesamtsatz wahr. Dieser Zusammenhang ist unabhängig von dem jeweiligen Wissensstand formulierbar. Und er gibt auch Aspekte des umgangssprachlichen Verständnisses wieder. Das »Oder« steht in einem Zusammenhang, der zur Folge hat, daß, wenn einer der Teilsätze sich als wahr erweist, der Oder-Satz sinnvoll verwendet worden ist. Doch eine genauere Analyse des angedeuteten Zusammenhanges läßt das Plausibilitätsbewußtsein entschwinden. Denn, *wenn* einer der Teilsätze *wahr ist*, dann *entfällt* der Oder-Satz. Ein umgangssprachlicher Oder-Satz, der Unwissen ausdrückt, wird durch Sätze, die wahr sind, *abgelöst*. Er gibt zwar den Spielraum an, innerhalb dessen die Wahrheit vermutet wird, aber er kann selbst nicht wahr sein, sofern man hier einmal unterstellt, Sätze könnten (als Aussagen) wahr sein.[11]

Die Wahrheitsfunktion verbindet dagegen beides: Sie gibt nicht nur den Spielraum an, sondern sie ist auch noch *erfüllt*, d. h. den Argumentwerten ist der Funktionswert des Wahren zuordenbar, wenn einer der Teilsätze wahr ist. Würde eine Wahrheitsfunktion durch ihren Funktor[12] ein Erwägungs-Oder bestimmen, müßte man paradox formulieren: *Die Erfüllung einer derartigen Wahrheitsfunktion mache sie hinfällig und insofern sei sie nicht zu erfüllen.* Die Erfüllungskonzeption einer Wahrheitsfunktion vereinigt also durch den sich durchhaltenden Funktor (Disjunktor bzw. Adjunktor) hier zwei sich ablösende Konstellationen. Dasjenige umgangssprachliche "Oder", das Unwissen ausdrückt, gehört aber nur der einen Konstellation an und hält sich nicht in der anderen noch durch.

Wenn der umgangssprachliche Oder-Junktor, der Unwissen ausdrückt, in dem Moment fortfällt, wo man weiß, was der Fall ist, dann wird eine Deutungsbeziehung zwischen einem wahrheitsfunktionalen Funktor und einem solchen Junktor widerlegt, weil der Funktor einen bestimmten Junktor noch annehmen läßt, obgleich dieser hinfällig geworden ist. Ist eine solche externe Widerlegung eines Deutungsbezugs als Spur zu einer internen Widerlegung zu nutzen? Wenn diese Deutungsschwierigkeit auf interne aussagenlogische Verhältnisse übertragbar sein sollte, dann müßte das Verhältnis der Wahrheitsfunktion, die einem Oder-Satz zugeordnet wird, zu ihrer Erfüllung, die in der Zuordnung den Oder-Satz hinfällig macht, untersucht werden.

Wahrheitsfunktionen sind durch *Aufzählung* ihrer Argument- und Funktionswerte definierbar. Die allgemeine Funktion $f(\alpha, \beta) = \tau$ wird dadurch zur Disjunktion/Adjunktion spezifizierbar, daß man angibt, bei welchen Wahrheitswerten für die Argumente α und β der Funktionswert des Wahren oder des Falschen vorliegt. Dies läßt sich in einer Tabelle veranschaulichen:

α	β	$\alpha \lor \beta$
w	w	w
w	f	w
f	w	w
f	f	f

In dem Funktionsausdruck "$\alpha \lor \beta = \tau$" ersetzen die Variablen die Wahrheitswerte. Werden nun in einem solchen Funktionsausdruck die Variablen durch Wahrheitswerte ersetzt (z. B. "w ∨ w = w"), dann ist zu fragen, *in welchem Verhältnis die definierenden Wahrheitswerte zu den die Variablen ersetzenden Wahrheitswerten stehen.*

In der Literatur zur Aussagenlogik wird immer wieder betont, daß diese Logik von endgültigen (definitiven) Wahrheitswerten ausgehe:[13]

"Die Wahrheit bzw. Falschheit einer Aussage gilt zeitlos, ist unabhängig davon, ob die Wahrheit festgestellt ist, ja ob sie überhaupt festgestellt werden kann. Wahrheit darf darum nicht mit verifiziert oder verifizierbar verwechselt werden." (Albert Menne 1985: 25)

Nimmt man einmal an, die Disjunktion ($\alpha \lor \beta = \tau$) werde durch die Argumentwerte des Wahren erfüllt (w ∨ w = w) und diese Wahrheitswerte seien definitive Wahrheitswerte, dann sind diese Wahrheitswerte hinsichtlich der in der Tabelle aufgezählten Wahrheitswerte der ersten Zeile zuzuordnen. Nun werden in der zweiten und dritten Zeile alternative Argumentwerte angegeben, die die Funktion mitdefinieren. Stehen diese nun im Widerspruch zu den erfüllenden Wahrheitswerten? Diese Frage ist keineswegs selbstverständlich, denn in den analogen Schaltfunktionen geben alternative Werte verschiedene Schaltzustände an und alternative Werte widersprechen hier einander nicht, weil sie Verschiedenem derselben Schaltung zurechenbar sein sollen.[14] Ist aber eine derartige Konstellation auch bei den Wahrheitsfunktionen möglich?

Eine Wahrheitsfunktion wie $v(\alpha, \beta) = \tau$ (bzw. $\alpha \lor \beta = \tau$) steht nicht für sich. Ihr sind nicht irgendwelche gegenständliche Werte wie etwa bei Schaltfunktionen zurechenbar.[15] Vielmehr sind den Wahrheitswerten Aussagen zuzuordnen. Erst diese können auf Anderes (Gegenstände, Bereiche usw.) referieren (wenn man von derselben Stufe ausgeht). Alternative Wahrheitswerte zu einer

Aussage sind vermittels der Aussage auf Dasselbe[16] bezogen. Weil also alternative Wahrheitswertbelegungen von Aussagen derart auf Dasselbe referieren, widersprechen sie einander. Nennt man Wahrheitsfunktionen dann *"polythetisch"*, wenn dem Funktionswert des Wahren alternative Argumentwerte zugeordnet sind, dann ist das dargelegte Widerspruchsproblem für alle polythetischen Wahrheitsfunktionen - wie z. B. für die Disjunktion, die Subjunktion und die Tautologie - konstitutiv.

Das Widerspruchsproblem läßt sich dadurch entschärfen, daß man hinsichtlich der die Funktionen konstituierenden Wahrheitswerte nicht von definitiven Wahrheitswerten ausgeht, sondern von Alternativen, die bloß Möglichkeiten angeben. Dieser Weg wird in der Literatur auch wie selbstverständlich beschritten. Eine Konjunktion ist nicht alternativ erfüllbar, dagegen läßt eine Äquivalenz - so schrieb Rudolf Carnap (1960: 15) ohne Bedenken - "zwei Möglichkeiten offen [...]; 'A v B' ist noch unbestimmter, weil drei Möglichkeiten offen gelassen werden, und nur eine einzige ausgeschlossen wird." Nun könnte man meinen, durch solche Modalisierung sei deswegen noch keine modallogische Ebene erreicht, weil die alternativen Möglichkeiten auf definitive Wahrheitswerte zu beziehen seien, nämlich auf jene Wahrheitswerte, die die Variablen ersetzen und die Funktionen erfüllen. Auch bei Schaltfunktionen geben die Werte Möglichkeiten an, die faktische Schaltzustände betreffen können. Was für Schaltfunktionen gangbar ist, gelingt nicht bei den Wahrheitsfunktionen. Gerade dadurch, daß man die alternativen Wahrheitswerte, die eine Funktion konstituieren, auf definitive Wahrheitswerte bezieht, verschärft man bei jeder Erfüllung einer Wahrheitsfunktion hierdurch das Widerspruchsverhältnis erneut. *Denn nun stehen nicht allein die konstitutiven alternativen Wahrheitswerte in einem Widerspruch zueinander, sondern die Argumentwerte, die erfüllen, widersprechen definitiv den alternativen Argumentwerten, die dem Funktionswert des Wahren zugeordnet sind und hierdurch das Spezifikum der Funktion ausmachen.* Erfüllen die Werte zu der ersten Zeile bei einer Disjunktion, dann widersprechen diese damit zugleich den alternativen Werten der zweiten und dritten Zeile. *Da die erfüllenden Werte die definitiven sind, widersprechen sie nicht nur, sondern widerlegen auch.* Folgendes Bild mag diesen Zusammenhang veranschaulichen:

Definierende bzw. konstituierende Wahrheitswerte				Erfüllende Wahrheitswerte		
w	w	w	Erfüllung	w	w	w
w	f	w	Widerlegung			
f	w	w	Widerlegung			
f	f	f				

Wenn aber die Argumentwerte einer erfüllten polythetischen Funktion die alternativen Argumentwerte widerlegen, die die Funktion definieren und denen der Funktionswert des Wahren zugeordnet ist, dann *entfällt durch diese Widerlegung die Grundlage der Funktion und somit die Funktion selbst, weil die sie konstituierenden Werte nicht mehr bestehen.* Die Erfüllung einer polythetischen Wahrheitsfunktion macht sie also zugleich unerfüllbar. Diesen Zusammenhang mag man das *"Erfüllungsparadox der klassischen Aussagenlogik"* nennen.

Beachtet man also, daß in polythetischen Funktionen alternative Wahrheitswerte Aussagen belegen, die Dasselbe betreffen, wodurch die für Aussagenlogik anerkannte Forderung nach Widerspruchsfreiheit anzuwenden ist,[17] dann ergibt sich eine *immanente Widerlegung der klassischen Aussagenlogik*, weil diese Funktionen, die das wahrheitsfunktionale System der Aussagenlogik konstituieren sollen, bei Erfüllung entfallen und somit das System verschwinden lassen.

5. Zerstörung einer Logik der Alternativen durch die klassische Aussagenlogik

Wenn konstituierende Wahrheitswerte polythetischer Funktionen bei Erfüllungen widerlegt werden, dann können diese keine definitiven Wahrheitswerte sein. Sie geben auch nicht wie bei Schaltfunktionen definitive Werte an. Denn in Schaltfunktionen werden alternative Werte nicht widerlegt, sondern sind zutreffende Dispositionsangaben. Der Zusammenhang zwischen konstituierenden und erfüllenden Werten ist somit auch kein einfaches Möglichkeitsverhältnis. Denn vor einer Erfüllung sind die alternativen Argumentwerte zum Funktionswert des Wahren mögliche widerlegbare Werte. *Widerlegbare Werte geben einen epistemischen Zustand an*: Wenn alternative *und* widerlegbare Werte zugelassen werden, dann besteht ein Unwissen darüber, welche definitiven Werte die Funktion erfüllen und damit hinfällig machen können. Weil eine polythetische Funktion bei einer Erfüllung hinfällig wird, ist es eine Illusion, sich auf die erfüllenden Werte als definitive Werte zu beziehen und von hier aus zu behaupten, die klassische Aussagenlogik sei keine epistemische Logik.[18] Somit ist immanent die These von Aussagenlogikern widerlegbar, daß die Aussagenlogik frei von den Umständen des Wissens oder Nichtwissens sei (s. o. das Tarski-Zitat).

Es hängt von dem Wissen ab, welchen Spielraum an Alternativen man zuläßt. Z. B. kann man je nach dem Wissen über die Art einer Ampel ausschließend behaupten, die Ampel leuchte jetzt entweder rot oder gelb, oder einschließend, die Ampel leuchte jetzt rot oder auch gelb. Wissen *begründet* die Bewertung, welche Alternativen von den kombinatorisch möglichen noch als Vermutungen zuzulassen sind.

Da die klassische Aussagenlogik auf der Illusion aufbaut, sie sei keine epistemische Logik, spielen Gründe des Wissens und Unwissens, die die Aussagen betreffen, bei der Auswahl der Funktionen keine Rolle. Dies wird besonders deutlich, wenn man Funktionen untersucht, die »negierten« Funktionen als »äquivalent« zugeordnet werden.

Bedenkt man zunächst unabhängig von der klassischen Aussagenlogik die Negation, z. B. einer (dyadischen) Konjunktion, dann ist ohne Gründe nicht auszumachen, was nun der negierten Konjunktion zuzuordnen wäre. Kombinatorisch stehen zunächst 15 Alternativen zur Verfügung, wenn man die Kombinatorik der Wahrheitswerttabelle als Maß nimmt. Eine Auswahl ist also unumgänglich. Je nach Gründen wird die Auswahl verschieden ausfallen. Wenn man nun weiß, daß weder das eine noch das andere der Fall ist, dann mag die Rejektion sinnvoll sein. Besteht völliges Unwissen, dann wäre die sogenannte »Tautologie« zuzuordnen. Usw.

Da die Zusammenstellung, Bewertung und Auswahl von Alternativen Konsequenz des Anteils von Wissen und Unwissen ist, verändert sich je nach Wandel des Verhältnisses von Wissen und Unwissen auch die Bewertung und Auswahl von Alternativen. Polythetische Funktionen sind immer Konsequenz von Unwissen, weil sie aus Alternativen bestehen, die zueinander im Widerspruch stehen, der Widerlegung zur Konsequenz hat. Da aber die Veränderung des Wissensanteils sehr verschieden ausfallen kann, sind prinzipiell *in einer Logik, die von intern widerlegbaren Alternativen ausgeht, negierten Aussagen keine anderen ohne Gründe sinnvoll zuordenbar.*[19] In der Aussagenlogik findet aber das Gegenteil statt. Jeder negierten Aussage ist grundlos eine andere äquivalent zu setzen. So soll z. B. einer negierten Konjunktion »gesetzmäßig« eine Exklusion äquivalent sein. Diese Form der klassischen Aussagenlogik zerstört somit die in ihr durch die polythetischen Funktionen angelegte Logik der zu erwägenden Alternativen.

6. Gründe für die fehlende Selbstaufklärung

Angenommen, die dargelegten Analysen würden über Kritik und Verbesserung hinweg bestätigt, dann setzt die klassische Aussagenlogik sich wegen des Erfüllungsparadoxes selbst außer Kraft und geht mit den sie konstituierenden Alternativen sinnlos um. Dies ist ein in mehrfacher Hinsicht erstaunliches Ergebnis, auch angesichts der erhobenen Ansprüche[20]:

1. Das Problemgebiet ist ein kombinatorisch überschaubarer und abgrenzbarer Bereich.
2. Die Behandlung der Aussagenlogik stand und steht nicht unter Zeitdruck.
3. Die zahlreichen und fortdauernden externen Deutungsprobleme hätten kritisches Bewußtsein stimulieren können.
4. Die dargelegten Fehler sind nicht nur leicht zu entdecken, sondern auch schon in der Literatur zumindest ansatzweise aufgedeckt worden.[21]

Dennoch hat sich Aussagenlogik in verschiedenen geistigen Richtungen verbreitet. Mangelnde Einsichtsfähigkeit und Intelligenz kann hierfür nicht unterstellt werden. Aussagenlogik könnte somit ein wichtiges Feld für Untersuchungen sein, wie Auffassungen verallgemeinert werden, die einer schon einfachen kritischen Prüfung nicht standhalten. Eine solche Untersuchung müßte wegen der exemplarischen Bedeutung institutionell getragen und umfassend angelegt sein. Sie kann hier nicht vorweggenommen werden. Dennoch sollen abschließend zu erwägende Vorüberlegungen skizziert werden.

Zunächst gilt es, möglichst immanente Hindernisse herauszufinden, die für eine Kritik zu überwinden sind.

Aussagenlogik wird als eine Logik konzipiert, die auf definitive Wahrheitswerte bezogen ist. Wenn diese Referenz das Denken dominiert, werden in denjenigen Wahrheitswerten, die die Wahrheitsfunktionen konstituieren, nur Werte gesehen, die auf diese definitiven Wahrheitswerte bezogen sind. Das Denken in Spielräumen ist dann kein Anlaß dafür, über den möglichen epistemischen Hintergrund nachzudenken, weil diese dann nur Spielräume für definitive Wahrheitswerte sind. Insofern sind auch die Wahrheitstafeln kein Anlaß, obgleich sie Alternativen sichtbar machen, *diese Dominanz der Referenz* zu durchbrechen. Denn die Tafeln sind wiederum nur als Rahmen für mögliche definitive Wahrheitswerte auffaßbar.

Nun verdeutlichen die Tafeln nur den Funktionsaspekt. Sie sind Hilfsmittel und keineswegs eineindeutig der klassischen Aussagenlogik zuzuordnen.[22] In den Funktionsausdrücken mit ihren Variablen geht das Alternativenproblem polythetischer Funktionen verloren. Bei der Ersetzung der Variablen durch Wahrheitswerte wird gleichsam immer nur *eine Zeile* der Tafeln berücksichtigt, so daß im Erfüllungsfall die widersprüchlichen Alternativen nicht als widerlegte bedacht zu werden brauchen.

Die Dominanz der Referenz auf definitive Wahrheitswerte und die Einzeiligkeitsbeschränkung von Funktionsausdrücken mag zwar zum gedankenlosen Umgang mit dem Alternativenproblem polythetischer Funktionen verführen und dem routineorientierten Denken entgegenkommen, aber beides ist von kritischen Erwägungen leicht aufzuheben. Es ist also weiter zu fragen: Was stabilisiert derartige Einfältigkeit, die ohne Schwierigkeiten zu beseitigen sein müßte?

Die Deutungsschwierigkeiten können ein wesentlicher Impuls für kritische Erwägungen sein. Doch eine *systematische Auseinandersetzung* darüber, wie das *Verhältnis zwischen Aussagenlogik und ihrem Deutungsbezug* zu beurteilen und wie Aussagenlogik angesichts von alternativen Logikentwürfen zu bestätigen bzw. zu widerlegen oder wie sie neben diesen als wie auch immer vorläufig gleichberechtigt zu akzeptieren sei, weil keine Entscheidung möglich ist, *findet man in der mir bekannten Literatur von Anhängern der klassischen Aussagenlogik nicht.* Gelegentliche Bemerkungen sind hierfür kein Ersatz. Und die Devise, daß in der modernen Logik Bedeutungen vereinfacht werden (s. o. das Tarski-Zitat), mag zwar ihren berechtigten Sinn haben, aber ohne Angabe bzw. Diskussion von Kriterien, was denn weglassen und was in systematisierender Absicht beibehalten werden dürfe, kann eine solche Devise zur Strategie werden, kritische Erwägungen abzuwehren.

Die mangelnde Klärung des Deutungsbezuges geht mit einer *Bedeutungsverschiebung* dessen einher, was der thematische Bereich von Logik sei. Wenn man Aussagenlogik nur noch als ein Modell des Booleschen Verbandes neben anderen einschätzt, so daß die Wahrheitswerte in ihrer Beschaffenheit gar nicht mehr interessieren, sondern allein als duale Werte bedacht werden, die auch andere Qualitäten haben können, und mit diesem Desinteresse zugleich das Verständnis von dem, was Logik behandele, von der Ebene der Aussagenlogik abgelenkt und auf die Ebene der (abstrakt-allgemeinen) Booleschen Funktionen hin erweitert wird, dann werden Motivationen behindert oder gar nicht erst aufgebaut, die auf der Ebene der Wahrheitswerte kritisch hinterfragen wollen. Ein typisches Beispiel für diese Art der Bedeutungsverschiebung ist folgender Text:

"Naturgemäß erhebt sich an dieser Stelle die Frage, was diese Wahrheitswerte sind. Es hat sich nun gezeigt, daß diese Frage für Theorie und Praxis der Logik von ganz unerheblicher Bedeutung ist [...].Die beiden Wahrheitswerte können z. B. im Sinne spezieller Vereinbarungen über Akzeptanz bzw. Refutanz (Widerlegung) von Aussagen verstanden werden. Sie können auch als moralische Wertzuweisungen (gut und böse) interpretiert werden. Eine andere vom ursprünglichen Anliegen der Logik recht entfernte Interpretation besteht in der Zuordnung von 1 und 0 zu Schaltzuständen technischer Systeme; hierbei sind natürlich auch Begriffe wie Aussage und Aussagenverknüpfung entsprechend umzudeuten." (Wolfgang Rautenberg 1979: 7)

Durch diese Art der Bedeutungsverschiebung kann sich eine illusionäre Bestätigung der klassischen Aussagenlogik einschleichen. Denn, wenn die Beschaffenheit der Wahrheitswerte keine Rolle in der Logik spielt und wenn der Boolesche Verband z. B. bei Schaltfunktionen sogar technische Realisate vorweisen kann,[23] dann liegt es nahe zu unterstellen, daß dann auch die Aussagenlogik unproblematisch sein muß, also z. B. paradoxienfrei[24]. Doch ein jeder Modellanwärter (im mathematischen Sprachgebrauch) ist daraufhin zu überprüfen, ob er überhaupt als Modell taugen kann. Das erfordert hinsichtlich der Wahrheitsfunktionen eine Untersuchung der Wahrheitswerte selbst, also z. B. die Analyse des Verhältnisses der erfüllenden Wahrheitswerte zu den die Funktionen definierenden Wahrheitswerten.[25]

Eine Erforschung der modernen Aussagenlogik hätte verschiedene Stadien der Verbreitung zu unterscheiden.[26] Die moderne Aussagenlogik wurde im Rahmen derjenigen Richtung im logisch-mathematischen Grundlagenstreit entwickelt, die "Logizismus" genannt wird. Gottlob Freges Ansatz wurde durch Bertrand Russell verbreitet. Aussagenlogik sollte die Basis der gesamten Mathematik werden.[27] Beide nahmen zu Anfang des zwanzigsten Jahrhunderts eine platonistische Position ein.[28] Logik hatte für Frege eine subjektfreie Grundlage:

"Wenn so das Wahrsein unabhängig davon ist, dass es von irgendeinem anerkannt wird, so sind auch die Gesetze des Wahrseins nicht psychologische Gesetze, sondern Grenzsteine in einem ewigen Grunde befestigt, von unserm Denken überfluthbar zwar, doch nicht verrückbar. Und weil sie das sind, sind sie für unser Denken maassgebend, wenn es die Wahrheit erreichen will. [...] Kann man ärger den Sinn des Wortes "wahr" fälschen, als wenn man eine Beziehung auf den Urtheilenden einschliessen will!" (Gottlob Frege 1962: XVI, Erstveröffentlichung 1903)

In diesen Äußerungen kommt die alte Tradition zum Ausdruck, das empirische Subjekt nicht nur als Bezug für Logisch-Mathematisches auszuschalten, sondern auch Wissenschaft insgesamt von empirischer Subjektivität zu »reinigen«.[29]

Im ersten Drittel des zwanzigsten Jahrhundert ist ein heftiger Streit über die logisch-mathematischen Grundlagen entfacht worden.[30] Im Laufe dieses Streites haben sich die Positionen verschoben. War um 1900 die empirisch orientierte Begründungsposition verbreitet, die besonders Gottlob Frege und

Edmund Husserl bekämpften, so war sie Anfang der dreißiger Jahre in den Hintergrund getreten. Nun wurden die sich an Kalkülen orientierenden Positionen dominant, insbesondere auch deswegen, weil sie die inhaltlichen Diskussionen über Grundlagenfragen verdrängen ließen. Aber auch hier war die Auffassung herrschend, daß das Subjekt auszuschalten sei: "Der Schritt aus dem Chaos der subjektivistischen philosophischen Probleme auf den festen Boden der exakten syntaktischen Probleme muß getan werden." (Rudolf Carnap 1968: 261, erste Auflage 1934)

Wenn aber die Ausschaltung des empirischen Subjekts eine treibende Kraft hinter der Wahl des jeweiligen Logikverständnisses ist, dann wird ahnbar, daß es nicht in den Sinn kommt und auf Abwehr stoßen muß, in der angeblich von allem Subjektiven freien Aussagenlogik geradezu einen Kern des Subjektiven zu verorten, nämlich das aus fehlendem Wissen resultierende Erwägen von Alternativen.[31]

Anmerkungen

[1] Diese Überlegungen sind etwas ausführlicher dargelegt in Werner Loh 1992 a und 1992 b.

[2] Vgl. Werner Loh 1993.

[3] Ähnlich Gottlob Frege 1966: 80.

[4] "Man kann sogar mit guten Gründen die Behauptung vertreten, daß der denkpraktische Sinn einer Disjunktion erst darauf beruht, daß es wenigstens während des Denkens nicht auszumachen ist, welches der Disjunktionsglieder wahr ist. Der liebe Gott, der alles weiß, kann selbstverständlich Logik verstehen, aber keinen denkpraktischen Gebrauch von ihr machen."(Wilhelm Burkamp 1927: 68-69)

[5] Vgl. Georg Klaus 1966: 63 und David Hilbert/Paul Bernays 1968: 47 Anm. 1.

[6] Die Deutungsproblematik wird drastisch, wenn man bedenkt, daß eine Disjunktion auch dann behauptet werden darf, wenn man aus Beobachtungen ersieht, was der Fall ist; vgl. Rudolf Carnap 1960: 14 f.

[7] Clarence I. Lewis 1912 und 1914.

[8] Die in der Principia Mathematica eingeführte Sprachgebung, daß eine »Implikation« durch eine spezifische Disjunktion/Adjunktion definierbar sei, "p ⊃ q.=. ~ p ∨ q Df." (Alfred N. Whitehead/Bertrand Russell 1986: 21), hat Clarence I. Lewis (1912 u. 1914) als inadäquat eingeschätzt und eine andere Kalkülisierung für die »Implikation« vorgeschlagen. Die Diskussion über diese Problemlage ist noch immer nicht abgeschlossen. Lewis setzte voraus, daß wenigstens der Disjunktor/Adjunktor dem (eingeschlossenen) »Oder« der Umgangssprache zurechenbar sei.
"Die fehlerhafte Wiedergabe des Konditionals durch das Wort 'impliziert' durch die Verfasser der Principia Mathematica A. N. Whitehead und B. Russell hat zu philosophischen Konfusionen geführt, die sich über Jahre hinstreckten, da diese Terminologie die Verwechselung von Konditionalsätzen mit Aussagen über logische Folgebeziehungen geradezu suggeriert." (Wolfgang Stegmüller/Matthias Varga von Kibéd 1984: 51 Anm.) Diese Bemerkung untertreibt. Die Diskussion ist nicht nur nicht abgeschlossen (vgl. z. B. Arnon

Avron 1992), sondern reicht bis in die Auseinandersetzung darüber, wie Logikerinnen und Logiker der Vergangenheit zu interpretieren seien (vgl. z. B. Franz Schupp 1991: XVIII f.). Lewis kann man als Begründer der modernen kalkülisierenden Modallogik ansehen, vgl. Karel Berka/Lothar Kreiser 1983: 154-162.

[9] Vgl. Burton Dreben/Juliet Floyd 1991.

[10] Überlegungen zu Deutungsschwierigkeiten (Werner Loh 1985 u. 1986) führten mich schließlich zu der in dieser Arbeit dargelegten Widerlegung.

[11] Vgl. Werner Loh 1985: 29.

[12] In dieser Arbeit wird der Ausdruck "Funktor" für Wahrheitsfunktionen verwendet, während "Junktor" für den Deutungsbereich benutzt wird.

[13] Vgl. z. B. Arnold Oberschelp 1974: 85 oder die »lockere« Auffassung von Willard V. O. Quine 1973: 22 f. Die Konfundierung der Zweiwertigkeit (wahr/falsch) mit der Definitivität hat zum Aufbau mehrwertiger Kalküle geführt; vgl. z. B. Jan Łukasiewicz 1983: besonders S. 143 f. Dagegen ist deutlich zu differenzieren zwischen Entschiedenheit (bzw. Definitivität) und Unentschiedenheit einerseits und zwischen Wahrheit und Falschheit andererseits; vgl. Werner Loh 1985: § 15. Zweiwertigkeit kann also für Definitivheit und Unentschiedenheit angenommen werden.

[14] Vgl. Bettina Blanck/Werner Loh 1992.

[15] Faßt man die Wahrheitswerte als Gegenstände auf, dann kann hierin eine wesentliche Quelle für Fehlurteile liegen. Es ist hier wegen der sonst erforderlichen Ausführlichkeit nicht der Ort auf Gottlob Freges (1978: 88) These einzugehen: "Das Wahre und das Falsche sind als Gegenstände anzusprechen, denn sowohl der Satz als auch sein Sinn, der Gedanke, hat den Charakter des Abgeschlossenen, nicht den des Ungesättigten."

[16] "Bei Aussagen über empirische Sachverhalte sollen in der Aussage - direkt oder indirekt - Orts- und Zeitbestimmungen enthalten sein." (Albert Menne 1985: 25) Diesen Identitätsbezug kann man nicht dadurch auflösen, daß man den Ausdruck "mögliche Welten" ins Spiel bringt. Auch ist hier ein prädikatenlogisches Vorverständnis erforderlich.

[17] In der Literatur werden verschiedene Arten der Widerspruchsfreiheit unterschieden; vgl. statt anderer Karel Berka/Lothar Kreiser 1983: 286 ff. Da die Kritik dieser Arbeit an der Aussagenlogik zur Konsequenz haben müßte, daß Grundfragen des Logisch-Mathematischen wieder aufgerollt werden, soll hier offen gelassen werden, wie die Forderung nach Widerspruchsfreiheit aufzufassen ist; vgl. auch Anm. 25. Es wären zu viele Probleme zu thematisieren, vom irreführenden Gebrauch der Dreiteilung "Syntax, Semantik, Pragmatik" hinsichtlich der Aussagenlogik bis zu Auseinandersetzungen um Wahrheitstheorien (hierzu s. z. B. Werner Loh 1992 d).

[18] Selbst wenn man also annehmen will, die erfüllenden Wahrheitswerte seien unabhängig von ihrer Feststellbarkeit gegeben, so folgt hieraus nicht, daß die klassische Aussagenlogik nicht-epistemisch ist oder gar ein vorepistemisches Fundament epistemischer Logiken sei; so aber z. B. Werner Stelzner 1984: 14 ff.

[19] Vgl. Werner Loh 1986: 161 u. Wilhelm Burkamp 1932: 91 ff. Im Grunde handelt es sich also nicht um einen Negator, sondern um einen Funktor, "dessen Einführung den Sinn hat, das logische System zu einer Gesamtheit von einfacherer Struktur abzurunden" (Paul Bernays 1976: 11). Es ist also äußerst problematisch, in der aussagenlogischen »Negation« ein Stück sinnvoller logischer Negation zu sehen. Dagegen meinte Thomas M. Seebohm (1984: 151): "Es wird auch von den schärfsten Kritikern [...] zugegeben, daß die wahrheitswertfunktionale Interpretation von [...] "nicht" [...] keine Schwierigkeiten bietet." Es kommt demnach darauf an, wen man noch als schärfsten Kritiker wahrzunehmen geneigt oder befähigt ist. Ein solcher Einwand könnte als individualisierender Vorwurf mißverstanden werden. Solange es keine institutionalisierten Bestrebungen gibt, Alternativen systematisch zusammenzustellen, bleibt es den Zufällen überlassen, was man als Individuum aufnimmt. Hiervon kann auch nicht der Bezug auf Diskussionsstände entlasten, da diese nur

die soziale Erweiterung der individuellen Zufälligkeiten sind. Ohne Institutionalisierung von Erwägungsforschungsständen ist nicht zu sehen, wie Methoden erforscht werden können, die Alternativen sinnvoll zusammenstellen lassen, noch wie über Generationen hinweg zu solchen Forschungen motiviert werden kann. Hierhin gehört auch die Erforschung einer Erwägungslogik. Ohne solche Forschungen können lösungsfixierte Forschungen ab einem bestimmten Komplexitätsgrad zur Aufwärmung vergangener Torheiten werden, die neueste Moden als Forschungsstände ausgeben; diese Problemlage habe ich (in: Werner Loh 1992 c) am Beispiel der Kant-Forschungen etwas ausführlicher entwickelt.

[20] Zu den "ewigen und endgültigen Wahrheiten gehört [...] das System der Aussagenlogik." (Georg Klaus 1966: 102)

[21] Ohne institutionalisierte systematische Zusammenstellungen von Alternativen und damit auch von Kritiken kann auch ich nur zufällige Funde angeben. Der Analyse dieser Arbeit am nächsten kommt folgende These: "Funktionen, deren Argumente im Widerspruch zueinander stehen, kommen in der Mathematik nicht vor, und auch nicht Variable, deren Werte die Funktion aufheben, der die Variable angehört. Die Disjunktion aber wird durch die Entscheidung der Alternative nicht mit bestimmten Werten versehen, sondern selbst aufgehoben." (Johann B. Rieffert 1925: 139)

[22] Hans Reichenbach (1966: 27 ff.) unterschied z. B. eine adjunktive von einer konnektiven Lesart der Wahrheitstafeln.

[23] Die extremste Form dieser Art von Pseudobestätigung liegt in der These: "Zu den bedeutendsten Einsichten der modernen Automatentechnik gehört es, daß sich auch höhere geistige Leistungen durch Maschinen simulieren lassen. Seit es geglückt war, die logischen Denkprozesse zu formalisieren, bestand die prinzipielle Möglichkeit, sie durch geeignete Automaten nachzuvollziehen." (Wolfgang Stegmüller 1983: 728/729) Zur Kritik an dieser These vgl. Bettina Blanck/Werner Loh 1992.

[24] "The classical logic of truth functions and quantification is free of paradox, and incidentally it is a paragon of clarity, elegance, and efficiency." (Willard Van Orman Quine 1970: 85)

[25] Eklatant wird die Mißachtung des Unterschiedes zwischen abstrakt-dualen Werten und den konkreteren Wahrheitswerten, wenn man einerseits bei dem »rechnenden« Umgang mit den Werten bloß die abstrakte Ebene einnimmt und andererseits für den »Nachweis« der Widerspruchsfreiheit der klassischen Aussagenlogik dennoch den Gebrauch von *Wahrheits*werten unterstellt (vgl. z. B. Alexander A. Sinowjew/Horst Wessel 1975: 107). Schon Emil Leon Post hat von den besonderen Verhältnissen der Wahrheitswerte abstrahiert; die Wahrheitswerte sollen "to be considered merely as symbols which we manipulate in a certain way" (E. L. Post 1971: 267; erstmals 1921 erschienen). Von "syntaktischer »Widerspruchsfreiheit«" hier zu reden, ist irreführend. Wenn man allerdings in diesem Jargon bleibt, dann ist formulierbar: "die klassische Aussagenlogik ist zwar »syntaktisch widerspruchsfrei«, aber »semantisch widersprüchlich«".

[26] Vgl. Josef M. Bochenski 1978: 314 f.

[27] "Die grundlegende logische Disziplin ist der Aussagenkalkül. Auf dem Aussagenkalkül sind die anderen logischen Disziplinen aufgebaut, insbesondere der Prädikatenkalkül, und auf der Logik wiederum ruht die gesamte Mathematik. Der Aussagenkalkül ist somit die tiefste Grundlage aller deduktiven Wissenschaften." (Jan Łukasiewicz 1988: 120)

[28] Bertrand Russell 1937: X f.

[29] "Im Chaos der widerstreitenden fanatischen Überzeugungen ist eine der wenigen einigenden Kräfte die wissenschaftliche Wahrheitsliebe; ich verstehe darunter die Gepflogenheit, unseren Glauben auf Beobachtung und Schlüsse zu stützen, die so unpersönlich und von Veranlagung und Umgebung so unbeeinflußt sind wie nur menschenmöglich." (Bertrand Russell 1983: 844-845)

[30] Vgl. hierzu Werner Loh 1980 und 1984. Ich vermute, daß es im logisch-mathematischen Grundlagenstreit um die Auseinandersetzung zwischen grundlegend verschiedenen Menta-

litäten geht. Insofern wäre er ein hervorrragendes Forschungsfeld für die Frage, wie Mentalitäten mit unterschiedlichen Lösungen ihren Streit nicht klären können, weil sie nicht die vermutlich klärungsträchtigen Problembereiche thematisieren.

[31] Wenn das Erwägen von Alternativen als epistemischer Zustand eines Subjekts erst das Verhältnis zwischen Wissen und Unwissen angeben und somit die jeweiligen Schranken und Stadien einer Wissenschaft einschätzen läßt, dann führt die Ausschaltung der Subjektivität zu einer Illusion über die Objektivität desjenigen Wissens, das man gerade annimmt: "Wenn Subjektivität durch Erwägen entfaltet und dadurch Objektivität besser möglich wird, dann mindert ein Objektivitätsverständnis, welches Subjektivität ausschalten möchte, Objektivität." (Bettina Blanck 1992: 113)

Literatur

Avron, A.: Wither Relevance Logic? Journal of Philosophical Logic 21(1992)243-281.

Berka, K./Kreiser, L. (Hg.): Logik-Texte. Darmstadt 1983.

Bernays, P.: Abhandlungen zur Philosophie der Mathematik. Darmstadt 1976.

Blanck, B.: Zum Konzept von Erwägungsforschungen für nicht-patriarchale Wissenschaften. In: Pellikaan-Engel, M. (ed.): Against Patriarchal Thinking. Amsterdam 1992. [Abgedruckt in diesem Band.]

Blanck, B./Loh, W.: Schaltungen, Aussagenlogik und Denken. Forschungsgruppe Erwägungskultur, Arbeitspapier 1992-2. Universität-GH Paderborn, FB 1, 1992. [Abgedruckt in diesem Band.]

Bochenski, J. M.: Formale Logik. Freiburg/München 1978.

Burkamp, W.: Die Krisis des Satzes vom ausgeschlossenen Dritten. Beiträge zur Philosophie des deutschen Idealismus. 4(1927)59-81.

Burkamp, W.: Logik. Berlin 1932.

Carnap, R.: Einführung in die Symbolische Logik. Wien 1960.

Carnap, R.: Logische Syntax der Sprache. Wien/New York 1968.

Dreben, B./Floyd, J.: Tautology: How not to Use a Word. Synthese 87(1991)23-49.

Frege, G.: Grundgesetze der Arithmetik, I. Band. Darmstadt 1962.

Frege, G.: Logische Untersuchungen. Göttingen 1966.

Frege, G.: Schriften zur Logik und Sprachphilosophie. Hamburg 1978.

Hilbert, D./Bernays, P.: Grundlagen der Mathematik I. Berlin/Heidelberg/New York 1968.

Klaus, G.: Moderne Logik. Berlin 1966.

Kutschera, F. v.: Elementare Logik. Wien, New York 1967.

Lewis, C. I.: Implication and the Algebra of Logic. Mind 21(1912)522-531.

Lewis, C. I.: The Calculus of Strict Implication. Mind 23(1914)240-247.

Loh, W.: Evolution, Geschichte und logisch-mathematischer Grundlagenstreit. Frankfurt am Main/New York 1980.

Loh, W.: Vorurteile und Wahn im logisch-mathematischen Grundlagenstreit und Probleme empirischer Begründung. Zeitschrift für allgemeine Wissenschaftstheorie 15(1984)211-231.

Loh, W.: Zur Kritik der klassischen Aussagenlogik. Conceptus 19(1985)23-36.

Loh, W.: Fehldeutungen der klassischen Aussagenlogik. dialectica 40(1986)157-162.

Loh, W.: Dezision als Bestandteil einer Fortschrittsmoral. Ethik und Sozialwissenschaften 3(1992)68-74 (a).

Loh, W.: Evolutionäre Ethik. In: Pieper, A. (Hg.): Geschichte der neueren Ethik 2. Tübingen/ Basel 1992 (b). [In veränderter und erweiterter Fassung in diesem Band unter dem Titel "Unmöglichkeit einer Evolutionären Ethik und die Möglichkeit einer Historischen Ethik" abgedruckt.]

Loh, W.: Kant-Forschungen als Beispiel für selbstverschuldeten Methodenmangel. Zeitschrift für allgemeine Wissenschaftstheorie 23(1992)105-128 (c). [In diesem Band abgedruckt.]

Loh, W.: Transpersonaler Idealismus: Menschen ohne Wahrheitsbasis? Ethik und Sozialwissenschaften 3(1992)152-155 (d).

Loh, W.: Logische Konstanten als Repräsentanten von Entscheidungsverhältnissen und Ontologie. Zeitschrift für philosophische Forschung 47(1993)588-605.

Łukasiewicz, J.: Philosophische Bemerkungen zu mehrwertigen Systemen des Aussagenkalküls. In: Berka, K./Kreiser, L. (Hg.): Logik-Texte. Darmstadt 1983: 135-150.

Łukasiewicz, J.: Die Logik und das Grundlagenproblem. In: Pearce, D./Wolénski, J. (Hg.): Logischer Rationalismus. Frankfurt am Main 1988.

Menne, A.: Einführung in die formale Logik. Darmstadt 1985.

Oberschelp, A.: Elementare Logik und Mengenlehre I. Mannheim/Wien/Zürich 1974.

Post, E. L.: Introduction to a General Theory of Elementary Propositions. In: Heijenoort, J. v. (ed.): From Frege to Gödel. Cambridge 1991.

Quine, W. V. O.: Philosophy of Logic. Englewood Cliffs 1970.

Quine, W. V. O.: Philosophie der Logik. Stuttgart/Berlin/Köln/Mainz 1973.

Rautenberg, W.: Klassische und nichtklassische Aussagenlogik. Braunschweig/Wiesbaden 1979.

Reichenbach, H.: Elements of Symbolic Logic. New York, London 1966.

Rieffert, J. B.: Logik, eine Kritik an der Geschichte ihrer Idee. In: Dessoir, M. (Hg.): Lehrbuch der Philosophie: Die Philosophie in ihren Einzelgebieten. Berlin 1925.

Russell, B.: The Principles of Mathematics. London 1937.

Russell, B.: Philosophie des Abendlandes. Wien/München/Zürich 1983.

Schupp, F.: Einleitung. In: Wilhelm von Osma: De Consequentiis. Textkritisch herausgegeben, übersetzt, eingeleitet und kommentiert von Franz Schupp. Hamburg 1991.

Seebohm, T. M.: Philosophie der Logik. Freiburg/München 1984.

Sinowjew, A. A./Wessel, H.: Logische Sprachregeln. München/Salzburg 1975.

Stegmüller, W.: Erklärung Begründung Kausalität. Berlin/Heidelberg/New York 1983.

Stegmüller, W./Varga von Kibéd, M.: Strukturtypen der Logik. Berlin/Heidelberg/New York/Tokyo 1984.

Stelzner, W.: Epistemische Logik. Berlin 1984.

Tarski, A.: Einführung in die mathematische Logik. Göttingen 1977.

Whitehead, A. N./Russell, B.: Principia Mathematica. Frankfurt am Main 1986.

Unmöglichkeit einer Evolutionären Ethik und die Möglichkeit einer Historischen Ethik

Werner Loh

1. Leitende Frage

Mit seinem 1859 veröffentlichten Werk "On the Origin of Species" förderte Charles Darwin im Bereich der »Wissenschaften« auch die Diskussion über den natürlichen Ursprung der Menschen. Er selbst nahm 1871 in seinem Buch "The Descent of Man" zu dieser Problemlage Stellung. Die Auffassung über den tierischen Ursprung des Menschen regte besonders seit dieser Zeit immer wieder zu der Behandlung der Frage an, wie menschliche Moral von diesem Entwicklungsprozeß her zu beurteilen sei. In der zweiten Hälfte des 19. Jh. bis in den Anfang des 20. Jh. sind zahlreiche Entwürfe für eine Evolutionäre Ethik vorgelegt worden (vgl. Robert J. Richards 1987). Neuere Diskussionen der Evolutionären Ethik weisen auch angesichts der Erfahrungen mit dem Nationalsozialismus im 20 Jh. mahnend auf solche Varianten wie Sozialdarwinismus und Eugenik hin (vgl. Franz M. Wuketits 1990 a:109 ff.). Im Verlauf des 20. Jahrhunderts trat bis in die 70er Jahre die Evolutionäre Ethik in den Hintergrund ethischer Diskussionen. Doch in den 70er Jahren des 20. Jh. erwuchsen einerseits aus der Ethologie und anderseits aus der Soziobiologie neue Voraussetzungen für die Entwicklung von evolutionär orientierten Ethikkonzepten. Besonders den Arbeiten von Konrad Lorenz und Edward O. Wilson verdanken diese neueren Diskussionen wesentliche Anregungen. In diesen Diskussionen spielt der sogenannte *naturalistische Fehlschluß* in dem Sinne eine wesentliche Rolle, als viele Vertreter der Evolutionären Ethik meinen, daß man nicht aus Aussagen, die feststellen, was ist, Äußerungen logisch korrekt deduzieren könne, die angeben, was sein soll. Autoren wie Gerhard Vollmer (1993: 123) und Wuketits (1990 a: 89) haben sich ähnlich geäußert wie Hans Mohr:[1]

"Wie jede wissenschaftliche Theorie, versteht sich die Evolutionäre Ethik als eine erklären-de (explanatorische) Theorie, die keine imperativen oder normativen Absichten verfolgt. Es handelt sich vielmehr darum, die historische Genese des tatsächlichen sittlichen Verhaltens wissenschaftlich zu *erklären*." (Hans Mohr 1987: 76/77)

Nun werden traditionell unter "Ethik" weitgehend Unternehmungen verstanden, die imperative oder normative Absichten verfolgen. Reinhard Löw (1991) fragte: "Warum verwendet Mohr aber [...] den Begriff Ethik" für die Evolutionäre Ethik, "wenn sie doch genau das nicht leisten soll (oder kann), was Ethik leisten soll?" (256) Demnach wäre der Terminus "Evolutionäre Ethik" - pointiert formuliert - mit dem Ausdruck "Etikettenschwindel" zu belegen (Edgar Morscher 1986: 75; vgl. auch Wilhelm Lütterfelds 1991). Dann aber würde es keine präskriptive Evolutionäre Ethik geben, sondern nur eine Disziplin, die die möglichen evolutionären Wurzeln von Moral deskriptiv erfaßte. Sie wäre eine deskriptiv-empirische Hilfsdisziplin wie andere Disziplinen, die von der Ethik genutzt werden, ohne daß diese hierdurch zu ethischen werden. Kurt Bayertz schrieb:

"Niemand würde ja auch bestreiten wollen, daß der Mensch - als ein physikalischer Gegenstand - den Gesetzen der Physik unterliegt, und daß er sich auch bei der Formierung seiner Moral nicht von der Gravitation befreien kann. Die Bedeutung der Biologie für die Philosophie der Moral wird daher ähnlich groß sein wie die der Gravitationstheorie." (Kurt Bayertz 1988: 296)

Mit einer solchen Einschätzung der Evolutionären Ethik würde die Darlegung dieser geistigen Strömung unter dem Titel "Ethik" eine Themenverfehlung sein und man könnte sich mit dieser Feststellung begnügen, insbesondere auch deswegen, weil Autoren wie Mohr (1987) von einer solchen Einschätzung nicht weit entfernt sind, denn die "Evolutionäre Ethik" sei "eine Satellitentheorie der allgemeinen Evolutionstheorie" (76).

Allerdings gibt es nicht »die« Ethik. Mohr (1988) konstatierte, daß hinsichtlich der "Mannigfaltigkeit moralischen Verhaltens" entsprechend "vielfältig (beliebig?) [...] die ethischen Entwürfe unserer philosophischen Tradition" (107) seien:[2]

"von Relativismus, Hedonismus und Utilitarismus bis hin zur theologischen Ethik, die sich auf göttliche Offenbarung beruft; von der idealistischen Ethik, die Platon begründete, bis hin zur politischen Ethik, die ihre Tradition auf Aristoteles zurückführt." (Hans Mohr 1988:107)

Nun wurde von Evolutionstheoretikern behauptet, daß mit Darwins Evolutionskonzept ein neues Menschenbild verbunden sei:[3]

"»Was ist der Mensch?« ist wohl die inhaltsschwerste Frage, die vom Menschen überhaupt gestellt werden kann. Sie war für jedes philosophische oder theologische System schon immer das zentrale Problem. Wir wissen, daß die gelehrtesten Menschen sich diese Frage schon vor zweitausend Jahren ständig vorlegten, und es ist durchaus möglich, daß auch die klügsten Australopithecinen sie sich vor 2 Millionen Jahren bereits stellten. Ich möchte hier ausdrücklich bemerken, daß alle vor 1859 unternommenen Versuche, die Frage zu beantworten, ohne jeglichen Wert sind und daß wir besser daran tun, sie vollkommen zu ignorieren, weil keine dieser Antworten sich auf eine solide, objektive Grundlage stützen konnte, solange man nicht erkannt hatte, daß der Mensch das Produkt der Evolution aus den frühesten Menschenaffen und davor, über Milliarden von Jahren hinweg, das Produkt eines stufenweisen, aber proteischen Wandels aus einer sich selbst heraus, d. h. natürlich, entstandenen Urmonade ist." (Georg G. Simpson 1972: 103)[4]

Wenn es aber zutreffen sollte, daß mit der neueren Evolutionsauffassung bisherige Menschenbilder hinfällig werden, dann ist zu fragen, inwiefern man an bisherige Ethikkonzepte anknüpfen und von ihnen her die Ansätze zu einer Evolutionären Ethik einschätzen darf. Könnte es z. B. nicht sein, daß die neuere Evolutionsauffassung auch zur Konsequenz hat, daß eine Sollensethik in imperativer oder normativer Absicht hinfällig wird? Aus solchen Erwägungen heraus werden die folgenden Darlegungen unter der leitenden Frage stehen, *welche Relevanz die Evolutionäre Ethik für eine allgemeine Ethikdiskussion haben und welche Herausforderung sie für dominierende traditionelle Ethikkonzepte bedeuten könnte.* Die Frage kann im Rahmen dieser Arbeit über bloße Andeutungen hinaus nicht beantwortet werden. Sie soll aber helfen, aus der Fülle des Materials auswählen zu können.

2. Evolution

Der Ausdruck "Evolution" wird in der Literatur sehr umfassend gebraucht. Vollmer (1990 a: 221) hat folgende acht Stufen hervorgehoben: Kosmische, galaktische und stellare, chemische, molekulare, biologische, psycho-soziale, kulturelle sowie wissenschaftliche Evolution.[5] Wenn diese Bereiche empirisch erfaßt und für sie keine transzendenten oder auch göttlichen Einflüsse angenommen werden, dann kann man von einem *"naturalistischen Ansatz"* sprechen. In diesem Sinne sind die hier zu erörternden Auffassungen der Evolutionären Ethik naturalistisch.[6] Auf dieser abstrakten Ebene der Überlegungen fallen also Entscheidungen, die andere Ethikkonzepte ausschließen, z. B. Immanuel Kants (VII: 11 ff.) Ethik, die eine nicht-empirisch-apriorische Quelle der Moral annimmt, oder Nicolai Hartmanns (1964:15. u. 16. Kap.) Ethik, nach der es eine absolute, ideale Sphäre der Werte gibt, die vom Menschen unabhängig sei. Wuketits formulierte hinsichtlich der Ethik Kants:

"Nimmt man indes Darwin ernst, nimmt man die Evolution ernst und akzeptiert man, daß auch der Mensch bloß ein Glied in der langen Kette des organischen Werdens darstellt, dann erscheinen alle ‚sittlichen Begriffe' eben als Resultate der Evolution und nicht als ‚völlig a priori in der Vernunft' gegebene Kategorien". (Franz M. Wuketits 1990 b: 161)

Zwar werden durch den naturalistischen Ansatz schon zahlreiche traditionelle Ethikkonzepte ausgeschlossen, doch dieser charakterisiert wegen seiner Allgemeinheit noch nicht die Evolutionäre Ethik, wie sie seit den 70er Jahren des

20. Jh. diskutiert wird.[7] Denn hier werden explizit Ergebnisse der modernen Biologie verwendet. *Die organische Evolution ist wesentlicher Diskussionsbezug.* Will man den möglichen Herausforderungen nachspüren, die eine Evolutionäre Ethik für dominierende traditionelle Ethikkonzepte haben könnte, dann ist dieser Diskussionsbezug näher zu bedenken.

"Evolution" bedeutet äußerst abstrakt gedacht zunächst einen Prozeß, in dem Konstellationen in andere übergehen. Kommt hierbei Neues hinzu, dann ergibt sich die Frage, ob dieses Neue schon im Ausgang so angelegt war, daß der Prozeß direkt auf dieses Neue hin sich entwickelt hat. Eine solche Entwicklungsauffassung wird auch *"Orthogenese"* genannt. Sie läßt sich gut mit teleologischen Evolutionsvorstellungen vereinbaren (vgl. Ernst Mayr 1984: 425 f.). In der von Darwin und Wallace begründeten Tradition wird eine andere Konzeption vertreten: Die Entwicklung des Organischen variiert ungerichtet. Unter den Varianten kommt aber nur ein Teil zur Fortpflanzung. Die Bedingungen, die diesen Trennungsvorgang unter den Varianten hervorrufen, werden unter dem Titel "(*natürliche*) *Selektion*" gefaßt, wobei für die folgenden Erörterungen der Streit keine Rolle spielt, inwiefern und in welchem Ausmaß über die externe Selektion hinaus auch eine interne angenommen werden sollte und ob es auch gegenüber Selektionen neutrale Mutationen gibt.[8] Seitdem man nun den Vererbungsvorgang als genetische Reproduktion begreift, wird in dieser Hinsicht die Variation als *"Mutation"* bestimmt. Auf welche Weise die an Darwin anknüpfenden Evolutionstheorien auch immer weiter differenziert und ausgebaut werden mögen, gegenständlicher Kern solcher Theorien ist der Zusammenhang aus Mutation und Selektion im Fortpflanzungsprozeß. Wie aber ist dieser Kern mit der Evolutionären Ethik zu vermitteln?

So vielfältig "Moral" und "Ethik" bestimmt werden können, auch in der Evolutionären Ethik wird der Zusammenhang aus Mutation und Selektion nicht als »moralisch« oder »ethisch« verstanden. Vielmehr mag folgende Umschreibung von Mohr als eine vorläufige Orientierung dienen:

"Unter Ethos oder Moral versteht man das tatsächlich praktizierte Wertsystem des einzelnen oder einer Gruppe, den konkreten Kodex sittlichen Verhaltens: Sitten, Normen, Gesetze, Handlungsmaßstäbe. Ethik fragt nach der Begründung von Moral. Ethik ist die Theorie des guten Lebens, aber ganz offensichtlich keine Voraussetzung dafür. Es gibt viele wunderbare Menschen, die von Ethik nichts wissen oder wenig davon halten." (Hans Mohr 1989: 127)

Nun könnte man den Bereich aus Mutation und Selektion selbst zum Gegenstand moralischer Orientierungen und ethischer Reflexionen nehmen, etwa hinsichtlich der Gentechnologie. Solche Bereiche sind Gegenstände auch anderer Ethiken, z. B. theologischer. *Evolutionäre Ethik wird nicht als Bereichsethik konzipiert.* Wenn aber hinsichtlich der organischen Evolution weder die Begründung, noch die moralische Orientierung und noch ihr Gegenstandsbereich eine "Evolutionäre Ethik" bestimmen läßt, dann wird es in der Tat fraglich, wie oben schon problematisiert worden ist, *ob es eine originäre »Evolutionäre Ethik« geben kann.*

3. Entscheidung als sich selbst bewußt gewordener Evolutionsprozeß?

Sucht man nun in der einschlägigen Literatur nach Möglichkeiten, wie der Sackgasse, keine *originäre* Evolutionäre Ethik entwickeln zu können, zu entkommen ist, dann fällt auf, wenn man den Zusammenhang von Mutation und Selektion als Orientierung nutzt, daß immer wieder die Fähigkeit zum Entscheiden thematisiert wird. Z. B. schrieben Uta Seibt und Wolfgang Wickler:

"Wir wissen außerdem, daß der Mensch zu Entscheidungen sowohl zwischen verschiedenen Handlungszielen als auch zwischen verschiedenen Wegen zum gleichen Ziel genötigt ist, und zwar durch Güterabwägungen und Prioritätssetzungen. [...] Für Biologen ist es verlockend, die Evolution der Ideen, Sprachen und Kulturformen in Parallele zu setzen zur Evolution der Lebewesen und ihrer Organe, sowie nach Selektionsgesetzen zu suchen, die für beides gelten. Hier stehen vor allem die Verhaltensforscher vor einem hochinteressanten und noch kaum berührten Arbeitsgebiet. Wir wagen vorauszusagen, daß die vom Menschen bewußt gesetzten Normen und Weisungen denselben in der Evolution bewährten Gesetzmäßigkeiten unterliegen" (Wolfgang Wickler/Uta Seibt 1981: 354).

Simpson, nachdem er die Ansätze von Julian Huxley und C. H. Waddington zu einer Evolutionären Ethik zurückgewiesen hat, weil sie dem naturalistischen Fehlschluß unterlägen, kam zu dem Ergebnis:

"daß der Begriff Ethik jegliche Bedeutung verlöre, wenn nicht die folgenden Voraussetzungen gegeben sind: a) Es bestehen alternative Handlungsweisen; b) der Mensch ist in der Lage, die Alternativen in ethischen Kategorien zu beurteilen; c) es steht ihm frei zu wählen, was er für ethisch gut hält. Darüber hinaus muß wiederholt werden, daß das evolutionäre Funktionieren von Ethiken auf der zumindest im Ausmaß einzigartigen Fähigkeit des Menschen beruht, die Folgen seiner Handlungen vorauszusehen. Ein System naturalistischer Ethiken macht es daher erforderlich, daß die Verantwortung des einzelnen für jene Folgen akzeptiert wird, und eben dies ist in der Tat die Basis für das Entstehen und die Funktion des moralischen Empfindens." (George G. Simpson 1972: 193/194)

Solchen Auffassungen ist also zu entnehmen, daß Menschen sich von Tieren durch ihre besonders ausgeprägte Entscheidungsfähigkeit auszeichnen. *Diese Entscheidungsfähigkeit ist auch zugleich Basis für Moralität bzw. Ethik.*[9]

Wie ist aber menschliche Entscheidung z. B. mit den Merkmalen 'Mutation' und 'Selektion' der Theorie organischer Evolution in dem Sinne zu vermitteln, daß hier nicht nur wesentliche Teile des Evolutionsgedankens erhalten bleiben, sondern auch eine originäre Ethik möglich wird? Mir ist keine Untersuchung bekannt, die diese in der Evolutionären Ethik angelegte Möglichkeit verfolgt und ausgebaut hätte. Es bleibt bei Andeutungen. Als Forschungsmotto könnte man Huxleys (1964:11) These nutzen, daß "im Menschen des zwanzigsten Jahrhunderts [...] sich der Evolutionsprozeß endlich seiner selbst bewußt" werde:

"Physical trial and error can be more and more transposed to the sphere of thought. And in so far as the mechanism of evolution ceases to be blind and automatic and becomes conscious, ethics can be injected into the evolutionary process. Before man that process was merely amoral." (Julian Huxley 1947: 135)[10]

Es ist nicht unüblich unter *"Entscheidung"* eine Konstellation zu verstehen, in der erwogen und Erwogenes bewertet wird. Wird Erwogenes hinsichtlich gewisser Kriterien positiv bewertet, kann das so positiv Erwogene als Lösung gesetzt werden. Lösungen mögen zu jeweiligen Zeiten mehr oder weniger gelingend realisiert werden. Sie gehen nicht nur in die Praxis ein, sondern durchsetzen auch Erkennen. *Insofern kann Entscheidung sowohl für Deskription als auch für Präskription relevant sein.* Wie weit man den Aufwand für das Erwägen oder Beurteilen treibt, ist für Menschen ebenfalls entscheidbar. Auch ist entscheidbar, in welchem Ausmaß man solche reflexive Entscheidungen selbst noch gestalten will. Insofern kann man Sequenzen von reflexiven Entscheidungen unterscheiden, in denen der ersten Stufe jene Entscheidungen zuzurechnen sind, die selbst nicht mehr über Bestandteile von Entscheidungen entscheiden.

Vergleicht man nun Entscheidungen mit organischer Evolution, dann fällt zunächst auf, daß es auch im genetischen Bereich Gene gibt, die Gene koordinieren. Gene der ersten Stufe beeinflussen den Phänotyp. Gene können ebenso wie Lösungen in einer aktiven oder inaktiven Phase sein. Beide koordinieren in ihren aktiven Phasen andere Konstellationen. Bedenkt man die Vielfalt der durch Mutationen entstandenen Gene, dann könnte es zunächst näher liegen, dieser Vielfalt nicht Lösungen zuzuordnen, sondern Erwägungen, die eine Vielfalt an möglichen Lösungen umfassen. Nun *repräsentieren* erwogene Möglichkeiten bloß Lösungen und sind sie nicht. Nach dem bisherigen Stand der Genetik gibt es solche Repräsentationen im genetischen Bereich hinsichtlich der sich vermehrenden Zellen nicht.[11] Demnach ist die durch Mutationen entstandene Genvielfalt (Menge der Allelen) eher mit einer Lösungsvielfalt zu vergleichen, die von verschiedenen Individuen realisiert werden mögen. Da nun Selektion die Gene betrifft, die im Fortpflanzungsprozeß sich reproduzieren, kann somit Selektion nicht der Auswahl unter Erwogenem analogisiert werden. Vielmehr entsprechen nur solche Prozesse der Selektion, die gewisse Lösungen - etwa im Tradierungsprozeß - erhalten und andere ausscheiden lassen, wie z. B. durch gewisse Konkursarten im Marktgeschehen. Die auswählende Beurteilung erwogener Möglichkeiten soll ja oft gerade solche möglichen negativen Folgen der Selektion vermeiden helfen.

So, wie die erwogenen Alternativen (mögliche) Lösungen repräsentieren, so können in der bewertenden Auswahl (mögliche) eliminierende Konstellationen repräsentiert werden. Folgt man diesem Vergleich, dann wird bei einer Entscheidung Vielfalt in einer Erwägung repräsentiert und der Sonderungsprozeß unter Vielfalt in einer Auswahl, während in der Genvielfalt und der Selektion Vielfalt und Sonderung »direkt« existieren. Der Vergleich setzt also übergreifende Begriffe für "Vielfalt" (*"Diversität"*) und "Sonderung" (*"Separation"*) voraus. Diese sind nun mit den Merkmalen 'direkt' ("d") und 'repräsentiert' ("r") kombinierbar, wodurch den jeweiligen kombinatorischen Fällen Entscheidung und organische Evolution zuordenbar sind:

Diversität	Separation	
d	d	Organische Evolution
d	r	
r	d	
r	r	Entscheidung

Die Konzeption, daß organische Entwicklung über Mutation und Selektion verlaufe, ist eine Alternative zu der Auffassung, sie sei von vornherein gerichtet (Orthogenese).[12] Eine ähnliche Alternative ist auch für kulturelle Geschichten (der Menschen) zu bedenken. Auch hier kann man für die kulturellen Entwicklungen Bedingungen annehmen, die diese Entwicklungen ausrichten (vgl. Karl Löwith 1967). Der organischen entspräche somit eine kulturelle Orthogenese. Wenn Entscheidungen als Aufhebungen der Mutations- und Selektionszusammenhänge durch Repräsentationen zu begreifen sind, dann wäre hierin *eine Alternative zur Auffassung, daß auch kulturelle Entwicklung »orthogenetisch« sei, zu suchen.*[13]

4. Evolutionäre Ethik als Fortsetzung traditioneller Ethikkonzepte

Ob man eine Ethik, die mit dem Konzept der Entscheidung ansetzt, eine "Evolutionäre Ethik" nennen möchte, hängt davon ab, wie umfassend man den Ausdruck "Evolution" gebrauchen möchte. Nun sind nach einem verbreiteten Verständnis von "Ethik" "moralisch" oder "sittlich" genannte Normen (Orientierungen, Regeln, Werte usw.) nicht wählbar. In einer Kritik an der Evolutionären Ethik meinte Wilhelm Vossenkuhl (1983): "Sittliche Normen sind nicht wählbar" (152). Sie seien vorgegeben. Moralität selbst konstituiere sich im Ansatz nicht aus dem Zusammenhang von Vielfalt und Auswahl. *Wenn aber organische Evolution und kulturelle Geschichte sich durch den Zusammenhang aus Diversität und Separation bilden, dann müßte eine Evolutionäre Ethik diesen Zusammenhang berücksichtigen oder sie ist keine. In dieser Problemlage wäre vermutlich die tiefgreifendste Differenz zwischen traditioneller Ethik und einer Evolutionären Ethik zu suchen,*[14] sofern diese möglich sein sollte.

Hinsichtlich der Aufgabe, moralischen Orientierungen zu folgen, wären demnach zwei grundsätzlich verschiedene Lösungsweisen anzunehmen, wenn eine Entscheidungsethik möglich sein sollte: In der einen Weise sind die moralischen Lösungen vorgegeben und in der anderen konstituieren sie sich durch Entscheidung. Eine Ethik der Vorgabe könnte man als *"Orthoethik"* bezeichnen.

Folgt man aber der Auffassung, daß von den Elementarteilchen bis zu menschlichen moralischen Orientierungen sich alle Bestandteile entwickelt haben, dann gibt es keine entwicklungsunabhängige moralische Vorgabe. Wenn weiterhin organische Evolution und kulturelle Geschichte sich durch Diversität und Separation konstituieren, dann ist zu fragen, ob hiervon Moral ausgenommen sein kann. *Eine Evolutionäre Ethik hätte somit nicht nur zu zeigen, wie Normen zu begründen sind, sondern auch zu erklären, warum bisherige Ethik weitgehend Ethik der verschiedenen Vorgaben ist.* Doch eine solche Problemstellung ist in der neueren Diskussion um eine Evolutionäre Ethik kaum ausgearbeitet worden. Vielmehr findet man in verschiedenen Formen Anknüpfungen an traditionelle Ethikkonzepte.

Diese Anknüpfung kann in der zunächst harmlos erscheinenden Form einer Frage bestehen, wie Vollmer (1986: 54) sie für die Ethik unter Berufung auf Kant formulierte: "Was soll ich tun?"[15] Aber, so ist zu problematisieren, impliziert diese Frage als Sollensfrage nicht schon eine Ethik der Vorgabe?[16] Vollmer (1993) folgte nun keineswegs Kants Konzeption eines kategorischen Imperativs, sondern für ihn haben Normen "hypothetischen und teilweise konventionellen Charakter" (128/129). Aber dennoch konstituierte sich für ihn eine Evolutionäre Ethik nicht durch den Zusammenhang von Diversität und Separation, etwa von Erwägung und Auswahl als *verbesserbare Geltungsbedingung* für die Setzung einer Lösung im Entscheidungszusammenhang, sondern in der Ethik gehe es im Ansatz um "das Sollen, um Normen, um Geltung, um Vorschreiben und Rechtfertigen." (1986: 54) Das sind aber

Komponenten, die in diesem Kontext eher allein der Lösungsebene als Vorgabeverhältnis zuzurechnen sind.[17] Evolutionstheoretisch *originäre* Geltungsbedingungen, die dem hypothetischen Charakter entsprechen würden, gab Vollmer nicht an.

Wenn aber Erwägungen von möglichen moralischen Orientierungen nicht nur keine Lösungen sind, sondern auch keine normative Qualität haben, vielmehr diese Orientierungen durch Auswahl und Setzung sich erst konstituieren müßten, dann könnte durch Entscheidung und nicht durch Deduktion *aus einer vormoralischen Konstellation Moralisches gewonnen werden. Der Bezug auf Erwägung und beurteilender Auswahl wäre bei einer solchen Ethikkonzeption auch Geltungsbedingung.* Bleibt man aber allein der Lösungsebene verhaftet, dann gewinnt man nicht nur keinen originären evolutionären Ansatz für die Ethik, der Diversität und Separation berücksichtigt, sondern man ist auch auf traditionelle Ethikansätze angewiesen, will man nicht gänzlich den Anspruch auf Ethik aufgeben.[18]

Diese Problemkonstellation ist auch bei Mohr wiederzufinden. Wie oben schon dargelegt worden ist, war für Mohr die Evolutionäre Ethik keine normative, sondern eine deskriptive Disziplin und eine Satellitentheorie der Evolutionstheorie. Seine moralische Orientierung erlangte somit durch keine Evolutionäre Ethik Geltung. Vielmehr neigte er bisher einer neo-aristotelischen Auffassung zu:

"In der Ethik zählt die Vision. Von den großen ethischen Entwürfen unserer philosophischen Tradition will ich nur zwei in Erinnerung bringen: Die Auffassung Kants, wonach allein die autonome Vernunft den Maßstab richtigen Handelns abzugeben vermag, und die Auffassung der Aristoteliker, wonach moralische Fragen sich nur im Rahmen intakter Traditionen beantworten lassen. Maßstäbe des guten Handelns, so sagen die Neo-Aristoteliker, lassen sich nicht unabhängig von Traditionen und Institutionen begründen und rechtfertigen. Moral sei keine Angelegenheit des rein subjektiven Urteils; die Lebensform der Gemeinschaft, der wir angehören, bestimme den unverzichtbaren sittlichen Konsens. Ich will nicht verhehlen, daß ich als Biologe dieser Auffassung eher zuneige als dem rigiden kategorischen Imperativ Kants." (Hans Mohr 1989: 127/128)

5. Geltungsbedingung und Geltungsinhalt

Michael Ruse hat in seiner Arbeit "Evolutionary Ethics: A Phoenix Arisen" den in der Literatur immer wieder benutzten abstrakten Gedanken verwendet, daß man in ethischen Fragen mehrere Ebenen unterscheiden solle:

"A full moral system needs two parts. On the one hand, you must have the "substantival" or "normative" ethical component. Here, you offer actual guidance as in, "Thou shalt not kill." On the other hand, you must have (what is known formally as) the "metaethical" dimension.

Here, you are offering foundations or justification as in, "That which you should do is that which God wills." Without these two parts, your System is incomplete". (Michael Ruse 1986 a: 96; vgl. 1993: 153 f.)

Auch Ruse (1986 a) akzeptierte, daß man aus Seinsaussagen keine Sollensforderungen deduzieren könne (102). Somit stand Ruse ebenso wie andere Vertreter der Evolutionären Ethik der 80er Jahre des 20. Jh. vor dem Problem, ob Evolutionäre Ethik überhaupt eigenständig und originär moralische Orientierungen begründen könne. Ruse verneinte nun nicht wie Mohr, Vollmer oder Wuketits vor 1993 diese Möglichkeit, sondern setzte den deskriptiven Ansatz, die Erklärungsorientierung, radikal fort: Die organische Evolution "has filled us full of thoughts about right and wrong, the need to help our fellows, and so forth" (99). Somit sind auch unsere Rechtfertigungsbedingungen angeboren. Also hat Moralität "no philosophically objective foundation. It is just an illusion" (102):

"the evolutionist's case is that ethics is a collective illusion of the human race, fashioned and maintained by natural selection in order to promote individual reproduction." (Michael Ruse 1986 a: 102) "Rather, human beings function better if they are deceived by their genes into thinking that there is a disinterested morality objective binding upon them, which all should obey." (Michael Ruse/Edward O. Wilson 1986: 179; vgl. Michael Ruse 1993: 162 ff.)[19]

Auf diese Erklärung paßt gut die doppeldeutige Wendung von Robert Spaemann und Reinhard Löw (1985: 258), daß das "*Gelten selbst* genetisiert" werde. Unterscheidet man wie Ruse zwischen den normativen Komponenten (*Geltungsinhalt*) und den Komponenten der Rechtfertigung (*Geltungsbedingung*), dann verdanken sich nach Ruse beide Komponenten wesentlich genetisch angeborenen Bedingungen. Für einen Autor wie Simpson (1972: 193 f.) sind beide Komponenten Konsequenz menschlicher Entscheidungen und damit nicht genetisch angeboren, sondern kulturell. Kombiniert man die Merkmale 'Geltungsinhalt' und 'Geltungsbedingung' mit den Merkmalen 'angeboren' ("a") und 'kulturell' ("k"), dann erhält man vier mögliche ethische Positionen:

Geltungsinhalt	Geltungsbedingung
k	k
k	a
a	k
a	a

Diese kombinatorische Zusammenstellung unterstellt, daß hinsichtlich derselben Komponenten diese entweder angeboren oder kulturell sind. Nun läßt sich aber auch annehmen, daß die jeweiligen Komponenten sich sowohl aus angeborenen als auch aus kulturellen Anteilen konstituieren:

"Unser Verhalten ist nicht im genauen Einzelfall genetisch festgelegt, wir sind nicht Marionetten eines genetischen Verhaltensprogramms. Wohl aber tragen wir moralische Universalien in uns, eine genetisch bedingte Neigungsstruktur, die unser Verhalten disponiert, den Spielraum und die Grenzen möglichen Verhaltens einengt - und uns damit auf das Leben in einer menschlichen Gemeinschaft vorbereitet." (Hans Mohr 1988: 124)

Wie immer die Anteile bei einer solchen Mischkonzeption bestimmt werden mögen, es sind Grenzfragen stellbar: Ist Moralisches gänzlich ohne Angeborenes möglich? Wilson hat dies verneint:

"Kann die kulturelle Evolution höherer ethischer Werte sich eigenständig fortsetzen und die genetische Evolution völlig verdrängen? Ich glaube nicht. Die Gene halten die Kultur im Zaum." (Edward O. Wilson 1980: 159)

Andererseits ist zu fragen, ob die Ausdrücke "Ethik" und "Moral" systematisch auch für solche Konstellationen ohne kulturelle Komponenten gebraucht werden sollten, mögen diese auch bei Menschen nicht vorkommen. Die oben skizzierte Position von Ruse und Wilson legt diese Gebrauchsmöglichkeit nahe. Dagegen meinte Christian Vogel (1988), "Ethik bedarf weder einer evolutionsbiologischen Legitimation, noch ist eine solche überhaupt möglich" (215/116), aber die Inhalte menschlicher Handlungsnormen könnten dagegen natürlichen Neigungen entsprechen, müßten dies aber nicht:

"Es ist [...] verfehlt, Tieren (gleich welcher Entwicklungshöhe oder Beliebtheit) moralisches bzw. unmoralisches Verhalten zuzuschreiben: sie agieren vielmehr ganz und gar außermoralisch! Moralisch bzw. unmoralisch handeln kann nur der Mensch. [...] Dabei sind exklusiv menschlich nicht unbedingt die Inhalte sittlicher Normen, sondern vielmehr prinzipiell deren moralische Qualität als solche. Und selbstverständlich unterliegen nun auch alle jene Handlungen einer moralischen Bewertung, die wir im Verfolg unserer natürlichen Neigung ausführen, die also z. B. »prämoralischen« Tendenzen entsprechen." (Christian Vogel 1988: 215)

Wenn der Ausdruck "Moral" allein für nur Angeborenes verwendet werden kann, dann ergibt sich das Problem, welches die durchlaufenden Merkmale sind, die auch noch für den kulturellen Bereich von "Moral" sprechen lassen. Umgekehrt gilt das gleiche Problem: Wenn "Moral" wesentlich vom Kulturellen her bestimmt wird, inwiefern darf man dann Angeborenes "moralisch" nennen?

Konrad Lorenz (1974) hat hervorgehoben, daß das Verhalten der Tiere "dem moralischen nur in funktioneller Hinsicht analog" sei, "in allen anderen aber soweit von ihm entfernt ist, wie eben das Tier unter dem Menschen steht!" (111) Wolfgang Wickler (1989) meinte aber, daß der "Begriff vom moralanalogen Verhalten [...] Mißbrauch Vorschub leisten kann", indem "ungültige Argumente aus den Naturwissenschaften benutzt werden" (653). Doch dieses Bedenken setzt voraus, daß eine Ethik vorliegt, die nicht nur das Evolutionskonzept akzeptiert, sondern die bestimmen läßt, was unter "Moral" zu verstehen sei.[20] Es ist auch nicht klar, inwiefern, wenn man Lorenz folgt, bei Tieren nicht doch schon moralische Qualitäten zu finden sind:

"Jeder Mensch, der höhere Tiere kennt, weiß, daß ihr Erleben, ihre »Emotionen« den unseren brüderlich verwandt sind. Ein Hund hat eine Seele, die der meinen im allgemeinen gleicht, sie an bedingungsloser Liebesfähigkeit wahrscheinlich sogar übertrifft". (Konrad Lorenz 1989: 145)

Der Hund soll an "Liebesfähigkeit und Treue, Mut, Tapferkeit und Gehorsam" den Menschen "in all diesen Eigenschaften übertreffen. " (Lorenz 1989: 54) Solche Äußerungen sind im Zusammenhang der grundlegenden evolutions-theoretischen These zu bedenken:

"Von den einfachsten molekularen Anpassungen frühester Vor-Lebewesen zum wissen-schaftlichen Weltbild des denkenden Menschen führt eine lückenlose Reihe von Übergän-gen." (Konrad Lorenz 1989: 60).

Wenn Lorenz (1989) "genetisch fixierte[r] Verhaltensnormen" (73) angenom-men hat und "Kultur selbst Normen" schaffen kann, "die in gewissem Sinne als Ersatz für die angeborenen Verhaltensprogramme eintreten können" (147), dann liegt in dem »Normativen« das sich durchhaltende Moment in der »lückenlosen Reihe«. Doch, welche Momente man hervorhebt, die in einer lückenlosen Reihe sich durchhalten oder abbrechen bzw. beginnen, hängt von den Merkmalen ab, die man konzeptuell betont. *Welche Merkmale müßten von einer Evolutionären Ethik hervorgehoben werden?* Sollte sie z. B. die verschiedenen "Lernmechanismen" unter einem "kybernetischen Gesichts-punkt" systematisieren, wie Lorenz (1982: 362) dies in seinem Buch "Verglei-chende Verhaltensforschung" angegeben hat? Oder ist der Zusammenhang aus Mutation und Selektion abstrakter als Diversifikation und Separation zu fassen und unter diesem Gesichtspunkt bis zur (menschlichen) Entscheidung zu verfolgen, wie dies Donald T. Campbell (z. B.: 1960; 1987) in verschiede-nen Arbeiten ansatzweise ausgeführt hat?[21]

6. Unmöglichkeit einer an der organischen Evolution orientierten Evolutionären Ethik

Da keine Einigkeit darüber besteht, was alles als "moralisch" oder "sittlich" zu bezeichnen und wie es ethisch zu behandeln sei, könnte man meinen, daß es hierdurch auch für Vertreter einer Ethik, die sich an der organischen Evolution orientieren, offen stünde, ihr Gegenstandsgebiet so abzustecken, daß zwar gewisse Bestände traditioneller Themen der Ethik behandelt würden, z. B.

»Altruismus«, daß aber andererseits Anhänger anderer Ethikauffassungen einen solchen Ethikansatz nicht zu teilen bräuchten. Eine solche Sicht befreit jedoch nicht davon zu untersuchen, ob - immanent bedacht - der jeweilige Ethikansatz tragfähig ist.

Die erörterte moderne Evolutionäre Ethik ist wesentlich an der organischen Evolution orientiert, die in der Tradition von Darwin und Wallace erfaßt wird. Die organische Evolution ist aber nach dieser Tradition im Kern ein Zusammenhang aus Mutation und Selektion im Fortpflanzungsprozeß, verläuft also über mehrere Individuen, die sterben, hinweg und sein Zusammenhang ist selbst kein Verhalten jeweiliger Organismen und deren Interaktionen. Was immer man aus biologischer Perspektive als "moralisch" oder "sittlich" verstehen mag, eines ist damit durchweg verbunden, es ist Verhalten von Organismen. *Da aber der organisch-evolutionäre Prozeß selbst kein Verhalten ist, sondern Verhalten in ihm nur eingegliedert ist, dürfen ihm keinerlei moralische oder sittliche Eigenschaften zugerechnet werden.*

Auch wenn man angeborene Antriebe als "moralisch" oder "sittlich" bezeichnen wollte und deren Genese mit Hilfe der Evolutionsbiologie zu erklären vermöchte, läge keine Evolutionäre Ethik vor, denn die moralischen bzw. sittlichen Qualitäten lägen nicht in evolutionären Prozessen, sondern in deren Komponenten. Selbst dann, wenn die Spekulationen von Ruse zutreffen würden, daß Geltungsinhalte als Normen und Geltungsbedingungen als Begründungsbezüge angeboren wären, würde hierdurch kein Untersuchungsfeld für eine Evolutionäre Ethik, sondern allein für eine Geno-Phänotyp-Ethik eröffnet. *Insofern kann es also prinzipiell keine an der organischen Evolution orientierte originäre Evolutionäre Ethik geben.*

7. Möglichkeit einer Historischen Ethik

Obgleich es also eine originäre *Evolutionäre* Ethik nicht geben kann, wenn man den Bezug zur organischen Evolution ernst nimmt, ist eine Auseinandersetzung mit ihr dennoch sinnvoll, weil sie zu der grundlegenden Frage führt, inwiefern organische Evolution und kulturelle Geschichte Gemeinsamkeiten besitzen. Die Klärung dieser Frage müßte dann zugleich auch die Unterschiede deutlich werden lassen. Hierdurch mag dann die These überprüfbarer werden, ob kulturelle Geschichte wesentlich über Entscheidungen verläuft.

Angenommen, Huxley (1964) hätte Recht, daß im Menschen des zwanzigsten

Jahrhunderts "sich der Evolutionsprozeß endlich seiner selbst bewußt" (11)
werde, dann wäre unter diesem Gesichtspunkt nicht nur von einem Tier/
Mensch-Übergangsfeld auszugehen, das als abgeschlossen gilt, sondern auch
ein *Übergangsfeld zwischen organischer Evolution und kultureller Geschichte* anzunehmen, das vielleicht nicht nur nicht abgeschlossen ist, sondern
an dessen Anfang kulturelle Geschichte erst steht. Wenn man eine ausgebaute
Konzeption hätte, die Entscheidung und kulturelle Geschichte integrierte, ließe
sich möglicherweise abschätzen, in welchem Ausmaß Moralität geschichtlich
wirklich geworden ist. Es könnte sich erweisen, daß bisher hochgeschätzte
ethische Konzepte Ausdruck eines frühen Übergangsstadiums sind. Hiermit
wären dann auch die in der Literatur zur Evolutionären Ethik verbreiteten
Auffassungen über angeborenes Verhalten - vom »Inzesttabu« bis zum
»Altruismus« - nicht nur angemessener beurteilbar, sondern auch jene Tendenzen besser bewertbar, die in der "Unfähigkeit, vernünftig auf die Herausforderungen der Zeit zu reagieren" (Mohr 1989: 128), eher ein biologisches Erbe
und weniger einen Ausdruck spezifischer Stadien geschichtlich-kultureller
Entwicklungen sehen.[22]

Wenn man eine Ethik mit Hilfe eines derartig grundlegend ansetzenden
Entscheidungskonzeptes entwickeln würde, dann ließen sich zwei moralische
Orientierungen unterscheiden: Einmal könnte man moralische Orientierungen
als schon gegebene Lösungen einschätzen, die keiner Entscheidung mehr
bedürfen oder gerade durch keine Entscheidung mehr in Frage zu stellen
wären, die aber sehr wohl aus vergangenen Entscheidungen hervorgegangen
sein können.[23] Zum anderen ist eine Ethik denkbar, für die erwogene Alternativen und Bewertungen der Alternativen Geltungsbedingungen von moralischen Orientierungen wären. Eine solche Ethik könnte man eine *"Historische
Ethik"* nennen: Moralischer und ethischer Fortschritt wären an die Befähigung
gebunden, Alternativen zu erwägen und zu bewerten.

Anmerkungen

1   Der naturalistische Fehlschluß hat vor der Diskussion seit den 70er Jahren im Zusammenhang mit der Evolutionären Ethik ausführliche Erörterungen erhalten (vgl. Anthony Flew
1970: Kap. IV). Richards hat den naturalistischen Fehlschluß problematisiert. Sein Ergebnis
lautet: "Consequently, either the naturalistic fallacy is no fallacy, or no ethical system can be
justified. [...]we must reject the idea that the ,naturalistic fallacy' is a fallacy." (Richards
1985: 286; der Text von Richards ist auch in Richards 1987 abgedruckt). Wenn eine
Evolutionäre Ethik Entscheidung als originäre Basis ihres Selbstverständnisses nutzen
würde, könnte sie die Relevanz, die der naturalistische Fehlschluß in der Ethikdiskussion
erhalten hat, als Konsequenz einer *lösungsfixierten* Einstellung einschätzen, die das
Erwägen und Auswählen unter Alternativen nicht als Geltungsbedingung zuläßt. Der

naturalistische Fehlschluß ist demnach nur so lange als relevant einzuschätzen, wie es Positionen gibt, die annehmen, man könne nur von Lösungen ausgehen, etwa weil sie vorgegeben seien. Lorenz (1989) hat in folgender Textpassage einer solchen Vorgabe-Position Ausdruck gegeben: "Es sind einfache, dem gesunden Menschenverstand zugängliche Erkenntnisse, die so vielen Menschen durch einen Zwiespalt des Denkens versperrt sind, an dem, wie ich glaube, vor allem der idealistische oder, besser gesagt, ideeistische Glaube Schuld trägt, daß die reale Welt keine Werte enthalten könne. Was es hier klarzumachen gilt, ist die schlichte Tatsache, daß die Wirklichkeit der Schöpfung ehrfurchtgebietende Werte enthält und potentiell dauernd noch höhere Werte zu erzeugen imstande ist. Wir brauchen auf unserer Suche nach dem Sinn der Welt nicht ins Über- und Außernatürliche abzuschweifen." (270/271). Vollmer (1993) hält "jedoch eine schwächere Beziehung als die logische Implikation" (123) zwischen rein deskriptiven und rein normativen Sätzen für relevant. Wuketits (1993: 9 f. u. 208 f.) hat seine frühere Position zurückgenommen.

2 "Der ethische Diskurs der Gegenwart gleicht einem nicht schlichtbaren Bürgerkrieg zwischen unvereinbaren Wertpositionen." (Mohr 1989: 128). Hier könnte man guter Hoffnung sein, wenn man Richard D. Alexander (1987) folgen würde: "I will argue that the concepts of moral and ethical arise because of conflicts of interest" (1).

3 Vgl. Julian Huxley 1964: 19.

4 Richard Dawkins (1978: 1) zitiert einen Teil des Textes. Auf dieses Zitat verweisen dann Robert Spaemann und Reinhard Löw 1985: 230.

5 Vgl. Huxley 1964: 16; Wuketits 1990 a: 130 f.

6 Der Naturalismus schließt eine offenbarungs-theologische Begründung aus; den Naturalismus bejahend vgl. Huxley 1964: 57 und ihn ablehnend vgl. Löw 1991. Dennoch ist er theologisch nutzbar, vgl. besonders den Abschnitt "Perspektiven einer evolutionären Ethik" in: Stefan Niklaus Bosshard 1987: 212-223. - Vgl. auch Annemarie Pieper 1990: 192, Abschnitt ((9)).

7 Genausowenig wie es »die« Ethik gibt, gibt es »die« Evolutionäre Ethik, nicht nur, weil verschiedene Positionen vertreten werden, sondern auch, weil Autoren im Rahmen der Diskussionen ihre Meinungen geändert haben. Drei Beispiele mögen genügen: Michael Ruse (1984) hat selbst seine "conversion" thematisiert (196, Anm. 9; vgl. auch 1986 b: 251 u. 257). Ebenso hat Wilson von seiner Wandlung berichtet (in: Lumsden, Charles J./Wilson, Edward O. 1984: 75 f.). Wolfgang Wickler (1989) hat sich nicht nur gegen den Begriff des 'moral-analogen Verhaltens' gewandt, den er selbst früher im Anschluß an Lorenz verwendet hat (etwa 1971: 58 ff.), sondern hat deutlich den naturalistischen Fehlschluß abgelehnt, nämlich "daß es biologisch unsinnig und logisch unzulässig ist, vom Sein auf das Sollen zu schließen" (1990: 174), wovon in früheren Veröffentlichungen wenig zu spüren ist: "Deswegen geht es mir in diesem Buch nicht in erster Linie um die biologischen Grundlagen menschlichen Verhaltens, sondern um die daraus abzuleitenden Grundlagen der Beurteilung menschlichen Verhaltens. Ethische Forderungen, die nicht von konkret biologischen Gegebenheiten ausgehen, sind unsinnig." (1971: 7/8).

8 S. hierzu Franz M. Wuketits 1988. Äußerst abstrakt geht es um die kombinatorisch orientierte Überlegung, wie immer das denkbar Mögliche real ausgeschöpft sein mag, nur ein Teil davon konstituiert weitgehend den Entwicklungsprozeß. "So können wir uns angesichts komplexer biologischer Phänomene an eine Methode halten, die ihren Wert schon mehrfach unter Beweis gestellt hat, d. h. wir beginnen mit der Frage nach dem Umfang der zugrunde liegenden Kombinationsmöglichkeiten. Dann stellen wir vielleicht fest, daß im Vergleich zur Wirklichkeit, die uns schon ungeheuer komplex erscheint, der Bereich des Möglichen unendlich viel größer ist und daß sich der Sinn dessen, was ist, erschließen kann durch die Abwesenheit dessen, was nicht ist." (Philippe Kourilsky 1989: 243) Hierbei ist zu bedenken, daß es sich um eine in der Zeit erstreckende kombinatorische Problemlage handelt, die zusätzlich jeweilige (externe oder auch interne) Umgebungen betrifft. Auf grundlagentheoretische Auseinandersetzungen in der Biologie kann hier nicht eingegangen werden. Zur Diskussion um die biologische(n) Evolutionstheorie(n) s. statt anderer Walter Nagl 1993 und besonders die anschließende Diskussion und Metakritik.

9 S. etwa Francisco J. Ayala 1987: 237 ff., Bernulf Kanitscheider 1986: 102, Lorenz Krüger 1987: 41 f., Hubert Markl 1983: 84, Christian Vogel 1988: 213 ff., Wolfgang Wickler 1989: 644.

10 Vgl. Burrhus F. Skinner 1981.

11 S. statt anderer Elisabeth Günther 1991. Es mag sein, daß Denken dereinst dem Bereich der Gene der Nervenzellen zuzurechnen ist. Dies müßte zu einer Präzisierung des organisch bezogenen Genbegriffs im Unterschied zu einer DNS-Konstellation führen, der Denken zugeordnet würde. Ich verwende i. ü. den Ausdruck "Gen" nicht bloß für die DNS-Teile, die eine Expression haben.

12 Da auf diesem Abstraktionsniveau viele Termini begrifflich unzureichend geklärt sind, sei darauf hingewiesen, daß mit der Gentechnologie Mutationen reguliert hergestellt werden können, also 'Zufälligkeit' keine begriffliche Komponente des Begriffs 'Mutation' zu sein braucht. Wie immer Mutationen nicht-»zufällig« sein mögen, dies würde sie in dem hier gebrauchten Sinne des Wortes nicht orthogenetisch gerichtet machen. Wenn z. B. A. Lima-de-Faria (1988) gegenüberstellte: "Mutation is random" - "Mutation is directed" (312), dann ist die hier gemeinte Gegenüberstellung davon nicht betroffen.

13 Menschliche Geschichte konstituiert sich bisher durch den willensunabhängigen Tod ihrer Träger und setzt daher Tradition voraus. Hieran orientieren sich Evolutionstheoretiker, die den Entscheidungsbezug gänzlich ausblenden oder vernachlässigen, indem sie die kulturelle Entwicklung analog der Genentwicklung als Variation (z. B. als »Kopierfehler«) und Selektion im Vermehrungsprozeß auffassen. Dawkins »meme«-Konzept (1978: 223 ff.) oder das »culturgen«-Konzept von Lumsden und Wilson (1981: 7 ff.) ist nach diesem Muster gebaut. In dem Maße, wie man Entscheidungen für kulturelle Geschichten als konstitutiv ansieht, entsteht das Problem: ist »Moralität« originär eher einer entscheidungslosen Tradition oder vielmehr dem Entscheidungsvermögen zuzurechnen? Friedrich von Hayek (1984: 183/184) wollte "Moral" weder Angeborenem noch rationalem Denken zuordnen, sondern Tradition als rechtmäßige Quelle unserer Werte beachtet wissen: "Insbesondere können wir nie ein neues System von Moralregeln synthetisch konstruieren oder die Befolgung der bekannten Regeln davon abhängig machen, ob wir sie verstehen, was in einem gegebenen Fall von dieser Befolgung abhängt." (Friedrich von Hayek 1971: 80). Auch "wissenschaftlich" genanntes Wissen wird nicht insgesamt neu geschaffen und von jedem Nicht-Spezialisten verstanden. Dennoch sollte es der neuzeitlichen Idee nach in begründeter Entscheidung ihre Basis haben. Eine Evolutionäre Ethik hätte demnach besonders das Verhältnis zwischen Kultur, Geschichte, Tradition, Entscheidung und Moral unter einem hinsichtlich des Generalisierungsniveaus wohl bestimmten Evolutionsbegriffes zu klären. Dies galt auch für Mohrs (1987: 85 ff.) Konzeption einer Evolutionären Ethik, da er einerseits sich auf v. Hayek berief und andererseits sein vernunfts- und zukunftsorientiertes Moralverständnis bei v. Hayek keine Stütze findet. Mohr (1993: 192) hat sich später von einer solchen Bezugnahme auf v. Hayek distanziert. Jedoch ist die nun eingenommene Position keineswegs geklärter.

14 (Vgl. Anm. 19) Um diese Differenz noch deutlicher werden zu lassen, sei kurz auf Äußerungen von Kant verwiesen: Das moralische Gesetz dränge sich als "Faktum der reinen Vernunft" (V: 142 = KpV A 56) uns "unwiderstehlich auf" (VIII: 684). "Denn wo das sittliche Gesetz spricht, da gibt es, objektiv, weiter keine freie Wahl in Ansehung dessen, was zu tun sei" (X: 287 = KU B 16): "das moralische Gesetz aber ist an sich selbst in uns hinreichend und ursprünglich bestimmend, so daß es nicht einmal erlaubt, uns nach einem Bestimmungsgrunde außer demselben umzusehen." (X: 366 = KU B 125) Um Mißverständnisse zu vermeiden, sei hinzugefügt, daß nicht aus der Nicht-Wählbarkeit von moralischen Normen folgt, daß sie nicht Entscheidungen bestimmen könnten. Vielmehr sollen sie gerade - etwa als Kriterien - in Entscheidungen eingehen.

15 Vor allem Traditionsanschluß wäre zu fragen, in welche Traditionsverzweigung man sich begeben will. Für Erwägungen wäre etwa folgende Meinung zu berücksichtigen: "Die Aufgabe der Ethik wird sein, dem Zweifelnden und Suchenden sich mit der Anerbietung zu nähern: gemeinsam zuzusehen und zu suchen, ob es möglich ist, auf feste Punkte zu kommen, an denen das Urteil über Ziele und Aufgaben des Lebens sich orientieren kann. Sie wird nicht ihm sa-

gen: das sollst du, sondern mit ihm untersuchen: was willst du, nämlich eigentlich und zuletzt, nicht bloß in augenblicklicher Stimmung oder Verstimmung." (Friedrich Paulsen 1906: 28)

16 Wenn Vollmer auch hinsichtlich der Soziobiologie die Relevanz der entscheidungstheoretischen Überlegungen aus der mathematischen Spieltheorie hervorhebt, dann nutzt er einen spezifischen entscheidungstheoretischen Rahmen, aber läßt sich nicht auf grundlegendere Fragen ein: *Welche Formen des Erwägens und Auswählens sind zu unterscheiden und damit selbst zu erwägen und auszuwählen?*

17 "Sind Normen frei wählbar? (Wir können zwar beliebige Normen formulieren, aber aus biologischen Gründen nicht jede Anweisung befolgen. Auch nach traditioneller Auffassung sind »sittliche Normen« nicht frei wählbar. Aber warum? Hat eben dies nicht auch biologische Gründe?)" (Gerhard Vollmer 1993: 129).

18 Aus Mangel an einer originären ethischen Orientierung können "several logically different systems [...] under the name "evolutionary Ethics"" (Richards 1985: 268) firmieren. Autoren wie z. B. Campbell (1979: 38 ff.) oder Wuketits (1987: 201 ff.) nutzen das je ihnen plausibel Erscheinende, ohne daß angestrebt würde, eine originäre Evolutionäre Ethik zu entwickeln. Ernst Mayr (1991) gab auf die Frage: "Gibt es irgendeine besondere Ethik, die ein Evolutionist übernehmen sollte?" zur Antwort: "Ethik ist eine sehr private Angelegenheit, eine ganz persönliche Entscheidung." (117) Man kann die moralische Orientierung privatisieren und irrationalisieren und sie dennoch wie Lorenz wieder in den Evolutionsprozeß einbetten, denn die "nichtrationalen Wertempfindungen", denen wir "als kategorischem Imperativ Gehorsam leisten" (85), sollen durch die von ihnen geförderten Leistungen "durch die Selektion dieser Leistungen auf typischem Wege evolviert" (128) sein. Die Wertempfindungen, die im "Laufe unserer Stammesgeschichte angezüchtet" (116) sein mögen, sollen durch die "Verschiedenheit der Geschwindigkeiten kultureller und genetischer Evolution" (155) vom Abbau ihrer spezifisch menschlichen Qualitäten bedroht sein. Die ethischen Auffassungen von Lorenz gehen vom "Studium subjektiven Erlebens" (98) aus und erhalten danach einen evolutionstheoretischen Zusatz.

19 (Vgl. Anm. 14) Hier kann nicht die unbeabsichtigte Ironie und tiefere Bedeutung ausgelotet werden, die darin liegt, daß Ruse (1986 b) einen direkten Bezug zu Kant herstellte: "Just as we have no choice about having four limbs, so we have no choice about the nature of our moral awareness. [...] Kant is surely right in arguing that the supreme principle of morality is categorial - it is laid upon us, without any ‚ifs' and ‚buts'. We are not free to choose what right and wrong are to be." (259)

20 Wickler (1989) konstatierte eine gewisse Erfolgslosigkeit bisheriger Ethik: "So sehr Ethiker und Philosophen es vielleicht begrüßen, hier eine Sonderstellung des Menschen bestätigt zu finden, so viel Mühe werden sie dann aber haben, die so offenkundig unnatürlichen ethischen Forderungen an den Menschen ohne Rückgriff auf allgemein natürliche Gesetze zu begründen. Diese große Mühe müssen sie nun aber wirklich auf sich nehmen! Und das bald und überzeugend. Bislang haben sie damit keinen durchgehenden Erfolg gehabt." (652)

21 Lorenz (1973: 39/40) hat sich in seinem Buch "Die Rückseite des Spiegels", in dem die Systematik des Buches "Vergleichende Verhaltensforschung" schon zu finden ist, auf Campbell berufen. Doch der kybernetische Gesichtspunkt ist als Rückkopplungsgedanke grundsätzlich verschieden von dem Gedanken der Variation und Selektion, mögen sie auch miteinander vermittelbar sein.

22 Es ist bemerkenswert, mit welcher Sicherheit Lumsden und Wilson (1984) einerseits meinten, genetisch bedingte Anlagen identifizieren zu können, und andererseits zugleich zugestanden, daß es sich bei den Problemgebieten "des menschlichen Geistes, des Bewußtseins, des freien Willens und der Vielfalt der Kulturen" um "schwer faßbare[n]" (77) Bereiche handele. Hinzu kommt noch das Problem, daß gleiches Verhalten Ausdruck ungleicher Bedingungsgefüge sein kann (vgl. Lorenz 1989: 124). Um dies überprüfbar feststellen zu können, bräuchte man als *eine* Voraussetzung hinreichend ausgearbeitete Konzepte für jedes dieser Bedingungsgefüge.

23 Vgl. Werner Loh 1991 u. 1992.

Literatur

Alexander, Richard D.: The Biology of Moral Systems. New York 1987.

Ayala, Francisco J.: The Biological Roots of Morality. Biology and Philosophy 2(1987)235-252.

Bayertz, Kurt: Evolutionäre Ethik. Philosophische Rundschau 35(1988)277-296.

Bayertz, Kurt (Hg.): Evolution und Ethik. Stuttgart 1993.

Bischof, Norbert: Das Rätsel Ödipus. München/Zürich 1989.

Bischof, Norbert: Gescheiter als alle Laffen. Ein Psychogramm von Konrad Lorenz. Hamburg/Zürich 1991.

Bosshard, Stefan Niklaus: Erschafft die Welt sich selbst. Freiburg/Basel/Wien 1987.

Campbell, Donald. T.: Blind Variation and Selective Survival as a General Strategy in Knowledge-Processes. In: Yovits, Marshall C./Cameron, Scott (eds.): Self-Organizing Systems. Oxford/London/New York/Paris 1960.

Campbell, Donald. T.: Comments on the Sociobiology of Ethics and Moralizing. Behavioral Science 24(1979)37-45.

Campbell, Donald. T.: Zum Konflikt zwischen biologischer und sozialer Evolution. In: Scherer, Klaus R./Stahnke, Adelheid/Winkler, Paul (Hg.): Psychobiologie. München 1987.

Darwin, Charles: Die Abstammung des Menschen. Stuttgart 1966.

Darwin, Charles: Die Entstehung der Arten. Stuttgart 1967.

Dawkins, Richard: Das egoistische Gen. Berlin/Heidelberg/New York 1978.

Flew, Anthony G. N.: Evolutionary Ethics. London/Basingstoke 1970.

Günther, Elisabeth: Lehrbuch der Genetik. Jena 1991.

Hartmann, Nicolai: Ethik. Berlin 1962.

Hayek, Friedrich A. von: Die Verfassung der Freiheit. Tübingen 1971.

Hayek, Friedrich A. von: Die überschätzte Vernunft. In: Riedl, Rupert J./Kreuzer, Franz (Hg.): Evolution und Menschenbild. Hamburg 1983.

Huxley, Julian: Evolutionary Ethics. In: Huxley, Thomas H./Huxley, Julian: Touchstone for Ethics, 1893-1943. New York 1947 (Reprint New York l971).

Huxley, Julian (Hg.): Der evolutionäre Humanismus. München 1964.

Kanitscheider, Bernulf: Soziobiologie und Ethik. In: Braun, Edmund (Hg.): Wissenschaft und Ethik. Bern/Frankfurt am Main/New York 1986.

Kant, Immanuel: Kant, Werke in zwölf Bänden. Hg.: Weischedel, Wilhelm. Frankfurt am Main 1968. (Zuordnung zu den einzelnen Bänden mittels römischer Ziffern.)

Kitcher, Philip: Vaulting Ambition. Sociobiology and the Quest for Human Nature. Cambridge (Mass.)/London 1985.

Knapp, Andreas: Soziobiologie und Moraltheologie. Weinheim 1989.

Kourilsky, Philippe: Genetik, Gentechnik, Genmanipulation. München/Zürich 1989.

Krüger, Lorenz: Ethics According to Nature in the Age of Evolutionary Thinking. In: Lehrer, Keith (ed.): Science and Ethics. Amsterdam 1987 (Grazer Philosophische Studien 30(1987)25-42).

Lima-de-Faria, A.: Evolution without Selection. Amsterdam/New York/Oxford 1988.

Löw, Reinhard: Ethik und Naturwissenschaften. In: Koslowski, Peter (Hg.): Orientierung durch Philosophie. Tübingen 1991.

Löwith, Karl: Weltgeschichte und Heilsgeschehen. Stuttgart/Berlin/Köln/Mainz 1967.

Loh, Werner: Lösungs- oder auch noch erwägungs- und auswahlorientierter Praxisbegriff? Ethik und Sozialwissenschaften 2(1991)279-280.

Loh, Werner: Dezision als Bestandteil einer Fortschrittsmoral. Ethik und Sozialwissenschaften. 3(1992)68-74.

Lorenz, Konrad: Die Rückseite des Spiegels. München/Zürich 1973.

Lorenz, Konrad: Das sogenannte Böse. München 1974.

Lorenz, Konrad: Die acht Todsünden der zivilisierten Menschheit. München 1978.

Lorenz, Konrad: Vergleichende Verhaltensforschung. München 1982.

Lorenz, Konrad: Der Abbau des Menschlichen. München/Zürich 1989.

Lütterfelds, Wilhelm: Sind die Ansprüche der Evolutionären Ethik zu korrigieren? Wissenschaftliche Nachrichten 1991, Nr. 85 (Januar): 2-6.

Lütterfelds, Wilhelm (Hg.): Evolutionäre Ethik zwischen Naturalismus und Idealismus. Darmstadt 1993.

Lumsden, Charles J./Wilson, Edward O.: Précis of Genes, Mind, and Culture. The Behavioral and Brain Sciences 5(1982)1-37 (mit anschließender Diskussion).

Lumsden, Charles J./Wilson, Edward O.: Genes, Mind, and Culture. Cambridge/London 1981.

Lumsden, Charles J./Wilson, Edward O.: Das Feuer des Prometheus. München/Zürich 1984.

Markl, Hubert: Biologie und menschliches Verhalten. In: Gruter, Margaret/Rehbinder, Manfred (Hg.): Der Beitrag der Biologie zu Fragen von Recht und Ethik. Berlin 1983.

Mayr, Ernst: Die Entwicklung der biologischen Gedankenwelt. Berlin/Heidelberg/New York/Tokyo 1984.

Mayr, Ernst: Eine neue Philosophie der Biologie. München/Zürich 1991.

Mohr, Hans: Natur und Moral. Darmstadt 1987.

Mohr, Hans: Ethik und Moral. In: Willms, Bernard (Hg.): Handbuch zur Deutschen Nation, Bd. 3: Moderne Wissenschaft und Zukunftsperspektive. Tübingen/Zürich/Paris 1988.

Mohr, Hans: Biologische und kulturelle Evolution der Moral. Naturwissenschaftliche Rundschau 42(1989)127-132.

Mohr, Hans: Der moralische Notstand - wird die Gegenwart an der Vergangenheit scheitern? In: Voland, Eckart (Hg.): Evolution und Anpassung. Stuttgart 1993.

Morscher, Edgar: Was ist und was soll Evolutionäre Ethik? Conceptus 20(1986), Nr. 49: 73-77.

Nagl, Walter: Grenzen unseres Wissens am Beispiel der Evolutionstheorie. Ethik und Sozialwissenschaften 4(1993)3-16 (mit anschließender Diskussion und Metakritik).

Patzig, Günther: Verhaltensforschung und Ethik. Neue Deutsche Hefte 31(1984)675-686.

Paulsen, Friedrich: System der Ethik, erster Band. Stuttgart/Berlin 1906.

Pieper, Annemarie: Evolutionäre Ethik und Philosophische Ethik: Unvereinbare Gegensätze? Ethik und Sozialwissenschaften 1(1990)190-192.

Richards, Robert J.: A Defense of Evolutionary Ethics. Biology and Philosophy 1(1986)265-293 (mit anschließender Diskussion).

Richards, Robert J.: Darwin and the Emergence of Evolutionary Theories of Mind and Behavior. Chicago/London 1987.

Ruse, Michael: The Morality of the Gene. The Monist 67(1984)167-199.

Ruse, Michael: Evolutionary Ethics: A Phoenix Arisen. Zygon 21(1986)95-112 (a).

Ruse, Michael: Taking Darwin Seriously. Oxford 1986 (b).

Ruse, Michael: Noch einmal: Die Ethik der Evolution. In: Bayertz, Kurt (Hg.): Evolution und Ethik. Stuttgart 1993.

Ruse, Michael/Wilson, Edward O.: Moral Philosophy as Applied Science. Philosophy 61(1986)173-192.

Simpson, George G.: Biologie und Mensch. Frankfurt am Main 1972.

Skinner, Burrhus F.: Selection by Consequences. Science 213(1981)501-504.

Spaemann, Robert/Löw, Reinhard: Die Frage Wozu? München/Zürich 1985.

Stent, Gunther S. (ed.): Morality as a Biological Phenomenon. Berlin 1978.

Stöckler, Manfred: Über die Schwierigkeiten und Aussichten einer Evolutionären Ethik. Conceptus 20(1986), Nr. 49: 69-72.

Vogel, Christian: Gibt es eine natürliche Moral? Oder: wie widernatürlich ist unsere Ethik? In: Meier, Heinrich (Hg.): Die Herausforderung der Evolutionsbiologie. München/Zürich 1988.

Vogel, Christian: Vom Töten zum Mord. München/Wien 1989.

Vollmer, Gerhard: Über die Möglichkeit einer Evolutionären Ethik. Conceptus 20(1986), Nr. 49: 51-68.

Vollmer, Gerhard: Über die Chancen einer Evolutionären Ethik. Conceptus 21(1987), Nr. 52: 87-94.

Vollmer, Gerhard: Der Evolutionsbegriff als Mittel zur Synthese - Leistungen und Grenzen. In: Albertz, Jörg (Hg.): Evolution und Evolutionsstrategien in Biologie, Technik und Gesellschaft. Schriftenreihe der Freien Akademie, Bd. 9. Wiesbaden 1990 (a).

Vollmer, Gerhard: Philip Kitchers Soziobiologie-Kritik. Conceptus 24(1990), Nr. 63: 93-102 (b).

Vollmer, Gerhard: Möglichkeiten und Grenzen einer Evolutionären Ethik. In: Bayertz, Kurt (Hg.): Evolution und Ethik. Stuttgart 1993.

Vossenkuhl, Wilhelm: Die Unableitbarkeit der Moral aus der Evolution. In: Koslowski, Peter/Kreuzer, Philipp/Löw, Reinhard (Hg.): Die Verführung durch das Machbare. Stuttgart 1983.

Waddington, C. H.: The Ethical Animal. Chicago/London 1975 (Midway Reprint).

Wickler, Wolfgang: Die Biologie der Zehn Gebote. München 1971.

Wickler, Wolfgang: Hat die Ethik einen evolutionären Ursprung? In: Koslowski, Peter/Kreuzer, Philipp/Löw, Reinhard (Hg.): Die Verführung durch das Machbare. Stuttgart 1983.

Wickler, Wolfgang: Die Irrlehre vom moral-analogen Verhalten der Tiere. Universitas 44(1989)644-653.

Wickler, Wolfgang: Von der Ethik zur Soziobiologie. In: Herbig, Jost/Hohlfeld, Rainer (Hg.): Die zweite Schöpfung. München/Wien 1990.

Wickler, Wolfgang/Seibt, Uta: Das Prinzip Eigennutz. München 1981.

Wilson, Edward O.: Sociobiology. Cambridge/London 1976.

Wilson, Edward O.: Biologie als Schicksal. Frankfurt am Main/Berlin/Wien 1980.

Wuketits, Franz M.: Schlüssel zur Philosophie. Düsseldorf/Wien/New York 1987.

Wuketits, Franz M.: Evolutionstheorien. Darmstadt 1988.

Wuketits, Franz M.: Gene, Kultur und Moral. Darmstadt 1990 (a).

Wuketits, Franz M.: Moral - eine biologische oder biologistische Kategorie? Ethik und Sozialwissenschaften 1(1990)161-168 (b) (mit anschließender Diskussion).

Wuketits, Franz M.: Moral als eine biologische Kategorie. Ethik und Sozialwissenschaften 1(1990)195-200 (c).

Wuketits, Franz M.: Konrad Lorenz. München/Zürich 1990 (d).

Wuketits, Franz M.: Verdammt zur Unmoral? München/Zürich 1993.

Arbeiten
der
Forschungsgruppe Erwägungskultur
(1990-1993)

Universität-Gesamthochschule Paderborn
FB 1, N 3.301, Warburger Str. 100, D-33098 Paderborn

1. Arbeitspapiere

1.1 Bettina Blanck: Raumfahrt als Erwägungsproblem. Arbeitspapier 1990-1. (Inzwischen erschienen in: Ethik und Sozialwissenschaften 1(1990), Heft 4: 515-524.)

1.2 Werner Loh: Logische Konstanten als Ausdruck von Entscheidungsverhältnissen und Ontologie. Arbeitspapier 1990-2. (Ist in gekürzter Form erschienen in: Zeitschrift für philosophische Forschung 47(1993)588-605)

1.3 Rainer Greshoff: Theorienvergleich und Theorienentscheidung. Luhmanns Auseinandersetzung mit Max Weber. Arbeitspapier 1991-1.

1.4 Werner Loh: Zur Lage der Evolutionären Ethik. Arbeitspapier 1991-2. (Geringfügig geändert und gekürzt erschienen unter dem Titel: Evolutionäre Ethik. In: Geschichte der neueren Ethik, Bd. 2; hg. von Annemarie Pieper. Tübingen 1992.)

1.5 Rainer Greshoff: Wie grundlegend und umfassend sollen Theorienvergleiche angelegt werden? Überlegungen zur Anlage von Theorienvergleichen, exemplarisch entwickelt in Auseinandersetzung mit Jürgen Klüver: "Formale Rekonstruktion und vergleichende Rahmung soziologischer Theorien". Arbeitspapier 1992-1. (Gekürzt erschienen in: Zeitschrift für Soziologie 21(1992) Heft 6, 467-471.)

1.6 Bettina Blanck, Werner Loh: Schaltungen, Aussagenlogik und Denken. Arbeitspapier 1992-2.

1.7 Werner Loh: Das Erfüllungsparadox der klassischen Aussagenlogik. Arbeitspapier 1993-1.

1.8 Werner Loh: Widerlegung der klassischen Aussagenlogik als Förderung einer Logik des Erwägens. Arbeitspapier 1993-2. (Erschienen in: prima philosophia 6(1993)381-395.)

1.9 Rainer Greshoff: Methodische Überlegungen zum Theorienvergleich in den Sozialwissenschaften. Arbeitspapier 1993-3. (Erschienen in: Homo Oeconomicus XI(1994).)

1.10 Frank Benseler, Bettina Blanck, Rainer Greshoff, Werner Loh: Grundlagenprobleme wissenschaftlicher Kommunikation als Entscheidungsverfahren. Arbeitspapier 1993-4.

1.11 Frank Benseler: Erwägen oder entscheiden - über den (un-)heimlichen Dezisionismus der Wissenschaft. Arbeitspapier 1993-5.

2. Veröffentlichungen
in
ETHIK UND SOZIALWISSENSCHAFTEN (EuS)
Streitforum für Erwägungskultur

2.1 Frank Benseler, Bettina Blanck, Rainer Greshoff, Werner Loh: Editorial. EuS 1(1990), Heft 1: 5-6.

2.2 Rainer Greshoff: Wissenschaftliche Aufklärung als Einfältigkeit? EuS 1(1990), Heft 1: 18-20 [Kritik].

2.3 Werner Loh: Emanzipation durch Selbstentmündigung? EuS 1(1990), Heft 1: 25-26 [Kritik].

2.4 Werner Loh: Unverantwortbarer Fortschritt ohne Fortschritt der Verantwortung? EuS 1(1990), Heft 1: 77-79 [Kritik].

2.5 Bettina Blanck: Erwägungen und Fragen zu einer evolutionären Wurzelbestimmung des Moralischen. EuS 1(1990), Heft 1: 170-172 [Kritik].

2.6 Rainer Greshoff: Biologismus durch die Hintertür? EuS 1(1990), Heft 1: 174-176 [Kritik].

2.7 Werner Loh: Eine Selbstauflösung Evolutionärer Ethik in ihrer unaufgeklärten Geschichtlichkeit. EuS 1(1990), Heft 1: 185-186 [Kritik].

2.8 Frank Benseler: Kunst als Heilmittel der Erkenntnis? EuS 1(1990), Heft 3: 415-418 [Kritik].

2.9 Bettina Blanck: Raumfahrt als Erwägungsproblem. EuS 1(1990), Heft 4: 515-524 [Metakritik].

2.10 Rainer Greshoff: Grenzen der >Sprachethik<. EuS 2(1991), Heft 2: 202-205 [Kritik].

2.11 Werner Loh: Ontologie aus dem Geiste einer Vorgeschichte? EuS 2(1991), Heft 2: 250-252 [Kritik I].

2.12 Werner Loh: Lösungs- oder auch noch erwägungs- und auswahlbestimmter Praxisbegriff? EuS 2(1991), Heft 2: 279-280 [Kritik II].

2.13 Bettina Blanck: Überlegungen zum Abbau von Machthierarchien: erwägungsorientiertes und distanzfähiges Engagement statt auseinandersetzungsvermeidender »Gleich-Gültigkeit«. EuS 2(1991), Heft 3: 441-443 [Kritik].

2.14 Werner Loh: Wissenschaft und Liebe. EuS 2(1991), Heft 4: 549-551 [Kritik].

2.15 Werner Loh: Dezision als Bestandteil einer Fortschrittsmoral. EuS 3(1992), Heft 1: 68-74 [Gesamt-Kritik].

2.16 Werner Loh: Transpersonaler Idealismus: Menschen ohne Wahrheitsbasis? EuS 3(1992), Heft 2: 152-155 [Kritik].

2.17 Frank Benseler: "Es wären Einzelheiten, nicht Totalisation". EuS 3(1992), Heft 2: 219-220 [Kritik].

2.18 Bettina Blanck: Erwägungen zur feministischen Transformation der Philosophie. EuS 3(1992), Heft 4: 534-537 [Kritik].

2.19 Frank Benseler, Bettina Blanck, Rainer Greshoff, Werner Loh: Umgang mit Vielfalt als Forschungsaufgabe. EuS 3(1992), Heft 4: 650 [Brief].

2.20 Bettina Blanck: Verantwortungskompetenz durch Erwägungskompetenz. EuS 4(1993), Heft 3: 392 [Kritik].

3. Vorträge

3.1 Bettina Blanck: Zum Konzept von Erwägungsforschungen für »nicht-patriarchale« Wissenschaften. Vorgetragen im Zentrum für Kulturwissenschaften (ZfK) der Universität-GH Paderborn am 11.2.1992 und auf dem VI. Symposium der Internationalen Assoziation von Philosophinnen (IAPh) 23.4.1992. (In: Maja Pellikaan (ed.): Against Patriarchal Thinking. Amsterdam 1992.)

3.2 Frank Benseler: Historische Erwägungen und systematische Perspektiven.
Bettina Blanck: Erwägen von Alternativen und Wissenschaft.
Rainer Greshoff: Erwägen von Alternativen und Theorienvergleich.
Werner Loh: Inadäquater Umgang mit Alternativen in der Aussagenlogik?
Vorträge für das HNI-Forschungskolloquium des Heinz Nixdorf Instituts der Universität-GH Paderborn am 14.10.1992 zum Thema: Umgang mit Alternativen.

Nachweise

1., 2., 3., 4. u. 5. Originalbeiträge

6. Geringfügig geänderter Beitrag, der als Vortrag auf dem VI. Symposium der Internationalen Assoziation von Philosophinnen (IAPh) 1992 in Amsterdam zur Diskussion gestellt und in dem hierzu veröffentlichten Symposiumsband, Maja Pellikaan-Engel (Ed.): Against Patriarchal Thinking. Amsterdam 1992, erstmals abgedruckt wurde

7. Conceptus 22(1988), Nr. 55: 3-28 (geringfügig verändert)

8. Österreichische Zeitschrift für Soziologie 12(1987)31-47

9. Homo Oeconomicus XI(1994) (geringfügig verändert)

10. Originalbeitrag

11. prima philosophia 2(1989)301-323

12. Zeitschrift für allgemeine Wissenschaftstheorie 23(1992)105-128. Copyright by Kluwer Academic Publishers. Reprinted by permission of Kluwer Academic Publishers.

13. prima philosophia 6(1993)381-395 (geringfügig verändert)

14. Veränderte Fassung des unter dem Titel "Evolutionäre Ethik" erschienen Artikels in: Geschichte der neueren Ethik, Bd. 2; hg. von Annemarie Pieper. Tübingen 1992

Ethik und Sozialwissenschaften

Streitforum für Erwägungskultur

Herausgegeben von Frank Benseler, Bettina Blanck, Rainer Greshoff
und Werner Loh.

Ethik und Sozialwissenschaften (EuS) ist ein neuer Typus von interdisziplinärer Diskussionszeitschrift.

Fundamentale Herausforderungen haben geschichtlich unabsehbare Konsequenzen. Sie erfordern nicht nur ein Zusammenwirken von Ethik und Sozialwissenschaften, sondern auch einen neuen Umgang mit Orientierungen und Konzepten. *EuS* ist hierfür ein Forum der Auseinandersetzung zwischen verschiedenen Schulen, Strömungen und Richtungen.
Unter generalistisch-integrativer Perspektive fördert *EuS* die Erfindung, Erprobung und Verbesserung von Regeln für den Umgang mit Vielfalt.

Dem Ziel, sozialwissenschaftlich orientierten Wissenschaftlern aller Disziplinen ein allseits offenes "Streitforum" bereitzustellen, dient der Aufbau der *EuS*: In jeder *Diskussionseinheit* schließen sich an den *Hauptartikel* zahlreiche, möglichst kontroverse *Kritiken* an, auf die der Autor oder die Autorin des Hauptartikels in einer *Replik* antwortet. Die Diskussionseinheiten können sodann in *Metakritiken* erwogen werden, welche die repräsentative Vielfalt und die Auseinandersetzungsformen erörtern.

5. Jahrgang 1994 - 4 Hefte jährlich.

Bezugsbedingungen 1994:

1-Jahresabonnement
DM 104,—/öS 811,—/SFr 106,—

1-Jahresabonnement für Studenten gegen Studienbescheinigung
DM 78,—/öS 608,—/SFr 79,90

Einzelheft
DM 29,—/öS 226,—/SFr 30,—

Die Versandkosten werden zuzüglich zu den genannten Bezugspreisen 1994 berechnet. Preisänderungen vorbehalten. Alle Bezugspreise und die Versandkosten unterliegen der Preisbindung. Ein kostenloses Probeheft erhalten Sie in Ihrer Buchhandlung - oder schreiben Sie an den Verlag.

WESTDEUTSCHER
VERLAG
OPLADEN / WIESBADEN

	MIX
FSC www.fsc.org	Papier aus verantwortungsvollen Quellen Paper from responsible sources **FSC® C105338**

If you have any concerns about our products,
you can contact us on
ProductSafety@springernature.com

In case Publisher is established outside the EU,
the EU authorized representative is:
**Springer Nature Customer Service Center GmbH
Europaplatz 3, 69115 Heidelberg, Germany**

Printed by Libri Plureos GmbH
in Hamburg, Germany